企业高质量发展成熟度评价体系

Enterprise High Quality Development Maturity Assessment System

U1018873

主　编

陈运涛

副主编

尹晶晶　廖少华　冯金明

中国财经出版传媒集团

中国财政经济出版社

·北京·

图书在版编目（CIP）数据

企业高质量发展成熟度评价体系 / 陈运涛主编；尹晶晶，廖少华，冯金明副主编. -- 北京 ：中国财政经济出版社，2024.6

ISBN 978-7-5223-3144-7

Ⅰ. ①企… Ⅱ. ①陈… ②尹… ③廖… ④冯… Ⅲ. ①企业发展—研究 Ⅳ. ①F272

中国国家版本馆CIP数据核字（2024）第091811号

责任编辑：苏小珺　　责任校对：徐艳丽

封面设计：六　元　　责任印制：党　辉

企业高质量发展成熟度评价体系

QIYE GAOZHILIANG FAZHAN CHENGSHUDU PINGJIA TIXI

中国财政经济出版社 出版

URL：http：//www.cfeph.cn

E-mail：cfeph @cfemg.cn

社址：北京市海淀区阜成路甲28号　邮政编码：100142

营销中心电话：010-88191522

天猫网店：中国财政经济出版社旗舰店

网址：https：//zgczjjcbs.tmall.com

北京密兴印刷有限公司印刷　各地新华书店经销

成品尺寸：185mm × 260mm　16开　21.75印张　362 000字

2024年6月第1版　2024年6月北京第1次印刷

定价：88.00元

ISBN 978-7-5223-3144-7

（图书出现印装问题，本社负责调换，电话：010-88190548）

本社图书质量投诉电话：010-88190744

打击盗版举报热线：010-88191661　QQ：2242791300

序 一

发展新质生产力推进企业高质量发展

当今世界局势剧烈变化，波谲云诡，全球经济面临着前所未有的挑战和机遇。以习近平同志为核心的党中央把坚持高质量发展作为新时代的硬道理，一以贯之地不断解放和发展社会生产力，作出一系列重大决策部署，推动我国经济迈上创新、协调、绿色、开放、共享的可持续高质量发展之路。党的二十大报告中提出加快构建新发展格局，强调高质量发展是全面建设社会主义现代化国家的重中之重，凸显高质量发展对于企业乃至整个社会的重要性。

在新的经济形势下，推进企业高质量发展是实现我国经济持续健康发展的核心课题之一。企业是经济的细胞，企业是推动社会进步和技术革新的主力军，提升企业的发展质量，是推动经济社会发展的基石。国民经济、行业高质量发展的基础和着力点是企业高质量发展。如何推进企业高质量发展，进而推动国民经济、行业的可持续高质量发展？在这一背景下，《企业高质量发展成熟度评价体系》一书应运而生。作者融通半个世纪以来国内外企业可持续经营与发展的理论成果与实践经验，特别是世界一流企业经营发展的典型模式、最佳实践以及国际性追求卓越的标准，结合我国当前经济高质量发展要求和企业经营发展的现实情况，阐明了企业在新时代如何通过系统化方法追求卓越与可持续性经营的系统方法，进而设计和构建了我国企业高质量发展体系，包括高质量发展观、基本原则、关键过程及其成熟度评价的方法，并通过高质量发展案例阐释这些理念和方法。其中的评价方法不是简单地将企业划分为几个等级，而是提供了一个多维度、集成、改进创新导向的评价体系，帮助企业系统、可靠地识别发展机会和路径。为企业建立、实施、改进高质量发展体系，提供了一套系统化的、科学的方法，从而明确了企业高质量发展的集成化解决方案，并可以帮助企业诊断存在的问题，发现改进的空间，从而推动企业不断向更高水平发展。

发展新质生产力是实现高质量发展的必由之路。高质量发展要求经济增长不仅依靠要素投入的数量扩张，更重要的是要通过技术创新、产业升级和模式变革来提高生产力的质量和效率。2024年1月，习近平总书记在主持中共中央政治局第十一次集体学习时强调，发展新质生产力是推动高质量发展的内在要求和重要着力点，并进一步指出，新质生产力是创新起主导作用，摆脱传统经济增长方式、生产力发展路径，具有高科技、高效能、高质量特征，符合新发展理念的先进生产力质态。它由技术革命性突破、生产要素创新性配置、产业深度转型升级而催生，以劳动者、劳动资料、劳动对象及其优化组合的跃升为基本内涵，以全要素生产率大幅提升为核心标志，特点是创新，关键在质优，本质是先进生产力。新质生产力代表了先进生产力的演进方向。这从根本上明确了我国企业高质量发展的方向、策略和根本路径。

新质生产力的培育、形成和发展，需要高质量的企业系统和最优化的模式保证。新质生产力的培育、形成需要革命性技术突破、生产要素创新、产业转型升级；需要劳动者、劳动资料、劳动对象及其优化组合的跃升……这是重大的创新与变革，是一项复杂的系统工程，这就需要系统的方法。正如作者所提出的，需要理念、过程、方法和工具；需要资源、知识、过程、能力；这些要素需要在企业高质发展体系中形成一个有机的整体，实现技术创新、组织变革，促进和保证新质生产力的开发、形成、施用，充分发挥效能并取得成果，从而保证可持续高质量发展目标的实现。

本人高兴地看到，《企业高质量发展成熟度评价体系》一书全面反映和阐述了这样的思想：发展新质生产力是实现高质量发展的必由之路；企业高质量发展以及新质生产力的形成、发展和施用需要系统化的方法。这些理念和方法不仅为企业高质量发展提供了理论指导和实践路径，还将促进我国经济结构的优化和升级，为其贡献智慧和解决方案。

最后，希望本书可以为广大读者，包括企业领袖、专家学者、政策制定者，带来启发和思考，以共同行动推进我国经济社会向更高质量、更有效率、更加绿色开放、更加协调公正、更加可持续的方向快速发展。

中国工程院院士

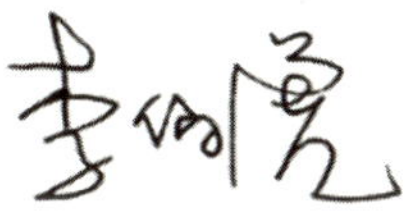

2024年3月

序　二

推进和深化中国企业高质量发展

党的十八届五中全会首次提出新发展理念，即创新、协调、绿色、开放、共享。党的十九大明确提出，中国经济已由高速增长阶段转向高质量发展阶段。习近平总书记在2021年3月7日下午参加十三届全国人大四次会议青海代表团审议时强调，高质量发展是“十四五”乃至更长时期中国经济社会发展的主题，关系中国社会主义现代化建设全局。

陈运涛博士一直是中国机械工业质量管理协会特聘质量专家，长期以来积极支持协会各项工作，为推进机械工业质量管理尽职尽责。陈博士的《企业高质量发展成熟度评价体系》一书在研究企业发展理论、分析国内外企业实践的基础上，结合企业案例，从理念、过程、工具、方法等各个层面，给出了系统化的回答，为新时期企业高质量发展提供了先进的、可操作的行动指南和解决方案。

企业是物质财富的创造者，是支撑经济高质量发展的中坚力量，企业的高质量发展是经济高质量发展的基础支撑。高质量发展如何推进？如何在企业层面推进高质量发展的落地？针对这些不可避免的现实问题，陈博士在《企业高质量发展成熟度评价体系》一书中做了系统、积极的思考、探索和研究。

首先，全面理解高质量发展理念。理念是行动的先导。经济社会高质量发展的深化，企业高质量发展的展开，始于完整、准确、全面地理解新发展理念，使新发展理念入脑入魂入髓，作为发展的价值观，作为思想基础，作为行动准则，指导企业经营、管理、发展、决策，进而形成措施并指导发展行动，才能从根本上提高发展境界、发展水平、发展质量，实现创新发展、协调发展、绿色发展、开放发展、共享发展。

其次，制定科学的行动标准和有效的推进方法。党的十九大以来，中国经济社会高质量发展、行业高质量发展、企业高质量发展，有了广泛的实践和丰富的探索。如何全面总结最佳实践，形成系统化、标准化的方法，有计划、广泛地传播推广，促进企业之间学习和应用科学、系统化的方法，是深化企业高质量发展的关键环节，也是推进中国企业高质量发展的有效方法。

再次，健全企业高质量发展体系。企业发展是系统化的方法，企业高质量发展需要成熟度更高的系统方法。在全面理解和树立高质量发展理念，形成先进的、系统化的方法之后，是坚决地行动，整合经营、管理、技术和发展的各种要素，集成资源、过程、能力和方法，作为一个统一的整体，建立和完善企业高质量发展体系，有效实施并不断改进这个体系。这是实现高质量发展的可靠保证和可持续的方法。

最后，不断改进创新。创新是高质量发展的根本动力，是高质量发展的核心和根本保证。当代企业经营和发展，面临着复杂的环境和来自多个方面的挑战，也面临新的机遇；企业经营发展的组织要素、资源要素、生产力要素也在快速变化和更新。企业树立创新理念，把握时代发展的大潮流，激发广大员工的积极性和创造性，充分利用先进技术和工具，特别是数字化、智能化技术和工具，增强能力，不断突破，抓住机会，迎接挑战，创造更多新的价值，把企业高质量发展提升到新的水平。

衷心希望《企业高质量发展成熟度评价体系》一书能够对推进和深化我国企业，尤其是机械工业的高质量发展有所裨益。

中国机械工业质量管理协会会长

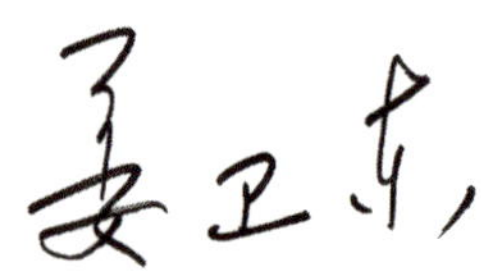

2024年3月

序　三

探讨中国企业高质量发展的系统化方法

关于企业发展、可持续经营、追求卓越的主题，学术界和企业界的探索经历了30余年，积累了宝贵的知识成果。本书主编也是探索者之一。世纪之交，作者在中国人民大学攻读博士学位时的研究就是集中在管理体系、卓越绩效、可持续经营方法。在大学任教之后，作者结合教学、研究、行业调查、咨询、培训实践，形成了关于该主题的系统性认识。本书是其相关研究成果的概括和总结。

党的二十大报告中明确指出，要全面贯彻新发展理念，加快构建新发展格局，着力推动高质量发展，强调“高质量发展是全面建设社会主义现代化国家的首要任务”，“要坚持以推动高质量发展为主题”。中国企业如何贯彻新发展理念，实现创新发展、协调发展、绿色发展、开放发展、共享发展，学术界如何从企业视角探讨高质量发展的系统方法，是正在研究和实践的重要课题。作者分析、总结全球企业追求卓越、可持续经营的理论和方法，结合新时期我国企业高质量发展的形势、任务，从企业层面阐述新发展观，明确企业高质量发展核心理念、关键过程、评价准则和评价方法等，其中，作者基于企业经营管理与发展的通用要求，经扩展、校准、整合，总结了企业高质量发展的八项基本原则，明确企业高质量发展的关键成功因素和原则要求，据此，设计和构建企业高质量发展系统的体系架构，编制企业高质量发展准则，还参照管理系统成熟度评价的系统方法，构建企业高质量发展成熟度评价体系，再利用两个案例，包括华为公司的案例，诠释企业高质量发展理念、发展体系、关键过程、评价准则和评价方法。

本书立意明确、观点明确、内容丰富，具有不少创造性探索，其亮点为：(1)在整合现有理论、方法的基础上，系统地阐述了新时代新发展理念之于企业的价值、意义和具体要求，提出使命思维、聚焦价值的发展原则，探讨和解决了企业经营、管理、发展、资源、知识、方法和业务整合的方法问题，厘清了企业从高质量发展理念转化为方针目标、方法设计、资源运用与行动计划的内在逻辑和系统方法，从而为企业在高质量发展实践中校准和整合发展体系，避免组织层次、职能领域、资源、活动之间分割、矛盾，提供了方法和指南。(2)在企业高质量发展准则的设计中，研究了企业经营、管理、发展准则设计的思路和方法问题，为管理理论和方法的整合与系统化，提出了科学的路径与方法。(3)在企业高质量发展准则内容中，除了融入新时代发展观的要求，还强调了变革与不确定环境下组织敏捷、弹性与供应链连续性的要求，关注人工智能、大数据等新技术力量的应用和影响。(4)检验了成熟度评价方法在企业经营、管理、发展体系评价中的通用性、一致性和有效性，为企业识别优秀实践和发展机会，掌握发展成熟度，提供了有力的工具。

作者关于企业高质量发展的理念、原则、准则和评价方法的研究和阐述，为中国企业设计、建立、实施和改进高质量发展体系，为企业高质量发展的标准化，提供了一种系统化的解决方案，对于企业发展理论探索和企业高质量发展实践，一定会具有很大的启示和指导意义，助力中国企业加速推进和深化高质量发展。

北京工业大学教授、博士生导师
韩福荣
2024年3月6日

前 言

多年来，在关于质量、改进、创新、管理等主题课堂上，为了开拓学员思路，使其从根本上思考问题，我经常会问：

大家都在想什么？

都在忙什么？

如果全世界的人都想一件事儿、忙一件事儿的话，想什么？忙什么？

显然，各有各的想法，各有各的忙！说法种种，最后一定会归纳为一个意思：忙着满足更高的要求，忙着实现更高的目标！也就是忙着实现更大的成功！此时，学员对于质量（满足要求的程度）、改进（增强能力，满足更高的要求）、创新（创造新的价值）、管理（确保把事儿做得更好），以及可持续经营、追求卓越、追求高质量发展的概念会有新的领悟。显然，追求质量、追求高质量（改进和创新）、追求高质量发展（持续改进与创新，可持续经营）是企业乃至人类共同的、永恒的课题。当然，其中也有“硬道理”。

在企业经营、管理与发展实践中，关于高质量发展有各种各样的说法，不同行业、不同企业使用各自的语言在阐述。事实上，回顾过去100年企业经营、管理、发展的理论与实践历程，可以清楚地看到：自20世纪80年代以来，追求质量、追求卓越、打造一流企业、实现可持续经营、高质量发展等就是世界性的主题。企业经营、管理的理论和方法不断变革、转型、创新与发展，历时40年的探索、实践、丰富、整合的过程，逐步形成了代表性理念、典型模式和系统化的方法，包括核心理念、体系架构、关键职能过程、成熟度测评工具和方法等，并与传统的科学管理思想一起，构成了这个时代企业经营、管理、可持续发展的系统化方法与模式。

结论是肯定的，企业经营、管理、发展、成功是系统的方法。因此，如何在中国新时代高质量发展的大背景之下，结合企业追求高质量发展的实践，构建和形成我国企业高质量发展的系统方法，是一个亟待解决，并且能够解决的问题。其中的核心问题，一是从新时代发展理念出发，确定企业高质量发展观，定义高质量，定义高质量发展质量或高质量发展成熟度；二是总结、校准、整合追求卓越、可持续经营的理论和方法，提炼和确定高质量发展的核心理念、行为准则、系统架构、关键过程和方法等；三是在此基础上，研究推进企业高质量发展的路径和方法，即基于高质量发展准则，评价高质量发展进展或成熟度，识别优势和最佳实践，促进组织学习，识别差距和改进机会，启动改进和创新，持续推进企业高质量发展。这正是本书试图解决的问题。

相应地，本书第1章回顾企业经营、管理、发展理论和实践探索的历程，识别和明确相关的核心理念、系统方法和典型模式，为高质量发展体系的设计与构建寻求理论依据和实践基础。第2章首先探讨企业高质量发展体系设计的关键问题，包括企业高质量发展体系的核心理念确认、要素识别与确认，关键成功因素与关键过程分析、体系架构设计，运行机制分析等；其次，研究企业高质量发展体系成熟度评价准则的定位和设计策略，以及准则内容、要求水平，编制方法等，解决了高质量发展成熟度准则设计的可行性、可靠性和科学性问题。第3章编制《企业高质量发展准则》（以下简称《准则》），试图提供一个完整的企业高质量发展行动指南，相应地作为高质量成熟度评价的标准，包括发展价值观、发展原则、关键过程和发展结果，以及成熟度等级和评分方法。《准则》内容以标准的形式编写，便于企业直接应用和参考。《准则》基于当代企业高质量发展最佳实践和理论要求（成熟度1000分）的描述，以及定义高质量发展体系，规定企业高质量发展核心理念、关键过程和结果，明确高质量发展的内容要求，附录的评分方法，说明了成熟度的水平要求。相应地，《准则》不仅可以作为标准文件应用，也可以作为企业高质量发展的手册、指南和标杆模式。当然，在企业高质量发展体系建立、实施和改进的过程中，提高发展水平关键还在于全面掌握和应用系统化的方法，识别和发现优势，识别机会，启动改进和创新活动。第4章在借鉴目前广泛采用的系统成熟度评审、评价和报告方法的基础上，设计了企业高质量发展成熟度评价的流程和方法，包括面向不同评价目的和类型的评价组织设计与分工、外部比较型评价流程、自我改进型评价流程，详细说明了评价过程需要完成的检查、评审、评价和报告的具体操作方法，深入具体操作细节、图表和工具等，十分详细。为了便于读者理解《准则》，掌握和应用高质量发展成熟度的方法，本书第5章、第6章提供了一个详细的案例，其中，“发展报告”部分按照《准则》的类目和条目编写，用于描述企业高质量发展的关键过程和结果，回应《准则》的要求。相应地，“发展报告”在一定意义上也是一个企业高质量发展的系统方法，“评价报告”则是按照评审准则和流程而写成的该企业高质量发展成熟度评价报告，包括：(1)《综合报告》，用于报告组织层面的整体性优势和改进机会；(2)《详细报告》，用于《准则》条目的层次，报告企业高质量发展的优势和改进机会；(3)成熟度评分，表明企业高质量发展水平的高低。优势表明对应过程(实践)和结果达到高成熟度水平，可以为企业发展带来更大的好处，有必要在组织相应的领域推广和应用；改进机会表明对应的过程和结果相较于高成熟度有明显的差距，可能对企业发展有不利影响，有待改进。高质量发展成熟度评价结论的可信性、可靠性，除了有设计良好的评价体系，还需要有更充分的数据。为了检验《准则》和成熟度评价方法在缺少高质量发展专门报告信息情况下的可用性、适宜性，本书第7章基于世界级一流企业华为投资控股有限公司的年度发展报告信息，基于《准则》和成熟度评价方法，选择有可用数据的部分类目或条目开展成熟度评价，以识别华为公司高质量发展的优势和改进机会，帮助读者进一步认识和理解《准则》和成熟度评价方法。当然，关于华为公司的优势和改进机会，也可能会让读者对于华为有新的认识和“感觉”。

虽然关于改进与创新，关于追求卓越、可持续经营，关于高质量发展的理念、原理、原则、系统体系架构、关键过程和方法、运行机制是相通的，企业高质量发展体系的设计和构建可以借鉴过去30年大量的优秀成果，但是高质量发展体系作为一个复杂的、综合的社会系统，如何设计与构造，如何能够真正解决企业高质量发展的关键问题，并形成系统化、高成熟度的方法，还是需要根据我国企业高质量发展的形势、任务、要求，以及环境、条件，重新设计、优化、确认系统要素、结构和成熟度水平，也需要吸收21世纪前十年开始成形的企业经营、管理、创新、发展的新理念、新原则、新方法，例如，关于敏捷、进化自组织的思想，关于针对“Z一代”步入职场的新要求，等等。要想解决这些方面的问题，不仅需要对于追求改进创新、追求卓越与可持续经营的理念、过程和方法做校准、整合和统一，而且有必要进行多层面的探索、变革、设计与综合。例如，

如何在企业层面定义新发展理念，即高质量发展价值观？

如何定义高质量和高质量发展体系？

如何定义高质量发展成熟度？

如何设计简明、可用的评价流程和评分方法？

相关的价值观、原则、要求和期望如何在理念层、准则层、过程和方法层，在概念、文本和体裁上充分体现？

本书都做了努力和尝试！

相信本书对于学习和研究改进创新、追求卓越、可持续经营、高质量发展等主题的学者、理论工作者，会有新的启发；对于高质量发展领导者、管理者、实践者，能够提供路线指引、启发系统思考、给予行动建议，以增强企业高质量发展的信心，增强高质量发展的科学性和成熟度。

党的二十大报告中明确指出，要全面贯彻新发展理念，加快构建新发展格局，着力推动高质量发展，强调“高质量发展是全面建设社会主义现代化国家的首要任务”。

让这本书与您一起出发！

作　者

2024年3月

目 录

第 1 章　追求卓越与可持续经营的系统化方法

本章回顾企业追求卓越与可持续经营的历程，识别企业可持续经营与发展典型模式和系统化方法，总结我国打造一流企业、追求高质量发展的经验和知识成果，为企业高质量发展体系构建与评价方法设计提供理论和方法基础。

1　追求卓越的探索历程

20世纪80年代，世界范围内的政治、经济、技术与社会环境发生了前所未有的变化，对企业经营管理产生了深远影响。供过于求市场的形成、顾客需要和期望的提高、产品生命周期的缩短、科学技术变化方向与速度、全球化竞争等各个方面，都成为企业管理关注的焦点和难以掌握的变数。在这样的环境中，存在着驱动和影响企业、社会经济活动的3种最为重要的力量，这就是被人们称为“3C”的“变化（change）、顾客（customer）和竞争（competition）”，即变化成为常态并日益加快，竞争无所不在且更加激烈，顾客掌握着主动权并成为经营关注的焦点。在这样的经营环境下，企业要想生存和发展，必须快速（fast）、灵活（flexible）、持续改进（improvement）、勇于创新（innovation）。世纪之交，快速、敏捷、改进、创新成为企业成功的关键。企业经营管理模式适应这种变化，经历了一系列改进、变革、转型与创新的过程。

其中，追求质量、追求卓越、成为一流，实现可持续经营相关理论和实践的探索成为主流。这一发展历程中，代表性的理论、系统化模式及其管理与组织成熟度评价的方法如图1–1所示。

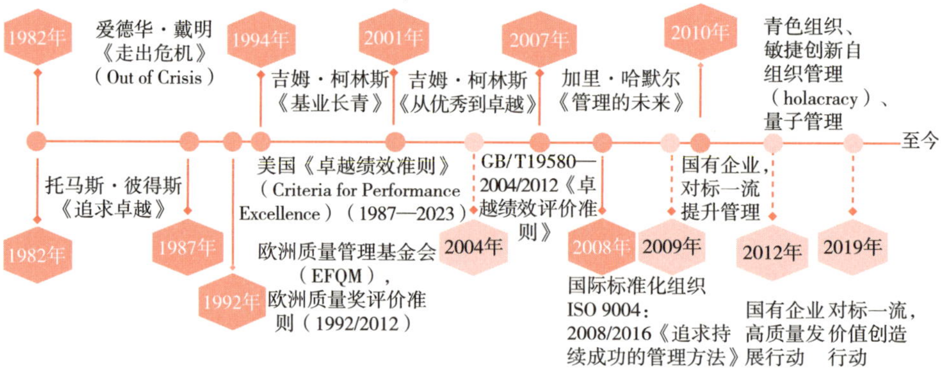

图 1–1 追求质量、追求卓越、追求可持续经营的探索与实践历程

如图1–1所示，1982年，爱德华·戴明总结日本企业20多年的实践，并结合经营环境的变化与经营管理变革的要求，总结出版了《走出危机》（Out of Crisis），其中分析企业“out of business(倒闭)”的“7大致命疾病”，提出“in business(可持续经营)”的“14个关键点”。同年，詹姆斯·奥图尔普在《先锋管理》中总结了优秀企业的7个共同特点。托马斯·彼得斯在研究了116家成功企业实践的基础上，出版《追求卓越》一书，总结了全球优秀企业的8个基本特征。吉姆·柯林斯结合20世纪90年代中期新的情况，进一步系统化并探讨企业的根本性问题，于1994年出版《基业长青》，阐述企业树立长远使命、追求可持续经营的理念和策略，又于2001年出版《从优秀到卓越》，探讨追求可持续经营、打造世界一流企业的经验和路径。在管理理论研究和学术领域，加里·哈默尔于2007年出版《管理的未来》，研究企业经营管理的变革规律性，提出企业通过管理创新成为一流企业的措施等。

这一过程伴随20世纪80年代末90年代初世界贸易的大发展，为了促进贸易的发展，促进追求质量与可持续经营，国际标准化组织（ISO）制定了一系列标准，其中最具代表性的标准是ISO 9004标准，这个标准在世界范围内确定了追求改进与创新，追求可持续经营的标准化模式。与此同时，以美国波多里奇国家质量奖计划（MBNQA）、欧洲质量基金组织（EFQM）为代表，世界范围内通过制定一流企业评价准则，旨在促进企业推动质量改进、提高竞争力，进而提升国家竞争力，形成了《卓越绩效准则》和追求卓越、打造一流企业的热潮。我国于2000年由中国质量协会启动了全国质量奖计划，并于2004年制定了国家标准GB/T 19580—2004《卓越绩效评价准则》。

追求改进与创新，打造世界一流企业的理论和实践不断丰富和发展，到2010年，为适应高度不确定的经营环境、“新千禧一代”“Z一代”进入职场的职场背景，特别是敏捷、改进、创新实践的新要求、新特点，出现了以青色组织、合乐制（holacracy）为代表的敏捷、有机、进化、自组织的管理模式。这种模式很好地适应了创新型企业，尤其是高新技术企业和互联网大厂的行业文化，有力地推动企业创新和组织发展。当然，有机自组织设计、团队式工作方式、自主自我管理、快速迭代机制也广泛适用于这个时代各种类型的组织运营与管理。

在半个世纪的探索与实践中，出现了如图1-2所示的追求质量、追求卓越、追求改进创新、追求可持续经营的理论和方法。这些理论和方法的核心理念和内容导向是一致的，但关注焦点有所不同：有的强调目的，有的强调方法，有的强调持续改进，有的倾向于变革与创新。核心都是关注顾客、关注过程、强调改进与创新、全员参与、创造价值。其中，完整的系统模式有卓越绩效、TQM，以及青色组织、合乐制、学习型组织等；具有特色的方法有业务流程再造（BPR）、六西格玛、精益管理等。这些理论和方法都是企业经营管理系统、企业发展系统理论和方法的一部分，作为一个整体，发挥着作用。当然，其中关注范围更广、更均衡、系统性更强、集成度和成熟度更高的是打造一流企业的系统方法——卓越绩效模式。

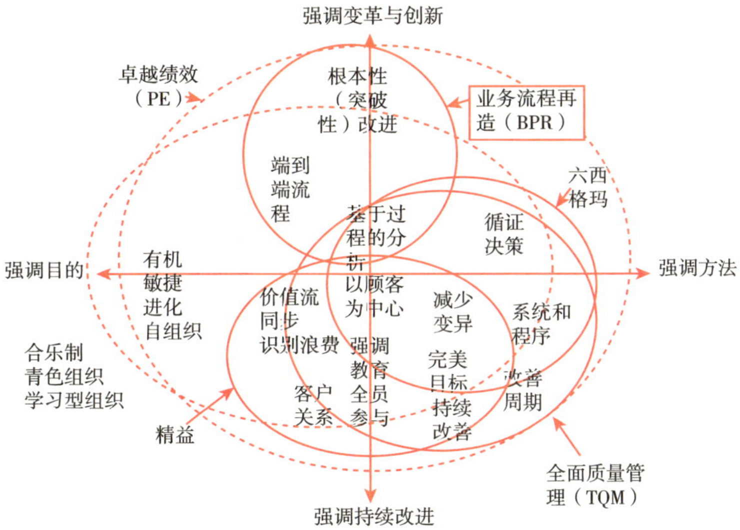

图 1-2　追求质量、追求卓越，追求改进创新、追求可持续经营的代表性理论和方法

20世纪90年代初，以促进美国企业追求卓越、提升竞争力，进而提升美国竞争力为目的的美国波多里奇国家质量奖计划，整合相关理论和实践并以国家法案的形式付诸实践，其中的《卓越绩效准则》（Criteria for Performance Excellence）阐明了卓越组织的行动准则和评价标准，并建立了管理成熟度评价的系统化方法，包括理念、准则、程序、评价要素、量化方法和报告方法等，并在世界范围内得到广泛应用，也成为事实上的卓越组织或世界一流企业的通用标准和模型，确定了总分为1000分的管理成熟度评价标准，如图1-3所示。欧洲质量基金组织（EFQM）于1992年基于类似的框架和内容，制定了欧洲质量奖评价准则。2004年，我国制定了对应的国家标准GB/T 19580—2004《卓越绩效评价准则》，并于2012年进行了更新。2008年，国际标准化组织（ISO）以国际标准的形式制定了ISO 9004:《追求持续成功的管理方法》，阐述了可持续经营的系统化管理模式，其成熟度与《卓越绩效准则》相近。

> 我认为波多里奇过程是一套强大的机制，让训练有素的人进行专业的思考，采取专业的行动，以造就产出卓越成果的伟大组织。
>
> ——吉姆·柯林斯，《从优秀到卓越》

过去半个世纪以来，形成的世界公认的一流企业可持续经营模式就是卓越绩效模式，其体系架构如图1-3所示，详细阐述见本章第2节。

2　追求卓越的典型模式与系统化方法

从20世纪80年代初开始，经过40多年，关于追求质量，追求卓越、高质量发展、打造一流企业、可持续经营等相关主题的研究和实践，逐步形成了系统的方法和典型模式，包括核心理念、体系架构、过程、方法和工具等，并以国际性标准的形式，在全球范围内得到推广和应用。典型的模式和系统方法：一是全面质量管理（TQM）；二是ISO 9004:《追求持续成功的管理方法》，使追求质量、追求可持续经营的管理模式成为世界标准；三是追求卓越，打造世界一流企业的综合性系统方法《卓越绩效准则》，把追求质量、追求可持续经营的管理理论和系统化方向推向新的高度；四是适应新世纪企业经营环境和经营管理挑战而逐步成型的有机、进化、敏捷、自组织管理模式，从根本上解决了30年来寻求为员工赋能（empowerment），使员工全身心投入（engagement）的难题。

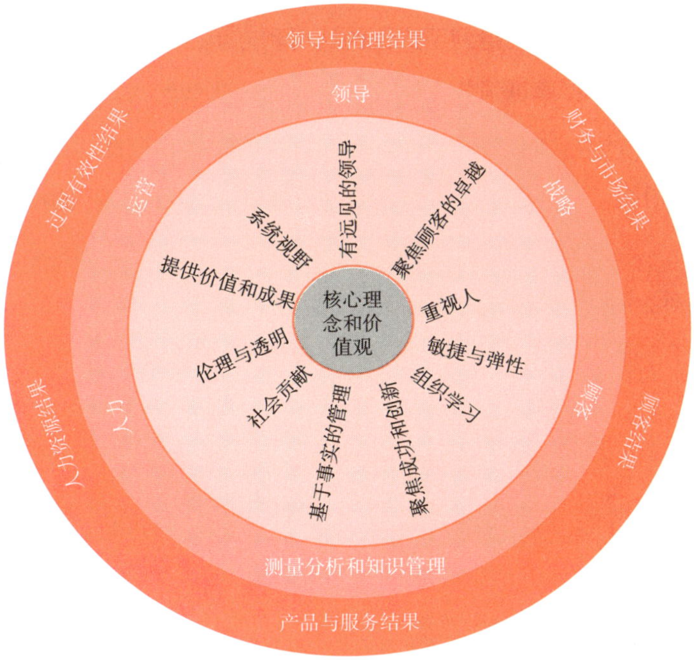

图 1–3　卓越绩效模式体系架构

2.1　可持续经营的典型模式

2.1.1　核心理念

20世纪80年代中后期，人们普遍认识到，“质量已经成为企业竞争的战略武器”，特别是日本企业经过30多年坚持不懈的实践，运用戴明等的全面质量控制（TQC）思想，不懈地追求质量，提高竞争力，进而大举占领世界市场并振兴国家经济，成就令世界瞩目。同时，向人们证明了以“追求质量、全员参与、持续改进，实现顾客满意，服务社会”为特征的新型管理模式的成功，证明了企业转型与变革的必要性、重大意义和关键成功因素。这种追求质量、追求持续经营、追求卓越的方法与实践，或者说过去30年

> 追求质量、全员参与、持续改进，顾客满意，服务社会。

企业转型的典型模式即全面质量管理（TQM）——以质量为中心，以全员参与为基础，旨在通过顾客满意来实现组织的长期成功并增进组织全体成员及全社会利益的管理途径。

TQM这种管理模式在20世纪60年代提出以来，经过20多年的发展，特别是全球的世界级企业的成功实践后，得到了广泛的认可和应用，成为这个时代的企业通过追求质量、提高竞争力、获得卓越绩效、达成长期成功的典型的最佳管理实践。它的根本特征是：彻底的顾客导向；强有力的领导；面向过程的管理；彼此信任的文化；不断改进与创新的学习型组织。这些思想，即著名的《质量管理八项原则》的核心。

2.1.2 体系架构与运行机制

这种可持续经营的管理模式的体系架构如图1–4所示。

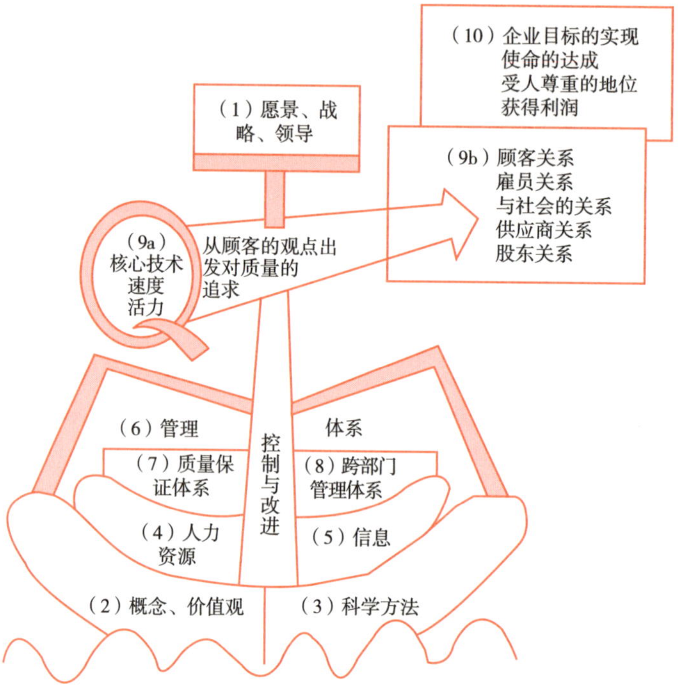

图1–4 20世纪80年代中期追求可持续经营的TQM的体系架构

资料来源：［美］约瑟夫·M·朱兰等编：《朱兰质量手册》（第五版），焦叔斌 中译，中国人民大学出版社，2003，第399页。

这个系统的内在运行机制是：

（1）在组织最高管理层强有力的领导下，建立明确的使命、愿景和战略；

（2）正确地理解和应用TQM的核心理念、价值观及追求质量和效率的科学方法；

（3）把人力资源、信息和知识视为组织成功至关重要的因素和基础架构；

（4）通过一个适用的、完整的系统（质量保证体系及其他跨职管理体系）的有效运作，全面提升绩效，如成本、交货期、环境和安全等方面；

（5）在诸如核心技术、速度和活力这类组织的基本能力的支持下，确保与顾客、员工、社会、供应商和股东建立健康的关系；

（6）持续地实现组织目标，达成组织的使命，使组织能够持续地获取利润，并受到人们的尊重。

这个模式的进一步应用、发展与系统化，形成了著名的ISO 9001、ISO 9004国际标准和《卓越绩效准则》。使追求卓越、追求持续成功的管理模式成为世界公认的标准。显然，这三个标准的来源是相同的——追求质量、追求可持续经营的实践；其核心理念与价值观也是一致的——以质量管理8项原则为核心（2015年修改为7项原则），后经扩展和发展，提出有代表性的卓越绩效的11个核心理念和价值观。当然，由于三个标准的目的、用途不同，其内容范围、成熟度水平还是有较大差别的，如表1–1所示。它们提供了一套世界性的、不同成熟度的企业经营管理与发展集成化的系统化方法，其中包括追求可持续经营的核心理念、关键过程和行动，以及评价其实施进展和实现水平的方法。这种系统化的方法是通用的，适用于提供任何类型产品和服务的任何组织。相关内容将在后续章节阐述。

表 1–1　追求质量、追求可持续经营的标准化模式特点

标准化模式	ISO 9001 标准模式	ISO 9004 标准模式	美国“卓越绩效”模式
核心理念	质量管理八项原则	质量管理八项原则	11个核心理念和价值观
体系架构	ISO 9001：2008/2015《质量管理体系要求》	ISO 9004：2009/2018《追求持续成功的管理方法》	《卓越绩效准则（2021—2022）》
评价方法	• ISO 19011：管理体系审核指南 • 外部评价与自我评价 • 符合性评价	• 自我评价 • 水平评价 • 成熟度等级＋识别改进机会	• 自我评价、质量奖评价、评价要素和评分方法 • 水平评价 • 成熟度评分＋识别优势与改进机会
成熟度（1000分制）	250—350	600—650	1000

2.2 追求可持续成功的标准化方法

ISO 9004标准是ISO 9000族标准的核心标准之一。2000年，第3版标准做了重大修改，从原来的《质量管理和质量体系要素指南》修改为《绩效改进指南》，以指导组织改进组织绩效，提高质量和竞争力，实现可持续经营。2008年，第4版标准再次修改为《追求持续成功的管理方法》。2016年，第5版标准几乎没有改动，一直到2018年第6版标准仍沿用《追求持续成功的管理方法》，仅做了结构上的调整和修改，保持了绝大部分核心内容。ISO 9004：2018《追求持续成功的管理方法》标准基于ISO 9001：2015提出的质量管理的原则，定义了组织质量的概念，提供了一套企业持续满足利益相关方需求和期望，实现可持续经营的标准化的系统方法。标准提倡自我评估，提供自我评估工具，用于审查组织采用标准的程度，识别机会，启动改进与创新。

2.2.1 目的

ISO 9004标准1987年发布第1版，其目的、用途内容发生了很大变化，2000年以来，国际标准化组织将ISO 9004的目的表述为：

为组织运用质量管理方法提供指南，以帮助组织应对复杂、严峻和不断变化的环境，实现可持续成功。同时，将自我评价作为评价组织成熟度等级的重要工具，包括评价领导、战略、管理体系、资源、过程、改进和创造等方面，从而识别组织的优势、劣势，以及改进、创新的机会。

其核心在于提供建立、实施和改进系统的方法，推动持续改进与创新，实现可持续经营与发展的系统化方法。

2.2.2 核心理念

标准定义沿用ISO 9000系列关于质量的概念，并定义组织质量为：组织在实现持续成功的过程中，组织的固有特性满足其顾客和其他利益相关方的需求和期望的程度。

ISO 9004标准所描述的追求持续成功的管理系统，其核心理念为2000年版ISO 9000标准中所定义的“质量管理八项原则”（2015年合并了过程方法，改为七项原则，但笔者认为前者阐述更深刻、严密）。这八项原则为：以顾客为关注焦点、领导作用、全员参与、过程方法、系统方法、持续改进、基于事实的决策、互利的供方关系。关于八项原则的阐述，请对照ISO 9000：2000《质量管理体系基础和术语》。

它是近半个世纪企业追求质量、追求可持续经营的理论探索与广泛实践的总结，在全世界范围得到广泛认同，并在管理历史上首次以国际标准的形式定义。它是企业追求可持续经营不能违背的要求，是通用的、最基本的行为原则。这些在其他领域所阐述的经营管理理论和方法中也得到广泛采用和体现，也是卓越绩效准则核心理念与价值观中基础性的、关键的构成部分。

2.2.3　体系架构

标准主张组织应超越其产品和服务质量以及顾客需求和期望，以平衡的方式、长期持续满足和超越相关方的需求和期望，增强相关方满意及综合体验，以实现持续成功。组织的环境不断变化，为了实现持续成功，组织应该：

——树立长久使命和长远眼光；

——不断监视和定期分析组织的环境，识别变化和机会；

——识别所有相关方，评价他们各自对组织绩效的潜在影响，以及确定如何均衡地满足他们的需求和期望；

——吸引相关方持续参与，并同他们沟通组织的活动和计划；

——建立与供方、合作伙伴和其他相关方的互利关系；

——利用各种方法，包括协商和调解，来平衡相关方之间经常存在的竞争性需求和期望；

——识别组织的短期和长期风险，落实组织的总体战略，以降低这些风险；

——预测未来资源需求（包括员工需具备的能力）；

——建立适合于实现组织战略的过程，确保这些过程能够快速适应变化的环境；

——定期评价与目前计划和程序的符合性，并采取适当的纠正措施和预防措施；

——确保组织的员工拥有为了自身利益和保持组织活力而进行学习的机会；

——建立并保持创新和持续改进的过程，以支持组织增强应对环境变化的能力。

标准描述了组织追求可持续成功的关键要素，其关键过程和内在机制形成如图1–5所示。

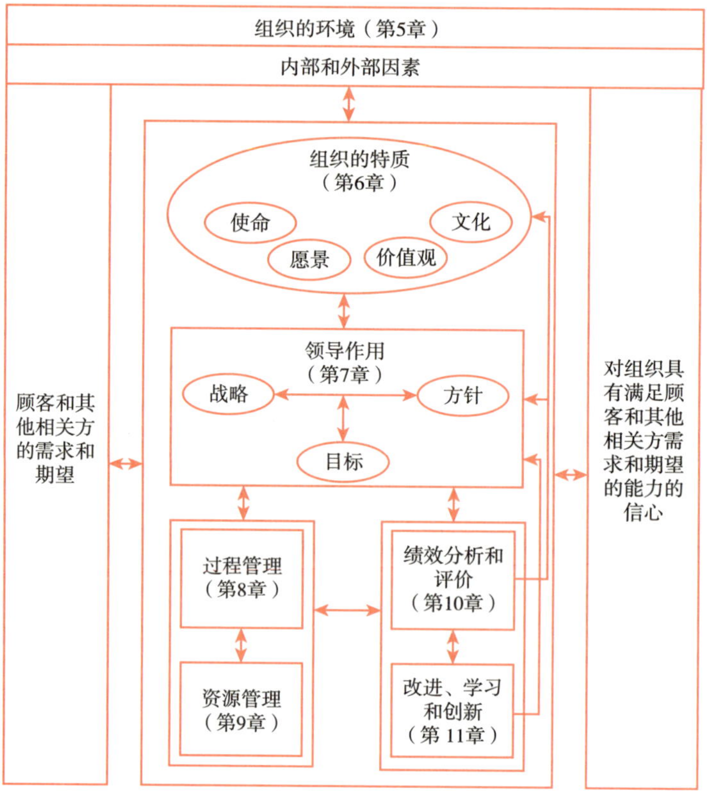

图 1–5　组织追求持续成功的管理体系架构

资料来源：GB/T 19004—2020 idt. ISO 9004：2018

2.2.4　关键要素和过程

这个追求持续成功的体系的关键过程和要求包括：明确要求，定义成功；确定核心理念和价值观；明确组织方向；设计、建立、实施、控制过程；管理资源；测量、分析、评价绩效；推动改进、创新。如表1–2所示。

表 1–2　　追求持续成功的组织体系（使用标准原有标号）

类目	条目	备注
5　组织的环境	5.1　总则 5.2　有关相关方 5.3　外部和内部因素	明确要求，定义成功
6　组织的特质	6.1　总则 6.2　使命、愿景、价值观和文化	确定核心理念和价值观

续表

类目	条目	备注
7　领导作用	7.1　总则 7.2　方针和战略 7.3　目标 7.4　沟通	明确方向
8　过程管理	8.1　总则 8.2　过程的确定 8.3　过程的职责和权限 8.4　过程的管理	设计、建立、实施、控制过程
9　资源管理	9.1　总则 9.2　人员 9.3　组织的知识 9.4　技术 9.5　基础设施和工作环境 9.6　外部提供的资源 9.7　自然资源	管理资源，支持运营
10　组织绩效的分析和评价	10.1　总则 10.2　绩效指标 10.3　绩效分析 10.4　绩效评价 10.5　内部审核 10.6　自我评价 10.7　评审	测量、分析、评价绩效
11　改进、学习和创新	11.1　总则 11.2　改进 11.3　学习 11.4　创新	推动改进、创新

2.2.5　管理体系成熟度等级评价方法

标准以附录的形式，提供了组织自我评价的工具。定义“自我评价”是对照所选择的标准，对组织的活动和结果进行的综合的和系统的评审。自我评价旨在对组织绩效和管理体系成熟度进行全面的评价，识别改进及创新的领域并确定后续活动的优先顺序。自我评价还可以是一个潜在的学习工具，它能提供组织改进的愿景并推动利益相关方的参与。

标准提供的自我评价工具定义了面向管理体系要求的5个等级的持续成功成熟度模型，包括评价要素、成熟度等级。具体如表1–3所示。

表 1–3　　自我评价要素与成熟度等级相关准则的通用模型

关键要素	持续成功的成熟度等级				
	等级1	等级2	等级3	等级4	等级5
要素1	准则1 基本等级				准则1 最佳实践
要素2	准则2 基本等级				准则2 最佳实践
要素3	准则3 基本等级				准则3 最佳实践

基于ISO 9004国际标准的细节，编制了包含单独的针对关键要素的自我评价表及其细节，用于针对标准条款，评价等级水平，形成结论。自我评价表可以直接使用，也可以根据组织的具体情况进行定制。详细内容请参阅ISO 9004标准附录。

2.3　全球性的追求卓越的准则和方法

20世纪80年代后期，TQM的理念和系统化方法得到广泛认同和传播，追求质量、持续改进、追求可持续经营成为企业发展的共同追求。许多国家的政府仿效日本戴明质量奖，通过设立国家质量奖的方式，来提升本国各类组织的经营管理水准，强化和提高本国产业的竞争力。除了美国、日本、欧洲等发达国家和地区外，许多新兴的工业化国家和发展中国家也都开展了国家质量奖计划。在所有这些质量奖计划中，最有代表性的是美国波多里奇国家质量奖、欧洲质量基金组织（EFQM）欧洲质量奖、日本戴明奖。其中，设立时间最早的是日本戴明奖，创立于1951年。美国波多里奇国家质量奖和欧洲质量奖分别创立于1987年和1992年。目前，影响最大、采用或借鉴最广泛的当属美国波多里奇国家质量奖，欧洲地区以外绝大多数国家的质量奖计划都以美国波多里奇国家质量奖为范本来建立评价准则，实施评价。

设立国家质量奖的第一步是制定评价标准，以美国的《卓越绩效准则》最有代表性。它系统地总结了当代一流企业经营、管理和发展的实践，描述了追求可持续经营的典型模式（TQM）的体系架构及其运行过程并具体化为标准条款，明确了卓越组织的行动准则和评价标准，在世界范围得到广泛推广，作为各类组织评价自身的经营管理水准和引导改进工作的依据。它已经成为打造一流企业追求可持续经营活动事实上的“国际标准”。对照《卓越绩效准则》来对组织的绩效进行自我评估，是过去40年出现的一个追求卓越的世界性潮流。

2001年开始，在中国质量协会的推动下，我国也借鉴美国、欧洲的质量奖计划，推出了中国的“全国质量奖”计划，经过8年的实施，已有62家企业获得“全国质量奖”，有数百家企业获得“推进卓越绩效模式先进企业”称号。这一计划为在我国倡导和应用《卓越绩效准则》作出了重要贡献。2004年8月，中华人民共和国国家标准GB/T 19580—2004《卓越绩效评价准则》正式发布，2012年发布第二版标准。该标准的发布迅速引起了企业界及其他相关领域的关注和重视，也预示着将有众多企业和人员会受到影响。这标志着“卓越绩效模式”在我国的推广进入了一个新的阶段。自此以后，在我国的大部分省、自治区，乃至重要的市、县，纷纷以“省质量奖”“省长奖”“自治区主席奖”“市长奖”的形式设奖并推动《卓越绩效评价准则》的应用。在全国范围内形成了政府和企业共同倡导和开展追求卓越活动、提升企业经营质量和竞争力的热潮，这不仅表明了人们对《卓越绩效评价准则》的价值、地位和作用的认识，也标志着我国推进质量与可持续经营的事业已经从学习、探索阶段发展到全面推广和系统实施阶段。

2.3.1　目的

各国设立质量奖，制定《卓越绩效准则》(Criteria for Performance Excellence）阐明了卓越组织的行为准则和评价标准，并建立了管理成熟度评价的系统化的方法，包括理念、准则、程序、评价要素、量化方法和报告方法等，并在世界范围内得到广泛推广和应用，也成为事实上的卓越组织或世界一流企业的通用标准和模型，确定了总分为1000分的管理成熟度评价标准。其目的和宗旨在表述上稍有差别，但主要目的是一致的，即:

（1）促进企业及其他各类组织为荣誉而改进质量、生产率和绩效，提高竞争力，进而提高国家的竞争优势;

（2）表彰一流企业改进经营质量、发展质量、产品和服务质量的成就，树立标杆和学习榜样;

（3）通过提供获奖组织如何变革文化，促进改进与创新，达成卓越绩效的系统化信息，为希望实现高质量发展的组织提供借鉴和指导。

2.3.2　核心理念

世界范围内的质量奖评价准则明确地定义和系统地阐述了它赖以建立并且遵循的核心理念和价值观。美国的《卓越绩效准则》中提出了11项“核心理念和价值观”(core concepts and values)，欧洲质量基金组织（EFQM）的欧洲质量奖评价准则提出了8项“根本理念”（fundamental concepts）。我国2012年版《卓越绩效评价准则》中列出了9项基本理念。各个准则基于这一套相互关联的核心理念和价值观而构建，作为评价标准和依据。基于准则而建立和运行的“卓越绩效模式”以此核心理念的价值观作为建立行为准则来运行。具体如表1–4所示。

表1–4 追求卓越的核心理念和价值观

11项核心理念和价值观（美国2021—2022年准则）	9项基本理念（中国2012年准则）	8项根本理念（欧洲质量奖评价标准）
（1）系统视野 （2）有远见的领导 （3）聚焦顾客的卓越 （4）注重人 （5）敏捷与弹性 （6）组织学习 （7）关注成功和创新 （8）基于事实的管理 （9）社会贡献 （10）伦理和透明 （11）提供价值和平衡成果	（1）高瞻远瞩的领导 （2）战略导向 （3）顾客驱动 （4）社会责任 （5）以人为本 （6）合作共赢 （7）过程与结果并重 （8）学习、改进与创新 （9）系统管理	（1）结果导向 （2）以顾客为中心 （3）领导与坚定不移的宗旨 （4）基于过程和事实的管理 （5）人员发展与参与 （6）持续学习、创新和改进 （7）伙伴关系的建立 （8）公共责任

如前所述，它们来源于20世纪80年代以来追求卓越的实践总结，是在调查众多世界级领先企业在追求卓越实践中共有的价值观和根本性行为准则，反映了这个时代企业经营管理的核心理念和价值观。虽然各自的核心理念和价值观表述不同，但其核心内容是一致的：彻底的顾客导向，强调领导作用，重视每个人的价值，强调社会责任与均衡利益，主张系统的和基于过程的方法论，突出营造合作、创新、学习、持续改进的文化。人们也许注意到，这些核心理念与ISO 9000族标准制定的基础——“质量管理八项原则”有异曲同工之妙。因此，可以认为这些理念都是追求可持续经营的世界一流企业最基本特征的体现。理念随着时代的变化不断丰富和完善，2000年以来保持相对稳定。2018年以来，美国的准则更强调组织敏捷性、创新和转型、风险管理和供应链弹性、社会贡献和环境可持续性、工作性质和劳动力需求的变化、多样性、公平性和包容性等，更加突出了可持续发展的重要性。2021年，欧洲质量奖评价准则做了重大调整，特别强调了利益相关方参与、绩效转型与可持续发展。

关于准则的详细阐述，请参阅各类准则。

2.3.3　体系架构

基于追求卓越的核心理念和价值观，美国的《卓越绩效准则》、欧洲的欧洲质量奖评价准则和我国的《卓越绩效评价准则》均定义了追求卓越的经营与管理系统或卓越绩效模式的体系架构，阐述了追求卓越的组织关键过程和结果的体系架构及内在逻辑。具体如图 1–6 所示。

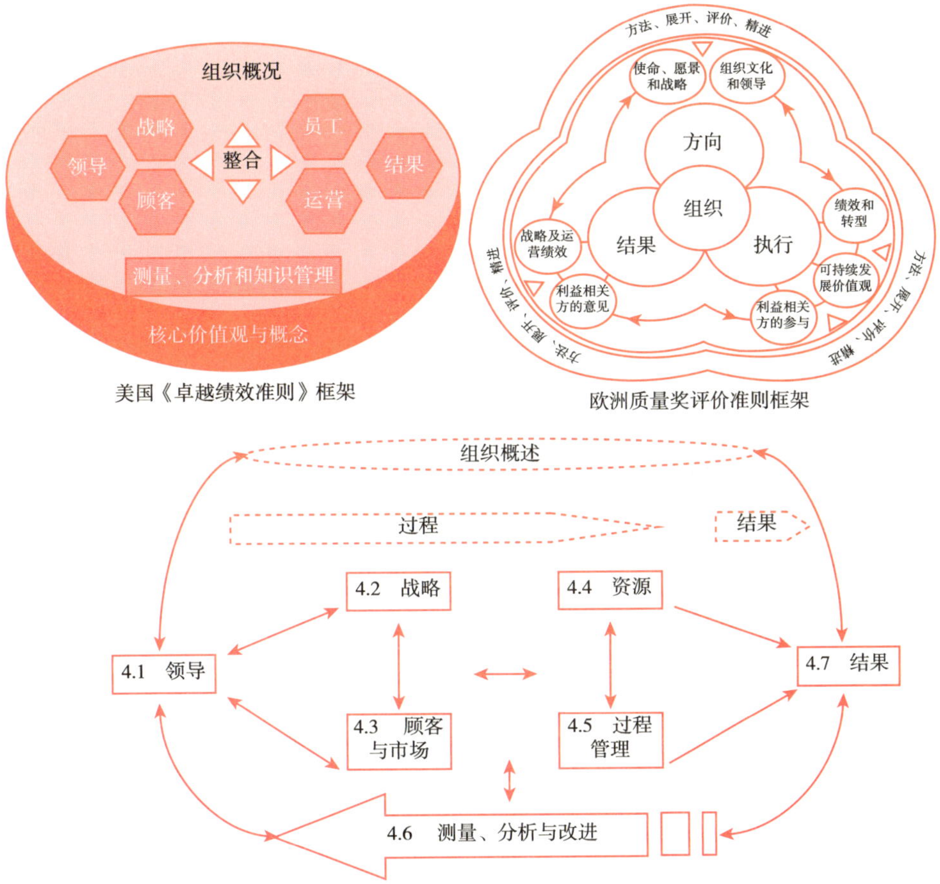

美国《卓越绩效准则》框架　　欧洲质量奖评价准则框架

中国《卓越绩效评价准则》框架

图 1–6　卓越绩效模式的体系架构

资料来源：MBNQA、EFQM、中国全国质量奖的评价准则。

各类卓越绩效准则描述了一个包含组织发展关键过程和绩效结果的、系统化的、通用的追求卓越的管理模式。它是基于当代管理理念，对世界范围内领先组织管理实际的抽象和概括，形成组织管理的经典模板和标准化模式。其内在的运行机制如下（以我国

准则为例):

(1)了解组织环境,明确相关方关系。

组织必须基于开放的视野和系统的方法,了解自己所处的经营环境,分析并明确与各个利益相关方的关系。组织经营面临快速变化和激烈竞争的环境,扫描环境,识别利益相关方及其利益需求,了解和分析竞争对手及其动向,洞察机会、挑战、优势、改进机会,清醒地认识组织所面临的形势,把握运营的背景状况,是确定组织方向、制定战略的前提和基础,也为方针目标管理和战略制定建立了总体框架。

(2)把握关键过程,追求全面绩效。

组织运作的主要过程和关键要素包括领导、战略、顾客与市场、资源、过程管理、测量分析与改进以及经营结果,这些是一个组织有效运作并取得成功不可或缺的基本活动和关键职能领域。组织只有把握关键过程,统筹兼顾,建立系统化的方法和运作机制,才能保证各项活动有效展开和实施。即通过发挥领导作用,确定组织的愿景、使命、价值观,明确组织前进的方向,创造改进、创新和追求卓越的环境,倡导组织守法、遵从社会道德规范和履行社会责任;通过战略制定和战略部署,识别组织的机会、威胁、优势和劣势,确定组织的目标,设计组织的蓝图,制订策略和行动的计划,落实责任,运用物质资源(包括财务资源、信息和知识资源、技术资源、基础设施等),以良好的相关方关系追求组织所期望的结果。在这个过程中不断地测量、分析、评价绩效,校准活动的方向,改进过程绩效。

在这6个关键过程中,领导、战略、顾客与市场可视为"领导三要素",这三个要素旨在"谋划"未来。在当今的经营环境下,组织谋划未来时,必须站在顾客的立场上,以顾客和市场为关注焦点;基于战略、顾客与市场实施领导,瞄准"正确的方向",强化领导的前瞻性,有远见的领导十分重要。资源、过程管理和经营结果可视为"结果三要素",这三个要素意味着如何将伟大的设想付诸行动,就是将人活的资源和其他物的资源融汇在有效的过程之中,去坚决地"执行",强化执行力,以实现组织目标,达成期望的结果。

追求卓越的组织所追求的结果是一个均衡地考虑所有利益相关方价值观的全面绩效结果,包括产品和服务结果、顾客与市场结果、财务结果、资源结果、过程有效性结果、领导结果。组织的成功,不能忽视任何一个利益相关方的价值需求,需要在不同的时期、不同的环境下，了解各方的需求和期望，平衡各方利益，寻求多方满意并与其建立良好的关系。

各项结果之间也存在着内在的联系。对营利性组织（企业）而言，从因果关系看，它们构成一个目的和手段链。简单地说，财务结果是最终结果和绩效，其他结果是中间结果。资源和活动有效性的结果，导致产品、顾客与市场的结果，市场的结果导致财务结果、社会责任的结果。从利益相关方看，它们构成一个价值链，即组织过程有效性和资源的结果，产生顾客和合作伙伴的结果，进而带来股东和社会的结果。明确结果之间的内在联系，不仅有助于处理好过程与结果之间的因果关系，还有利于协调利益相关方的利益从属关系，从而使结果发挥“正确的”导向作用。

（3）强调组织学习，寻求改进和创新。

《卓越绩效评价准则》的关键过程之一是“测量、分析与改进”。这是一个针对每个过程持续进行的、贯彻始终的信息管理过程。它基于组织的使命和战略要求，有目的地对各类资源、关键过程及其结果实施测量、获取数据；基于经验和知识综合处理各种数据，展开分析和评价，获得信息和新的知识，识别组织的优势和改进机会，并制定有效的措施，实施持续改进和不断创新，并有意识地积累和共享知识，在组织层面形成一个学习过程，不断地重复成功，避免失败，创造卓越绩效，实现永续经营和可持续发展。

2.3.4　关键要素和过程

准则中领导、战略、顾客与市场、资源、过程管理、测量分析与改进等基本过程和结果可以进一步展开为具体的活动，包括关键过程（条目）、重要方面（要点）和详细要求。以美国2021—2022年准则为例，其中包括7个类目、17个条目、40个要点和70多项详细要求，如表1-5所示。

表 1-5　　2021—2022 年美国《卓越绩效准则》结构（使用标准原有标号）

类目 (categories)	条目 (items)	要点 (areas to address)	详细要求 (headings summarizing)
1. 领导（120分）	1.1　高层领导（70分）	a. 愿景和价值观	• 树立愿景和价值观 • 提倡合法和道德行为
		b. 沟通	
		c. 使命与组织绩效	• 为成功创造环境 • 专注行动

续表

类目 (categories)	条目 (items)	要点 (areas to address)	详细要求 (headings summarizing)
1.领导(120分)	1.2　治理与社会贡献(50分)	a.组织治理	• 治理系统 • 绩效评估
		b.法律和道德行为	• 遵守法律和法规 • 道德行为
		c.社会贡献	• 社会福利 • 社区支持
2.战略(85分)	2.1　战略策划(45分)	a.战略制定过程	• 战略规划过程 • 创新 • 战略考虑的因素 • 工作系统和核心竞争力
		b.战略目标	• 关键战略目标 • 战略目标考虑
	2.2　战略部署(40分)	a.行动计划的制定与部署	• 行动计划 • 行动计划的实施 • 资源分配 • 劳动力规划 • 绩效衡量 • 绩效展望
		b.行动计划的修订	
3.顾客(85分)	3.1　顾客期望(40分)	a.顾客倾听	• 现有顾客 • 潜在顾客
		b.顾客细分和产品	• 顾客细分 • 产品
	3.2　顾客参与(45分)	a.顾客体验	• 关系管理 • 顾客访问和支持 • 投诉管理 • 公平对待
		b.确定顾客满意度和参与度	• 满意、不满意和参与 • 相对于其他组织的满意度
		c.使用顾客声音和市场数据	
4.测量、分析和知识管理(90分)	4.1　组织绩效的测量、分析与改进(45分)	a.绩效测量	• 绩效测量 • 比较数据 • 测量灵活性
		b.绩效分析及评审	
		c.绩效改进	• 未来绩效 • 持续改进和创新

续表

类目（categories）	条目（items）	要点（areas to address）	详细要求（headings summarizing）
4. 测量、分析和知识管理（90分）	4.2　信息和知识管理（45分）	a. 数据和信息	• 质量 • 可用性
		b. 组织知识	• 知识管理 • 最佳实践 • 组织学习
5. 员工（85分）	5.1　工作环境（40分）	a. 职工的能力和才能	• 能力和才能需求 • 新员工成员 • 劳动力变化 • 工作成就
		b. 职工氛围	• 工作环境 • 员工福利及政策
	5.2　员工敬业（45分）	a. 员工敬业度评估	• 驱动因素 • 敬业度评估
		b. 组织文化	
		c. 绩效管理与发展	• 绩效管理 • 绩效发展 • 学习与发展成效 • 职业发展 • 公平和包容
6. 运营（85分）	6.1　工作流程（45分）	a. 产品及流程设计	• 确定产品及流程要求 • 主要工作流程 • 设计理念
		b. 过程管理与改进	• 过程实施 • 支持过程 • 产品和流程改进
		c. 供应网络管理	
		d. 创新机会管理	
	6.2　运营有效性（40分）	a. 过程效率和有效性	
		b. 安全和网络安全	
		c. 安全、业务连续性和弹性	• 安全 • 业务连续性和弹性
7. 结果（450分）	7.1　产品与过程结果（120分）	a. 以顾客为中心的产品和服务的结果	
		b. 运营过程有效性结果	• 过程有效性和效率 • 安全和应急准备
		c. 供应网络管理结果	
	7.2　顾客结果（80分）	a. 以顾客为中心的结果	• 顾客满意度 • 顾客参与度

续表

类目（categories）	条目（items）	要点（areas to address）	详细要求（headings summarizing）
7.结果（450分）	7.3 员工结果（80分）	a.员工为本的结果	•员工能力和才能 •员工氛围 •员工敬业度 •员工发展
	7.4 领导和治理结果（80分）	a.领导、治理和社会责任结果	•领导力 •治理 •法律和监管 •道德标准 •社会
	7.5 财务、市场和战略结果（90分）	a.财务与市场结果	•财务绩效 •市场表现
		b.战略执行结果	

2.3.5 经营管理系统成熟度评价与评分方法

基于《卓越绩效准则》实施评价，目前已建立了一套卓越绩效评价方法和规范的评审程序，包括“国家质量奖的评审程序”和组织按照标准实施“自我评价的程序”。我国也借鉴了这种通用的方法，并在《卓越绩效评价准则实施指南》中作出了说明。这里简要介绍卓越绩效评价方法和组织自我评价的程序。

无论是在质量奖评审中还是组织自我评审中，对组织管理绩效评价的方法都是相同的，这种“卓越绩效评价”采用的诊断式评价，从“过程”和“结果”两个方面，按照不同的要素进行评价，并设计出计分方法进行评分。这种方法既可以对照准则的要求，定性地评价组织优势和改进机会，也可以按照分级量表进行定量评价，评估组织管理成熟度。

（1）评价要素。

在卓越绩效评价中，“过程”指组织针对标准类目中的条目要求所应用的并不断改进的各种活动方法。对于过程的评价依据四个因素：方法—展开—学习—整合（approach—deployment—learning—integration，A—D—L—I）。各个评价要素及其要点如表1-6所示。在过程评价时，方法—展开—学习—整合是联系在一起的，强调方法与条目具体要求的展开相一致。随着过程的成熟，方法应体现其学习循环，以及与其他过程和工作单位的整合。通过过程评价，发现组织每一个或全部要素中的优势和（或）改进机会。

在卓越绩效评价中，“结果”是指组织在实现条目要求方面的产出和获得。用于评价结果的四个因素是：水平—趋势—对比—整合（levels—trends—comparisons—integration，Le—T—C—I），依据这四个要素评价组织结果的成熟度。各个评价要素及其要点如表1–6所示。结果类条目评价时，要求就关键的组织绩效指标给出绩效水平和改进速度的数据，还要给出相关的比较性数据，并提供关于绩效改进广度的数据。这直接与展开和组织的学习相联系，如果改进过程得到了广泛共享和展开，就应有相应的结果。因此，某个结果条目的得分是一个综合，它基于总的绩效，同时考虑了改进的速度和广度及其对条目要求和企业的重要性。

表 1–6 卓越绩效评价方法[①]

评价方面	评价要素	评价要点
过程	方法	(a) 方法的适宜性，包括对标准评分条款要求和对组织实际的适宜程度； (b) 方法的有效性，是否产生了好的结果； (c) 方法的系统性，包括可重复性以及基于可靠数据和信息的程度
	展开	(a) 方法是否持续应用； (b) 方法是否在所有适用的部门应用
	学习	(a) 通过循环评价和改进，对方法进行不断完善； (b) 鼓励通过创新对方法进行突破性的变革； (c) 在各相关部门、过程中分享方法的改进和创新
	整合	(a) 方法与在组织概述和其他评分条款中确定的组织需要协调一致； (b) 各过程、部门的方法协调一致、融合互补，支持组织使命、愿景和战略目标的实现
结果	水平	(a) 组织绩效的当前水平
	趋势	(a) 组织绩效改进的速度（趋势数据的斜率）； (b) 组织绩效改进的广度（展开的程度）
	对比	(a) 与适宜的竞争对手或类似组织的对比绩效； (b) 与标杆或行业领先者的对比绩效
	整合	(a) 组织结果的测量指标与在“组织概述”和“过程”评分条款中确定的关键绩效要求及指标相呼应； (b) 组织各过程、部门的结果协调一致，支持组织使命、愿景和战略目标的实现

（2）评分方法。

各国的卓越绩效准则应用指南中，分别针对过程类条款和结果类条款给出了详细的评分指南，作为卓越绩效自我评价和质量奖评审的评分尺度。目前，各国质量奖的评价

① 根据GB/Z 19579—2008《卓越绩效评价准则实施指南》整理。

通常总分为1000分，条目的分数分配比较类似，有的国家还随着标准的修订微调分配比例，旨在强调不同时期管理的重点。美国波多里奇国家质量奖总分为1000分，条目评分分配如表1–5所示。此前获奖企业的评分在600—700分。

依据评分指南，对过程的评价，按照A—D—L—I 4个要素，6个评分档次，以5%为评分区间进行评分，如表1–7所示；对结果的评价，按照Le—T—C—I 4个要素，6个评分档次，以5%为评分区间进行评分，如表1–8所示。

卓越绩效评价以评审组的方式进行，采用专家评分法评分。评审包括针对自评报告进行的文件评审和现场评审两个环节。按照准则要求进行评价时，评审员首先进行单独评审，按照对照组织的自我评价报告或组织的具体情况，对照准则条款要求中的每个评分项（即条目）给出适宜的分数。而后，评审组进行合议评审，逐条达成一致后确定组织的得分，并将所有评分项得分相加，即得出被评价组织的总得分。

表1–7　“过程”评分指南[①]

分数	过程
0或5%	•没有系统的方法，信息是零散、孤立的。(A) •方法没有展开或略有展开。(D) •没有改进导向，已有的改进仅是“对问题的被动反应”。(L) •缺乏协调一致，各个方面或部门各自为政。(I)
10%，15%，20%或25%	•开始有系统的方法，应对该评分条款的基本要求。(A) •方法在大多数方面或部门处于展开的早期阶段，阻碍了基本要求的实现。(D) •处于从“对问题的被动反应”到“改进导向”转变的早期阶段。(L) •通过联合解决问题，与其他方面或部门达成一致。(I)
30%，35%，40%或45%	•有系统、有效的方法，应对该评分条款的基本要求。(A) •方法已得到展开，尽管某些方面或部门的展开尚属早期阶段。(D) •开始系统地评价和改进关键过程。(L) •各评分条款、方面或部门之间初步协调一致。(I)
50%，55%，60%或65%	•有系统、有效的方法，应对该评分条款的总体要求。(A) •方法得到很好的展开，尽管某些方面或部门的展开有所不同。(D) •基于事实且系统的评价、改进和一些创新，以提高关键过程的有效性和效率。(L) •各评分条款、方面或部门之间实现了协调一致。(I)
70%，75%，80%或85%	•有系统、有效的方法，应对该评分条款的详细要求。(A) •方法得到很好的展开，无明显的差距。(D) •基于事实且系统的评价、改进和创新已成为关键的管理工具，进行组织级的分析和分享。(L) •各评分条款、方面或部门之间在协调一致的基础上，实现了整合。(I)
90%，95%或100%	•有系统、有效的方法，全面应对该评分条款的详细要求。(A) •方法得到完全展开，在任何方面或部门均无明显的弱点或差距。(D) •基于事实且系统的评价、改进和创新已成为全组织的管理工具，进行全组织的分析和分享。(L) •各评分条款、方面或部门之间实现了很好的整合。(I)

① 根据GB/Z 19579—2008《卓越绩效评价准则实施指南》整理。

表 1-8　　“结果”评分指南①

分数	结果
0 或 5%	• 没有报告结果，或结果很差。(Le) • 没有显示趋势的数据，或大多为不良的趋势。(T) • 没有对比性信息。(C) • 在对于达成组织使命、愿景和战略目标重要的任何方面，均没有报告结果。(I)
10%，15%，20% 或 25%	• 结果很少，在少数方面有一些早期的良好绩效水平。(Le) • 有一些显示趋势的数据，其中部分呈不良的趋势。(T) • 没有或极少对比性信息。(C) • 在对于达成使命、愿景和战略目标重要的少数方面，报告了结果。(I)
30%，35%，40% 或 45%	• 在对该评分条款要求重要的一些方面，有良好的绩效水平。(Le) • 有一些显示趋势的数据，其中多半呈有利的趋势。(T) • 处于获得对比性信息的早期阶段。(C) • 在对于达成使命、愿景和战略目标重要的多数方面，报告了结果。(I)
50%，55%，60% 或 65%	• 在对该评分条款要求重要的大多数方面，有良好的绩效水平。(Le) • 在对达成组织使命、愿景和战略目标重要的方面，呈有利的趋势。(T) • 与有关竞争对手和（或）标杆进行对比评价，一些绩效具有良好的相对绩效水平。(C) • 结果对应了大多数关键的顾客、市场和过程要求。(I)
70%，75%，80% 或 85%	• 在对该评分条款要求重要的大多数方面，有良好到卓越的绩效水平。(Le) • 在对达成使命、愿景和战略目标重要的大多数方面，呈可持续的有利趋势。(T) • 与有关竞争对手和（或）标杆进行对比评价，多数乃至大多数绩效具有非常好的相对绩效水平。(C) • 结果对应了大多数关键的顾客、市场、过程和战略实施计划要求。(I)
90%，95% 或 100%	• 在对该评分条款要求重要的大多数方面，有卓越的绩效水平。(Le) • 在对达成使命、愿景和战略目标重要的所有方面，呈可持续的有利趋势。(T) • 在多数方面都表明处于行业领导地位和标杆水准。(C) • 结果完全对应了关键的顾客、市场、过程和战略实施计划要求。(I)

2.4 敏捷、进化自组织模式

知识经济、信息时代、“Z一代”步入职场，加之快速变化、激烈竞争、顾客主导的VUCA时代，敏捷、高效、创新成为企业成功的关键因素。如何通过有效的组织体系设计与运作，激活组织的创新活力，提高创新成功率和创新成效，保证制度创新、技术创新、商业模式创新的顺利展开并取得成功，是大多数企业亟待解决的问题。新世纪以来，学界和业界进行了深入的探索和广泛的实践，直到20世纪初，才逐步形成了系统化的模式和解决方案，其中最具代表性的就是合乐制（holacracy，也译为合弄制、活络制）。

① 根据GB/Z 19579—2008《卓越绩效评价准则实施指南》整理。

合乐制是一种创新导向的、集成化的管理解决方案，是一种完全自组织的管理模式。它适用于有远大追求的组织。其核心内容包括柔性的有机组织、独特的组织治理流程、运营管理流程、集成决策流程及其张力（tension）驱动运行机制。

合乐制重新思考管理本质和定义管理使命，将知识经济、信息时代组织管理的核心理念转化为一个完整的系统，使组织重生，为追求创新的企业提供一个系统化的管理方式和解决方案。从管理变革与发展历程看，合乐制使组织在VUCA时代得以重生，为企业追求敏捷、高效、创新和持续发展，提供了集成化的、新的管理模式和解决方案。

2.4.1 核心理念

它仿照世界上“最有机的组织”——人体的“细胞—组织—器官—系统”的结构，设计出企业的“圈—链”组织结构，建立了由张力（每个人感知的理想与现实的差别）驱动的“活的”进化机制；开发独特的组织治理与运作程序，建立汇聚智慧，集成每个个体活力的集成决策程序，同时，以章程的方式，构建了一个管理操作系统和推进方式。其中包含“生命、活力、有机、灵活、网络、透明、集成”等核心理念。这种模式充分体现了使命思维、过程方法、自主自治、有机组织、进化设计、智能工作、搞定为王的基本原则，体现了合乐制的根本特性和基本原则。

研究合乐制的理论和方法，观察其体系架构和运行实践，可以发现它作为创新型管理模式的根本特性和基本原则。这也是企业采用和运用合乐制的关键成功事项。

（1）使命思维。

在合乐制组织中，角色和圈子都有自己的使命、职责、权限领域；圈子之间还通过领导链保证上层圈子的使命在其子圈子的要求得到落实。在合乐制的公文和决策过程中，提议是否有效、异议是否有效、角色所选择的下一步行动和项目是否有效、治理会议关于职责的调整和新政策的提出等，都以是否“有助于达成使命”或“对使命和角色的职责无害”为判定准则。合乐制通过全组织完整的使命链将组织、组织的活动连接在一起。

这种根本的使命思维，保证组织的一致和行动的校准，更重要的是，它为组织确定了“正确”的准则，为一切改进和创新锚定方向，创造新的价值定位，从而保证创新的方向。这种使命思维也为组织可持续经营奠定基础，保证组织的长远发展。

（2）过程方法。

过程方法的核心是把组织作为一系列活动或过程组成的系统来管理和运行。在合乐制中，定义角色、划分职责的依据是“做什么”，要求用“动词”说明，保证以活动为基础；运行过程以角色为中心，工作全部按照流程设计，如前所述，各个流程划分为详细的步骤，每个步骤的活动有详细的要求，并设有定期检查的绩效指标；合乐制会议流程和集成决策流程的输出要求必须是“行动”或“项目（一系列行动）”。因此，合乐制采用的是彻底的过程方法，包括运行机制都是进化设计，在过程中完善组织。

过程方法，使组织有“动”的敏捷状态，同时，克服了传统组织中“职位”与“人”对应，无法“对事不对人”的状态，从根本上保证组织的“执行力”，也消除“公司政治”存在的空间。任何改进都是过程的改进，任何真正的创新都需要“改变生产函数”——实质上是改变过程或过程的运行方法。所以，合乐制的过程方法找到了组织改进和创新的“作用点”，并将改进和创新与组织的运作集成在一起。

（3）自主分权。

组织扁平化，“授权”“分权”早已不是新概念，但是传统组织的授权、分权是一种部分分权、临时分权或者“假分权”（如需要报告、另行批准、备案等）。它无法赋予下级完全的决策权和行动权。在合乐制中，传统的“老板”“管理者”“领导”都不存在了，它把管理权、领导权、决策权、行动权完全赋予各个角色，让每个人“自己管理自己”，这是完全、彻底地分散权力，角色做什么、如何做、何时做，除了规则和使命的要求外，不再受到更高的外部权力支配。另外，合乐制以角色为中心即以活动为基础的组织设计，把传统的“写在纸上，藏在柜子”里的“职位说明书”真正落实在行动上，并在组织完全透明，在行动中实现真正的责—权—力、能力—资源—行动，达到责任、权力、资源、能力、绩效，乃至薪酬的真正同步、校准、一体化集成。

自治分权，同时创建的新的组织形式，以及事、责、权集成一致的运行机制，激活了每个人，解放了管理者，促进人的体力和智力的充分发挥，促进人本身的成长与发展，这可能是社会发展的根本目的。

（4）有机组织。

适应激烈竞争、快速变化，要求组织敏捷、有机和柔性，这是近30多年来管理变革的重要方向和措施。那么，世界上最有机的组织是什么组织？显然，人们都知道，是有机体，是人体。如何设计和实现将有机体的优势应用于组织管理呢？人们探索了30多年，正是罗伯森最早把它“兑现”的。合乐制组织设计就是按照有机体的结构和功能设计的，如表1–9所示，不但体现在结构和功能上对应，而且在运行机制上，都是采用有机体的进化设计。此外，合乐制组织设计还考虑人生存的目的和意义，使组织及其个人按照“全人”的方式开展工作。

这种完全的有机结构，才能真正呈现有机的、活的功能。这种活的功能，通过完全分权、过程方法进一步展开和兑现，建立了组织的活性化机制和活性化运行过程。

（5）进化设计。

首先，在合乐制的组织结构中，融入有机设计，并通过张力（改进和创新机会）来驱动，在组织运行中调整职责、权力和结构，使组织不断进化。其次，合乐制只通过《章程》规定最基本的规则和流程，组织运行的众多具体要求和方法在运行过程中通过治理流程不断完善，它不像传统的管理中由管理者制定所有的方针、目标、要求、制度、程序指标和方法等，而是在运营和作业的核心流程中嵌入改进机制，各个角色面对“无限丰富和动态的新现实”，察觉张力，通过圈子运转自动生成最合适的规则和方法。真正在运行中不断进化。

这种不断进化的设计，使察觉变化、应对变化、组织学习、评审与测试成为基本的工作方式，使组织和业务过程的改进、创新成为组织的日常工作和内建机制。

表 1–9　　合乐制组织设计与有机体类比

	有机体	合乐制组织
基本构成单元	细胞	角色
基本功能单元	器官、组织	圈子、子圈子
单元间关系	细胞膜、间质	领导链、代表链
各项职能	系统	超级圈子
整体	人体	总圈子
根本目的	人生意义和目标体系	使命和使命链
动力	更高的追求	tension（改进创新机会）
……	……	……

（6）智能工作。

有机组织设计完全授权，保证了充分发挥每个人的“智力”。内建的进化机制使个人发展与组织学习、进化和创新成为日常工作。有效的在线交互信息和知识管理系统定制设计，支持知识生成与应用。整个合乐制模式的设计，都是围绕如何充分发挥“智力”“智能”的作用展开的，并通过有机体的运行方法，开展智能化工作。

显然，组织管理本来就是一个知识生成与转化的过程。在知识经济、信息时代，知识成为创造价值的主要来源，知识的识别、生成与传递这种智力劳动成为组织的核心，而合乐制的工作方式和机制正是为此设计的，它是追求改进和创新的组织的理想工作模式。

（7）“搞定为王”。

企业管理要“注重结果，创造价值”，不能为管理而管理，组织形式、规则、过程和方法要为组织创造价值提供服务，支持组织的价值创造过程。罗伯森在研究开发合乐制时，广泛吸收了《搞定》的思想，按照“搞定为王”的思想，设计合乐制的组织结构、核心过程、运行机制、决策方法，甚至在概念选择上都尽可能简化。罗伯森曾在演讲中透露自己“遍览”管理学典籍和各种流行的管理著作，深谙其哲理和精髓；合乐制具有深厚的哲理基础、价值观与核心理念，但在合乐制成书时，他还是“不屑”于陈述这种管理模式背后的“虚的东西”，而是开门见山，直截了当地展开其精华。当然，在“简约”的背后，罗伯森在合乐一号（HolacracyOne）公司的开发团队，开设了从初级合乐制到高级教练的一系列培训与咨询项目，广泛传播完整的敏捷、进化、自组织的管理模式。

合乐制这种精湛的设计、精巧的手法和“搞定”的原则，恰恰是在当代快速变化与充满不确定性的环境下，管理必须具备的“品质”，也使合乐制成为适应快速反应、敏捷、高效、创新的管理的理想模型和典型的目标模式。

2.4.2　体系架构与运行机制

合乐制的体系架构、过程和方法如表1-10所示。其中包括确定基本准则和操作系统的《合乐制章程》，自组织体系、运作过程以及作为技术基础的实时在线信息系统。

表 1-10　　合乐制的体系架构

《合乐制章程》			
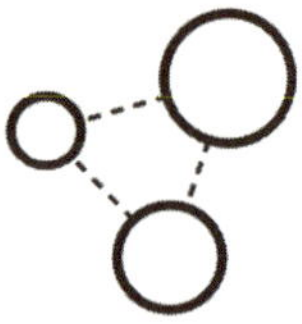	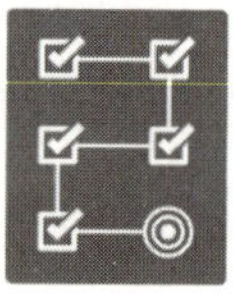		
柔性有机组织	高效的会议流程	自主自治团队和角色	独特的集成决策流程
(1) 明确的角色和职责; (2) 贯穿组织的“使命链”; (3) 对等网络，消除科层等级; (4) 消除公司政治; (5) 完全透明; (6) 有机生长，持续进化	(1) 会议导向行动，消除过度寻求认同; (2) 区分治理与运作，避免团体决策低效; (3) 张力驱动，聚焦进化与进化; (4) 精巧报到与关闭方法，保证会议效率和执行力; (5) 会内、会外同规则等效力	(1) 个人直接解决问题，摒弃官僚主义; (2) 没有“老板”的自主自治; (3)“对事不对人”的机制和方法设计; (4) 团队学习; (5) 发自内心的快乐和成就感	(1) 提议与异议分时操作，识别、测试和确认问题; (2) 以使命定义是非准则; (3) 确定项目和下一步行动，“搞定”; (4) 利用张力，持续优化组织结构
基于活动的实时在线信息系统			

(1) 基于《合乐制章程》，明确组织规则和操作系统。

《合乐制章程》(以下简称《章程》) 阐明了组织治理和运作的操作系统——核心规则、组织结构、运营过程和关键行动，为合乐制运行中权力运行所必需的、具体的、文件化的“游戏规则”。其中包括角色定义设定、圈子结构、组织治理过程、运营过程、《章程》采用事项等。在启动合乐制时，《章程》必须经组织的“掌权人”正式签署，同意、决定并宣布运用合乐制，同意将“传统的管理权力”交由《章程》规则并分散到每个角色。

《章程》确定了组织中不可违背的运行规则和基本操作系统。组织的方针政策、角色设定和组织设计、工作过程、决策准则和程序，都必须遵守《章程》的规则，或者按照《章程》确定的规则更新，包括按治理程序制定新政策、调整职责和权限范围等。通用的合乐制《章程》经过不断完善和更新，目前已经发布了第五版，各组织可以按照章程规定的程序，修订章程。

(2) 设计柔性组织，实现无科层、敏捷、进化机制。

合乐制的基础结构是角色。角色按从事的工作设定和划分。每个角色有其使命、职责、职权领域。角色的使命是处理张力，并转化为行动或项目。每个人可以担任多个角色，一类角色可由多人担任。多个角色形成圈子，圈子对应于组织的职能单位和工作单元，较大的圈子可以拆分为子圈子或下级圈子。圈子之间由代表上层圈子使命的领导链、下级圈子或角色的代表链建立联系，以使组织成为整体。圈子运转过程中增加促进者和秘书角色，保证会议按程序高效运行。角色和圈子的设定与撤销，职责、权限的变更通过治理程序完成。

这种结构依赖于组织的实际活动而建立，真正明确了责任、职责和分工；贯穿于全组织的“使命链”使组织联结成为一个校准的、集成的自治合作系统；完全对等网络结构，消除科层等级的弊端；明确的规则和完全透明、公开的“组织技术”，消灭了公司内部政治；基于改进的、按规则动态调整的组织方式及内在的有机联系，使组织持续进化。

(3) 精心设计的集体沟通与集成决策流程，保证精益沟通和创意生成机制。

合乐制将组织运行划分为四个基本过程：治理、战术、协调、战略与动态控制。在此框架下，设立了四个核心流程：①治理会议流程——用于决定组织角色、职责、权限、圈子及政策和策略问题；②战术会议流程——类似于公司的运营会议和作业会议流程，解决圈子的运营、项目和活动中的问题；③集成决策流程——上述两个会议流程中嵌套的高效决策程序；④提议与异议流程——规定了决策过程中寻求建议、澄清问题、提出异议、测试和检验异议有效性、形成决策（项目或下一步活动）的详细要求和方法。

各个流程经过精心设计，包括具体步骤、处理问题的准则、详细方法，乃至标准化的提问与应答的用语，还有会议的“报到”环节，灵活的沟通环境保证各个角色快速进入工作状态；关闭环节确保会议达成并理解有效的输出；张力提出流程借鉴了头脑风暴的方法，经精心设计，保证各个角色不受干扰地识别改进机会，提出创意并在圈子内进行测试确认；在会议中，利用促进者角色，保证会议按照规则完成；指定秘书角色，在实施管理信息系统数据库中记录需要转送的张力、设立项目和下一步行动信息。各个流程严密、精巧、顺畅、高效，形成合乐制由张力驱动，通过治理会议解决组织和政策问题，利用战术会议解决业务和作业问题，动态集成、不断进化的运行机制。

(4) 构造自主自治的团队和个人，支持彻底的自我管理。

在实施合乐制的组织中，基于活动的角色设置（包括使命、担任者、职责、权限领域）、圈子的构造，项目、行动乃至像“定期向哪个角色发邮件”“办公室里哪个角色负责浇花”等所有的信息，都记录在线信息系统中；每个角色可以随时在线查询、确认；组织呈现完全透明状态。

个人可以决定担任或不担任某个角色，也可以担任多个角色。虽然领导链可以指定某个角色由谁担任，但必须经个人同意；一切都在《章程》规则下运行，或者通过治理会议制定新规划或政策。组织没有层次，没有传统的“老板”和独立的管理者，每个人直接解决问题，摒弃官僚主义；原来类似“老板”“CEO”这样的头衔消失，成为组织中一个平等的角色，且必须按《章程》和程序开展工作；由于组织中各个角色的设置都是依据工作或活动区分的，真正做到了“对事不对人”；规则、流程和程序的设计，也促进了组织学习。

在《章程》的规则之下，完全、彻底的自我管理，自主与自治，充分焕发了每个人的活力，增强了创造性，提高了效率。在合乐制组织中，昔日的“官”解放了，“民”自由了，每个人发自内心的快乐，获得根本的成就感。

（5）基于活动设计在线信息系统，提供精密、实时、交互网络信息技术基础设施。

如前所述，明确性、透明性是合乐制的核心要求，为了保证高效地运行合乐制，罗伯森创建了合乐一号公司。该公司的使命是“结束科层制管理，开启新的、精致的、可理解的、高效的组织方式”。公司开发了基于云计算的在线交互计算机信息系统（glassfrog），它为合乐制提供了“透明化、对等、点到点”的技术工具。该系统根据《章程》、运行和操作流程专门设计，保障合乐制的高效运行。

这个在线实时信息与知识管理系统支持合乐制运行的信息交互与处理，使组织透明而精确地沟通，同时，其知识管理模块协助完成合乐制的知识生成与传递，特别是该系统基于活动设计，保证组织实现在线、实时、协同工作，也为包括在家办公、虚拟组织、异地协同和国际化运营等新的组织运作方式提供有效的保证，使合乐制组织建立在先进、高效的技术基础之上，也促进了合乐制的推广应用和不断进化。

3 中国企业追求一流与高质量发展的新实践

改革开放以来，中国国有企业改革与发展的问题一直被广泛探讨和研究，经历了国有企业市场化改革、“抓大放小、做大做强”、建立现代企业制度、“对标管理、打造一流企业”、“提升竞争力，增强创造价值能力”等一系列主题的理论探索与改进实践。党的十九大以后，在国资委和各级政府的推动下，中国国有企业改革和发展与“经济高质量发展”主题的研究和实践相结合，作为新时代落实党的十九大提出的经济高质量发展战略而正式提出的目标和措施之一，被继续深入研究，并探讨系统化的方法和模式。典型的、代表性的企业高质量发展的系统化方法：一是由著名咨询公司提出的我国国有企业打造世界一流企业的体系架构——国有企业高质量发展体系架构，二是理论探索者提出的国有企业高质量发展的逻辑框架。

3.1　探索中国式世界一流企业的体系架构

关于国有企业“对标一流，打造一流企业”的早期探索是2008—2012年，麦肯锡、罗兰贝格、波仕顿等著名咨询公司，受委托研究国有企业改革与发展实践，先后提出了一流企业的标准或关键要素，并进一步形成了图1–7所示的打造世界一流企业的体系架构。在此基础上，2013年，国资委正式确定中央企业做强、做优、培育具有国际竞争力的世界一流企业的13项要素：（1）建立起规范健全的法人治理结构；（2）主业突出，具有较强核心竞争力；（3）自主创新能力强，拥有自主知识产权的核心技术；（4）发展战略性新兴产业具有明显优势；（5）国际化经营与运作能力较强，跨国指数较高；（6）拥有国际知名品牌；（7）具有合理的经济规模与较强的盈利能力；（8）内部改革适应国际竞争要求，激励约束机制健全；（9）集中有效的集团管控模式；（10）风险管理体系完善，拥有较强风险管控能力；（11）管理信息化处于较高水平；（12）重视领导力建设，建立起学习型组织；（13）具有先进独特的企业文化和较强的社会责任。

在新时代的背景下，黄群慧等（2017）在界定世界一流企业的基础上，利用案例研究的方法，从资源基础、动态能力、战略柔性和价值导向四个维度，分析一流企业的成长历程，识别出一流企业的11个管理特征。张振刚（2019）分析世界一流制造企业的基因和演化过程，明确其特征和基本内核等。

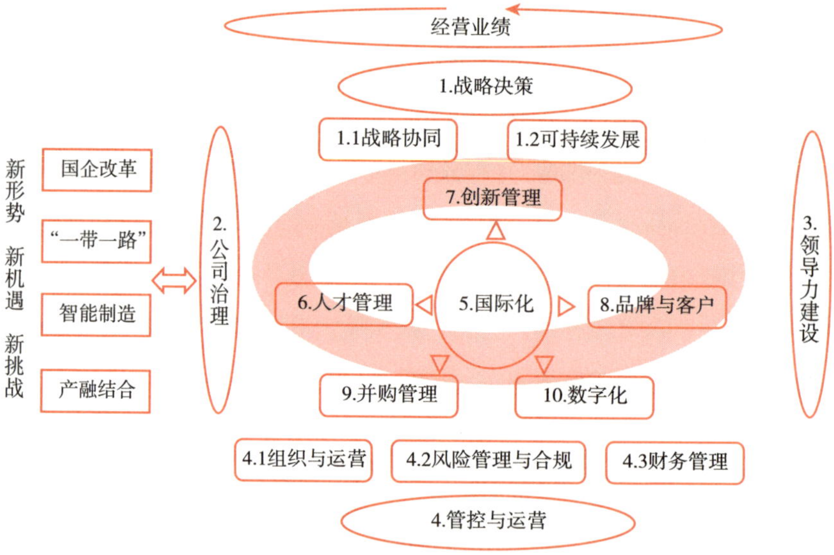

图 1-7 国有企业打造世界一流企业的代表性体系架构

资料来源：德勤华永会计师事务所：《对标世界一流企业》，中国经济管理出版社，2013，第31页。

3.2 推出高质量发展的策略和措施

党的十八届五中全会提出我国经济高质量发展的新理念——创新、协调、绿色、开放、共享。2017年，党的十九大报告作了进一步明确阐述，这是高质量发展的核心理念和价值观，是我国人民利益的集中体现，是经济社会发展的根本要求，它全面扩展和深化了质量的概念和可持续发展的新境界，从根本上定义了经济发展的"高质量"和高要求。

国务院及各部委、各级政府和行业机构制定相应的行动纲领和计划，推动新时代经济和社会发展。我国国有企业以经济高质量发展为总目标，通过对标世界一流企业，推动改革、创新，提升企业经营管理水平，全面增强竞争力和价值创造能力，展开了广泛的、生动的实践和理论研究，明确了关键要求、关键策略、行动计划，出现了众多具有中国特色的企业标杆和改进、创新最佳实践。

国有企业在中国经济社会发展中起着"顶梁柱""压舱石"的作用，国有企业尤其是中央企业的高质量发展是对我国经济高质量发展的有力支撑。党的十八大以来，在改进与创新的大背景下，中央企业坚决贯彻党中央关于推动我国经济高质量发展的决策部署，以提高质量和效益为中心，切实树立和落实新发展理念，加快从要素驱动向创新驱动转变，努力实现发展的动力变革、质量变革、效率变革，努力推动企业高质量发展，并且已经迈出坚实的步伐。

以国有大型企业为单位，在多年改革与发展的基础上，基于新发展理念的要求，普遍开展试点、试验，探索、提出推进策略和行动方案，践行高质量发展观。具体如表1–11所示。

表 1–11　国有大型企业推进高质量发展的实践

公司	策略、行动
中国石油	紧紧围绕保障国家能源安全，建设世界一流综合性国际能源公司，提出中国石油推进高质量发展的思路框架
中国石化	加强管理体系和管理能力建设，增强企业核心竞争力，加快培育世界一流企业，实现高质量发展
中国海油	出台《中国海油高质量发展指导意见》，形成高质量发展的整体思路和工作措施
中国管网	研究和构建高质量发展体系和价值创造指标体系；聚焦价值创造重点领域、关键环节、核心要素，落实提高核心竞争力、增强核心功能、对标世界一流的基本原则，实施“五个坚持”总体方略，高标准、高质量研究、总结、设计公司高质量发展体系及对标实施办法
中国移动	提出构建高质量发展“力量大厦”的总体思路，以创世界一流示范企业、做网络强国数字中国智慧社会主力军为总体目标，打造基于规模的价值经营体系、高效协同的组织运营体系
中国建筑	聚焦“领军”“领先”“典范”三个方面，从国际资源配置、行业技术引领力、行业影响力、效率、效益、品质、绿色发展、社会责任、品牌价值9个维度，形成35个标志性目标，出台17项工作举措，推动企业实现更高层次、更高水平、更高质量的发展
华润集团	通过完善现代企业制度、丰富华润特色的战略管理、完善5C财务价值管理体系、优化华润人力资源管理体系、构建大监管工作格局，不断探索完善高质量发展的公司治理和管控体系
……	……

中国国有重点企业及其各分、子公司，继“对标世界一流，提升管理水平、提升竞争力”“对标一流、创造价值，打造长青基业”之后，在不同层面做了“高质量发展”的探索与实践，分别形成了大量的“标杆企业”“标杆模式”“标杆项目”，公开出版了相关案例。在这些案例中，各个企业虽然有不少新的提法、做法和说法，使用了不同的概念，并且就主要职能、关键过程和职能作了不同的表达，经全面分析发现，其核心理念、体系架构、基本过程和方法都是一致的，方向也是一致的，核心都是“追求卓越，追求持续成功”。但有待于结合高质量发展的要求和我国企业的特点和环境，研究形成系统化的模式和全面的阐述。

3.3 研究国有企业高质量发展的逻辑框架

2018年是高质量发展的启动年。2019年和2020年关于经济、区域和行业高质量发展的研究进入广泛探索和快速发展阶段。2021年进一步深化，开始从经济高质量发展深入企业高质量发展，这是经济高质量发展最根本的层面。相关的详细研究涉及高质量发展理念、策略、测评方法、测评指标体系的研究，解决方案、行动准则以及面向改进与创新机会的计量研究等。

党的十九大报告从顶层明确了我国经济高质量发展的方向和策略：转变发展方式、优化经济结构、转换增长动力；坚持质量第一、效益优先，推动经济发展质量变革、效率变革、动力变革等。基于这一主题，张文会等（2018）从创新、效益、速度三个维度，考察装备制造业高质量发展的持续创新能力、盈利能力和上下游行业协同发展能力。葛勇等（2019）通过对标分析，从企业、产业、区域三个方面探索推动江苏装备制造业高质量发展的路径。任继球和孙柏林（2019）提出了推动装备制造业高质量发展的七条对策建议。

黄速建等（2018）认为，国有企业高质量发展直接关系着深化国有企业改革的成功和宏观层面经济高质量发展的成功实现，界定“企业高质量发展”并阐述其多层次性、多样性和多重约束性，识别出企业高质量发展的七个核心特质，提出“动力转换、战略转型、效率变革、能力再造、管理创新和形象重塑”等措施、环境和条件，涵盖国有经济、国有资本、国有企业整体、国有企业个体四个发展层次，包括社会生态、制度供给、基础条件、企业变革四个层次的行动和策略，构造了国有企业发展的逻辑框架。我国国有企业高质量发展、打造世界一流企业的代表性体系架构如图1-8所示。同时，这个逻辑框架表明：

（1）我国经济高质量发展的根基在于企业高质量发展，在于国有企业高质量发展；

（2）国有企业高质量发展有赖于体制改进和企业制度创新，需要企业家精神和特定的外部条件，但核心是企业的变革与创新；

> **新时代企业发展方向是实现高质量发展，是变革和创新企业发展方式，以适应和满足创新、协调、绿色、开放、共享的新发展理念。**
>
> **这既是新的机遇，也是重大挑战！**

(3) 过去30年，国企业变革与创新的关键在于“动力转换、战略转型、效率变革、能力再造、管理创新和形象重塑”；

(4) 国有企业高质量发展的根本动力是创新，新时代的企业发展方向是适应国家经济增长方式转型的要求，实现高质量发展，即变革和创新企业发展方式，以适应和满足创新、协调、绿色、开放、共享的新要求；这既是新的机遇，也是重大挑战。

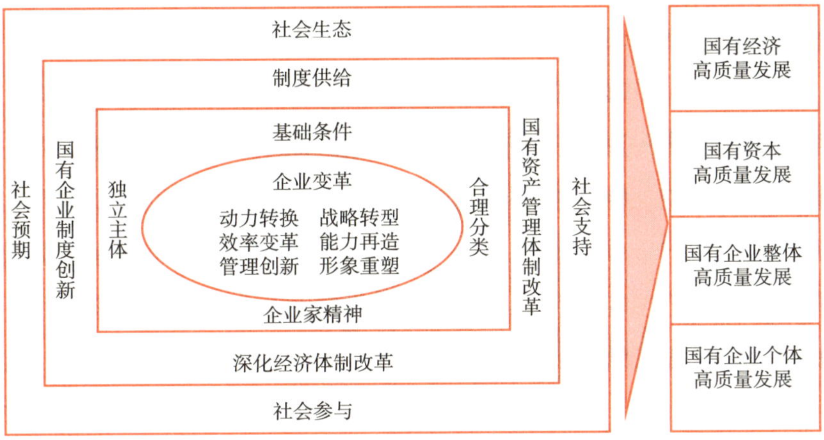

图 1–8　国有企业高质量发展的逻辑框架

3.4　探讨高质量发展水平的评价和量化方法

关于高质量发展水平的研究主要从经济学角度展开。刘志彪（2018）认为，应基于我国的新发展理念（创新、协调、绿色、开放、共享）界定高质量发展的内涵和要求。李梦欣等（2018）给出了新时代中国高质量发展综合评价指标体系构建的理论框架：创新动力为核心依托，协调平衡为内在要求，绿色发展为普遍形态，开放合作为必由之路，共享硕果为价值导向。任保平和李禹墨（2018）指出，高质量发展标准体系应涵盖宏观、中观和微观三个层面，即中高速合适的增长速度、结构合理的产业系统和梯度合理的地区差异、产品和服务的质量系统化和品牌系统化，其中涉及微观层面和企业发展质量。任保平和文丰安（2018）进一步指出，评价标准应包含经济发展的有效性、协调性、创新性、持续性和分享性。

企业高质量发展量化评价方面的研究，从经济学视角，通过设计评价指标，采用专家评分法，来衡量经济高质量发展成果，并将成果用于行业评价和比较。李梦欣、任保平（2018）从创新发展、协调发展、绿色发展、开放发展、共享发展五个维度构建了42个基础指标，并利用层次分析法确定权重，其中使用BP神经网络方法客观赋权，并确定权重及误差水平，形成综合性的年度高质量发展指数。徐瑞慧（2018）基于国际货币基金组织增长质量指数，从经济增长、社会发展、环境保护等基本面衡量发展质量，提出8个指标并进行统计分析。张涛（2020）在阐述高质量内涵的基础上，分析经济发展质量的原理和特性，总结了高质量发展测评研究进展的5个共性问题，进而从“创新、绿色、开放、共享、高效和风险防控”六个维度，在区域、行业、企业三个层面，提出46个一级指标、66个二级指标、82个三级指标（其中企业层面有17个一级指标、34个二级指标、63个三级指标），再利用专家评分法，通过加权求和的方法，计算某市三个层面的指数和六个维度的得分。此外，国信认证公司（2021）参照质量认证的管理，提供企业高质量发展认证，其认证标准（EHDC）的核心是内容是在企业管理体系要素中加入主要的经营指标。

以前关于高质量发展评价的研究，虽然深入企业层面，但是主要通过结果指标评价高质量发展，没有从发展实践（发展过程）的角度展开分析与评价；评价内容主要关注经济发展结果，重在用于比较和行业评分排名，而不是提升和改进，其评价指标和评分信息不利于识别改进机会，启动改进和创新，推进高质量发展提升。

第 2 章　企业高质量发展体系设计与界定

企业高质量发展体系，是企业提供产品和服务、创造价值、满足利益相关方要求的体系，是一个可持续经营管理体系。这个体系的基本要素有其理念、方针、目标、过程、资源、方法等子系统或要素。

1　企业高质量发展体系总体设计

企业高质量发展是一项复杂的系统工程。成功的企业经营、管理与可持续发展都是系统方法，成功的高质量发展必须采取系统的方法。高质量发展体系涉及核心理念、组织体系、过程体系、资源体系、工具和技术体系等。高质量发展体系的设计与构建过程，就是上述各个子体系的选择与界定过程。

从经营管理的原理和逻辑上看，一个经营管理体系最基本的结构如图2–1所示，包括三个基本部分：理念体系、过程和方法、绩效结果（见本章4.3节）。

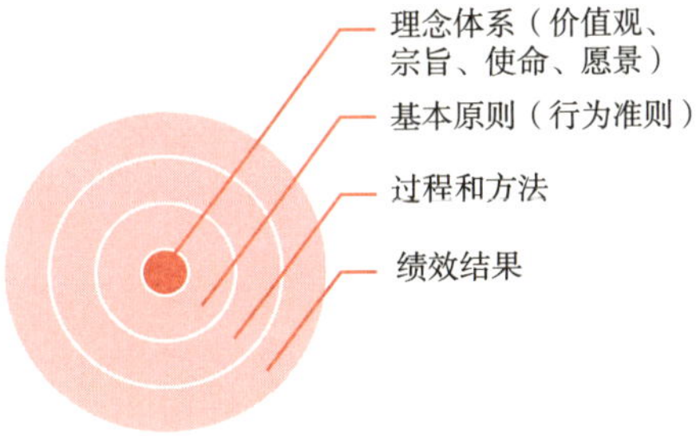

图 2–1　经营管理体系的基本结构

核心理念中，价值观是企业的价值取向或偏好，决定企业如何定义价值、如何选择价值、选择为谁创造价值和为谁服务的根本问题，是企业创始人在建立企业之前就需要思考的问题；宗旨、使命确定企业存在的根本目的和意义，选择和确定了为谁创造价值、提供什么价值和服务的问题；愿景进一步描述并展开企业的长远追求，激发发展动力。

为了实现达成使命、愿景或实现目的，必须遵从基本的行为准则或基本原则，这是不能违背的、根本性的要求，是行动的规则和框架。

过程和方法，是在分析达成使命、愿景的关键成功因素的基础上，明确实现使命、愿景的关键过程、资源，以及为达成目标而选择的目标、策略、知识、方法和工具等。

绩效结果显然是一个组织的输出达成其使命和目标的程度。核心理念决定了企业的目的和追求；过程和方法是达成目的的途径；结果是一个企业的输出，是企业作为社会成员所提供的价值和成果。显然，高质量发展体系基本结构也是由三个基本层次组成。

在实践中，企业高质量发展体系的设计和构建过程，一是反思、理解企业的核心理念和价值观，明确使命、愿景，并寻求广泛认同和承诺；二是基于知识和新的研究，借鉴通用的、标准的典型经营管理模式和系统化方法，识别并确定关键成功因素、设计关键过程和方法，获取和配置效益，定义体系要素、结构和功能；三是设计绩效测量指标，构建体系分析、评价体系和评价方法，识别改进与创新机会，优化体系结构、资源、方法和运行机制、提高成熟度水平。必要时，调查并明确当代企业经营、管理、运营的新理念、新要求，分析和总结一流企业追求卓越与可持续经营的实践过程，更新和再造系统。

- 反思和确认理念；
- 设计过程、方法；
- 测量、分析、评价成熟度；
- 更新和再造系统。

2 企业高质量发展的核心理念确认

高质量发展或高质量发展企业的核心理念，包括价值观、宗旨、使命、愿景等，分为两个层次。首先，新时代发展观，定义了高质量发展的价值观，高质量发展观即创新、协调、绿色、开放、共享。其次，改革开放40多年来，追求质量、追求卓越、打造一流企业、追求可持续经营实践中总结的核心理念，是高质量发展的根本性、原则性要求，即发展准则。

2.1 明确高质量发展观

党的十九大报告明确指出，我国经济已由高速增长阶段转向高质量发展阶段，正处在转变发展方式、优化经济结构、转换增长动力的攻关期。发展必须是科学发展，必须坚定不移贯彻创新、协调、绿色、开放、共享的新发展理念。这种发展，是以创新为第一动力、协调为内生特点、绿色为普遍形态、开放为必由之路、共享为根本目的发展。报告进一步指出，推动高质量发展，是保持经济持续健康发展的必然要求，是适应我国社会主要矛盾变化和全面建成小康社会、全面建设社会主义现代化国家的必然要求，是遵循经济规律发展的必然要求，是我们抓经济工作必须把握的大前提、大逻辑。企业是我国经济高质量发展的微观主体，是实现高质量发展的落脚点、着力点，是经济社会高质量发展的支柱、基础和根本保证。

> 经济社会新发展理念反映了时代的要求、未来的方向、国家的意志、人民的期望、自然的规律，是经济社会发展的根本目标和根本要求。从根本上定义的经济社会发展的“高质量”。

新发展理念是党和国家在深刻总结国内外发展经验和教训的基础上形成的，也是在深刻分析国内外发展大势的基础上形成的，集中反映了我们党对经济社会发展规律认识的深化，也是针对我国发展中的突出矛盾和问题提出来的。反映了时代的要求、未来的方向、国家的意志、人民的期望、自然的规律，是经济社会发展的最高要求。在新的历史时期，新发展理念是中国也是人类共同命运的体现，反映了人类社会的发展趋势。新发展理念是新时代我国经济社会发展的最高要求，满足新发展理念要求的程度，就是新时代高质量发展的定义。

> 高质量发展观是企业高质量发展的核心价值观和根本性价值取向。

党的十九大报告将高质量发展描述为更高质量、更有效率、更加公平、更可持续的发展。高质量发展是能够很好满足人民日益增长的美好生活需要的发展，是体现新发展理念的发展。企业高质量发展就是通过不断建立、实施、改进高质量发展系统，提供高质量的产品和服务，创造更大价值，满足利益相关方的更高需求和期望，实现可持续经营为目标的发展。企业发展质量或高质量发展成熟度就是企业发展满足利益相关方要求的程度。

在新的历史时期，我国经济、社会、企业、事业组织高质量发展，就是高水平地满足新时代的经济社会发展高要求。新时代国家发展的根本要求和总纲领就是新时代发展观——“创新、协调、绿色、开放、共享”。

经济社会高质量发展、企业高质量发展必须符合新发展理念；当前经济社会发展的高质量、企业发展的高质量，就是满足这个最高要求的程度。因此，新发展理念是我国企业高质量发展的核心理念和根本价值观。

2.2 确认高质量发展的根本性要求

核心理念中，除了确定发展价值的价值观外，另一个重要的部分是关于行为和组织发展的根本性要求——发展的原则。一方面，这些原则存在于追求卓越与可持续经营的实践中，过去40多年关于核心理念的总结和归纳提供了识别的基础；另一方面，高质量发展是一个系统工程、系统方法，必须遵从系统科学、经济学、社会学、管理学的基本原理和原则。在此基础上，结合新时代的要求，特别是高质量发展观的要求，将企业高质量发展的原则性要求，按照统一的目的，选择更恰当的概念和形式加以明确和阐述。

2.2.1 识别企业发展的根本性原则和要求

正如本章第1节所表述的，企业高质量发展的概念、理念和方法是在过去40多年企业追求质量、追求卓越、打造一流企业、追求可持续经营过程中逐步丰富、发展形成的，其中的核心理念和价值观，自然是企业高质量发展的核心理念。包括三个部分：戴明、彼得斯、科琳斯三位著名管理大师从实践中总结的核心理念和思想；国际公认的、标准化的“质量管理8项原则”“卓越绩效的核心理念和价值观”；21世纪初以来出现并广泛采用的敏捷、进化、自组织管理的核心理念等。

基于过去40多年追求卓越与可持续经营的核心理念，从13个方面分析、比较9组代表性的核心理念，总结其关联性，如表2-1所示。这些理念之间，有完全同义的，有十分接近的，有包含部分含义的。

表 2-1　　追求卓越与可持续经营的代表性理念之间的关联分析

核心理念	A	B	C	D	E	F	G	H	I
(1) 系统方法	●	●	○	●	○	○	○	√	○
(2) 有远见的领导（及文化）	●	●	○	○		●	●		√
(3) 聚焦顾客的卓越	●	●	●	●	●	●	√	○	○
(4) 注重人（以人为本、全员参与）	●	●	●	●	●	●	●	●	●
(5) 团队合作	√	√	√	√	√	●	●	√	●
(6) 敏捷、弹性	●						●		●
(7) 组织学习	●	●	●	○			●		○
(8) 自组织	√	√	√	√		○	○		●
(9) 关注成功和创新	●	○	○	○	●	○	●	○	○
(10) 基于事实的管理	●	●	○	●	○	○	○		●
(11) 过程方法与执行力	√	√	●	●	●	√	√		●
(12) 社会责任	●	○	○	√		√	√	○	√
(13) 伦理和透明	●	√	√			○	○	○	●
(14) 提供价值和平衡成果	●	○	○	○	○	○	○	√	●

注 1：● 完全同义，○十分接近，√包含部分含义

注 2：理念来源

A：十一项核心理念和价值观，美国《2021—2022 卓越绩效准则》，2021.

B：九项基本理念，中国 GB/T 19580—2012《卓越绩效评价准则》，2012.

C：八项根本理念，欧洲质量组织，《欧洲质量奖评价标准》，2010.

D：质量管理八项（七项）原则，ISO 9000：2000.2008.2015《质量管理基础和术语》.

E："杰出公司的八大卓越特质"，汤姆·彼得斯，《追求卓越》，1984.

F："树立长远使命，追求可持续经营的理念和策略"，吉姆·柯林斯，《基业长青》，1994.

G："可持续实现长期卓越的关键"，吉姆·柯林斯，《从优秀到卓越》，2001.

H：美国一流企业管理的标准，德鲁克研究会官网，2020.

I：敏捷进化自组织的理念，《合弄制：快速变化世界的新管理系统》，2010；《重塑组织：创建下一代人类意识启示的组织指南》，2014.

分析这些理念及其关系，有助于识别和确认企业高质量发展必须遵守的基本原则：

(1) 系统方法和基于事实的决策，是管理学发展100多年的基本结论；是组织达到目的，或者说组织成功、可持续经营、追求卓越的根本途径；是普遍性的、基本的、通用的原则，也是原则中的原则。

(2) 快速变化、激烈竞争、顾客主导的VUCA时代，以顾客为关注焦点仍然是关键的、必不可少的要求，当然，不仅是为顾客创造价值，聚焦价值创造，为所有利益相

关方创造更大价值日益成为必然要求，与此相关联，持续不断的创造是企业成功的必由之路。

（3）在充满不确定环境下经营，追求可持续发展，发挥领导作用首当其冲，明确组织方向，同时，不断变革与应对风险的要求，增强敏捷性和企业的弹性。

（4）充满不确定性，竞争和风险的经营环境中，敏捷和弹性的重要性日益突出，成为重要的因素。

（5）知识经济、信息时代，改进与创新要求必须充分发挥每个人的能力，特别是智力，因此，在所有原则性要求中，居于中心的当然是以人为本、全员参与、重视人，充分发挥每个人的才智。

（6）为实现可持续发展，平衡社会与经济发展中基本关系，社会责任、伦理、透明等成为必须履行的责任，且成为价值观、发展观层面的要求。

（7）创造价值，均衡发展，兼顾所有利益相关方的利益，是企业存在直接目的和意义。

（8）关于执行力，基于过程的方法，是组织运行、提高效率的基本性的、底层的要求。

（9）在改进、创新、敏捷、弹性成为必然要求的时代，在“Z一代”新人步入职场的时代，自主、自组织、促进员工的发展，成为激活员工、发挥创造性乃至实现人生目的的时代选择，日益成为组织运行的新模式。

这些核心理念是追求持续成功、追求卓越、实现可持续经营企业必须遵从的根本要求，也是高质量发展体系或企业运行的基本原则和要求。

2.2.2 提炼和表达高质量发展原则

从企业追求卓越和可持续经营的根本性要求来看，世界范围内全球一流企业经营与追求的核心理念涉及系统视野、有远见的领导、关注顾客、注重人、全员参与、团队合作、组织学习和敏捷、过程方法和执行力、关注成功、追求创新、基于事实的决策、社会贡献、伦理和透明性。其中，改进与创新、敏捷与组织学习、社会责任、可持续经营是核心主题，这些与我国新时代的经济社

> 高质量发展原则是企业成功推进高质量发展不可违背的根本要求。

会发展理念即高质量发展观——创新、协调、绿色、开放、共享是完全吻合的。这些原则性要求，构成高质量发展的价值观和原则性要求。

在分析追求卓越与可持续经营核心理念的基础上，考虑新时代高质量发展的特殊环境和要求，经过聚类总结，区分层次——价值观与行为准则；明确包含关系——范围与逻辑调整；转换表达——采用更简明的、同一概念层次的表达；提炼形成了我国企业高质量发展的八项基本原则：系统方法、使命思维、聚焦价值、以人为本、持续精进、敏捷应变、互利合作等。这是企业成功推进和实现高质量发展不可违背的根本要求。具体如表2-2所示。

表 2-2　　高质量基本原则与可持续经营核心理念之间的承接和关联关系

可持续经营的典型核心理念	承接和关联	高质量发展基本原则
（1）系统方法	基本原则不变	（1）系统方法
（2）有远见的领导（文化）	综合核心理念、方向、文化，强调全组织整合	（2）使命思维
（3）聚焦顾客的卓越	强调价值创造，为所有相关方增加价值	（3）聚焦价值
（4）注重人（以人为本、全员参与）	基本原则不变	（4）以人为本
（5）团队合作	在以人为本原则和持续精进原则中体现	
（6）敏捷、弹性	包含和强调敏捷、弹性的目的	（6）敏捷应变
（7）组织学习	体现在以人为本原则和持续精进原则	
（8）自组织	体现在以人为本原则和使命思维原则	
（9）关注成功和创新	表达改进和创新，关注成功在聚焦价值原则中体现	（5）持续精进
（10）基于事实的管理	基本原则不变	（8）循证决策
（11）过程方法与执行力	在过程层面体现	
（12）社会责任	在发展观中体现	
（13）伦理和透明	在发展观中体现	
（14）提供价值和平衡成果	在聚焦价值原则中体现	
	关注包括顾客和所有利益相关方的良性关系	（7）互利合作

（1）系统方法——将企业高质量发展各要素作为一个系统整体，分析整合，动态协同，才能更有效地、高效地达成高质量发展的宗旨和使命。

（2）使命思维——从企业使命展开到项目、到行动，在组织的各自层面从根本上思考问题，从根本上解决问题，实现持续高质量发展。

（3）聚焦价值——高质量发展的关键与核心在于创造价值，平衡各个利益相关方的利益，为所有利益相关方创造价值，不仅是顾客价值，还有社会价值、社会贡献，促进均衡、协调发展。

（4）以人为本——充分发挥每个人的能力，包括内部员工，也包括外部合作伙伴、志愿者，促进人的发展，从根本上保证高质量发展，保证企业经济发展与人、社会均衡发展。

（5）持续精进——持续改进与创新，系统地推动各个组织层面的改进和创造，增强与发展能力，满足更高要求，是实现高质量发展宗旨和目标的必由之路。

（6）敏捷应变——高度不确定性与快速变化的环境下，增强组织的敏捷性、弹性，响应机会，迎接挑战，应对风险，是保证企业发展的可靠性、可持续性必不可少的能力。

（7）互利合作——与相关方建立长期的、互利的关系，协同发展，共享增值，能够增强全价值链创造价值的能力，提高合作的效率和有效性，建立良好的商业生态系统。

（8）循证决策——基于事实分析、经验和直觉作出决策，是企业活动的普遍要求，是企业成功的根本前提和保证，是所有原则的原则。

关于企业高质量发展的八项基本原则的详细阐述，参见本书第3章。

3 企业高质量发展的关键成功因素与系统要素识别

高质量发展体系的具体设计过程，就是基于高质量发展的宗旨和使命，识别高质量发展关键成功因素，选择和界定相关因素，构建和优化其运行机制，形成一个系统整体并使其发挥功能的过程。相应地，高质量发展体系的设计，一是高质量发展体系作为组织体系的要素识别与界定，二是高质量发展体系作为价值创造过程和资源体系的要素识别与设计。

3.1 高质量发展体系作为组织体系的要素（观察全形组织）

高质量发展体系是为实现高质量发展目标而形成的组织体系。

组织是一个具有特定目标的人群。人们为了共同的目标，基于劳动分工，担当不同的角色（职位），承担特定的责任，发挥特定的作用，形成一个整体，达成一个人无法实现的重大成就。这样的组织如图2-2所示。

（1）组织作为一个社会系统，有其特定的目标和文化理念，如使命、愿景、价值观、文化等。

（2）组织内部责权关系呈现特定的结构，如直线式结构、职能结构、直线职能结构、矩阵结构、多项目结构等。

（3）组织拥有特定的资源，包括人、财、物、信息、知识等。

（4）组织从事特定的专业或专门活动，发挥特定的功能作用，如商业组织、教育组织、医疗机构、政府机构等。

（5）提供有意义的产品和服务，具有一定的社会地位并与环境相适应。

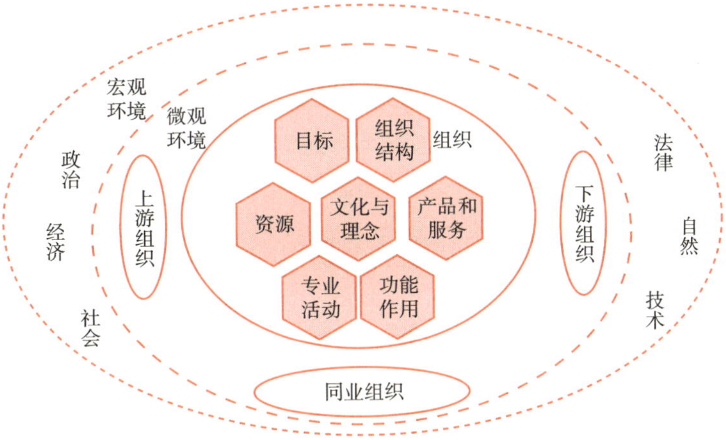

图 2–2　作为社会系统的组织体系示意图

观察一个高质量发展组织，不同视角能形成不同的组织视图，相应地，可以识别一个组织的关键因素，或者说其要素或子系统，如表2–3所示。组织是社会学、经济学、管理学中一个最基本的概念，详细说明请参阅有关著作。关于高质量发展体系的要素的界定和说明，参考本章第4节。

表 2–3　高质量发展组织体系的属性和要素

观察视角（子体系）	属性及关键要素
（1）一个人群	社会系统
（2）理念体系	使命、价值观、文化
（3）利益（价值）体系	利益相关方、价值载体；为谁服务？
（4）目标体系	需求、期望、方向、目标
（5）职位体系	义务、职责、权力、利益、结构

续表

观察视角（子体系）	属性及关键要素
（6）资源体系	人、财、物、信息、技术、设施、设备；资产、效率、成本
（7）过程体系	能力、效率、敏捷、成本、改进与创造
（8）经营体系	关系、交易、优化、竞争力、创新、商业模式
……	……

3.2 高质量发展体系作为价值创造过程的要素（聚焦价值创造）

任何组织都是一个利用知识和方法将资源转化为有意义的输出的过程体系。其核心是由一系列发挥特定功能和能力的过程组成，组织通过管理，将资源转化为能力，创造价值获得期望的结果，实现组织目标，形成内部价值生成链或外部价值网络。具体如图2–3所示。

企业高质量发展体系作为价值创造和经营管理过程，是一个输入资源，经过转化过程，输出成果，增加价值的过程。如图2–3所示，其要素包括过程、资源、方法、结果。内在逻辑是：组织运用方法，输入资源，使资源在过程中发挥能力，输出结果（价值载体，产品、服务等），体现和交付不同的价值，如达成目标（O）、质量（Q）、安全（S）、风险（R）、收益（Rs）……从不同方面，体现系统输出的质量。想要达成好的结果，达成高质量，必须有好的过程和资源，想改善结果，必须改进过程、资源和方法。这是组织作为一个整体的运行机制。

高质量发展组织的关键成功要素是资源、过程、方法、能力。它们之间的动态关系即高质量发展系统的运行机制。

进一步分析可以发现，企业运营过程处理的基本因素是原子和数据，相应地，可以区分为两类不同性质的工作：一是以知识生产为主的经营管理工作产生企业有效、高效运营的经营管理方法和科学工程工作设计工作——产生运营技术和方法。它们即所谓的不直接创造价值的支持工作，当然，其中定义价值部分属于价值创造活动。二是将资源转化为价值载体的价值创造工作，相应地，每类工作需要不同的技术、方法和工具，以在不确定因素影响下增强价值创造能力，确保获得期望的结果。这是组织内部的微观运行机制。

显然，组织是由价值创造各要素按照特定的经营与管理理念逻辑而构成特定的结构和过程。价值创造过程模型表明了企业高质量发展的关键成功要素及其关系，表明了企业高质量发展体系和运行机制。这些关键成功因素是资源、过程、方法、能力，这是第一层面，进一步展开，则可以明确高质量发展的关键过程、资源和方法（经营管理方法）。相关说明见本章第4节。

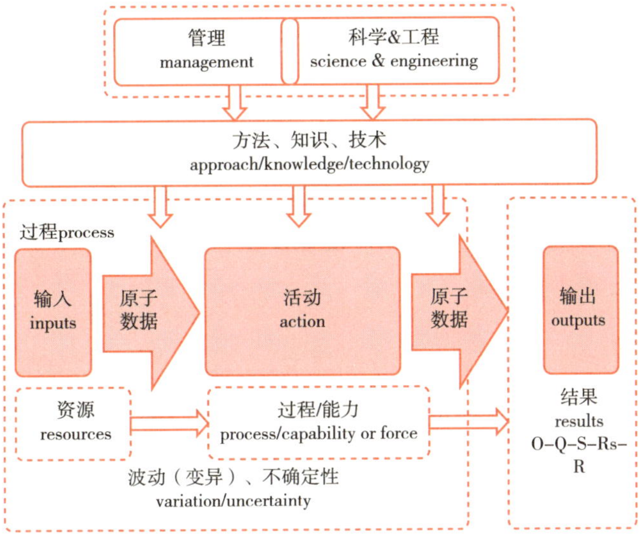

图 2–3　作为价值创造过程的企业高质量发展体系

4　企业高质量发展体系架构和运行机制

基于高质量发展体系要素及价值创造过程的分析，将组织的理念体系、关键成功因素、关键过程、资源和方法等综合为一个整体，便构成企业高质量发展的体系架构；各要素在价值创造过程中内在的、动态的关系，则体现了高质量发展体系的运行机制。即高层领导在构建组织治理体系的基础上，确定组织的使命和愿景，明确组织方向，识别和明确关键成功因素，确定关键过程，配置所需资源，过程运行提供价值载体，同时，建立绩效指标，监控过程效率、有效性和柔性，分析运行状态，以开展控制、改进、创新等活动。过程在组织中有效展开，有必要分解目标和形成行动计划，确保高质量发展宗旨和目的实现。具体如图2–4所示。

需要注意的是，高质量发展体系的构建与设计，必须确保高质量发展体系符合高质量发展价值观，其运行必须遵守高质量发展基本原则，以达成高质量发展的目标。同时，必须考虑当前的组织资源、环境、条件和新要求等。这些通过高质量发展体系次级要素的配置来达成和实现。

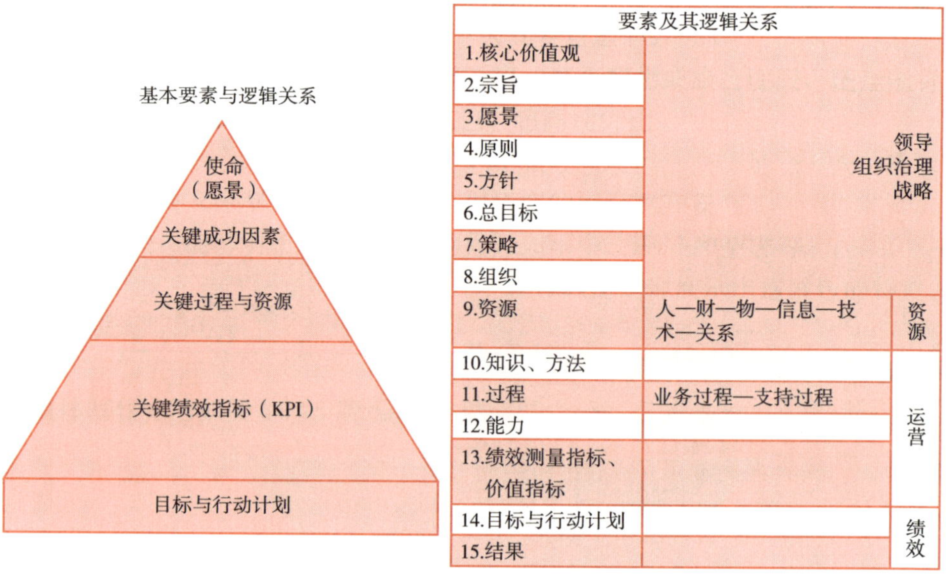

图 2–4　企业高质量发展体系的要素及其内在逻辑

4.1　高质量发展体系要素界定

企业高质量发展体系的构建和高质量发展体系评价准则的设计，依赖于要素的准确界定，以准确描述高质量发展体系和水平要求。主要要素的内涵和简要定义如表 2–4 所示。

表 2–4　企业高质量发展体系基本要素及界定

要素		要义	功能和作用
价值观	1. 核心价值观（values）	企业创立与发展过程中，基于利益相关方的价值诉求，所确立的根本性价值取向和价值准则。它是企业使命定位、业务选择的根本依据	识别价值
核心理念（core concepts）	2. 宗旨（purpose）[使命（mission）]	企业的根本目的所在，表明企业存在的意义。它解决企业“我是谁？”的问题。也有企业使用 mission（重大任务）作为使命，是为达到根本目的而从事的事业，相应地，企业愿景则成为事业达成的理想状态	定位价值 选择价值 定义成功

续表

要素		要义	功能和作用
核心理念（core concepts）	3. 愿景（vision）	企业对可见的美好未来的描述。激发和鼓舞全体员工为达成企业使命而全身心投入。它在企业中解决“我们要到哪里去”的问题	定位价值 选择价值 定义成功
	4. 原则（principle）	企业广大员工共同遵守、不能违背的要求，是企业的基本行为准则。它解决“我们如何行事”的问题。有时也称为行为准则（code of conduct）或价值观（values）	
方向、目标（表达成功）	5. 方针（police）	企业为达成使命、实现愿景，在特定时期（通常为1—5年）前进的总体方向，也可称为战略方针或政策。它是企业行动的指针，指导人们在关键时刻作出正确的选择	定义价值 定义成功
	6. 总目标（overall objective/goal）	企业在方针指定的方向上在特定时期内期望达到的结果。通常为企业的战略目标	
关键成功因素（CSF）	7. 策略（strategy）	企业在动态博弈环境中，为达成战略目标，应对挑战，抓住机会的重大举措和行动纲领	构建价值 追求成功
	8. 组织（organizing）	企业人员以工作分工为基础，按照特定的任务、职责和权力形成的特定关系的团体。也指进行工作分工，并形成组织结构，整合企业为一个有机整体的活动过程	
	9. 资源（resource）	企业用于创造价值的所有输入。通常包括人、财、物、信息、设施设备、相关方关系等	
	10. 知识、方法（knowledge/approach）	知识是系统化的方法；方法是做事过程的设计和描述。知识和方法使资源在过程中转化为能力	
	11. 过程（process）	企业达成目标的一系列有序的活动	
	12. 能力（ability/capacity）	资源按照特定的方法运行而产生的作用或影响，也指影响的总量	
关键绩效指标（KPI）	13. 绩效测量指标（performance measures）、价值指标（performance measures）	用于观测企业过程、资源、结果达成目标水平的视角或维度。企业通常采用平衡计分卡（BCS）的方法，全面、平衡地看问题，其内容划为财务、市场、产品和服务、运营过程、人、物、信息、社会责任以及改进与创新等多个维度	测量价值 测量成功
目标与行动展开	14. 目标（objectives）与行动计划（action plan）	目标是企业在未来特定时间内期望达成的结果；行动计划是企业在特定时间内为达到特定目标而采取的行动方案	展开行动
结果	15. 结果（results）	企业活动的输出。企业活动的输出达成目标的程度称为绩效（performance）。考虑企业的投入，绩效所产生的效用称为价值（value）	交付价值 实现成功

以上是关于高质量发展体系要素及其子系统的界定。相关内容的详细阐述，请参阅通用的理论和方法。

4.2 高质量发展体系关键过程确认与界定

企业高质量发展过程，就是充分发挥关键成功因素的过程，而这个过程，如前所述，就是输出方法，使企业的资源在过程中充分地发挥能力，以达成目标的过程，是企业经营管理的关键过程。

4.2.1 高质量发展过程的确认

关于这个过程，公认、最基本、最常用的概括是：计划、组织、领导、控制、改进和创新6类基本过程，通常也会把计划过程扩展为战略与计划过程；领导过程扩展为组织治理与领导过程，或者再加上激励、沟通、创新过程。关于企业的业务过程则按照价值链展开，或者进一步区分为价值创造过程和支持过程。作为国际性、标准化的追求持续经营的管理系统过程类与高质量发展体系过程类之间的关系如表2–5所示。

表 2–5 企业关键过程类与高质量发展过程类之间的关系

公认标准或准则中的企业关键过程类						
ISO 9001：2015	ISO 9004：2009	ISO 9004：2018	美国《卓越绩效准则》2022	欧洲质量奖模型（2021）	GB/T 19580—2012	本书《高质量发展准则》
领导	领导持续成功	组织的特质	领导	使命、愿景和战略	领导	领导与治理
策划	战略和方针	领导作用	战略	组织文化和领导	战略	战略
支持	资源管理	过程管理	顾客	绩效和报告	顾客与市场	顾客
运行	过程管理	资源管理	测量分析与知识管理	可持续发展价值观	资源	资源（人力、物力）
绩效评价	监视、测量、分析和评审	绩效分析与评价	员工	利益相关方参与	过程管理	运营
改进	改进，创新和学习	改进、学习和创新	运营		测量、分析与改进	改进创新
			（结果）	（结果）	（结果）	（结果）

显然，这些关于一个组织或者一个经营管理体系的关键的基本过程，虽然由于各个标准或准则制定的目的和用途不同，文字和术语表达上有差别，但是其内容有高度的一致性，内在逻辑也是相通的，即企业创造价值的内在机制；它们共同构成一个完整的系统，保证组织可持续经营和发展。

关于高质量发展体系的关键过程或类目的选择和界定，除了基于高质量发展内在规律要求外，还考虑了以下因素：

(1) 尽可使用采用通用概念和分类方法，以便与现有理论基础相关联，保持知识的连续性，便于个人学习和组织间沟通与交流，也便于与国际接轨。

(2) 根据高质量发展观的要求，原来意义的社会责任和组织治理功能得到强化，并且成为继“顾客市场”关注焦点之后的新的、重要的关注焦点，在高质量发展体系的关键过程，突出治理类。

(3) 市场类不单独列出，在战略类以市场战略出现，体现了市场或营销的战略地位，相应地，顾客相关的过程列为单独一类，突出个性化时代、交互媒体时代顾客与顾客关系管理的特点和重要性。

(4) 关于人力资源和其他资源的管理，为了强调高质量发展中资源的作用——生成能力，在资源类目下选用了人力、物力两个术语，重在突出人的智力和知识的作用，同时重视物质资源的基础性作用，特别是信息技术基础的作用。

(5) 创新是当代企业发展的根本动力，是高质量发展价值观的根本性要求，是企业持续成功的根本保证，将传统的改进过程包含在内，结合为创新类过程，单独作为一类来突出其重要性和核心地位。

(6) 关于测量分析、知识管理等基本过程之内的基本核心过程——数据、信息处理和知识管理，融入各类过程之中，不再单独作为一类过程，且在人力、物力、创新过程，以及运营计划、控制与改进过程中重点体现。

因此，企业高质量发展的6类关键过程为：领导与治理、战略、顾客、人力、物力、运营及一类结果，如图2-5所示。

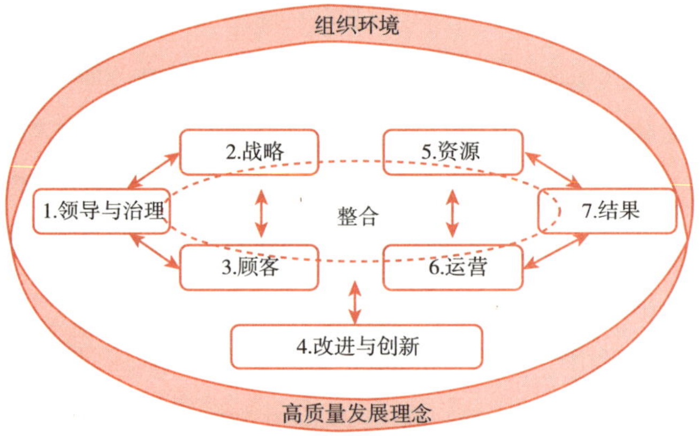

图 2-5 企业高质量发展体系关键过程、结果及运行机制

4.2.2 高质量发展过程的界定

如前所述，企业高质量发展的关键过程或高质量发展体系基本过程的选择和确认，采用的是通用术语和概念。8类基本过程及结果如图2-5所示，各类过程的含义与当前通用的社会、经济管理类概念是一致的，各个关键的一级过程或活动等详细内容的差别，将在本书第3章中说明。这里仅简单说明：

（1）组织治理——组织创始人和拥有者建立有效的治理结构，明确使命和宗旨，确定责任、义务和权力，确保组织行为守法合规，履行社会责任，平衡和保护相关方利益过程。

（2）领导——高层领导（也适于各级领导者）发挥领导作用，落实高质量发展价值观、企业宗旨和使命，明确组织方向，创造全员全身心投入的环境，并推动不断改进、创新和提升绩效的过程。

（3）战略——为实现企业使命、愿景和高质量发展的目的，分析外部局势和内部状况，明确未来行动纲领，如战略方针、目标、策略，并推动实施和动态调控的过程。

（4）顾客——组织基于市场策略，个性化地理解顾客，寻求顾客满意和忠诚，管理顾客关系，促进企业价值实现的过程。

（5）人力与资产，充分发挥资源能力，包括人力（智力）和物力，支持企业运营和发展。

人力方面，面向公司战略、员工发展、学习、创新和绩效提升，设计组织与工作系统、工作环境，充分发挥员工才智，促进员工全心投入、发展和福祉的过程。

物力方面，为了达成高质量发展目标，通过系统的方法，充分发挥财物、设施、设备、信息、技术效能的过程。

(6) 运营——为了达成高质量发展目标，通过系统的方法，提供高质量产品和服务、转化和实现价值的过程。

(7) 改进创新——在全组织各个层面，识别新价值、创造新价值的过程。它既包括商业创新过程，也是各类过程内在的提高能力和创造新产出的过程。

(8) 成果——各个过程输出的满足预定要求或目标的结果，呈现不同的水平、趋势和比较水平。通常与过程相对应，包括产品和过程类、顾客类、员工类、领导和治理类、财务类、市场和战略类等结果。

4.3　高质量发展体系的运行机制

高质量发展体系的运行机制，是系统要素之间的动态关系，体现在组织和过程两个层面。

(1) 组织整体运行机制。

企业在当今经营环境之下，基于高质量发展价值观（创新、协调、绿色、开放、共享），设定高质量发展方向（使命、愿景、方针、目标），明确关键成功因素，确定基本行为准则，指导和领导组织及关键过程有效支持，并不断改进与创新，达成期望的高质量发展成果。具体如图 2-6 所示。

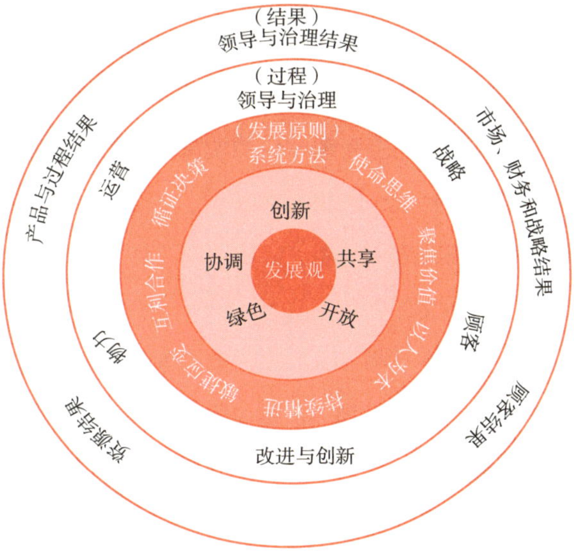

图 2-6　企业高质量发展体系架构

(2) 创造价值过程的运行机制。

企业创始人或所有者在当前经营环境下，根据法律法规、高质量发展理念实施治理，明确使命和宗旨，确定责任、义务和权力，确保组织行为守法合规，履行社会责任，平衡和保护相关方利益；在一个整合的系统中，发挥领导作用，落实高质量发展价值观，制定企业宗旨和使命，明确组织方向，使全员全身心投入，并推动改进、创新，提升绩效。基于使命、愿景和高质量发展的目的，分析内外部环境，制定战略方针、目标、策略，并推动实施；聚焦顾客，通过理解个性化的顾客，寻求顾客满意，管理顾客关系，造就忠诚顾客，促进企业价值实现的过程；设计组织与工作系统、工作环境，充分发挥员工才智，促进员工全心投入，关注员工发展和福祉，促进学习、创新和绩效提升。制定系统的方法，充分发挥财物、设施、设备、信息、技术的效能；构建敏捷、高效的运营过程，提供高质量的产品和服务的过程，转化和实现价值的过程；在整个组织，识别新的价值，推动改进和创造，增强能力，创造新价值；交付成果，持续不断地全面满足利益相关方要求，实现高质量发展的宗旨和目的（见图2–5）。

综上所述，高质量发展体系的建立、实施与改进，始于理解高质量发展的核心理念，明确高质量发展体系运行机制，理解《高质量发展准则》要求，据此构建经营管理与发展体系并持续运行，评价进展——管理成熟度，并识别改进机会，持续改进和创新，以实现高质量发展、可持续经营，打造一流企业，成为行业典范。

5　企业高质量发展评价体系设计

测量、分析、评价、知识管理，在此基础上实施控制、改进，是任何一个系统更有效、更高效地达成目标的核心环节，也是体系建立、实施与改进的基础。关于评价体系的研究伴随着经济管理理论的实施和发展，形成了相对成熟的系统方法和评价模式，特别是关于可持续经营体系和评价，形成了世界性、公认的标准。例如，ISO 19011《管理体系审核指南》说明了审核原则、审核流程和方法（包括文件评审、现场评价）、审核员的能力与职业道德要求、体系改进指引等，其中包括收集数据、获得证据、建立审核发现、形成审核结论、编制审核报告的操作性很强的评审技术和方法。该标准还会随着ISO 9000系列标准的更新而不断更新，但核心内容保持稳定，作为符合

> **高质量发展评价体系由评价目标、评价准则、评价组织、评价流程、评价要素和计量分析工具和方法等构成，是系统评价高质量发展绩效或成熟度的系统化过程和方法。**

性评价标准，在世界范围得到广泛应用，受到极高的赞誉。再如，《卓越绩效准则》所附带的管理成熟度评价方法，包括核心理念、准则、目的、组织、流程、工具和方法等全部评价体系要素，建立了一套目前全球范围组织体系绩效评估中系统性、成熟度最高的系统评价体系。本书第4章中将引用这两个标准化的评价体系。

高质量发展体系评价是衡量企业绩效，衡量企业经营、管理与发展绩效的活动，是增强经营、管理、发展活动的可观测性的工具，是启动经营、管理与发展体系改进与创新的有效途径，也是促进企业高质量发展的关键问题和关键环节。

企业高质量发展体系标准化、高质量发展成熟评价的标准化、系统化是必然方向。高质量发展成熟度评价必须采取系统的方法，通过一个完整的体系来完成。高质量发展评价体系包括评价目的、评价准则、评价组织、评价流程、评价要素计量方法。当前系统的、标准化的评价体系为高质量评价体系设计提供了良好的基础，将来根据高质量发展评价的目的、评价组织和评价准则等的形式和内容，做适当调整和优化。

5.1　成熟度评价体系界定

高质量发展体系涉及评价目的、评价准则、评价组织、评价流程、评价要素计量方法，必要时可能包括评价人员行为准则等，本节只做简要界定和说明，详细说明和应用参见本书第4章。

5.1.1　评价目的

评价目的是评价主体或组织者期望评价能解决根本问题、达到根本作用和最终成效。不同的评价主体或过程可能有不同的目的。

企业高质量发展成熟度评价，根本目的在于发现和识别企业高质量发展的改进与创新机会，以采取措施提升高质量发展成熟度和经营绩效，进而通过企业高质量发展促进经济、社会、行业的高质量发展，并让人民获得高质量发展的福祉。不同的评价组织和主体，可以从不同视角应用高质量发展成熟度结果：

（1）企业自我评价。企业通过自我评价，掌握高质量发展现状和进展，识别机会，启动改进和创新。通过持续不断地提升高质量发展体系成熟度，打造可持续经营和一流的企业。

（2）企业外部评价。一是企业外部第三方权威机构，如行业机构、企业监管机构，可以通过高质量发展成熟度评价，识别和发现高质量发展标杆，是全国、特定区域、领域或行业推荐的高成熟度企业的最佳发展实践，必要时给予认可和奖励，以推动全国、特定区域、领域或行业内企业的高质量发展。二是作为顾客或合作伙伴的组织，以合作或交易为目的，根据需要评价企业高质量发展体系成熟度。三是研究、咨询机构评价，可以利用成熟度评价数据和企业高质量发展的规律，优化或创造企业高质量发展理论和方法，以指导发展体系设计、实施和优化工作。

5.1.2 评价准则

高质量发展准则或高质量发展评价准则是用于评价高质量发展体系绩效水平或成熟度的标准或导则。广义的高质量发展评价准则就是高质量发展准则，其中包括发展理念—关键过程—结果的原则性要求或正式规定。它是关于高质量发展系统的原则要求和正式规定的文件或导则，是企业高质量发展的系统方法。因此，在实践中是企业高质量发展的思想和行为准则，是企业高质量发展必须遵守的原则要求、行动导则、评价标准或依据。狭义的评价准则通常是指关键过程和方法的正式规定或导则，也可以根据需要附加其他要求。

5.1.3 评价组织

高质量发展体系评价涉及的组织主体通常包括评价管理者、评审实施者、申请或接受评价的组织等。当然，也可以根据目的和需要，包含相关的组织或个人。评价管理者确定评价目的，选择评价准则，管理评价过程。评审实施者通常以小组方式工作，通过系统的评审，获得证据，形成审核结论，然后向管理者、委托者报告评审结果。接受评审的组织或申请组织提供相关资料，接受现场评审，获取评价结论和报告，应用评价结果。

5.1.4 评价流程

高质量发展体系评价遵循通用的体系评价的标准和方法，通常包括三个阶段，即评价计划、文件评审、现场评审。

评价计划阶段明确评价目的、准则、评价组织构成与分工、评价实施过程、要求、评价记录与文件要求等，确保高效完成评价过程。

文件评审阶段根据申请组织提供的文件资料，由评审组评审员基于评价准则，评审申请组织高质量发展体系建立、实施、运行及改进成果等，获得证据，形成评审结论，明确组织的优势、改进机会，确定成熟度评分得分区间，形成阶段评价报告。

现场评审主要是评审组申请深入组织工作现场，获取进一步信息和证据，解决文件评审中存在的疑问，确认文件评审阶段的结论，确定成熟度评分值，形成评审综合报告和详细报告。

每个阶段的具体工作环节和更详细的流程，参见本书第4章。

5.1.5　评价要素计量方法

系统能力成熟度模型（CMM）的概念源于20世纪80年代美国软件质量保证实践，为评估承包商完成合同软件项目能力而开发。后来，基于Jenifer Vásquez（2021）总结的专家们已经开发的各种成熟度模型，作为诊断和分析工具被广泛应用，用来评估产品、项目或过程的发展水平。成熟度模型在企业管理领域的典型应用，如前所述，一是国际标准化组织（ISO）在制定ISO 9004：2000《追求持续成功的管理方法》时，引入该成熟度模型评价管理成熟度。二是成熟度模型在各国卓越绩效评价中被普遍应用，并得到了发展，具有代表性的是美国MBNQA计划中，基于《卓越绩效准则》(7个类目，30多个基本过程，7类绩效结果)，选择过程和结果两类评价要素，按照A—D—L—I（方法、展开、学习、整合)4个要素评价过程，按Le—T—C—I(水平—趋势—比较—整合）4个要素评价结果的系统化的评价体系，并设计出了包括6个等级，以5%为评分刻度的量化方法，这是目前成熟度模型在社科领域最深入的应用。

5.2　高质量发展体系评价准则设计

高质量发展体系评价准则的设计，首先需要明确准则的目的、用途和定位；其次选择合适的设计和编制策略，核心是确定准则的关键内容范围和要求水平；最后要考虑准则文本表达形式及其评价实施的配套问题。

5.2.1　准则定位（目的、用途）

高质量发展体系评价准则可以从以下4个方面进行定位：

（1）功能上，它是当代企业高质量发展体系的标准化文件，是企业高质量发展系统总纲领、行动指南、评价标准。

（2）时代特征上，它是关于基于新发展理念的企业发展模式的规定和原则性要求，是企业高质量发展系统的典型模式。

（3）系统成熟水平上，它应体现全球领先的当代企业经营、管理和发展的核心理念、价值观、最佳实践、领先的技术基础和未来发展趋势，提供一个世界级的、一流的、系统化的企业经营、管理与发展的集成化解决方案。

（4）应用上，一是作为当代企业追求卓越、高质量发展和可持续经营的路线图，驾驭当代企业复杂性。二是作为测量、分析企业高质量发展水平的平衡计分卡，监视高质量发展进程和成熟度的检查表、仪表盘、听诊器、诊疗仪。

5.2.2 准则设计策略

基于评价准则的目的、用途和定位，相应的设计策略是：

（1）能够为企业高质量发展提供一套通用的、统一的核心理念、价值导向和行为准则。

（2）建立组织高质量发展、追求卓越、实现可持续经营的实施指南和发展成熟度评价标准，以使各类组织可以评估其发展进程和绩效水平，识别改进与创新机会。

（3）能够为跨组织的学习与合作提供一个载体或平台，为组织高质量发展诊断和信息交流建立框架和基础。

（4）支持建立一套推动企业高质量发展的激励制度，并使其不断进化和发展。

5.2.3 内容范围和要求水平

如前所述，基于企业经营管理体系的发展，特别是过去40年占主导地位的追求卓越、追求持续成功的经营管理体系的良好的实践和标准化的管理体系，确定了企业高质量发展体系发展价值观、发展原则和体系架构，包括组织治理、领导、战略、顾客、人力、物力、运营、改进创新和结果8类关键过程，5类主要结果。评价准则的编制，就是在这个基础上，进一步展开过程到活动、结果到绩效项目的过程。这个过程也是组织不同层次的关键因素到成功因素展开的过程。

准则内容和要求的确定考虑以下因素：

（1）要全面、深入地展开高质量发展价值观和关键成功因素；

（2）要形成体系，有利于全面观察、描述、评价、理解企业高质量发展体系，涵盖企业高质量发展的关键过程要素和结果因素，便于掌握和测量企业高质量发展成熟度；

（3）成熟度是面向一流企业设计的，相应地，准则的内容一定是参考一流企业最佳实践和最高要求；

（4）准则要简明、精练，也便于重点、高效率地实施评价，省略企业发展中基础性活动和要求；

（5）准则要反映当今企业经营管理实践中的最新理念和实践成果，保持先进性，如创新、敏捷、柔性与弹性、数字经济与第四次工业革命、网络安全、社会责任、全球可持续发展、多样性、公平性和包容性等。

企业高质量发展必须符合高质量发展价值观，遵从高质量发展原则，在此基础上明确发展环境和关键成功因素，这些因素也是成熟度评价的前提和基础，是评价高质量发展过程和结果的起点和依据，所以准则需强调这些因素。

相应地，高质量发展体系包括高质量发展观、发展原则、高质量发展的环境和关键成功因素、高质量展过程和结果，后者是前者的展开，高质量发展成熟度评价的内容为关键过程和结果。关键过程和结果可分为6个过程类目、21个要点，作为条目和成熟度评分项；结果类目分为5个子类和要点，作为结果的条目评分项。类目、要点、条目分三个层次说明了企业高质量发展的总要求、基本要求和详细要求。这些要求在组织层次上分别与公司的职能、组织单元、岗位工作大致相对。

类目、条目的计分权重，是相应过程或结果之间的相对重要性，会随着管理环境和实践的发展有所调整。本准则的设计借鉴我国、美国和欧洲卓越绩效准则的权重分配准则，采用1000分制，过程和结果基本按60%与40%分配。各类目和条目的分值如表2–6所示。管理作为一个系统，每个部分都重要，都必不可少，但是，一方面，由于管理环境要求、利益相关方要求的不同，组织人员成分以及生产力的精华，导致某些过程和结果的权重分值会有相应的差别；另一方面，根据企业经济、管理发展的实践，通常会遇到面临相应机会、威胁的情况，存在某些普遍需要改进和加强的领域，相应地，相关类目和条目的分值会做出相应的增减。当然，也可以根据大样本数据进行分析，确定各个过程类目之间、过程类目与结果类目之间、结果类目之间的影响系数或相关关系，计算相应的权重分值。

表 2–6　　企业高质量发展成熟度评价准则类目与要点（条目）

类目	条目	计分权重
组织概要	经营环境 竞争态势	
治理与领导（140分）	（1）治理体系	50
	（2）社会责任	50
	（3）执行力、绩效和应变	40

续表

类目	条目	计分权重
战略（100分）	（4）战略制定	50
	（5）战略实施	50
顾客（80分）	（6）顾客期望	20
	（7）顾客全心参与	30
	（8）顾客关系	30
改进与创新（80分）	（9）改进与创新体系	40
	（10）促进创新	20
	（11）数据、信息和知识	20
人员与资产（100分）	（12）工作系统	20
	（13）工作环境	20
	（14）员工全心参与	20
	（15）有形资产	20
	（16）无形资产	20
运营（80分）	（17）运营过程	40
	（18）运营效率、有效性和安全性	40
结果（420分）	（1）产品和服务结果	50
	（2）顾客结果	60
	（3）财务、市场和战略结果	80
	（4）人力与资产结果	100
	（5）运营结果	60
	（6）领导与治理结果	70
合计		1000

5.2.4 准则文本体例选择

为了更简要、明确地描述企业高质量发展体系的要求，同时配合成熟度评价方法，准则采用了如表2-7所示的体例结构。分为类目及总要求、要点和基本要求、条目和详细要求三个层次。详见本书第3章 。

表 2-7　　准则文本体例特点

准则条文示例	层次界定	内容
3.1 组织治理（60 分）	类目（分值权重）	准则第一级关键过程
公司如何确定企业宗旨（purpose）和核心价值观，并与利益相关方沟通和共享？如何健全组织治理结构，明确职能、权力和责任？如何确保所有利益相关方的共享利益、满足需要？如何履行伦理、法律、社会责任，确保遵守伦理道德、合规合法，为利益相关方创造价值，为经济和社会的绿色、协调、可持续发展作出贡献？	类目下文字	说明类目总要求
3.1.1 治理体系（30 分）	要点 1（分值权重）	说明要求展开的要点；类目下所有要点构成准则的该类目的基本要求
公司如何建立和完善治理体系，确保体系有效运行，以履行责任和义务、合规合法，保护相关利益并防范风险？	要点下文字	说明要点总要求
（1）宗旨与核心价值观 ●如何了解国内外经济社会发展与变革，理解国家方针政策，明确经济社会高质量发展要求？如何了解和听取投资人（股东）、员工和其他利益相关者的价值取向、需求、期望和要求，保持双向沟通？ ●如何贯彻高质量发展理念，明确价值创造载体、业务和服务对象、形成公司的使命、核心价值？如何向利益相关方沟通企业存在的意义、根本目的、长远追求和志向，并寻求认同和支持？ ●如何在制定公司方针、政策和重大决策时，平衡和协调经济、社会、环境发展目标，关注社会责任和环境保护，追求可持续高质量发展，共享发展成果？ ●如何构建合理的收益分配机制，确保所有利益相关者公平分享企业发展成果？ ●如何确保企业运营遵循国家和行业的相关法律法规，如何强调诚信、责任、公平、协调、共享，促进建立和形成健康的组织文化？	条目与更详细条目	说明准则该要点或评分项目详细要求
（2）组织治理结构 （3）如何建立规范的公司治理结构？如何明确董事会、管理层以及其他监管机构的职能、权力和责任，确保合规、高效、有责任的治理，特别是管理层的行为责任、财务责任、伦理道德义务？ （4）如何建立全面的风险管理体系，执行有效的内部控制，确保审计独立性和有效性，保证透明度和公开性，保护利益相关者利益，防范各类风险？ （5）如何发挥董事会的战略定位与政策制定职能，改善监督和执行职能，增强促进发展和主动防范风险的能力？ （6）如何制定管理层的发展、任用与继任规划，提升领导和治理能力，保持领导和治理的有效性和连续性？ （7）管理层如何以身作则，承诺个人行为符合组织价值观、法律法规、伦理道德？如何促进全员行为守法和符合伦理行为，并关注相关要求的执行、问题处置和改善？	详细要求 2	
3.1.2 社会责任（30 分）	条目 2（分值权重）	
……	……	……
……	……	……

第 3 章　企业高质量发展准则

本章借鉴标准和准则编制的体例、思路和方法编写，说明准则的目的、适用范围，概括我国企业高质量发展的行动准则，包括高质量发展的核心理念、基本原则、关键过程和绩效、评价方法等，构成了企业高质量发展的系统方法和关键要求。本章可以单独作为高质量发展行动准则和指南，也可以作为高质量发展成熟度评价的依据和方法，供企业独立使用。

引言

本准则在深入分析过去30多年来国内外企业追求卓越、打造一流、追求可持续发展实践的基础上，总结并提炼出了世界一流企业经营、管理与可持续经营的核心理念、系统方法与最佳实践。同时，参考类似的一流企业评价准则，并结合我国经济社会高质量发展的方针和政策要求，综合形成具有代表性的理念、系统方法和成功实践成果，编制而成。

本准则阐述了当代组织追求高质量发展的最佳实践和系统方法，可以作为我国企业高质量发展体系建设、运行的行动指南，也可以作为评价高质量发展成熟度、识别优势和改进机会、推动高质量发展达到新水平的准则和方法。

本准则的主要内容包括组织高质量发展的核心理念、基本原则、关键过程和绩效结果、成熟度评价过程和评分方法。其中，新时代我国经济社会发展的理念（新发展理念）是我国各级组织高质量发展的价值导向和根本要求，是高质量的价值定位。基本准则是组织在追求高质量发展过程中必须遵循的行为规范，具有不可违背的重要性。关键过程是组织高质量发展开展的一系列重要的、优先的活动，它来源于一流企业的实践和经营管理的关键成功因素；绩效结果是组织高质量发展的主要质量成果；关键过程和绩效结果提出了评价组织高质量发展成熟度的内容要求。成熟度评价过程和评分方法表明了评价组织高质量发展成熟度的水平要求和测量方法，用于评估组织高质量发展的水平和程度，即高质量发展质量。

企业高质量发展体系成熟度是多种因素相互作用的综合结果，这些因素也在不断变化，但其关键要素、基本结构、内在逻辑相对稳定。本准则所描述的新时期企业高质量发展体系架构如图3–1所示：企业高质量发展体系包括6类关键过程要素，即领导与治理、战略、顾客、改进与创新、运营、人员与资产；1类结果要素，即与各项过程与利益相关方相对应的发展结果。其中，领导与治理、战略和顾客三个过程，是以产生理念、方向和方法为主的要素，是组织阳的方面。人员与资产、运营和结果是以执行为主，行动而达成结果关键要素，是组织阴的方面。改进和创新，是推动各个要素发展的要素，是组织变革和转化的方面。

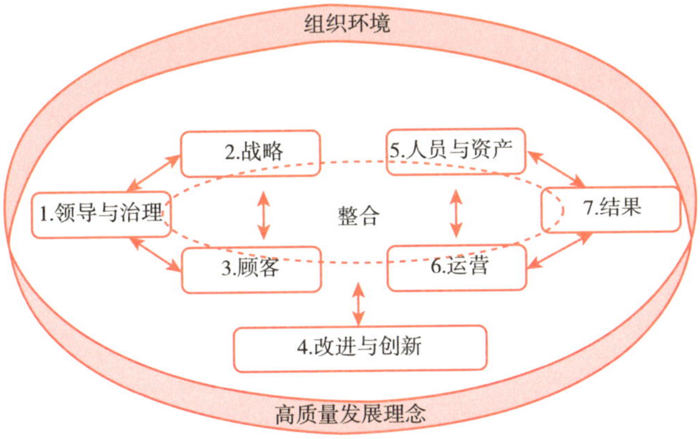

图 3–1　企业高质量发展体系架构

高质量发展体系的内在逻辑为：企业高层管理者基于高质量发展理念，发挥领导作用，确定有效的治理结构，平衡和保护相关方利益，明确发展方向，聚焦市场，制定发展和经营战略，并依赖员工人力和物力资源，高效地运营，提供产品和服务、交付价值。在这个过程中，数据、信息、知识的生成与使用是内在的核心过程，也是所有过程的基础和隐形部分；改进和创新，增强创造价值的能力，创造新价值是贯彻始终的全组织的关键过程，是推动组织发展的过程。各个过程整合为一个有机整体，敏捷、高效、有效、可靠、可持续地成功运行，产生多个层面的高质量成果，为相关方提供价值，满足相关方需求，实现企业使命。详细内容和要求见2.3关键过程和结果。

（一）目的

本准则旨在描述和定义我国企业高质量发展系统体系关键要素、体系架构、运行与改进的机制，明确企业高质量发展体系的关键要求和通用方法，为企业追求高质量发展提供指南，为理解和评价企业高质量发展体系成熟度提供实用的工具和方法，以帮助企业全面建立、实施、评价、改进经营管理体系，提高竞争力和整体绩效，实现可持续发展。最终，为我国经济社会的高质量发展作出重要贡献。

（二）适用范围

本准则对于成熟度的要求和方法具有通用性，适用于各种类型的组织，无论其规模大小或提供的产品和服务类型如何。虽然在文中为了便利和表达的简洁性，主要使用了“企业”这一商业组织的术语，但这并不意味着其应用范围仅限于企业。

本准则可用于企业建立、实施、评价、改进高质量发展体系，以提升高质量发展成熟度，还可用于行业管理机构、专业机构评审、评定企业高质量发展水平，报告企业高质量发展成熟度，认可、奖励、引导和指导企业高质量发展。

（三）引用标准

（1）GB/T 19580—2012《卓越绩效评价准则》。

（2）GB/T 19004—2020/ISO 9004：2018《质量管理 组织的质量 实现持续成功指南》。

（3）GB/T 19004—2009/ISO 9004：2008《质量管理 追求持续成功管理指南》。

（4）NIST，2005 Baldrige Excellence Framework：Proven Leadership and

Management Practices for High Performance.

（5）NIST，2021—2022 Baldrige Excellence Framework：Proven Leadership and Management Practices for High Performance.

（6）ISO 9004：2018 Quality management—Quality of an organization—Guidance to achieve sustained success.

（7）ISO 9000：2015，Quality management systems—Fundamentals and vocabulary.

（四）术语和定义

企业高质量发展——我国企业基于新时代经济社会发展的核心理念，追求创新、协调、绿色、开放、共享，持续满足利益相关方日益提高的需求和期望的发展实践和发展成果。

企业高质量发展体系成熟度——企业高质量发展过程、方法和成果达到当代一流企业高质量发展体系成熟度程度或水平，即高质量发展质量。

成熟度评价体系——由评价目的、评价组织、评价准则、评价程序、报告内容和方式、量化方法（评分）组成的系统。

1 发展价值观

1.1 创新（innovation）

创造新的价值对于任何组织的存在与发展至关重要。创新是组织高质量发展的第一动力。在当今时代，随着人们对美好生活需求的不断提升，以及面对充满不确定性、快速变化和激烈竞争的环境，创新是企业取得优势、实现持续高质量发展的关键成功因素和核心过程。组织应采取高效的方法，倡导创新理念、识别创新机会，选择有效的策略、方法和工具，孵化和推进创新，不断提升自身的能力和影响力，创造新的价值，超越利益相关方的期望，实现高质量发展。

创新发展的关键要求：

（1）倡导创新理念，营造创新环境，激发创新动力；

（2）审视价值导向，理解价值空间，识别创新机会；

（3）明确创新方向，设计创新策略，启动创新行动；

（4）开发创新人才，建设创新团队，促进智力发展；

（5）采用新技术新方法，配置创新资源，增强创新能力；

（6）开发系统化方法，推进创新项目，促进创造和突破；

（7）推动业务变革，实现创新价值，获取创新成果；

（8）认可、奖励创新成果、强化全员创新活动。

1.2 协调（harmonization）

兼顾所有利益相关方的利益，平衡发展，是新时期企业高质量发展的内在要求。企业高质量发展是系统方法，明确相关方的需求和期望，统筹高质量发展系统的各要素，综合开发和应用资源、过程和方法，调动和协调各方的积极性和力量，实现协同、一体化发展，是实现高质量发展的根本途径和保证。

协调发展的关键要求：

（1）了解利益相关方当前和未来的需求和期望，明确价值诉求；

（2）沟通相关方价值观，明确利益关系，确定处置政策和原则；

（3）基于共同使命和追求，兼顾当前和长远，平衡相关方利益；

（4）倡导协作与共赢，凝聚各方力量；

（5）建立、实施高质量发展系统，优化价值创造机制，努力增加价值；

（6）有效运用资源、知识和方法，改进业务过程，增强价值创造能力；

（7）监视高质量发展环境、相关方诉求变化，改进和调整高发展策略和措施。

1.3 绿色（green）

人与自然和谐共生，是实现人类社会可持续发展的必由之路。绿色理念是永续发展的必要条件，更是人们对美好生活追求的具体体现。绿色发展已经成为经济社会发展的新方向和新模式，也是企业可持续高质量发展的新要求、新方式、新道路，强调经济增长与环境保护、社会公平相结合，要求企业构建绿色发展体系，改进现有经营发展政策和方式，履行产品和服务提供体系，采取有效方法，包括利用可再生能源、发展循环经济、推行清洁生产等，以保护自然资源、减少污染和降低碳排放，采取环境友好行动，履行社会责任，努力保护和创造美好、宜居的人类生存环境。

绿色发展的关键要求：

（1）树立环境保护和绿色发展理念，了解绿色发展趋势和远景；

（2）理解国家绿色发展政策、目标和标准，明确绿色发展对企业治理要求和社会责任要求；

（3）识别绿色发展机会和风险，制定绿色管理方针和目标，选择绿色管理策略；

（4）采用绿色发展技术，配置资源，培养绿色人才，提高绿色发展保障能力；

（5）参照公认标准，建立、实施和改进公司绿色管理体系；

（6）主动披露环境绩效信息，如碳足迹、资源消耗和废弃物排放等，接受公众监督并不断提高绿色发展绩效。

1.4　开放（open）

改革开放是当代中国最鲜明的特色，也是我国经济社会发展的基本国策。开放是国家繁荣发展的必由之路，通过对外开放，各个经济社会系统之间实现联通联动、协同发展，促进了变革与创新，实现了可持续发展。这也是我国过去40多年取得成功的宝贵经验。因此，企业要以开放的理念策划高质量发展系统，以开放的系统和方法策划和实施高质量发展行动，通过高质量开放来实现高质量发展。

开放发展的关键要求：

（1）树立开放理念，明确开放政策，策划开放式高质量发展系统；

（2）了解开放环境和机会，理解国际性标准和规则，响应国家开放政策和战略，制定开放方针和策略；

（3）畅通开放渠道，优化开放措施，提高开放效能；

（4）建设开放接口，管理开放关系，共享开放成果；

（5）努力提高产品、品牌、企业的竞争力，增强开放的主动性；

（6）运用新的技术、工具和方法，改进开放发展系统，增强开放能力，提高开放绩效和效率。

1.5 共享（share）

共享是中国特色社会主义的本质要求，全面共享发展成果，促进社会公平正义，增强人民的获得感、幸福感是高质量发展的直接目的。理解企业利益相关方诉求，建立、实施和改进高质量发展系统，增强价值创造能力，创造更大价值，分享发展成果，减少不公平，调动员工和其他利益相关方积极性、主动性、创造性，推动社会的可持续发展与和谐稳定，实现高质量发展。

共享发展的关键要求：

（1）确立共享发展，减少不平等，维护公正的理念；

（2）理解法规政策，分析利益相关方的需求和期望，制定共享政策和规则；

（3）增强高质量发展能力，创造更大价值，奠定共享基础；

（4）确定共享内容、途径和方式，设计并优化共享过程，扩大共享发展的经济和社会效益；

（5）了解共享水平和相关方满意度，优化共享政策、内容和方式。

2 发展原则

2.1 系统方法（systematic approach）

成功的高质量发展是系统方法。将企业的各个要素、各个部分视为相互关联的、统一的、完整的系统，以系统的思想来建立、实施、校准、整合，发挥协同作用，充分形成和发挥企业的整体能力和最佳效能，将有助于企业更高效、更有效、更可靠地实现可持续高质量发展的目标。企业应基于高质量发展的理念和原则，展开企业的使命和愿景，构建高质量发展体系，包括方针、目标、策略，过程、资源、方法和工具等，组织实施并持续改进、不断创新，提升系统能力、绩效和成熟度，实现可持续高质量发展。

系统方法的关键要求及行动：

（1）把企业看作一个由理念、文化、目标、资源、过程、方法、工具等组成的整体，系统地思考问题、研究问题、解决问题，整合于高质量发展和价值创造过程；

（2）理解和确定利益相关方的需求、期望和价值诉求，明确主要期望和要求；

（3）建立企业发展的方针和目标，表达和转化需求和期望；

（4）确定实现目标必需的过程，明确过程使命、能力、职责和义务；

（5）提供实现目标必需的资源、知识、方法和工具，特别是信息资源、技术和工具；

（6）设计、建立、实施并监控体系运行；

（7）测量体系效率、成本、周期、有效性、过程能力、稳定性和敏捷性；

（8）分析过程能力和绩效，评价风险及影响，制定纠正、预防和改进措施，改善过程、资源和方法，提升过程能力、稳定性和敏捷性；

（9）评审高质量发展体系绩效，识别创新与改进的机会，提高体系成熟度，保证可持续、高效率的高质量发展。

2.2　使命思维（purpose-driven approach）

组织的使命是其存在的基石，是推动一切工作的起点和终点，是组织决策和选择的基准。企业高质量发展是一个永无止境、持续改进、不断创新、可持续经营的过程。企业必须树立长远的使命和崇高的追求。高层管理者基于核心价值观，确定组织的使命、愿景，明确定位和发展方向，进而制定方针、目标、策略、行动计划，并确保这些决策在整个组织中得到有效的部署和落实。必要时，在各个组织层次和工作层次明确使命、愿景，培养全员的使命思维，从根本上思考问题，解决问题，整合资源、方法和活动，以充分发挥组织的能力，做正确的事，为组织长期持续高质量发展锚定基准。当使命根植于整个组织的每一层面时，则能够指引决策，激励员工，吸引客户，与投资者和其他利益相关者建立信任和共鸣。使命思维能够帮助组织在快速变化的市场环境中保持清晰的方向和价值观，促进可持续性和长期成功。

使命思维的关键要求及行动：

（1）清晰定义组织使命、愿景，形成企业统一的宗旨和根本追求，并在组织内外得到沟通和认同；

（2）在整个组织部署使命，展开为组织制度、行为准则、方针、目标、策略、长短期行动计划等，将使命落实到行动；

（3）为各个组织、各项工作明确使命，以使命统领各项工作；

（4）以使命为核心，在整个组织明确方向，营造环境，促进全员树立共同的理念和价值观，包括高质量发展核心理念，遵从共同行为原则，并形成习惯，上下同欲，引领各项事业取得成功；

（5）以使命为基准，做出决策，明确目标，分配资源，选择方案，从而确保使命的真正落实和实现；

（6）以使命为判定准则，设定一致的关键绩效指标（KPIs），评价组织、团队和个人、各项业务的绩效，以达成其使命作为绩效评价的最高准则，以校准评价体系，平衡长短期绩效和相关方利益。

2.3 聚焦价值（focus on value /added-value）

创造和提供价值，包括经济价值、社会价值、环境价值、文明价值，是企业存在的理由，是企业决策和行动的焦点和基准。高质量发展的核心目标和根本目的是为利益相关方创造更大价值。企业经营管理活动必须以价值创造为核心，确保所有活动都服务于价值的创造和提供，以价值创造作为评价校准策略和方法的基础，以价值创造作为评定绩效的基准。包括聚焦价值来源，明确价值创造目标，制定增值策略和方法，建立、实施和优化价值创造过程，并识别改进与创新机会，增强价值创造能力，获取、转化和共享价值创造成果，以实现高质量发展的最终目标。

聚焦价值的关键要求及行动：

（1）了解利益相关方的需求、期望和价值诉求及其变化；

（2）分析价值诉求，特别是用户和市场的价值诉求，聚焦价值来源，明确价值焦点和价值定位；

（3）确保组织的绩效指标、目标、策略、行动计划与价值诉求和定位相关联；

（4）确保价值诉求、价值定位、价值创造的关键因素在全组织得到沟通和确认，并通过行动计划转化为价值创造活动；

（5）促进员工发展，优化资源利用，推动改进与创新活动，增强价值创造能力；

（6）测量、分析各利益相关方的满意度，识别改进与创新机会，并采取针对性措施；

（7）与利益相关方交换和分享价值，管理相关方关系。

2.4　以人为本（people-oriented）

各级人员是组织之本，只有他们全心参与（engagement），充分发挥个人的能力，特别是智力，才能实现个人发展，并为组织创造更多的价值，推动组织进步。企业高质量发展过程，是一个不断改进、创新的过程，其中的关键是激发每个员工的智力潜能。企业必须建立系统化的方法，包括全员参与的环境、增强员工的学习、改进和创新能力，制定支持和推进改进和创新的资源、过程和方法，确保改进和创新从理念转化为具体的策略、行动和成果，为员工赋能，激励员工全心参与，为企业创造新的、更大的价值，并为实现高质量发展作出积极贡献。

以人为本的关键要求及行动：

（1）了解员工的需求、期望、追求、个性和满意度；

（2）营造尊重、信任、透明、公平、正义的组织氛围；

（3）为组织勾画一个清晰的愿景，使员工了解其角色、贡献的重要性和价值；

（4）在工作中，员工应拥有更多的自主权，并让他们承担起解决问题的责任；

（5）积极寻找机会来提高员工的能力、知识和经验，促进个人发展；

（6）支持员工主动改进与创新，识别影响工作完美的制约因素，并采取改进措施；

（7）针对每个人自己的目标，评价其绩效，并就如何提升绩效提供支持；

（8）促进团队合作、组织学习，促进自由地分享知识和经验；

（9）提供安全、健康、友好的工作环境，支持工作与生活平衡，促进员工身心健康和追求幸福；

（10）激发、鼓励并承认员工的贡献，强化远见和持续努力；

（11）分享成就和机会，共担风险和挑战，寻求建立长期伙伴关系。

2.5 持续精进（continuous improvement and innovation）

企业高质量发展是一个永恒的目标，持续不断的改进和创新，是必然的选择。企业应该建立、实施系统化的方法，包括创造改进与创新环境，采用正式的和非正式的改进与创新方法，推动持续精进，提高效率，增强能力，减少风险，降低成本，大幅度提高竞争，全面提升绩效，实现可持续高质量发展。

持续精进的关键要求及行动：

（1）在全组织内采用系统化的策略和方法，持续推行改进与创新；

（2）营造精进环境，提供政策和资源支持，促进全员致力于改进与创新；

（3）基于经营方针和价值创造要求，确定精进方向和策略，指导和协同精进活动；

（4）使产品、过程、体系、工具、技术、知识的持续精进成为每个人的目标；

（5）推动个人学习和组织学习，学习和掌握精进的工具、技术和方法；

（6）开发改进与创新团队，优化改进与创新项目管理，提升改进与创新成效；

（7）认可改进与创新的结果，表扬、奖励改进与创新员工。

2.6 敏捷应变（agile and flexible）

经营环境更加复杂，快速变化，充满不确定；产品和服务定制化成为主流，竞争日益激烈，商业机会稍纵即逝，敏捷成为当代企业应对变化、保持竞争力、寻求生存和可持续发展的关键属性。企业应分析宏观环境、市场、业务特性，基于敏捷与快速响应的要求，策划、设计、变革经营管理体系，在战略、组织、技术、流程、产品和服务层面，嵌入敏捷性思维，增强适应能力和柔性，快速响应机会、挑战，获得和提高竞争优势，保证可持续高质量发展。

敏捷应变的关键要求及行动：

（1）聚焦价值，搜索和识别市场变化，快速传递信息，启动快速响应举措；

（2）在组织的各个层次明确使命、价值取向、职权和决策规则，开展自组织管理，激活全体员工，激活敏捷动力；

(3) 变革组织理念、结构方式、工作制造和工作机制，促进信息、知识高效共享，增强组织柔性，奠定快速响应的组织基础；

(4) 促进员工发展，鼓励多样性，促进团队合作，支持组织学习和快速迭代；

(5) 采取先进信息技术构建企业信息基础，促进高效数据、信息处理与信息共享、支持快速决策与执行；

(6) 改造技术、生产和服务方式，提升业务智能水平，增强业务过程柔性和弹性；

(7) 推动改进和创新，奠定敏捷应变的根本保证。

2.7 互利合作（mutually beneficial cooperation）

企业与其利益相关方是相互依存的，互利合作可以增强双方创造价值的能力。企业通过构建共同愿景，增强信任，开放沟通，共享数据、信息、知识、技术和资源，协同创造价值，分享成果，共担风险，并不断优化合作策略，建立稳健的互利合作关系网络，增加竞争优势，促进持续的业务增长，实现可持续高质量发展。

互利合作的关键要求及行动：

(1) 培养相互信任和尊重的文化，平衡眼前利益与长远利益，承诺建立持久的互利合作关系；

(2) 努力建立共同愿景，明确合作方针和目标，增强合作动力，并引导各方努力；

(3) 与相关方建立开放、畅通、高效的沟通网络，确保信息共享和透明度；

(4) 与关键伙伴共享专门技术、知识和资源，共享合作成果；

(5) 协同制定业务合作方案，共同解决问题，确保各方从合作中获得价值和益处；

(6) 开展协同创新与联合改进活动，增强双方创造价值的能力；

(7) 合理评估和分配风险，共同承担合作中可能的困难和挑战；

(8) 评估合作成效，寻求改进机会，优化合作策略和合作方式；

(9) 倡导伦理道德与合规性，确保各方业务活动遵从公平、正义原则。

2.8 循证决策（evidence-based decision-making）

管理过程是测量、获得数据，分析获得的信息，做出选择和决策，整合形成知识的过程，转化为行动的循环。决策是管理的核心，有效决策是建立在数据、信息的分析与综合的基础上。企业高质量发展，依赖于有效的决策，必须建立并实施有效的数据、信息处理和知识形成过程，增强信息处理和知识生成能力，保证及时、准确、可靠地做出高质量的决策，支持基于事实的管理和基于事实的高质量发展。

循证决策关键要求及行动：

（1）基于使命和价值创造的关键成功因素，建立绩效指标体系，明确数据和信息需求；

（2）规定获取信息的内容、渠道、测量方法和职责要求；

（3）建立、实施和持续改进数据、信息、知识管理系统；

（4）采用有效的系统、技术和方法，增强人员和信息设备的信息处理能力、知识生成能力；

（5）通过分析、比较、校准、整合、验证，确保数据、信息和知识的质量和安全；

（6）基于特定的需求和风险评估，在全组织促进数据和信息的及时传递与共享；

（7）整合数据、信息和知识，根据对事实的分析、过去的经验和直觉判断做出选择，形成决策并转化为行动。

3 关键过程和结果

组织概要

公司发展背景以及影响企业运营的关键因素和主要挑战等。

发展环境

说明公司经营环境以及与顾客、供应商、合作伙伴和利益相关者之间的关键关系。

a.组织环境

（1）主要产品和服务是什么？产品和服务的提供方式是什么？

（2）企业文化是什么？宗旨、愿景、使命及价值观是什么？

（3）员工情况是怎样的？类别、类型、教育水平怎样？员工队伍构成和职位构成的多样性、员工的使用以及特殊的健康和安全要求是怎样的？

（4）主要技术、设备和设施是怎样的？

（5）运营的管制环境是怎样的？适用的职业卫生与安全法规，认可、认证或注册的要求有哪些？特别的行业标准，环境、财务及产品法规有哪些？

（6）公司在绿色、节能、环保、低碳领域的关键要求有哪些？

b. 组织关系

（1）公司组织结构和治理体制是怎样的？治理机构、高层领导与母公司之间的报告关系是怎样的？

（2）公司关键顾客及利益相关者细分市场是怎样的？他们对公司产品、服务和运营的关键要求和期望是什么？不同顾客及利益相关者细分市场间的要求和期望有何差异？

（3）供应商和分销商在公司价值创造过程和关键支持过程中的作用是怎样的？公司最重要的供应商和分销商有哪些类型？公司最重要的供应链要求是什么？

（4）公司与关键的供应商和顾客的合作伙伴关系及沟通机制是怎样的？

组织挑战

a. 竞争环境

（1）企业竞争地位是怎样的？所在行业、市场上，相对规模和成长情况是怎样的？竞争对手的数量和类型是怎样的？

（2）胜过竞争对手的决定性因素是什么？有无会影响竞争格局的关键变化正在发生？

（3）公司获取比较性、竞争性数据的关键来源有哪些？获取这些数据的能力有无局限？

b. 战略挑战

公司在关键业务、运营和人力资源的主要战略挑战是什么？与组织的可持续性成功相关的主要战略挑战是什么？

c. 绩效改进与创新

公司绩效改进与创新系统是怎样的？如何运行并促进绩效改进与创新，包括评价关键业务、关键项目绩效，推动持续改进、识别机会、推进和孵化创新？

3.1 领导与治理（140 分）

公司如何确定企业宗旨（purpose）和核心价值观，并与利益相关方沟通和共享？

如何健全组织治理结构，明确职能、权力和责任？如何确保所有利益相关方的共享利益？如何履行伦理、法律、社会责任，为经济和社会的绿色、协调、可持续发展作出贡献？高层领导者如何明确组织的方向，引领并推进组织可持续高质量发展？如何创建追求高质量发展的环境，激励员工全心参与？如何改进绩效评价体系，促进创造价值和全面提高绩效？

3.1.1 治理体系（50分）

公司如何建立和完善治理体系，确保体系有效运行，以履行责任和义务、合规合法，保护相关利益并防范风险？

a.宗旨与价值观

（1）如何了解国内外经济社会发展与变革，理解国家方针政策，明确经济社会高质量发展要求？如何了解和听取投资人（股东）、员工和其他利益相关者的价值取向，需求、期望和要求，保持双向沟通？

（2）如何贯彻高质量发展理念，明确价值创造载体、业务和服务对象、形成公司的使命、核心价值？如何向利益相关方沟通企业存在的意义、根本目的、长远追求和志向，并寻求认同和支持？

（3）如何在制定公司方针、政策和重大决策时，平衡和协调经济、社会、环境发展目标，关注社会责任和环境保护，追求可持续高质量发展，共享发展成果？

（4）如何构建合理的收益分配机制，确保所有利益相关者公平分享企业发展成果？

b.发展方向

（1）高层领导如何明确组织发展方向，明确和沟通关键要求，特别是高质量发展的愿景和方针，发挥引领、凝聚和激励作用？

（2）如何基于企业宗旨（purpose），确立使命（mission）、愿景（vision）和价值准则，指明组织发展方向、行为准则和关键要求？

（3）如何沟通和传达使命、愿景和价值观，并贯穿于各个组织层次、业务、关键领域和关键行动中，转化为具体的方针、目标、策略，必要时，以校准、整合的思路，在各个层级明确使命、愿景、方针、目标，使全组织致力于实现使命、愿景和价值观，促进高质量发展？

（4）如何与供应商和合作伙伴、顾客和其他利益相关者沟通，并作为处理关系的准则和依据?

（5）如何选择双向沟通方式，包括使用社会媒体，定期向社会和利益相关方传递消息，监控外部反应并在适当时做出回应?

（6）如何沟通组织变革的方向、决策和策略，指引敏捷应变、快速反应和经营连续性?

（7）如何率先垂范，并激励员工践行使命、愿景和价值观，形成上下同欲的协同、整合状态?

c.内部环境

（1）如何创造有利于全员参与、组织学习、主动行动、快速反应、改进和创新的组织环境，激发员工内在动力，为高质量发展作出积极贡献?

（2）如何基于使命思维，评审组织的核心理念、文化、组织氛围、工作系统、业务环境等，以适应发展和变革的要求?

（3）如何营造公平、包容、共享、协调的高质量发展与持续成功的健康文化，赋能员工、顾客、合作伙伴等;

（4）如何倡导创新创业精神，重视商业生态系统建设，强化组织间合作创造价值，实现协同发展理念?

（5）如何确保企业运营遵循相关法律法规，强调诚信、责任、公平、协调、共享的行业发展文化?

d.治理结构

（1）如何建立规范的公司治理结构?如何明确董事会、管理层以及其他监管机构的职能、权力和责任，确保合规、高效、有责任的治理，特别是管理层的行为责任、财务责任、伦理道德义务?

（2）如何建立全面的风险管理体系，执行有效的内部控制，确保审计独立性和有效性，保证透明度和公开性，保护利益相关者利益，防范各类风险?

（3）如何发挥董事会的战略定位与政策制定职能，改善监督和执行职能，增强促进发展和主动防范风险的能力?

（4）如何制定管理层的发展、任用与继任规划，提升领导和治理能力，保持领导和治理的有效性和连续性?

（5）管理层如何以身作则，承诺个人行为符合组织价值观、法律法规、伦理道德？如何促进全员行为守法和符合伦理行为，并关注相关要求的执行、问题处置和改善？

3.1.2 社会责任（50分）

公司如何基于使命和价值观，识别社会责任领域，明确方向和目标，充分利用资源，履行责任，为建设绿色、环保、宜居、可持续发展的社会、社区作出积极贡献？

a. 守法崇德

（1）如何识别法律法规、政策、道德的关键要求和风险，采取可靠措施，确保全体人员及经营行为遵守法律法规，符合伦理道德？

（2）如何关注和预测其产品、运营可能产生的不良社会影响、公众的隐忧，主动制定方针、测量指标和目标、控制风险过程，应对和消除隐忧，以符合法律法规要求？

（3）如何促进和确保所有与社会、关键利益相关方交互行为符合伦理道德，包括优化治理结构，制定行为准则、明确风险过程、测量指标和目标、监控执行情况，并采取保护、补救、改善等措施？

（4）如何针对社交媒体、信息网络和技术应用领域的道德风险，通过适当的政策、制度，以及人员教育培训、技术监测等方法，处理利益冲突，保护敏感数据、信息的应用与发布等，应对相关风险，防范不道德行为？

b. 绿色环保

（1）如何关注保护自然资源、减少碳排放、保证供应网络连续性和柔性等法规、政策要求、社会呼声等，明确方针、策略、关键举措、资源投入、技术应用与开发等，构建绿色环保导向的发展体系，响应和寻求绿色、协调、可持续发展？

（2）如何努力参加和支持改善环境的活动，减少污染和废弃物的产生，确保空气、水源和土壤的清洁，提高能源效率和资源利用率，营造宜居、美观和可持续的居住环境？

（3）如何鼓励居民采取健康、环保的生活方式；推广本地生产的有机食品，减少食物浪费；支持提供充足的运动和休闲设施，促进身心健康？

（4）如何推动和支持绿色产业的发展，如清洁能源、节能环保、循环经济等？

c. 协调共享

（1）如何制定政策、方针、目标，平衡企业、社会、社区各方利益，促进协调发展？

(2) 如何积极地支持和增强社区发展，基于公司资源和优势，确定关键社区和领域，高层领导者与员工一起为社区协调与发展作出贡献?

(3) 如何制定政策、方针、目标，减少不公平，分享发展，调动员工和其他利益相关方积极性、主动性、创造性，推动社会的可持续发展与和谐稳定?

(4) 如何促进和支持公正的资源分配，包括教育、医疗等基本公共服务?

(5) 如何努力解决社会不公平现象，改善贸易、商业和专业社团的经营活动?

(6) 如何根据组织使命和业务，识别和参加慈善活动，帮助和支持罹患弱势社会群体?

3.1.3 执行力、绩效与应变（40分）

高层领导如何指引方向，评审进展和绩效、强化执行力，在全组织促进提升绩效，适应变化，推动变革?

a. 执行力

(1) 如何以创造价值、提升绩效为关注焦点，优化绩效评价体系设计，评审绩效，指导行动目标和计划制定?

(2) 如何基于关键成功因素，识别关键行动，制定资源配置和能力提升政策?

(3) 如何关注为顾客、员工及其他利益相关者创造价值，设定绩效、设定期望和政策?

(4) 如何增强员工责任心、主动性，促进员工能力提升?

(5) 如何促进组织和流程的敏捷反应、韧性，应对变化和挑战，保证关键目标实现?

b. 改进绩效

(1) 如何指导构建面向高质量发展的全面绩效评价体系，推动绩效改进与业务创新?

(2) 如何评审公司关键绩效，并与竞争对手、标杆和行业水平比较，识别改进机会，推动重要改进与创新行动?

(3) 如何评价高层领导者绩效，利用评价结果改进治理工作和领导有效性?

(4) 如何评审各级管理者的领导绩效，提出方针政策，改进各级组织的领导能力?

c. 应变

（1）如何保持组织内外部因素的敏感性，识别变革机遇和风险，确保具有足够的应变能力，响应变化，应对挑战？

（2）是否具备持续监测外部环境和预警的能力？是否有专门团队或部门负责市场、技术、政策等的环境分析？

（3）如何使组织保持敏捷性和韧性、把握战略机会，为未来业务、市场和运营环境做好准备？如何与其他组织或机构建立跨界合作或战略联盟，以共同应对挑战？

（4）如何制定灵活的战略规划或策略，建立有效的危机管理机制，在面对外部变化和突发挑战时，能够快速调整、响应并采取应对措施？

（5）如何提供相关培训，以帮助员工适应外部环境的变化，并提高他们的应变能力？

（6）如何管理变革，确保在实施重大变革时，组织能够确保变革的顺利进行？

（7）组织是否拥有先进的信息技术基础设施，以支持其适应和应对外部变化的能力？

（8）是否具备快速迭代和持续改进的能力？在应对外部变化时，组织如何不断创新以适应变化？

（9）如何设计继任者计划，开发各级管理者，促进未来领导者的发展，保持经营连续性？

3.2　战略（100分）

如何设计战略方针、目标、策略和行动计划？如何基于战略展开目标、资源和行动？如何评审进展并采取措施？如何在局势变化时加以改变？

3.2.1　战略制定（50分）

如何基于使命、愿景和高质量发展的要求，识别机会、威胁，优势、劣势、关键成功因素等，作出决策，制定战略？如何形成战略方针、目标、策略？组织工作系统、关键业务的主要战略目标、目标值是怎样的？

a. 战略策划

（1）如何明确战略策划的关键步骤、主要参与者，并有计划地实施？

（2）如何制定战略方针、目标、策略，并特别考虑高质量发展核心理念的要求？

（3）如何制定组织的长、短期策略（或规划），明确应对未来的方法？

（4）如何应对转型变革和优先的变革举措、组织敏捷性和韧性的潜在需求？

（5）如何考虑可接受的风险水平？

（6）如何运用各种预测、估计、选择、设想、知识、分析或其他方法预见未来，作出决策？

（7）如何获取和配置人力和物力资源，充分发挥资源效能，构建与增强组织能力？

（8）必要时，如何让关键的供应商、合作伙伴、分销商、合伙人、顾客或其他相关方参与战略制定？

b.战略创新

（1）如何激发和整合创新？如何识别战略创新机会，平衡战略风险？关键战略创新机会和风险是什么，包括绿色、低碳、环保带来的机会和风险是什么？

（2）如何重新定义新的产品、服务和市场、关键顾客群体或细分市场？

（3）如何界定或重新定义组织在商业生态系统或价值链中的角色？

（4）如何寻求品牌差异化、新的核心竞争力、收入增长、资产剥离、兼并、收购？

（5）如何策划新的合作伙伴关系和联盟、新的员工及志愿者关系等？

（6）战略策划中如何考虑以社会责任、公共事业、环境需求为目标？

c.战略思维

（1）如何充分有效地收集和分析战略制定相关的数据、信息，包括竞争性、比较性数据？如何整合所有来源的数据，生成战略关联信息，以明确：

•组织的优势、劣势、机会及威胁；

•运营法规和外部环境中的潜在变革与动荡；

•影响产品、服务和运营的技术变革和创新；

•战略策划及信息中潜在的盲点；

•执行战略规划或策略的信息、知识、资源和能力等？

（2）如何增强执行应急方案的能力，必要时，变更战略并迅速执行计划？

d.核心竞争力

（1）如何考虑组织的战略目标、核心竞争力，以及潜在供应商、合伙人和合作伙伴的核心竞争力，确定哪些关键过程由组织完成，哪些由外部机构完成？

（2）如何构建未来的核心竞争力、运营系统、外部资源与商业生态系统？

（3）如何组合内部工作流程和外部资源，有效运营并在市场上取得成功？

（4）如何在工作系统决策中考虑保护知识产权、利用核心竞争力和降低风险？

e. 战略目标

（1）关键战略目标和最重要的相关目标是什么？实现目标的时间表是怎样的？组织计划在产品、顾客和市场、供应商和合作伙伴以及运营中做出哪些关键变更？

（2）战略目标如何聚焦具体挑战、优势和机会，即对于持续成功、提升整体绩效以及现在和未来的成功最为重要的因素？

（3）战略目标如何在不同的潜在竞争对手需求之间达到适当的平衡？

（4）如何应对战略挑战，充分利用核心竞争力、战略优势和战略机会？

（5）如何平衡长短期策略或规划？

（6）如何考虑并平衡所有关键利益相关者的需求？

3.2.2 战略部署（50分）

如何将战略目标转化为行动计划？关键行动计划有哪些？关键测量指标是什么？如何预测和监视关键绩效指标，并与竞争对手、标杆、行业水平比较？

a. 行动计划制订

（1）关键的长、短期行动计划是什么？与战略目标的关系是什么？如何制定行动计划？

（2）行动计划是如何展开的？如何贯穿员工、关键供应商和合伙人、合作者（适用时）的行动计划以确保实现组织的关键战略目标？如何确保能持续执行行动计划并取得成果？

（3）如何确保有足够的财力和其他资源用于支持实现行动计划？如何分配这些资源来支持行动计划？如何管理与计划相关的风险，以确保组织的财务可行性？

（4）支持长、短期战略目标及行动计划的关键性人力资源、人力规划是怎样的？这些计划如何应对员工的潜在压力、员工能力需求的潜在变化？

（5）追踪行动计划进展情况的关键绩效测量指标有哪些？如何确保整体的行动计划测量系统能够强化组织的一致性？

（6）根据关键绩效测量指标，长、短期规划范围内的绩效预测是什么？如果与竞争对手或类似组织的当前和预测绩效相比存在差距时，在行动计划中将如何应对？

（7）预测绩效可考虑新创办事业、收购或兼并、新价值创造、市场准入和转移，新的立法授权、法制要求或行业标准，以及服务和技术的重大预期创新。

b. 行动计划调整

（1）当情况发生变化，需要改变行动计划并快速执行新计划时，如何识别和应对？

（2）可能需要更改行动计划并迅速执行新计划的情况，包括破坏性的内部或外部事件，竞争环境的变化，不断变化的经济状况，颠覆性技术的出现以及顾客需求和期望的突然变化。

3.3　顾客（80 分）

如何了解和确定顾客和市场的需求、期望和偏好？如何与顾客建立关系？如何确定决定顾客的获得、满意、保持、忠诚以及使业务可持续扩张和高质量发展的关键因素。

3.3.1　顾客期望（20分）

如何在细分顾客和市场的基础上，采用不同的方法了解和确定顾客和市场的需求、期望和偏好，以提供个性化的产品和服务？

a. 倾听顾客声音

（1）如何通过倾听、互动和观察，获得当前顾客可用的信息？如何针对不同的顾客、顾客群或细分市场采用不同的方法？如何根据顾客生命周期的不同阶段而变化倾听方法？如何从顾客处获取关于产品质量、顾客支持和业务的及时、有效的反馈？

（2）如何监测有关社交媒体渠道的评论以倾听顾客声音？

（3）顾客生命周期中建立关系、形成积极的业务关系、退出的策略是怎样的（适用时）？

（4）如何听取潜在顾客的意愿，来获取有价值的信息？如何倾听以前的顾客、潜在顾客和竞争对手顾客的声音，来获得有关产品、顾客支持和业务的可用的信息（适用时）？

b. 顾客细分和价值载体

（1）如何确定顾客群和市场细分？如何利用顾客、市场和产品提供等信息来识别当前的和预见未来的顾客群以及细分市场？如何确定顾客、顾客群和细分市场来强化及追求业务增长？

（2）如何确定提供的产品？如何确定顾客和市场的需求，以及产品提供和服务的要求？如何识别和选定产品提供以满足顾客群和细分市场的要求，并超越其期望？如何识别和选定产品提供以进入新市场、吸引新顾客、创造机会来拓展与老顾客的关系（适用时）？

（3）在识别产品提供时，如何考虑产品和服务的重要特性及其在整个生命周期及消费链中的绩效？

（4）如何关注影响顾客对组织品牌偏好和忠诚度的功能或特征，例如，产品独特性和创新性的功能或特征如何区别于竞争对手提供的产品和服务？这些特性可能包括价格、可靠性、价值、交付、及时性、产品定制化、技术性、易用性、环境和社会管理、顾客或技术支持、销售关系、交易率、虚拟的顾客体验以及新兴技术、顾客数据的隐私和安全性等因素。

3.3.2 顾客全心参与（30分）

如何提升顾客体验，增强顾客支持，实现顾客满意和全身心投入？

a.顾客体验和顾客支持

（1）如何建立和管理顾客关系，获得顾客和市场份额，管理和提升组织品牌形象？如何在顾客生命周期各阶段满足顾客要求并超越其期望，留住顾客。

（2）如何支持顾客并使其便于获取信息？如何使顾客与组织开展业务？所采用的顾客支持和沟通的关键方法是什么？如何根据不同顾客、顾客群或细分市场而改变方法？如何确定关键的顾客支持要求？如何确保顾客支持的要求展开到所有的人员和过程之中？

（3）如何处理顾客投诉？如何确保投诉及时、有效地解决？如何恢复顾客信心并提高顾客满意度，同时避免同类投诉发生？

（4）如何确保顾客体验流程，公平对待不同顾客、顾客群的细分市场？

（5）组织应确保用于管理顾客关系的方法能够使顾客寻求信息和支持，管理投诉的方法能够促进公平和包容，并确保不会因疏忽而引起对特定顾客或顾客群体不公平或不适当的歧视。

b.顾客满意与全心参与

（1）如何确定顾客满意、不满意和全心参与？如何因顾客群和细分市场而异？测量方法如何获取有用的信息？

（2）如何确定顾客不满意，并独立地明确识别根本原因，同时采取系统的补救措施，以避免未来的不满？

（3）如何获取顾客的满意度对比信息，以与提供同类产品和服务的组织、标杆、竞争对手等比较满意度信息（适用时）？

（4）如何获取顾客为什么选择竞争对手而不是本组织的信息（适用时）？

3.3.3　顾客关系（30分）

a.关系管理

如何在细分顾客和市场的基础上，建立、保持和改善顾客关系，促进顾客参与、顾客满意和顾客忠诚，促进高质量可持续经营？

b.关系数据和信息开发

（1）如何利用顾客声音、市场数据和信息，支持顾客关系管理？如何使用顾客数据和信息创建更加以顾客为关注焦点的文化，以支持运营现场决策？

（2）如何利用顾客声音、市场数据信息、顾客关系信息，包括投诉的汇总数据，并酌情包括来自社交媒体、其他基于网络或数字来源的数据和信息等，支持品牌、整体绩效和竞争力提升？

3.4　改进与创新（80分）

如何在全组织持续地推动改进和创新？如何鼓励和培养员工的创新思维，增强创新能力？如何适应和应对外部环境的变化？

3.4.1　构建改进与创新体系（40分）

如何建立系统，形成机制，持续在全组织推动改进和创新，充分获取改进与创新成果？

（1）如何构建改进与创新促进体系？体系如何部署到组织的各个层面，包括理念、组织、资源、业务过程、技术和工具？

（2）如何针对不同的员工，制定政策，投入资源，采取措施，增强员工创造能力？

（3）如何建立能够及时发现机会和问题、形成创意，采取行动解决问题及创造新的价值的机制？

（4）如何转化改进与创新成果，以有效地提高工作效率、质量和增加价值？

（5）在推动改进与创新的过程中，如何有效地协调和整合各个部门的资源和力量？

（6）如何考虑价值链与商业生态系统，增强改进与创新能力，提高改进与创新效能？

（7）如何持续维护、更新改进与创新体系，确保其与时俱进，始终与组织的战略目标和市场需求保持一致？

3.4.2 促进创新（20分）

如何形成良好的改进与创新氛围，鼓励员工提出新的创意和建议？如何开展创新教育与培训，增强创新能力，保证组织有足够的改进与创新能力？

a. 文化塑造

（1）如何鼓励员工敢于挑战现状，不惧失败，勇于尝试新的想法？如何在组织内部建立和传播这种文化？

（2）是否设立了特定的平台或机制，如创新论坛、创意大赛等，来收集员工的创新意见和建议？

（3）组织内部如何鼓励不同部门、团队之间的交流与合作，以激发新的创意和想法？

b. 激励机制

（1）如何激励员工或团队提出和实施改进？这种激励是否足以激发员工的积极性？

（2）如何提供相关的培训和发展机会，以帮助员工提升技能和能力，从而更好地推动改进？

（3）如何建立一个持续反馈、改进的循环过程，以确保改进、创新工作能够持续进行并取得更好的效果？

c. 创意开发

（1）如何提供相关的教育和培训机会，以培养员工的创新思维和技能？

（2）组织对待失败的态度是否宽容？是否鼓励员工从失败中学习，并不断调整和改进他们的创意？

（3）如何为员工的创新成果提供适当的保护，如知识产权的申请和维护？

（4）是否有明确的评估标准和方法，以及时反馈员工创意的质量和实施效果？

3.4.3 数据、信息与知识（20分）

如何在现代信息技术环境下，在全组织获取、处理、传递数据和信息，形成和共享知识，促进组织学习、策划和决策，促进和支持改进和创新？

a.数据和信息

（1）如何核实和保证数据、信息的质量？如何管理电子及其他数据和信息，以确保它们的准确性和合法性、完整性和可靠性以及流通性？

（2）如何确保数据和信息的可获取性？如何以用户友好、及时的方式让员工、供应商、合作伙伴、协作者及顾客获得所需的数据和信息（适用时）？

（3）如何应用信息技术系统支持数据和信息获取与应用，包括设备和硬件、软件平台和应用程序、外部信息或共享系统，如存储在云中或外部组织控制的系统？

b.组织知识

（1）如何积累和管理组织知识，包括收集与传递员工知识；通过不同的渠道融合和关联数据以建立新知识；与顾客、供应商、合作伙伴和协作者双向传递相关知识；汇集和传递相关知识以用于组织创新和战略策划？

（2）如何处理不同渠道建立和管理的组织知识？涉及处理大数据集和不同类型的结构化、非结构化的数据和信息，例如，数据表、视频、音频、照片和文本等。

（3）如何运用推动变革的技术，包括增强自动化、云计算的采用、数据分析的使用、物联网、人工智能、大数据等，增强数据和信息处理及知识生成能力，融合和关联数据，支持和促进技术创新、业务创新、商业模式创新？

（4）如何在组织中分享最佳实践？如何识别内外部高绩效的组织单元或运营组织？如何识别最佳实践，并按需在整个组织内共享和实施？

（5）如何利用知识和资源将学习嵌入运营中，包括作为日常工作的一部分；从根源上解决问题；聚焦于在整个组织中建立和分享知识；由机会带来的重大的，有意义的变化和创新。

3.5 人力与资产（100分）

如何设计有效的组织工作系统、工作环境？如何激励和支持员工全心参与？如何去构建和管理知识资产？如何有效利用和保护组织的资源和资产，以形成能力，提高效率，提升价值和竞争力？如何管理和维护这些资源和资产，以确保其长期可持续性和增值。

3.5.1 工作系统（20分）

如何设计和管理工作系统，激活和赋能员工，促进沟通、学习、员工发展，提高绩效，敏捷应对变革？如何有利于获得多样性的创意、文化和思想？

a. 工作的组织

（1）如何组织与管理工作和职位，以促进合作、主动性、活性化、创新？

（2）如何组织与管理工作和职位，使之具有充分的敏捷性，与业务需要同步并达成行动计划？

（3）工作系统如何充分地利用员工及与其相互作用的社会共同体的多样性的创意、文化和思想？

（4）如何在不同的单位、职位和场所之间实现有效的沟通和技能共享？

b. 员工绩效

（1）员工绩效管理体系是如何支持高绩效工作并促进行动计划实现的？

（2）员工绩效管理体系，以及薪酬、认可、奖励和刺激制度等，是如何强化高效工作、顾客导向和业务导向的？

c. 聘用与发展

（1）如何确定潜在员工应具有的特征和技能？

（2）如何招聘、聘用和留住新员工？如何确保这些员工能够代表多样性的想法、文化和思想？

（3）如何实施有效的全员职业生涯管理？如何制定有效的重要管理职位的继任计划？

（4）如何支持员工实现理想和追求，促进员工全身心发展，实现员工与企业共同发展，并奠定企业可持续高质量发展的基础？

3.5.2　工作环境（20分）

如何创造有利于创意、文化和思想多样化的工作环境，充分发挥不同员工的能力？如何创造健康、安全、无障碍的环境，确保工作场所人员安全，充分发挥潜力？

a. 员工能力

（1）如何评估员工能力需求？如何评估长短期所需人员技能、能力、资质认证和人员配备水平？

（2）如何综合考虑当前需求、战略目标和行动计划的未来需求、未来绩效要求等，并评估员工能力需求？

（3）如何招聘、聘用、留住新员工？如何确保员工代表多样化的创意、文化和思想？如何确保新员工适应其组织文化？

（4）如何平衡人力资源和组织需要并确保高质量可持续发展，避免裁员，或者在确有必要裁员时，将其影响最小化？

（5）如何基于发展战略做好人力资源准备，应对必要的组织结构、工作场所、工作系统和技术的变革？

（6）如何让员工为变化做好准备，包括准备更换工作场所、远程办公，顾客或产品需求的变化等导致使用新技术或重新设计工作系统？准备工作包括培训、教育、日常沟通、就业能力、职业咨询、再就业和其他服务。

（7）如何管理和组织员工，包括如何利用核心竞争力强化组织韧性、敏捷性以及以顾客和业务为关注焦点，高绩效预期内外部环境、文化或战略目标的变化等？

b. 工作氛围

（1）如何确保员工的健康、安全以及工作场所的便利无障碍？工作场所健康、安全因素的绩效测量指标和改进目标是什么？

（2）如何通过消除工作场所便利的障碍，使相关的员工达到生产率最大化？

（3）如何建设一个在物理上、技术上、态度上无障碍的、没有偏见的、完全包容的工作场所？

（4）如何将工作场所安全作为组织整体安全系统的一部分，确保工作场所所有人的安全？

（5）如何通过政策、服务和福利来支持员工？如何根据多样化的员工、不同的员工群体和员工细分的需求来确定相应的服务？

3.5.3 员工全心参与（20分）

如何基于不同员工群体与员工细分，识别员工全心参与的关键驱动因素，评价和提升员工全心参与度？如何培育组织文化、员工绩效管理与发展系统，促进员工全心参与和发展？

a. 参与度和满意度

（1）如何基于不同员工群体与员工细分，识别和确定员工全心参与的关键驱动因素？员工完成工作、使命和愿景而做出的情感和智力承诺的驱动因素是什么？

（2）如何评价员工全心参与？采取哪些正式、非正式的方法、测量指标来确定员工满意度和员工全心参与？

（3）必要时，如何利用员工保留、缺勤、不满、安全和生产力等指标来评估和改善员工全心参与度？

b. 组织文化

（1）如何培育一种以开放的沟通、高绩效和员工全心参与为特征的组织文化？

（2）如何加强组织文化，确保组织文化支持组织愿景、价值观，促进公平和包容，并受益于多样化的员工，以给员工充分赋能？

c. 绩效管理和发展

（1）员工绩效管理系统如何支持高绩效的工作？如何考虑员工的薪酬、奖励、认可和激励措施？如何强化承担明智的风险？如何强化以顾客和业务为关注焦点？如何实现行动计划？

（2）如何考虑员工的学习和发展需求，支持组织绩效改进和承担明智风险，支持伦理和道德商业实践？

（3）组织特有的响应机制如何考虑和解决员工发展、学习和职业生涯发展的相关因素？可能包括解决组织核心能力、发展机会、挑战和行动计划；组织变革和创新；在提供积极顾客体验的改进；加强新知识和技能。如何考虑所提供的发展机会的广度？包括教育、培训、辅导、指导和与工作相关的经验。

（4）如何评价学习和发展系统的有效性？如何关联学习和发展的结果与员工全心参与评价的发现、关键业务结果，以识别员工全心参与并提供学习和发展的改进机会？

（5）如何管理员工和未来领导的职业发展？如何对管理、领导层和其他关键岗位进行继任计划？

（6）如何确保绩效管理、职业生涯发展过程促进多元化员工公平和包容？

3.5.4　有形资产（20分）

如何管理有形资产，包括识别、获得、配置、维护和改善等，以充分发挥资源效能，形成能力，提高效率和竞争力，支持组织发展？

a. 有形资产管理

（1）如何基于发展目标、业务需求、资产盘点，识别和明确有形资产的范围、类型、水平，如基础设施、设备、工具、原材料等？

（2）如何考虑价格、质量、可用性、可持续性等因素，从市场或供应商处获得这些资产？

（3）如何配置资产，发挥其功能，达成运营目标？这可能涉及设施布局设计、设备安装和调试、资源的分配等。

（4）如何确保有形资产的正常运行和使用，包括制定和实施维护计划？这可能包括定期检查、清洁、修理甚至更换等操作。如何定期评估资产状况，预测可能的维护问题？

（5）如何在运营和维护过程中，持续寻求改进的机会？这可能涉及现有设施、设备的升级改造，引入新的技术和工艺。如何关注行业的发展趋势，以便及时调整和更新有形资产？

b. 有形资产整合和优化

（1）如何充分利用资源，包括人力、物力、财力、信息技术资源等，以提高工作效率和降低成本？

（2）如何建立健全的资产管理制度和流程，以确保资产的安全、完整和保值增值？

（3）如何有效地整合和优化资源，以提高组织的整体效率和竞争力？

（4）如何实现资源的共享和协同，促进组织内部的合作与交流？

（5）如何关注环境保护和可持续发展的因素，在资源利用和资产管理方面采取相应的措施？

3.5.5　无形资产（20分）

如何管理无形资产，包括识别、获得、配置、维护和增值等，以充分发挥资产价值，提高竞争力和运营能力，以实现资产增值，促进组织发展？

a. 无形资产管理

（1）无形资产可能包括品牌、技术、知识产权（如专利、商标）、组织文化、客户关系、商誉等。组织如何明确自己的无形资产，并理解它们以实现其价值？

（2）如何申请或购买获得知识产权？如何通过长期的营销、客户关系管理来建立品牌和商誉？

（3）如何识别、开发、引进、应用、更新关键技术，特别是关键新技术、关键工艺、关键信息技术，提高生产力和竞争力，支持高质量发展？

（4）如何配置无形资产，以在组织内部和外部环境中发挥作用？例如，组织文化可能需要通过员工培训、招聘活动来“配置”，以确保所有员工都理解和接受。

（5）如何通过保持与客户的良好关系、保护知识产权、保持品牌形象的一致性等维护无形资产？如何定期评估无形资产价值，以确保其仍然为组织带来竞争优势？

（6）随着时间的推移和市场环境的变化，如何调整或者升级无形资产，以保持和增加价值？例如，品牌重新定位以适应新的市场趋势，或者开发新的知识产权以保持技术领先地位。

b. 无形资产整合和优化

（1）如何对组织的无形资产进行全面的评估和分类，了解组织所拥有的无形资产的类型、价值、应用范围等？

（2）如何通过合理的资源配置、技术改进、品牌推广等方式，对无形资产进行优化和提升，提高无形资产的价值和应用效果，以增强竞争力和市场地位？

（3）由于市场环境和竞争态势的不断变化，如何动态调整企业的无形资产管理，及时发现和解决存在的问题，并根据新的市场机会和竞争态势，调整管理策略和优化方案？

3.6 运营（80分）

组织过程管理的关键方面，包括为顾客和组织创造价值的关键的产品、服务和业务过程及关键的支持过程。这一类目涵盖了所有的关键过程和工作单元。

3.6.1 运营过程（40分）

如何设计、管理与改进关键工作系统，提供产品和服务，以实现为顾客创造价值和达到组织的成功与可持续性发展?

a.产品和过程设计

(1) 如何确定关键产品和工作系统要求?

(2) 组织的关键工作系统是什么? 这些过程的关键要求是什么?

(3) 如何设计产品和工作系统以满足要求? 如何将新技术、组织知识、产品优势、顾客价值、潜在风险考虑, 以及对灵活性的潜在需求融入其产品和工作系统中?

(4) 如何基于需求或技术的变化, 以及新型数字技术的发展而重新设计工作系统? 例如, 增强的自动化、物联网、人工智能和云操作。

(5) 当工作系统由于整体工作系统的变化而需要改变时, 可能需要敏捷性, 例如, 将供应网络产品或过程引入内部以避免由于不可预测的外部事件而导致的供应中断, 或者将以前在内部执行的产品或过程外包。

b.过程改进与创新

(1) 如何改进工作系统, 确保组织运作能满足关键的过程要求? 过程控制和改进的关键绩效测量指标有哪些? 这些测量指标与产品的质量和绩效测量有何关联?

(2) 如何确定和构建关键支持过程? 如何确保这些过程运作能够满足关键业务支持要求, 支持其工作系统?

(3) 如何支持领导、员工以及外部合作者参与过程, 保持互动?

(4) 如何改进工作系统和支持过程, 以改进产品, 减少变异, 提高过程绩效, 提升组织核心竞争力, 减少可变性?

(5) 如何追求识别创新机会? 如何去追求被认定为明智的风险的战略机会? 如何利用财力和其他资源来追求此类机会? 如何决定在适当的时候选择放弃追求机会?

(6) 组织寻求创新机会的过程识别为智能风险的战略机会, 它还应包括其他明智的风险, 例如, 因绩效评, 组织知识管理方法和其他潜在创新来源而引起的风险。

c.供应网络管理

(1) 如何选择合格供应商, 以满足组织运营需要、提升组织绩效、支持组织战略目标、提高顾客满意度?

(2) 促进供应网络内的协调和合作。

(3) 确保供应网络敏捷性和韧性, 以响应顾客, 市场和组织要求的变化。

（4）沟通绩效期望，衡量和评估供应商的绩效，提供反馈以帮助他们改进，并处理绩效不佳的供应商。

（5）为确保供应商能够满足运营需要，提高组织绩效以及顾客满意度，组织可以与供应商合作，或者在供应网络中的多个组织之间形成联盟，以实现互利。

（6）对供应商的期望和反馈应该是双向的，允许供应商表达他们对组织和供应网络中其他组织的需求。

（7）对于许多组织来说，这些机制可能随着市场、顾客或利益相关方需求的变化而变化。

3.6.2 运营效率、有效性和安全性（40分）

如何控制成本、管理供应链、提供安全工作场所、应对突发事件和未来的创新，以确保运营的有效性和实现顾客价值？

a.过程效率和有效性

（1）如何管理运营的成本、效率和效益？

（2）如何将周期时间、生产率及其他效率和有效性因素融入工作系统中？

（3）如何预防缺陷、服务差错和返工，如何将保修成本或顾客的生产率损失降至最低（适用时）？

（4）如何将检验、试验、过程或绩效审计的费用降至最低（适用时）？

（5）如何平衡成本控制、效率和顾客需求？

b.数据和网络安全

（1）如何确保敏感和特许保密数据信息以及关键资产的安全性和网络安全？如何管理物理和数字数据、信息和关键运营系统，从而确保保密和受限制的物质和数字的使用？

（2）在安保和网络安全威胁事件频发的当下，保持警惕意识。

（3）确保员工、顾客、合伙人和供应商了解并履行其安保和网络安全角色和责任。

（4）识别和优先保障关键信息技术运营系统的安全。

（5）保护这些系统免受潜在网络安全事件的影响，检测网络安全事件，并从网络安全事件中响应和恢复。

c.安全性、可持续性和弹性

（1）如何为组织员工和其他在组织工作场所内的人员提供安全的工作环境？组织的

安全系统如何处理事故预防、检验、故障的根本原因分析和恢复？

（2）如何确保能够预测、准备和应对自然灾难、突发事件和其他干扰，并从中有序恢复？在发生干扰时，如何考虑风险、预防、保护、持续性运营及恢复问题？如何考虑顾客和业务需求，以及组织对员工、供应网络、合作伙伴和信息技术系统的依赖？

（3）灾害和紧急情况可能是短期的或长期的，可与天气、气候、公用事业、安全，或区域性和全国性健康或其他的突发事件相关。

（4）对于自然灾害或紧急突发情况此类事件的应急准备情况将依赖于组织环境和应对短期或长期运营中断的敏感度。

（5）可接受的风险水平将根据组织的产品、服务、供应网络的性质以及利益相关者的需求和期望而有所不同。

3.7　经营结果（420分）

说明组织关键的经营绩效和改进，包括产品与服务绩效、顾客满意、财务与市场绩效、人力资源结果、运营绩效以及领导和社会责任结果。同时，与竞争对手相对照的绩效水平，呈现出组织高质量可持续发展的成效。

3.7.1　产品和服务结果（50分）

关键产品和服务绩效结果如何？必要时按产品、顾客群、细分市场、过程类型或属性进行细分，应包括适当的比较和趋势数据。

（1）产品和顾客服务过程的结果如何？直接服务于顾客的重要的产品和服务的关键绩效标准和指标的结果如何？这些结果因产品提供、顾客群和市场细分而有什么不同？

（2）与标杆和竞争对手相比，产品和顾客服务过程的结果如何？

（3）产品和顾客服务过程的结果与关键顾客要求和期望是如何关联的？

3.7.2　顾客结果（60分）

组织聚焦顾客的绩效结果是什么？ 趋势和比较如何？

（1）顾客满意和不满意结果如何？顾客满意和不满意的关键测量标准和指标结果如何？这些结果在产品种类、顾客群和市场细分方面有何不同（适用时）？

（2）顾客全心参与结果如何？顾客全心参与的关键测量标准，包括建立顾客关系的结果如何？这些结果如何在整个顾客生命周期中作比较？这些结果如何因产品提供、顾客群和市场细分而有所不同（适用时）？

3.7.3 财务、市场和战略结果（90分）

在财务可行性和战略实施及市场方面结果如何？趋势和比较结果如何？

（1）财务绩效的主要测量标准或指标，包括财务回报、财务生存能力和预算绩效（适当时）的综合指标的结果如何？这些结果如何因市场细分和顾客群而不同（适用时）？

（2）综合性指标，包括投资回报率（ROI）、资产利用率、经营利润、按细分市场或顾客群划分的利润如何？财务生存能力的测量，如流动资金、资产负债率、现金存量天数、资金利用率及现金流量指标如何？适用时，预算绩效、存留资金、成本节约、行政费用占预算的百分比、资金募集的成本与所增资金的比例等如何？

（3）市场绩效的主要测量标准或指标，包括市场份额或地位、市场与市场份额增长、新增市场等的结果如何（适用时）？这些结果如何因市场细分和顾客群而不同（适用时）？

（4）战略和行动计划的关键测量标准或指标结果如何？组织承担明智风险的结果如何？

3.7.4 人力与资产结果（100分）

组织人力、物力相关资源和资产的绩效指标结果如何？组织人力、物力相关资源和资产支持日常运营和发展的绩效如何？绩效结果比较和趋势如何？

a. 人力结果（50分）

组织聚焦员工的绩效结果如何？以员工为本的关键结果，包括员工环境、员工全心参与的结果如何？按员工多样性和员工细分结果如何（适用时）？其中，比较性数据结果如何（适用时）？

（1）在员工能力、产能方面，包括合适的技能、人员配备的关键指标的结果如何？这些结果如何因员工多样性、员工细分而不同（适用时）？

（2）在工作氛围，包括员工的健康、安全、保险、员工服务和福利的关键指标方面，组织的结果如何？这些结果如何因员工多样性、员工细分而不同（适用时）？

（3）在员工全心参与度和员工满意度的关键指标方面，组织的结果如何？这些结果如何因员工多样性、员工细分而不同（适用时）？

（4）在员工和领导发展的关键指标方面，组织的结果如何？这些结果如何因员工多样性、员工细分而不同（适用时）？

b. 资产结果（50分）

组织主要有形资产和无形资产的绩效结果如何？支持组织运营和发展的绩效如何？

（1）组织主要有形资产，如设施、设备、工具、原材料等绩效指标的规模、水平、趋势、比较水平如何？有形资产的识别、获得、配置、维护和改善活动的效率和有效性如何？

（2）组织主要无形资产，如品牌、技术、知识产权、组织文化、客户关系、商誉等绩效指标的规模、水平、趋势、比较水平如何？无形资产的识别、获得、配置、维护和改善活动的效率和有效性如何？

（3）组织有形资产和无形资产支持日常运营和发展的绩效指标结果如何？

3.7.5　运营结果（60分）

关键过程有效性与效率的结果如何？包括供应网络和供应过程结果、运营安全性及可持续性结果。对必要过程类型或属性进行细分，适用量应包括适当的比较和趋势数据。

a. 效率和有效性结果（50分）

（1）组织主要过程效率、有效性和安全的结果如何？关键价值创造和支持过程的运营绩效关键指标，包括生产率、时间周期以及其他适用的过程有效性指标、效率、安全、网络安全和创新等的结果如何？这些结果因过程类型而有什么不同（适用时）？

（2）在下列方面，适用的工作系统有效性的测量项目和指标可以包括：缺陷率；产品、服务和工作制度创新的速度和结果；简化内部职位和职位划分的结果；工作布局的改进；变化的监管比例；向职业安全与健康主管机构报告的事件；突发事件训练或演习的措施或指标，如响应时间、防止发生、达到标准，以及工作轮换或意外事件训练的结果。

（3）组织安全及应急准备的结果如何？安全系统的有效性结果，以及对灾难，紧急情况和其他干扰的准备的关键指标结果如何？这些结果如何因地点或过程类型而不同（适用时）？

（4）组织供应网络管理的结果如何？在供应网络绩效的关键指标方面，其对增强组织绩效的贡献，结果如何?

（5）供应网络绩效相适应的测量项目和指标包括：供应商和合作伙伴的审计、交货及时率、外部产品提供、服务和过程的验收结果。

（6）提升组织绩效贡献的测量项目和指标如何？包括部分绩效改进和供应商对顾客的服务指标。

b.供应网络结果（10分）

（1）组织供应网络管理的结果如何？在供应网络绩效的关键指标方面，其对增强组织绩效的贡献结果如何?

（2）供应网络绩效相适应的测量项目和指标包括：供应商和合作伙伴的审计、交货及时率、外部产品提供、服务和过程的验收结果。

（3）提升组织绩效贡献的测量项目和指标如何？包括部分绩效改进和供应商对顾客的服务指标。

3.7.6 领导与治理结果（80分）

组织高层领导和治理的关键结果如何？包括财务责任、遵守法律法规、道德行为、社会责任、对关键社区的支持，以及战略实现。按照组织的单位进行细分结果如何？适当比较和趋势数据结果。

（1）组织高层领导沟通、员工、合作伙伴和顾客全心参与结果如何？在高层领导者与员工、合作伙伴及顾客交流和全心参与以展开愿景和价值观、鼓励双向交流、培育创新和承担明智风险、创建以行动为关注焦点的关键指标，组织的结果如何？这些结果如何因组织单位和顾客群而不同（适用时）？组织高层领导的沟通及员工、合伙人和顾客全心参与的结果如何?

（2）组织治理责任结果如何？组织治理和内外部财务责任的关键测量指标的结果如何（适用时）？

（3）财务报告和风险、重要的内外部审计建议，以及管理层对这些问题的应对举措是怎样的?

（4）组织遵守法律法规的结果如何？在达到或超过法律法规要求的关键指标结果如何？这些结果如何因组织单位而有所不同（适用时）？

（5）组织道德行为结果如何？在高层领导者和组织治理中，在道德行为、违反道德行为和利益相关者信任的关键指标结果如何？这些结果如何因组织单位而不同（适用时）？

（6）组织社会责任和关键社区支持结果如何？在支持关键社区和社会贡献的关键指标的结果如何？

（7）对于社会贡献测量指标如何？包括减少能源消耗；适用可再生资源和循环水、降低碳排放、减少废物和废物利用、替代性办法节约资源（例如：增加音频和视频会议）、全球标杆的先进工作实践。

4 评分方法

4.1 总分评定

与《准则》的过程类目和结果类目相对应，成熟度评分分为过程和结果两类条目分别评分；分别设计过程评价要素、结果评价要素，评价企业高质量发展过程（方法）和结果，进而设计量尺，在《准则》要点或评分项层面评定分值（百分比值 × 权重）。各个类目的分值、总分值分别在类目和总体上反映了高质量发展的成熟度或成熟水平。

4.2 评分要素

4.2.1 过程要素

公司针对《准则》条目的要求，建立、实施、改进高质量发展的方法。评价过程的四个要素是：方法、展开、学习和整合（approach、deployment、learning、integration，A–D–L–I）。

“方法”（A）：

（1）实行该过程所应用的方法；

（2）方法相对于条目要求的适当性；

（3）方法应用的有效性；

（4）方法可重复及基于可靠数据和信息的程度（即系统性）。

“展开”（D）：

公司的方法针对条目要求的应用对于组织是相关的和重要的;

(1) 公司的方法得到一贯性的应用;

(2) 公司的方法为所有适当的工作单元所应用。

"学习"(L):

(1) 通过评价和改进的循环来改善公司的方法;

(2) 鼓励通过创新对公司的方法进行突破性的变革;

(3) 与公司的其他相关工作单元和过程共享改善和创新。

"整合"(I):

公司的方法与其他准则条目要求所确定的组织的需要相协调。

(1) 公司的指标、信息和改进系统在过程及工作单元之间是相互补充的;

(2) 公司的计划、过程、结构、分析、学习和行动在过程与工作单元之间相融合,以支持整个组织的目标。

4.2.2 结果要素

公司针对《准则》"结果"条目的要求,提供特定时期(通常为3年)的高质量发展结果。用于评价结果的四个因素是:水平、趋势、比较、整合(level, trends, compare, integration, Le–T–C–I)。

水平(Le):

用有意义的度量标尺反映的、组织当前的绩效水平。

趋势(T):

绩效改进的速度(趋势数据的斜率)和广度(展开和共享的广泛程度),反映组织结果的变动方向和速率的信息。

比较(C):

组织数据结果与选定的其他适当组织的结果的比较。标杆是比较数据之一,其他比较数据包括通过第三方获取的行业(平均水平)数据、竞争对手绩效数据,以及在同一区域的类似组织的绩效数据。

整合(I):

组织结果的测量指标与组织的关键成功因素、关键要求及指标相呼应?

组织各过程、部门的结果协调一致,支持组织使命、愿景和战略目标的实现。

4.3　量尺设计

评分量尺针对过程类目、结果类目提供的信息、数据的种类不同而分别设计。

在过程类条目中，A—D—L—I 是联系在一起的，以强调方法与条目的具体要求一致地展开；随着过程的成熟，应说明就方法的学习循环，以及与其他过程、工作单元的整合；评价报告应反映每一个或全部因素的优势和（或）改进机会。

结果类条目要求针对主要组织绩效指标给出绩效水平、改进速度的数据、相关的比较性数据，以及关于绩效改进的广度的数据。这直接与方法展开和组织学习相联系；过程改进得到广泛共享和展开，才有相应的结果。某个结果条目的得分是一个综合值，它基于总的绩效，同时考虑改进的速度、广度及其对条目要求和组织的重要性。

上述的两类量尺设计在评价中还要强调整合。从使命、关键成功因素到战略、组织、业务、过程、计划、控制、测量分析、改进与创新的整合，从计划、资源、过程到结果的整合，以及关键顾客要求、竞争环境、关键战略目标、行动计划、结果的一致和整合。

4.4　条目评分

在对条目回答打分时，应参照以下指南：

在条目回答中应包括所有的“要点（areas to address）”。此外，在公司的回答中还应反映出对于组织很重要的那些因素。

在对某个条目打分时，首先决定哪一分数范围（如 50%—65%）最符合该条目的回答中所反映出的组织的达成水平。这里的“最符合组织的达成水平”，容许在某个或某几个 A—D—L—I（过程）因素或 Le—T—C—I（结果）因素上与所选的分数范围有一些差异。一个组织的达成水平是基于对于四个过程因素或四个结果因素综合地从总体上的观察，而非对四个因素中的每一个的独立评价的计点或平均。决定实际分数是否采用所选的分数范围时，还要评价该条目的回答是否更接近于上一档或下一档分数范围。

一个过程条目得分为 50%，表示其方法满足该条目的总体要求，一致性地展开到了该条目覆盖的大多数工作单元，并经过了一些改进和学习的循环，也针对了关键的组织需要。更高的分数反映了更大的达成度，表现为更广泛地展开，更显见地组织学习，更进一步地整合。

一个结果条目得分为50%，表示清楚地显现出了改进的趋势和（或）良好的绩效水平，在该条目所覆盖的结果领域具有适当的比较数据，且对企业是重要的。更高的分数反映了更好的改进速度和（或）绩效水平，更广泛地覆盖和与经营要求的整合。

4.4.1 过程评分

表 3–1　　过程类目评分指南

分数	过程
0或5%	•显见还没有系统的方法；信息是轶闻性的。(A) •显见方法几乎没有展开。(D) •显见的没有改进导向；改进表现为对问题的被动响应。(L) •显见没有在全组织范围内校准；各个领域或工作单元都明显不一致。(I)
10%，15%，20%或25%	•显见开始有了应对条目基本要求的系统的方法。(A) •方法在大多数领域或工作单元均处于展开的早期阶段，阻碍了条目基本要求的实现。(D) •显见处在由被动响应向全面改进转变的早期阶段。(L) •方法在与不同领域或工作单元之间的校准大多通过联合解决问题来进行。(I)
30%，35%，40%或45%	•显见有应对条目基本要求的有效且系统的方法。(A) •方法已得到展开，虽然某些领域或工作单元尚属展开的初期阶段。(D) •显见开始运用评价和改进关键过程的系统的方法。(L) •方法在因应其他类目所确定的基本要求的校准尚属初级阶段。(I)
50%，55%，60%或65%	•显见有应对条目总体要求的有效且系统的方法。(A) •方法得到了很好的展开，虽然某些领域或工作单元的展开有些差异。(D) •在改进关键过程的效率和有效性方面，有了基于事实的、系统的评价和改进过程以及某种程度的组织学习。(L) •方法在因应准则其他类目所确定的需要之间实现了校准。(I)
70%，75%，80%或85%	•显见有应对条目多项要求的有效且系统的方法。(A) •方法得到了很好的展开，无明显的差距。(D) •基于事实的、系统的评价和改进以及组织学习成为关键的管理工具；由于整个组织层次的分析和共享而取得了显见的改善和创新。(L) •方法在因应准则其他条目所确定的详细需要之间实现了整合。(I)
90%，95%，或100%	•显见有充分应对条目多项要求的有效且系统的方法。(A) •方法得到了全面展开，在任何领域或工作单元均无明显的弱点和差距。(D) •基于事实的、系统的评价和改进以及组织学习成为关键的组织范围的工具；在整个组织中显见有在分析和共享支持下的改善和创新。(L) •方法与在因应准则其他条目时所确定的组织的需要之间实现了良好的整合。(I)

4.4.2　结果评分

表 3–2　结果类目评分指标

分数	结果
0或5%	●在所报告领域无经营结果或结果很差。 ●趋势数据未报告或呈现为负趋势。 ●未报告比较性信息。 ●在对于组织的关键业务要求很重要的所有领域均未报告结果。
10%，15%，20%或25%	●报告了很少的经营结果；在少数领域有一些改进和（或）较好绩效水平。 ●未报告或报告了很少的趋势数据。 ●未报告或报告了很少的比较性信息。 ●在对于组织的关键业务要求很重要的少数领域报告有结果。
30%，35%，40%或45%	●在条目要求所涉及的许多领域都报告有改进和（或）好的绩效水平。 ●显见处于建立趋势的早期阶段。 ●显见处于获取比较信息的早期阶段。 ●在对于组织的关键业务要求很重要的许多领域都报告有结果。
50%，55%，60%或65%	●在条目要求所涉及的大多数领域都报告有改进趋势和（或）好的绩效水平。 ●在对于组织的关键业务要求重要的领域未见负的趋势和不良绩效水平。 ●某些趋势和（或）当前绩效水平相对于相关的比较和（或）标杆表明这些领域具有“好”到“非常好”的相对绩效。 ●经营结果对应了大多数关键的顾客、市场和过程的要求。
70%，75%，80%或85%	●在对于条目要求重要的大多数领域，当前绩效均为良好到卓越。 ●大多数改进趋势和（或）当前绩效水平都得到了保持。 ●所报告的许多乃至大多数趋势和（或）当前绩效水平相对于相关的比较和（或）标杆表明这些领域具有“领先”到“非常好”的相对绩效。 ●经营结果对应了大多数关键的顾客、市场、过程和行动计划的要求。
90%，95%，或100%	●在对于条目要求重要的大多数领域，当前绩效均为卓越。 ●大多数领域都报告有卓越的改进趋势和（或）持续的卓越绩效水平。 ●在许多领域都表明处于行业领先和标杆地位。 ●经营结果完全对应了关键的顾客、市场、过程和行动计划的要求。

4.5　评价等级与评分区间

根据成熟度评价分数分析情况，对应企业的经营管理实际状况，可以将企业高质量发展体系类目成熟度区分6个等级，反映企业在对应类目的相对水平；将总体满意度区分8个等级，以综合评定企业高质量发展体系成熟度在全国、行业或者特定评价范围内所处的相对等级水平。为了便于理解和区分，人们习惯利用一系列评语来补充说明这个等级水平，如表3–3、表3–4所示。行业机构据此了解企业发展成熟度水平及其分布，形成综合判断。企业可以据此了解本企业高质量发展体系成熟度等级水平，综合判定本企业高质量发展现状和水平。

表 3–3 高质量发展体系类目成熟度六等分级定义

分数	等级	评语	过程
0或5%	1	应对级	•没有显见的系统的方法；信息是轶闻性的。（A） •几乎没有显见的方法展开。（D） •没有显见的改进导向；改进表现为对问题的被动响应。（L） •没有显见的组织范围内的校准；各个领域或工作单元都是各自为战。（I）
10%，15%，20%或25%	2	可控级	•显见开始有了应对条目基本要求的系统的方法。（A） •方法在大多数领域或工作单元均处于展开的早期阶段，阻碍了条目基本要求的实现。（D） •显见处在由对问题的被动响应向全面改进转变的早期阶段。（L） •与其他领域或工作单元的方法的校准大多通过联合解决问题来进行。（I）
30%，35%，40%或45%	3	规范级	•显见有应对条目基本要求的有效且系统的方法。（A） •方法已得到展开，虽然某些领域或工作单元的展开尚属初期阶段。（D） •显见开始应用评估和改进关键过程的系统的方法。（L） •方法与在因应准则其他类目时所确定的组织的基本需要的校准尚属初级阶段。（I）
50%，55%，60%或65%	4	良好级	•显见有应对条目总体要求的有效且系统的方法。（A） •方法得到了很好的展开，虽然某些领域或工作单元的展开有所差异。（D） •在改进关键过程的效率和有效性方面，具有基于事实的、系统的评价和改进过程以及某种程度的组织学习。（L） •方法与在因应准则其他类目时所确定的组织的需要之间实现了校准。（I）
70%，75%，80%或85%	5	优秀级	•显见有应对条目多项要求的有效且系统的方法。（A） •方法得到了很好的展开，无明显的差距。（D） •基于事实的、系统的评价和改进以及组织学习成为关键的管理工具；由于整个组织层次的分析和共享而取得了显见的改善和创新。（L） •方法与在因应准则其他条目时所确定的组织的需要之间实现了整合。（I）
90%，95%，或100%	6	卓越级	•显见有充分应对条目多项要求的有效且系统的方法。（A） •方法得到了全面展开，在任何领域或工作单元均无明显的弱点和差距。（D） •基于事实的、系统的评价和改进以及组织学习成为关键的组织范围的工具；在整个组织中显见有在分析和共享支持下的改善和创新。（L） •方法与在因应准则其他条目时所确定的组织的需要之间实现了良好的整合。（I）

表 3–4 企业高质量发展体系成熟度八等分级定义

分数段	等级	评语	描述
0—275	1	应对级	显见组织应对类目要求进行开发和实现的早期阶段，缺少展开和控制过程。改进活动聚焦于问题解决。展现了一些重要结果，但是通常缺少趋势和对比数据
276—375	2	可控级	显见组织应对大部分条目的基本要求的有效的系统的方法，但是依然有一些领域和工作单元依然处于展开的早期阶段。组织已经发展出向前看的通常改进意向。组织由其方法而获得结果，并且有一些改进和好的绩效。对于对比和趋势数据的使用还处于早期阶段
376—475	3	规范级	显见组织应对大部分条目的基本要求的有效的系统的方法，尽管依然有一些领域和工作单元处于展开的早期阶段。已经能够对关键过程进行系统地评估和改进。结果能应对很多对于组织关键要求很重要的领域，而且达到了改进或者好的绩效。这些重要结果领域中的一部分还提供了对比和趋势数据
476—575	4	改进级	显见组织应对总体条目的有效的系统的方法，但是在一些领域和工作单元的展开依然存在变化。关键过程可以从面向事实的评估和改进中受益，方法已经同组织需求保持校准。结果能应对关键的客户（利益共享者）、市场以及过程要求，显示了一些领域的优势以及在相关对比情况下的好的绩效。在对于组织关键要求很重要的领域，不存在不好的趋势或者差的绩效
576—675	5	创新级	显见组织应对总体条目的有效的系统的且展开得很好的方法。显见组织面向事实的、系统的评估与改进过程和组织学习，并且导致了对关键过程的效率和效能的改进。结果能应对大部分关键的客户（利益共享者），市场以及过程要求，显示了在相关对比及标杆情况下的优势领域。在对于组织关键要求很重要的大部分领域，都展现了改进趋势和好的绩效
676—775	6	优秀级	显见组织应对条目的多重要求的更新方法。这些方法的特点是使用关键指标、对创新的明确以及在大部分领域的非常好的结果。组织整合、学习和共享是关键的管理工具。结果能应对很多关键的客户（利益共享者）、市场以及行动计划要求。在一些领域中，组织是行业 2 的领导者
776—875	7	卓越级	显见组织应对条目的多重要求的更新方法。在大部分领域都显示了创新、卓越展开、从优秀到卓越的绩效水平。从优秀到卓越的整合非常明确，且有对于最佳实践的组织分析、学习和共享作为关键的管理战略。在应对大部分关键的客户（利益共享者）、市场以及行动计划要求的结果中，显示了行业领导者和部分标杆领导水平
876—1000	8	超越级	显见组织聚焦于创新、完全展开的杰出方法以及卓越的、持续的绩效水平。根据组织需求对方法进行卓越的整合。对最佳实践的组织分析、学习和共享无处不在。在完全应对大部分关键的客户（利益共享者）、市场以及行动计划要求的结果中，显示了国家和国际领导水平

第 4 章　高质量发展体系成熟度评价流程和方法

高质量发展成熟度评价，依赖于良好的、可操作的评价计划与实施流程，评审人员需要掌握详细的评分判定、报告撰写方法。基于不同的评价目的和类型，成熟度评价总体上可以划分为外部评价流程和企业内部自我评价流程。虽然两类评价的评价准则、评价要素和评分方法是相同的，但是对应不同的评价目的，其中，关于评审人员、评价报告的内容和要求还是有所差别。评审方法的掌握、评审能力的提高，还有赖于评审人员掌握高质量发展理论，运用评审的技巧和方法不断实践。

1　评价目的和类型

企业高质量发展成熟度评价，根本目的在于发现和识别企业高质量发展的改进与创新机会，以采取措施提升高质量发展成熟度和经营绩效，进而通过企业高质量发展促进经济、社会、行业的高质量发展，并让人民获得高质量发展的福祉。不同的评价组织和主体，可以从不同视角和侧面应用高质量发展成熟度结果。

1.1　企业自我评价

企业通过自我评价，可以掌握企业高质量发展的现状和进展，识别机会，启动改进和创新。通过持续不断提升高质量发展体系成熟度，打造可持续经营和一流的企业。企业高质量发展成熟度评价的目的可以概括为以下3点：

（1）确定企业发展的质量是否符合评价标准的要求。

（2）了解企业高质量发展的现状和进展，确定企业现在的经营管理是否是卓有成效的。通过评价，识别企业目前在高质量发展方面有哪些优势和改进机会。

（3）在识别优势和劣势的基础上，进行深入思考：

①企业高质量发展的这些优势，是否值得提倡或经济可行？是否还有更有效的做法？如果有必要，将这些优势做法（或进一步改进后）标准化，在公司相应领域继续保持或分享这种最佳实践；

②企业高质量发展存在的劣势，哪些可以作为经营管理改进的机会？是否能够进行改进？如果可行，识别出“关键的少数”问题，针对这些问题制定改进方案，配置相应的资源，然后实施改进。

此外，通过企业高质量发展成熟度评价，企业可以考察管理人员的工作质量，以此作为评价员工工作和晋升、薪酬调整的一个重要依据。当然，从管理人员个人的角度来看，通过评价也可以了解自己的工作现状和企业管理中较好的工作方法，从而改善自己的工作绩效，同时为整个企业的经营绩效改进起到支持作用。

1.2　外部机构评价

企业外部选优评价主要有以下3种类型：

一是企业外部第三方权威机构，如行业机构、企业监管机构等。它们可以通过对特定区域内企业群体进行高质量发展成熟度评价，识别和发现高质量发展标杆，向全国、特定区域、领域或行业推荐高质量发展成熟度企业的最佳发展实践，必要时给予认可和奖励，以推动全国、特定区域、领域或行业内企业的高质量发展。

二是作为顾客或合作伙伴的组织。它们以合作或交易为目的，根据需要评价企业高质量发展体系成熟度，用于决策是否与被评价企业开展业务合作，或者指导被评价企业开展整改以满足合作需要。

三是专业的研究、咨询机构。这类第三方专业机构通常有着丰富的理论知识、实战经验和工作技巧，它们可以利用成熟度评价的数据研究企业高质量发展的规律，优化或创造企业高质量发展理论和方法；同时结合其优势，将外部的最佳实践引入企业内部，在较短的期限内为企业提供个性化的整体解决方案，用以指导发展体系设计、实施和优化工作。

2 评价组织

2.1 评价组织的设计与分工

高质量发展体系成熟度评价涉及的组织主体通常包括评价管理者、评审实施者、申请或接受评价的组织等。当然，也可以根据目的和需要，包含相关的组织或个人。其中，评价管理者确定评价目的，选择评价准则，管理评价过程；评审实施者通常以小组方式工作，通过系统的评审，获得证据，形成审核结论，然后向管理者、委托者报告评审结果；接受评审的组织或申报组织提供相关资料，接受现场评审，获取评价结论和报告，应用评价结果。

2.2 评审员的要求

值得注意的是，基于不同的评价目的，开展企业高质量发展成熟度评价可以选择企业内部的部门和员工、外部第三方，或者内外结合的方式作为评审实施者（评审员）。但是不论由谁作为评审员，都要满足知识工作质量评价对评价主体的基本要求：

（1）基本素质：

①恪守独立、公平、公正、公开的立场。

②以事实为准绳、以数据为依据，决不主观臆断、弄虚作假。

③维护受审方的利益，保守受审方的秘密。同时，不能为了受审方的利益而损害其他第三方的利益。

④开明、豁达，善于倾听和采纳不同的意见或观点。

⑤团结、协作，富于团队工作的精神。

（2）知识技能：

①深刻理解并熟练运用评价准则、程序、方法和技术。

②熟悉适用的法律、法规、标准、规定及其他相关要求。

③系统化视野与思维能力。

④独立分析与解决问题的能力。

⑤敏锐的观察与认知能力。

（3）工作经验：

①大学专科以上毕业。

②具有2年以上从事企业管理、质量管理、知识管理或有助于取得相关知识技能的类似经历的工作经验。

③参加过正式的评审员培训。

3　评价流程

企业高质量发展体系成熟度评价是评价组织基于《企业高质量发展准则》要求，对整个组织的经营绩效进行系统化的评审，形成评审结论并报告评审结果的过程。针对企业自我评价、企业外部选优评价（以高质量发展成熟度外部选优评价评审为例）两类高质量发展成熟度评价方式，其评价流程如下所示。

3.1　自我评价流程

自我评价是企业自觉地依据《企业高质量发展准则》，评价企业经营管理质量或追求卓越进展，发现组织优势和改进机会。实施自我评价应是企业的一项战略决策，需要领导层高度重视并正式启动，需要企业清晰地理解《企业高质量发展准则》，需要各层次、各职能部门的通力协作和配合，需要由经过专门培训、掌握了企业高质量发展准则评分方法和评审技巧的人员来实施自我评价，需要系统地报告评价内容和分析结果，需要在评价的基础上展开学习、改进循环，才能达到持续改进的目的。

3.1.1　自我评价的原因

坚持不懈地进行自我评价和学习改进循环，将会使企业管理成熟度不断提高，逐步实现由优秀到卓越的提升。企业进行自我评价的可能原因有：

（1）顾客的需求与竞争对手的竞争迫使我们必须改变；

（2）我们所处的行业永远在不断地改变；

（3）组织已在优秀之列，但必须确保永远优秀；

（4）现在经营良好，但必须确保永续经营；

（5）领导团队要求通过自评强化组织的学习；

（6）使组织的价值观校准高质量发展的核心价值；

（7）识别组织的关键绩效及其与改进绩效的系统方法之间的明确关联；

（8）推动突破性变革；

（9）激励持续改进；

（10）专注于共同的愿景与目标。

3.1.2 自我评价的意义

并非需要等到一切就绪，即使在追求卓越的早期阶段企业也可以通过自我评价获益。自我评价能够帮助企业：

（1）理解和掌握企业高质量发展的理念和原理；

（2）规划和学习企业高质量发展的体系和准则；

（3）建立上下同欲的愿景和共同沟通的语言；

（4）推动和促进最佳绩效和经验的共享；

（5）基于准则建立企业高质量发展的过程；

（6）通过自我评价发现改进的方向和优先次序，制订改进的行动计划。

3.1.3 自我评价的准备工作

实施自我评价前，企业需要做好以下4个准备工作：

（1）高层领导洞悉企业面临的关键问题并需要员工的理解与参与；

（2）高层领导倡导并支持自我评价、行动计划和持续改进；

（3）已向高层领导汇报过自我评价与行动计划的目标并得到了积极的回应；

（4）自我评价和行动计划的主持人来自领导班子。

3.1.4 自我评价的流程

自我评价是对企业经营的活动及其结果进行全面的、系统的、定期的评审过程。基于《企业高质量发展准则》的最常用的自我评价方法是“十步法”，如表4–1所示。

表 4-1　自我评价主要流程与工作

步骤	主要工作
第一步：确定评价的范围	根据组织的结构图选择并确保要评价的领域，即组织、部门、业务、人员和过程等； 确保评价所需的数据、信息、资料必须且充分来自所确定的评价领域； 确保评审组的各类目组组长及成员能够充分地代表各自的领域
第二步：确定评价的类目组组长	针对《企业高质量发展准则》的7个类目，确定7位类目组组长； 类目组组长参与《组织概要》的编写，负责回答对应条目的提问； 类目组组长的要求：有领导和协调能力、熟悉组织的情况、坦诚热情、熟知准则
第三步：确定评价的目标与要求	明确评价的目标和资源； 确定评价的工作文件的体系、形式和格式（口头讨论与汇报、书面简要报告或完整的申报资料）； 确定自我评价的起点（组织概要、评价准则或评分手册）； 确定要回答的问题（哪些可以立即作答？哪些还要收集信息？哪些尚需工作？）； 记录一致和分歧的意见
第四步：编写《组织概要》	高层领导和类目组组长负责起草《组织概要》； 《组织概要》有助于对重要的组织运营关键因素和发展方向达成共识； 《组织概要》指导对评价最有价值的数据与信息的筛选和分类； 《组织概要》有助于发现信息的缺失、认识的分歧、展开的不一致或不完善； 许多组织都从《组织概要》起步，逐渐提升到详尽的自我评价； 如果发现差距太大，则可跳至第九步
第五步：操练自我评价的技术和方法	参阅《企业高质量发展准则》，遵循“准则回答指南”，特别是过程类条目回答指南； 选取一个条目（如3.1.1 治理体系）进行操练，收集整理针对该条目的关键过程的数据和信息； 描述对策的方法和指标，对策在何处及如何运用，对策如何加以评价和改进； 找出差距，即回答不全、展开不足或不清楚； 识别在回答与《组织概要》中确认的重点之间的不一致，确认组织的关键优势和改进机会
第六步：各类目组选择组员并逐条回答所负责条目	每个类目组根据组织的规模可挑选2—5名来自不同层次、了解组织活动和准则相关条目的组员。必要时应吸纳外部成员以获取顾客和供方的认知； 类目1—6的类目组重点阅读和遵循“过程类条目回答指南”，类目7的类目组重点阅读和遵循“结果类条目回答指南”； 每个类目组要掌握它所负责的类目相关的准则和“类目与条目的说明”部分，收集数据和信息以概括相应的关键过程和结果； 类目1—6的类目组要说明对策并解释对策在组织中如何及在何处运用，类目7的类目组要与其他6个类目组共同工作将结果与对策关联起来； 根据所收集的信息逐条回答

续表

步骤	主要工作
第七步：类目组间讨论回答并确认最终结论	通过讨论对组织当前的工作达成共识； 根据各类目组的各自专业特长和类目与条目的关联性，澄清结论、增删信息； 各类目组对组织的对策、对策的展开、共享、学习、过程改进和结果的优势和差距达成共识； 各类目组识别出贯穿于各类目的总主题
第八步：确定关键优势和改进机会的优先次序	利用《组织概要》聚焦于与组织密切相关和重要的方面； 各类目组确定改进机会优先次序的决定因素（与战略目标的联系、对组织的影响、成本、实施时间和可用人员等）和资源约束； 各类目组根据决定因素确定改进的优先次序，并确保最重要的因素纳入行动计划中
第九步：制定并实施改进行动计划	自评的结果就是组织改进的路线图； 各类目组组长负责制定改进行动计划，要突出最优先的事项，也要辅之以短期行动以保持改进的活力； 计划应包括每一步由谁负责、预期的目标和实现的方法、关键的进度和指标； 高层领导与各部门沟通计划，类目组组长负责听取反馈并据此修订计划，高层领导将修订后的计划在组织内部署； 每一步骤的负责人负责实施计划并跟踪结果； 高层领导负责沟通实施进展并庆祝取得的成功
第十步：自评过程的评价与改进	定期的自我评价和改进行动是持续改进的关键； 高层领导应听取类目组组长、成员和改进计划负责人关于自我评价、行动计划和实施过程中成功的和应当改进的意见。要检查参加者的选择、沟通的及时性、周期时间、任务和角色的明确性等关键方面； 确定组织再次自评的时间（每年一次或每两年一次）和深度（《组织概要》、评价准则条目或《评分表》等）

3.2 外部选优评价流程

高质量发展成熟度的评价流程如表4–2所示。

表 4–2　高质量发展成熟度外部选优评价的申报与评审流程

阶段	活动序号	流程	主要工作	阶段成果	参考工作量（审核人数及时长）
申请	1	提交资格认定材料	资格认定材料的编制与提交	《资格认定表》《附加信息表》等材料	
	2	资格认定			
	3	提交申报材料	申报资料的编制与提交	申报表、申报组织的组织概述、高质量发展报告、其他证明性材料	

续表

阶段	活动序号	流程		主要工作	阶段成果	参考工作量（审核人数及时长）
资料评审	4	资料独立评审	不合格： 反馈报告	评审员单独评审	关键因素工作表、关键主题工作表、条目评价表	30—40小时
			合格： 流程继续			
	5	资料合议评审	不合格： 反馈报告	（1）合议评审规划 ①确定要讨论的条目的先后次序 ②指定类目（条目）讨论主持人 ③审查独立评审的发现 （2）合议评审会议 ①讨论关键的经营（组织）因素 ②讨论条目及关键主题 ③就评语、得分区间、现场评审事务达成一致 ④将合议评审的发现形成文件 （3）合议评审报告 ①准备合议评审最终评价报告 ②准备评价报告	合议评分报告、评价报告	≥6评审员； ≥300小时
			合格： 流程继续			
现场评审	6	现场评审	不合格： 反馈报告	（1）现场评审准备 ①审查合议评审的发现 ②审查现场评审内容 ③制订现场评审计划 （2）现场评审 ①提出和听取相关说明和陈述 ②访谈与面谈 ③记录观察到的事实 ④审查记录 （3）现场评审评分 ①确定要验证和澄清的问题 ②总结现场评审发现 ③确定最终评语 ④准备最终评价报告 ⑤准备评价报告	评价报告、现场评分报告	≥6评审员； ≥1000小时
			合格： 流程继续			

续表

阶段	活动序号	流程	主要工作	阶段成果	参考工作量（审核人数及时长）
推荐与认可	7	评判委员会评审	（1）报告评审 ①审查申报材料 ②审查合议评分报告 ③审查现场评分报告 ④审查评价报告 （2）分申报领域评审 ①制造业 ②服务业 ③中小企业 ④教育 ⑤医疗卫生 （3）每个领域的前三名的评价 ①改进的总体优势和机会 ②作为全国卓越绩效典范的适宜性		
	8	颁奖暨交流大会			

3.2.1 高质量发展成熟度外部选优评价的申报

组织在申报高质量发展成熟度外部选优评价时必须提供如下资料：

（1）资格认定表；

（2）附加信息表；

（3）领导团队图；

（4）组织结构与治理体系；

（5）名词术语与缩略语；

（6）申报表；

（7）申报组织的组织概要；

（8）申报组织的高质量发展报告；

（9）其他证明性材料。

3.2.2 高质量发展成熟度外部选优评价的评审

高质量发展成熟度外部选优评价评审流程可以分为独立评审、合议评审和现场评审三个阶段。

3.2.2.1　独立评审

独立评审是评定高质量发展成熟度外部选优评价申报组织的第一个阶段。全体评审员都参加第一阶段的评定活动。在第一阶段，每个申报组织接受一个评审小组的评审，小组中各评审员独立完成工作。每位评审员分别审阅申报组织材料，在《评分表》上写关于优势和改进机会的评语，并且根据《准则》为申报组织针对各个条目的回答评分，过程条目按照“方法、展开、学习、整合（ADLI）”的实践程度进行评分，结果条目按照“水平、趋势、对比、整合（LeTCI）”的实践程度进行评分。在评分工作表中，评审员需要根据评分指南的要求收集组织提供的信息，并记录评价过程中的观察和发现，包括组织的自评报告、相关数据和证据，以及通过访谈、调研等方式获取的信息。使用评分工作表，评审员可以系统地评价申报组织在每个评价条目上的表现，通常涉及评价组织的优势和改进领域，以及对应的实践和成果。根据收集和分析的信息，评审员在工作表中为每个评价条目打分，表明申报组织在该类目的得分区间（如0，10%—20%，30%—40%，50%—60%，70%—80%，90%—100%）。评审员可以首先考虑中等水平的表现（如50%），其次根据组织的实际表现调整分数。如果组织表现优于平均水平，则分数向上调整；如果组织表现低于平均水平，则向下调整。评分过程中，评审员可以参照评分指南进行比对，帮助评审员更准确地判断和分配分数。评审员会综合考虑组织在各方面的表现，包括领导力、战略规划、客户焦点、测量分析和知识管理、员工焦点、运营焦点和结果等，来确定最终的综合评分综合是来自各个评审员独立评审的结果，作为：第一，管理委员会决定举荐哪些申报组织进入合议评审的基本依据；第二，未进入第二阶段的申报组织《评价报告》的依据。

（1）评审员的分派。

在申报组织入围后，评审组织机构分派相关评审员审阅、评定申报材料并为该组织评分。评审员在接收评审资料3—6周时间内完成评审。分派第一阶段评审员在于给每个申报组织提供最公平、能最胜任的评定。分派评审员的依据包括其专业知识和经验，符合避免利益冲突条款要求，工作负荷公平，并且遵守既定的日程。

（2）独立评审的流程。

书面申报材料由评审员单独评审。有关《评分表》准备工作的细节、问题详见本章第4节“高质量发展成熟度评价报告”部分。总体而言，在第一阶段，评审员（高级评审员）必须做到：

①阅读申报材料，评审《组织概要》，记录关键因素，识别关键战略和行动计划。

②考虑与每个条目相关的关键因素。

③阅读《准则》，并按条目阅读申报组织的书面回答。

④在评分工作表中，针对每个条目撰写优势和改进机会评语，并给出得分百分比。

⑤运用迭代法起草和修订评语，并给定评分。确保评语符合评分指南和《准则》，并且所选评分区间能够匹配书面评语，撰写评语所用的术语来自于《评分指南》和《准则》。关于更多评分细节详见本章第4节“高质量发展成熟度评价报告”部分。

⑥完成评分工作表（关键因素、关键主题、条目和评分汇总工作表）、《利益冲突声明》、《道德行为守则》和《候选申报组织名单》。通常《评分表》中包含了如何完成各种工作表的更多信息。

⑦在预定的截止日期内将完成的初始《评分表》寄送到指定地址。

⑧分派人员为未进入合议评审阶段的申报组织编写《最终评分表》。在编写《最终评分表》之前，编写人需阅读其他评审员在第一阶段的《评分表》。

⑨在第一阶段结束时，评审管理人员根据申报组织总得分和评分概要，选出进入合议评审的组织。

评审管理人员仅以申报组织和评审员的唯一编码加以识别。评审管理人员评审各申报组织的评分概要，其中包括来自分派评定某个申报组织的各个评审员的条目评分（以图表方式），然后投票表决某个申报组织能否进入合议评审。评审管理人员按照申报组织得分的平均值由低到高的顺序依次评审。一旦决定推选某个申报组织进入合议评审，其他得分更高的所有申报组织自动进入第二阶段。

如果申报组织未选入合议评审，分派的第一阶段《评分表》编写人员将利用第一阶段各个评审员的书面评语，编写《最终评分表》。《最终评分表》将进一步转化为申报组织的《评价报告》。

（3）关于独立评审经常提出的问题。

①当评审员与分派的申报组织存在利益冲突时，应怎样处理？

在分派评审员之前，评审管理人员将采取适当措施识别利益冲突。评审员接到分派的申报资料后，立即浏览申报材料，以识别利益冲突，尤其是与申报组织竞争对手和供应商相关的。如果发现潜在的利益冲突，须上报评审组织机构并确认利益冲突确实存在。一经商讨，共同认定评审员与申报组织之间存在利益冲突，必须按照说明立刻退回申报材料。第一时间内识别利益冲突，确保评审组织机构能够迅速为申报组织重新分派评审员并及时开展评审。

②完成一家申报组织的评定和评分需要多长时间？

独立评审全过程平均用时30—40小时，包括阅读申报材料，撰写关于优势和改进机会的评语，确定各条目的合理评分，完成《评分表》中附带的各个工作表。第一阶段的独立评审通常在6—8月完成。

③先编写条目评语与先评定条目分数，哪种做法更好？

评语是构成评分的基础。联系《准则》要求、关键因素、关键战略和行动计划，来描述优势和改进机会，为确定申报组织应对某一条目要求所处在评分区间提供了重要信息。在评分之前编写评语，有助于确保各条目得分是基于组织自身的具体优点，而不是基于对该申报组织其他条目的总体认知。

④第一阶段的《评分表》是否应该包含现场评审的事项？

回答是否定的。在合议评审之前不对现场评审做任何记录，届时合议评审小组成员将起草《条目工作表》，以代表小组对申报组织的评定。合议评审小组讨论申报组织的关键事项，明确或澄清是否选择某申报组织是否进入现场评审。

⑤每位评审员可以评审几家申报组织？

每位评审员评审的申报组织数量取决于评审员理事会的评审员数量和奖项申报组织的数量。在过去的几年内，每位评审员每年评审的申报组织数量为1—3个。

⑥如果评审员到指定日期不能完成申报组织评审，应该怎么办？

由于某些非预知情况的影响，评审不能如期完成。评审员一旦意识到自己不能在规定日期内完成评审，须立即通知评审组织机构，以便其迅速委派替代人员及时完成评审。

⑦何时返还评审材料？

完成申报组织评审后，评审员须按照指示立即提交《评分表》，不得晚于规定时间。评审员可以保留申报材料及其他材料直到评审组织者要求返还全部文件。如果申报组织进入下一评审阶段，上述材料仍有用。

⑧如果某位评审员未被分派到申报组织的合议评审小组，如何处理该评审员编制的《评分表》？

对于选入合议评审的申报组织，第一阶段的所有的《评分表》均将用于第二阶段。特别是这些评语将由分派小组成员评审，以识别重大发现以及得分差距的所有原因。对于未选定进入合议评审的申报组织，第一阶段的所有《评分表》将用于编写《最终评分表》。《最终评分表》是申报组织评价报告的基础。

⑨撰写评语时，需要提供多少细节？

对申报组织有价值的评语应该是“可执行的”，而不是指令性的；应提供充足的信息，以便于申报组织据此启动改进。有价值的评语应该关联《准则》条目要求和范围，对申报组织至关重要，能表明类目之间的关系；评语应该具体，引用申报组织的《组织概要》、关键战略和行动计划中的典型事项，并且应对类目要求。

（4）独立评审中评审员的“应做”与“不应做”（见表4–3）。

表 4–3　独立评审中评审员的“应做”与“不应做”

应做	不应做
（1）应为申报组织所有相关信息的保密。 （2）应在收到申报材料后，立即浏览以识别利益冲突。如果存在利益冲突，立即致电评审组织机构核实。 （3）应付出足够的时间（30—40小时）全面评审准则要求的所有类目（7个类目），完成所有的《工作表》。 （4）如果不能按期完成评审，应立即告知评审组织机构。 （5）在《评分表》中应按要求使用规范的评语。 （6）应使用包括在企业类、教育行业类和医疗保健行业类《评分表》中的详细的申报组织评定和《评分表》建议的统一流程。 （7）应确保各类目、条目的评语支持《准则》的基本目标，且具有可执行性。 （8）应参考《评分指南》确定每个条目的合理得分或得分区间。 （9）为便于其他评审员在合议评审时使用《评分表》的各个《工作表》，应尽可能使用电子文档规定的模板。 （10）应在规定截止日期内将《最终评分表》提交到指定地址。 （11）应在要求日期之前返还申报材料及其他全部评审材料	（1）不应与其他评审员、申报组织或任何人讨论申报材料或评分情况。 （2）不应在未通知评审组织机构的情况下，返还未评分的申报材料。 （3）不应在《评分表》中使用任何命令式或预测性的评语。 （4）不应复印申报材料。 （5）不应授权其他任何人处理书面或电子《评分表》。 （6）不应在评语中使用申报组织的名称

3.2.2.2　合议评审

合议评审是评定高质量发展成熟度外部选优评价申报组织的第二个阶段，其主要目的是澄清和解决独立评审中各个评审员的观察结果、评分中的分歧。在合议评审阶段，评审小组就关键因素、关键主题、组织的优势（机会、劣势或差距等）评语、最后评分结果达成共识，决定是否推荐申报组织进入现场评审等相关事宜。

（1）合议评审小组的组成。

合议评审小组包括评审员和高级评审员。评审组成员尽可能从参与申报组织独立评审的评审员中选取。高级评审员都接受过关于高质量发展宗旨和过程的额外培训；评审小组组长应从高级评审员中选取。

（2）合议评审的流程。

合议评审由评审组长主持并召开合议评审会议，对照申报组织的高质量发展报告，逐条讨论关键因素、关键主题、每一条评分条目的最终评语，以消除分歧、达成一致。在确定评语的基础上，逐条评议并确定每一条的百分比得分区间。如果分歧大于20%，应再次讨论并取得一致。若仍有分歧，则由评审组长最终决定。若分歧小于20%，则取中间值。然后根据评语和得分区间，由评审组决定是否推荐申报组织进入第二阶段评审——现场评审。同时，评审组还要提出现场评审需要验证和澄清的事项。此外，无论是否推荐进入现场评审，评审组均必须向申报组织提交一份评价报告。

合议评审过程的主要流程如下：

①合议评审规划。

（A）确定要讨论的条目的先后次序；

（B）指定类目（条目）讨论主持人；

（C）审查独立评审的发现。

②合议评审会议。

（A）讨论关键的经营（组织）因素；

（B）讨论条目及关键主题；

（C）就评语、得分区间、现场评审事务达成一致；

（D）将合议评审的发现形成文件。

③合议评审报告。

（A）准备合议评审最终评价报告；

（B）准备评价报告。

（3）合议评审中经常提出的问题。

①在第二阶段中，每个评审员评审多少个申报组织？

通常来讲，假如某申报组织选定进入下一阶段的评审，完成该组织第一阶段评审的评审员中，将有1/2到2/3的人员被指派到该申报组织的合议评审小组。但是，假如合议评审小组有空缺，则可能请第一阶段中所评审的申报组织未进入下一阶段的评审员添补空位。随后由要求补位评审员对进入第二阶段的申报组织完成一次附加独立评审，以便加入合议评审小组。

②是否可以通过传真将《条目工作表》草案发送给评审小组内其他评审员?

可以。合议评审工作文件可以通过传真发送。但是，所有的沟通必须满足相关保密要求，且只能使用编号指代申报组织。在发送传真文件之前，需要先致电接收者，以便亲自接收文件和保守秘密。

③通常何时安排合议评审会议?

在评审员预备课程时将会告知合议评审日程安排，以便评审员安排行程，参加合议评审小组。安排合议评审会议是整个合议评审阶段最困难的部分。在正常工作时间内评审员会有大量的工作安排，有些小组只有在晚上和周末的时候才能安排合议评审会议。有些小组成员在出差或休假期间参加会议也是常有的事。必要时，评审员应该结束自己的日程安排，以参加已排定日程的合议评审会议。

④如果评审员不能出席部分合议评审会议，应该怎么办?

确保全体小组成员参加合议评审过程至关重要。如果于既定日程有任何问题，需立即告知评审组长。如果会议日程安排出现变化导致某些评审员不能参加，那么评审组长必须重新制定会议日程以确保全体评审员参加。

⑤是否可以用电子邮件向小组其他评审员发送《条目工作表》?

不可以。互联网电子邮件不是一种能够确保合议评审安全性的沟通工具，因而不可以使用。但是可以选择使用隔夜邮件或者安全性更高的传真。合议评审电话会议所使用的窝蜂电话和无绳电话也不是一种安全的沟通工具，因而，也不允许使用。尽管会采取一些增加通信安全性的措施，但不能绝对确保安全、保密。

⑥评审员的秘书、家庭成员或其他任何相关人员是否可以协助准备或传递合议评审文件?

不能。秘书和其他任何人员不得参与编写、复制或传递机密性合议评审文件。评审员个人独立对全部材料和信息承担责任。

⑦参加合议评审过程评审员的时间保证。

合议评审过程一般在8月中旬到9月中旬进行。估计需要16—20小时——合议评审会议前6—8小时；合议评审会议8小时；合议评审会议后用1—3小时修订《条目工作表》及其他合议评分表相关文件。

（4）合议评审中评审员的“应做”与“不应做”（见表4–4）。

表 4–4　　合议评审中评审员的“应做”与“不应做”

应做	不应做
（1）应在合议评审会议日程内保持时间的灵活性。 （2）应有所准备。在参加合议评审会议前，所有小组成员应有充分准备。在综合考虑全部《评分表》评语并将其概括为体现《准则》主要要求、对申报组织最为重要的6—10条评语后，完成《条目工作表》初稿。编写关键现场评审事项。这些问题直接从评语初稿中产生，主要是申报材料中描述的、有待验证或核实的方法、展开水平和结果。编写关键现场评审事项的目的是充分依据《准则》要求评定申报组织绩效。 （3）为了提高合议评审会议的效率和有效性，应提前将《条目工作表》初稿发送给小组的其他成员，并提交给评审管理机构。 （4）在合议评审会议开始前，应认真评审小组其他成员的《条目工作表》初稿。 （5）在电话会议开始前，应认真评审《评分表》编写人员提供的《关键因素工作表》和《关键主题工作表》草案。 （6）应准时参加合议评审会议。 （7）确保有必要的可用材料，包括《准则》、申报材料、《评分指南》、《关键因素工作表》、《关键主题工作表》和小组其他成员的《条目工作表》初稿。 （8）应确保参加合议评审会议： ——注意倾听发表的所有评审观点，包括参与独立评审但未进入合议评审的评审员观点。 ——征询他人（包括未发言成员）的意见。 ——提出自己的观点。 ——重点讨论评语主旨、《准则》和《评分指南》的内容，并使评分和评语一致。 ——基于合议评审讨论修订《条目工作表》初稿。 ——基于合议评审讨论修订《关键因素工作表》和《关键主题工作表》。 （9）按照评审组长的指示，提交全部书面工作成果	（1）不应只关注评分。 （2）不应孤立或分化持有不同观点的小组成员。 （3）不应对自己在独立评审阶段的评分固守己见。 （4）不应要求小组其他成员调高或调低其独立评审阶段的评分值

3.2.2.3　现场评审

现场评审是高质量发展成熟度外部选优评价评定申报组织的第三阶段。在合议评审的最后，评判委员会审查并验证合议评审过程是否符合评审要求，并根据合议评审的得分区间决定组织是否进入现场评审阶段。现场评审的目的是澄清组织的申报材料中存有的不清楚或含糊之处，并验证申报材料中的信息和数据是否正确。在现场评审之前，评审小组成员必须进行前期准备工作，该过程主要通过电话、传真和邮件进行。现场评审时，现场评审小组将参观申报组织的一个或多个场所。在现场活动开始之前，所有评审小组成员必须在入住的宾馆会合，确定最终的策略、程序和任务。为了完成现场评审过程，小组成员将再次会合以完成现场《评分表》。现场评审《计分表》需提交评判委员会并作为评判委员会决定是否推荐申请者获奖的基本依据，同时它也是给申报组织编写评价报告的基础。

（1）现场评审小组的组成。

现场评审小组通常由来自评审委员会的6—8人组成，小组成员的数量和组成取决于申报组织的规模和现场评审的复杂程度。

评审小组由1名高级评审员担任评审组长。评审组织机构的监督管理人员也需要参加现场评审，他们不参加评审过程，但要帮助确保所有的现场评审保持一致的评审流程。小组其他成员则根据经验、专长和可用性来选拔，通常参加合议评审的评审员会被分配到现场评审小组中。

（2）现场评审的流程。

①现场评审计划。

——申报组织提名

在评判委员会推选申报组织进入第三阶段的现场评审后，评审组织机构将通告申报组织、美国质量学会（ASQ）和评审组长。

在接到评审组织机构的通知后，评审组长会致电申报组织的官方联系人，向其说明现场评审的目的及对申报组织的要求。

——现场评审的初步准备

美国质量学会向现场评审小组发送初始指令、后勤信息和评审材料。评审组长与评审组织机构监督管理人员、美国质量学会、小组成员和申报组织官方联系人共同制定现场评审计划和日程安排。评审组长起草一份临时计划［包括日程安排、现场评审问题及解决清单、各评审员类目（条目）分工等］，与候选评审组长和评审组织机构监管人员进行讨论，并将计划提交现场评审小组。

评审员单独评审相关材料，完成现场评审问题工作表，与小组其他成员和评审组织机构监督管理人员交换现场评审问题工作表，评审分派的条目的现场评审问题，完成评审组长要求的其他任务。

评审组长与申报组织官方联系人保持定期联系以便申报组织实时了解现场评审计划，回答评审过程的任何问题，以及获得现场评审准备阶段所需的相关信息。评审组长向申报组织官方联系人提供现场评审问题样本。

——最后准备和策划会议

现场评审小组在申报组织附近入住的宾馆召开预备会议，最终确定现场评审的日程、参观安排，以及评审小组需要明确或核实问题的现场评审工作表。小组还将制定现场评审的文件清单和需要采访的问题，以便尽早告知申报组织。

②现场评审执行。

——执行现场评审

现场评审阶段从在申报组织总部召开的首次会议开始，会议时间约1小时。评审组长做会议开场白，介绍现场评审小组成员及其职责。开场白部分包括利用评审组织机构提供的可视化材料简要介绍高质量发展成熟度外部选优评价和现场评审过程及流程。随后，申报组织对小组成员表示欢迎，介绍组织为配合与协调评审组开展工作而指派的工作人员及其职责，并提供现场评审所需的材料。小组成员会见申报组织工作人员，询问被分配的具体条目涉及的问题。小组成员可以提供一份所需文件的清单，或者索要最新的表格、图表或数据。小组成员必须在有人见证的前提下安排活动或会见组织工作人员。

在评审组长和小组成员对所要验证或澄清的问题得到反馈后，评审小组将与申报组织的相关代表共同召开一个简短的末次会议以结束现场评审。评审组长根据评审组织机构提供的可视化材料解释该过程下一阶段的活动，包括准备现场评审评分表，并感谢申报组织对评审员的热情款待等。申报组织也要发表简短的闭幕致辞。评审组织机构现场评审监管人员负责确保在现场评审评分表编写完成后归还申报组织全部评审材料。在末次会议后，小组成员返回入住宾馆完成现场评审评分表。

——编写完成现场评审评分表

现场评审评分表根据《关键主题工作表》、《条目工作表》、合议评审《评分表》、现场评审发现与证据等编写而成。评分表为评审管理人员提供了一个现场评审结果的审查路径，以便其用于推选获奖组织。

现场评审小组完成现场评审工作表，记录现场评审各个问题的结果。小组成员修改分派的《条目工作表》的优势和改进机会评语。小组全体成员均有责任向指定的评分表编写人员提供现场评审结果的相关信息。评审组长准备现场评审组织的概要、修改关键因素、完成《关键主题工作表》，并修改得分汇总表中的分数。如有必要，可以在签署现场评审评分表的签字声明前评审及修改全部工作表和汇总表。在小组成员正式结束现场评审之前必须完成整个现场评审评分表。

在现场评审结束时，需要为评审组织机构打印一份现场评审评分表原始纸质材料，并制作电子版现场评审评分表——分别给评审组织机构、评审组长、小组候选领导、评分表编写者和美国质量学会。评审组织机构监督管理人员将一份电子版和纸质签字版提交给美国质量学会。

评分表编写人员修改最终的现场评审评分表并将其提交给评审组长评审。评审组长必须评审所有的修改意见，并在日程安排内将最终的现场评分表提交评审组织机构。

（3）现场评审中经常提出的问题。

①在现场评审准备阶段，评审组长要求评审员做什么？

评审员需要提供以下信息：

——评审员的专业和感兴趣的条目。

——现场评审问题工作表初稿。

——基于现场评审问题的建议、采访对象、参观地点、采用的战略和方法以及日程安排。

——评审员将要带到评审现场的电脑型号和软件。

——行程安排，到达和离开时间。

②现场评审需要花费多长时间？

现场评审过程所需的时间包括评审员在家中的准备阶段、评审前的预备会议、在申报组织总部召开的为期1天的首次会议、2—4天的现场评审、2天的时间编写现场评审评分表。申报组织的规模和复杂性将影响到现场评审的时长。除了准备时间，评审员在现场评审中花费5—7天的时间。

③怎样选择现场评审问题？

评审员完成所分派的类目和条目的现场评审工作表，每个现场评审工作表包含一个问题。该问题基于合议评分表中列出的需要验证或澄清的优势和改进机会。由于现场评审不是一次全面的评审过程，因此鼓励评审员有选择性地看待所要验证或澄清的问题。在首次会议之前，类目（条目）负责人和候选人评审他人的现场评审工作表。在首次会议时，小组优先选择将问题分派给最合适的评审员。选择现场评审过程中需要验证或（和）澄清的问题对现场评审的有效性至关重要。

合适的现场评审问题有如下特点：

——是评分的必要组成部分。问题侧重于对申报组织起关键作用的因素，即使该问题对于其他的组织而言并不重要；是在上一评审阶段识别的，需要进一步验证的一项重要的优势或改进机会；或者是申报组织信息缺失或不明确的一项重大问题。

——要有“通用性”。该问题将直接或间接影响一个或多个评审条目。同时，还将包括某一管理方面在整个申报组织范围内的整合程度。

——是定义展开（程度）的一部分。通常难以通过申报组织的书面材料评估申报组织方法的展开程度。展开程度通常取决于项目成熟度。

——它应该是可验证的。小组用以获取问题答案的可接受的技术包括：检测数据来源、采访员工或者倾听申报组织的陈述。不可接受的技术包括：第一，采访顾客、供应商、经销商，除非他们是组织正式管理或业务结构的一部分；第二，进行即时调查；第三，评估个体顾客投诉。

④在现场评审时，现场评审小组成员的公司或家人怎样联系他们？

评审员行为准则规定，评审员保守申报组织的商业机密十分重要。评审员最好向可能会因紧急情况联系他们的人提供高质量发展成熟度外部选优评价项目组办公室的电话。如有必要需要夜间联系，可以提供宾馆房间的电话。

（4）现场评审中评审员的“应做”与“不应做”（见表4–5）。

表 4–5　　现场评审中评审员的“应做”与“不应做”

应做	不应做
（1）应审查申报组织的关键因素，包括重要问题、组织规模，以及其市场（经营）状况。 （2）应计划好在整个现场评审期间都要在场。每个人在现场评审评分表完成和签字时都必须在场。 （3）现场评审前，应要求评审组长索要需申报组织特别准备的条目或信息，不要等到现场评审开始时才做以下要求： ——小组需要采访一位在场的高管，而不是之前要求采访的对象。申报组织需要其高管在评审现场，或者安排一次在线会议。 ——小组需要尚未被编辑或收集的数据。收集数据需要申报组织大量的准备工作。 （4）在申请现场请佩戴波多里奇徽标以表明自己的高质量发展成熟度外部选优评价评审员身份。 （5）当出现以前未遇到过的情况时，按常识来解决。采取的行动应符合评审员手册且在评审员预备课程中进一步巩固原则和道德行为规范。 （6）应做好超出日常工作量的繁重工作安排的准备。日程满而忙乱，而且环境压力大。 （7）应穿着方便现场评审、场外小组讨论与参加会议的舒适衣服，带有适当装备。 （8）在完成现场评审评分表之前应不要饮酒。 （9）应索要所需的信息以验证或澄清你负责的问题。询问正常的问题，要讲求情理，不要因为无谓的要求给申报组织带来过度的负担。 （10）工作要遵循现场评审的日程，但可灵活一些。重要的是要让申请者感受到自己有足够的机会来“讲述自己的故事”。 （11）应对可能会影响现场评审小组日程或方法的异常情况保持警惕。让评审组长了解这些发现以便考虑是否改变日程或方法，但要避免因提出太多的改动而显得优柔寡断。 （12）准时完成所有任务。 （13）应做好充分的笔记以便存档，记录通过评价报告对申请者有所帮助的事项。 （14）请文件编写人附上其名片或在所有文件的封面写上他们的姓名、地点和电话号码。 （15）应参加每天的会议和汇报以分享信息和观点，确保获得了所有相关信息，询问其他评审员有关访谈问题，必要时调整策略。 （16）现场评审结束后，应与评审组织机构监督管理人员共同安排好材料归还或处置事宜。申报组织提供的全部材料都应归还给申报组织。所有的笔记、草稿、合议评审评分表、现场评审问题工作表初稿、申报材料等都应交给评审组织机构监督人员。涉及现场评审中所有电子存储材料都必须删除。	（1）除现场评审评审组长或候选负责人外，其他任何评审员不要在现场评审开始之前联系申报组织。 （2）不要在现场评审结束之前离开。 （3）不要将平板电脑带去申报组织的场所。 （4）请勿携带照相机、摄像机或无绳电话到评审现场。 （5）不要与申报组织讨论以下问题： ——个人或小组的观察、发现、结论或决定，不论是以批评还是补充的语气； ——其他申报组织的实践； ——小组对其他申请者的观察； ——其他申报组织的名称或有关他们的信息； ——你的个人或专业资格； ——你所在组织的信息。 （6）访谈期间不得给出口头或非口头反馈。不要让申报组织代表了解到你对他们回答的评价。 （7）不要采访顾问、客户或供应商。 （8）不要在公开场合进行涉及现场评审的汇报、会议或讨论。 （9）不要将申报组织的材料、报告、文件等带离现场，除非必须如此且经申报组织同意方可将材料带离。 （10）不要在申报组织材料上进行任何编辑。 （11）不要将申报组织的材料带回家。 （12）不要接受任何形式的礼物。 （13）不要在赶赴现场评审的途中带家人或朋友。 （14）不要在离开现场后与申报组织沟通。

3.2.2.4　推荐一流企业

在第三阶段结束时，评判委员会向评审组织机构主管人员推选获奖组织。评审管理人员分别在五大领域（制造业、服务业、小型企业、教育行业和医疗保健行业）审查申报组织。评审管理人员不得参与与其有利益冲突的申报组织的任何讨论。在全体评审管理人员一致认可该案例并经全面讨论后方可继续申报组织的讨论。

一般来讲，评审组长在推举获奖组织中的作用体现在与评审管理人员之间的在线会议中。该在线会议约在11月的评审管理人员会议中召开。如果评审组长不能参加评审管理人员的在线会议，可由小组候选负责人代为参加。

在准备在线会议时，评审组长评审现场评审评分表，并且标注小组在现场评审中发现的或者认为不能通过现场评审评分表充分体现的特殊问题。此外，评审组长还要准备解决以下问题：

——考虑《组织概要》中的问题，小组是否通过现场评审对申报组织形成了新的观点？

——小组识别的最重要优势或突出的实践（对其他组织具有潜在价值）是什么？

——小组识别的最重要的优势、关键点和劣势是什么？

——考虑到申报组织的关键因素，在结果条目中发现的最重要的优势、劣势和差距（数据、比较和联系）是什么？

此外，评审组长准备讨论的其他问题包括：在现场评审评分表初稿和最终形成的现场评审评分表之间的任何实质性的变化。

对于每个申报组织，都将设立一名评审管理人员担任“首席评判员”。在在线会议之前，首席评判员为其他评审管理人员概括关键性问题，但他不作为申报组织的发言人。首席评判员通过询问评审组长事先准备好的一系列问题开始在线会议。当评审管理人员认为所有问题得到满意回复后，在线会议结束。但是在评审管理人员商讨时可能会提出其他的问题，因而需要再次与评审组长召开在线会议。

当全部问题得到解决后，评审管理人员进行淘汰投票。如果经过讨论后在某一特定行业存在三家以上的申报组织，需要进行进一步的讨论和淘汰投票直至该行业内申报组织的数量降至三家。当剩余申报组织的数量降为三家或更少时，将为各个候选组织进行单独投票表决。所有与申报组织无利益冲突的评审管理人员均可参与投票，推选获奖组织。该过程将在各个评奖行业中重复执行。

在会议结束时，评判委员会主席将所推选的获奖组织提交评审组织机构主管人员。

4 高质量发展成熟度评价报告

高质量发展成熟度外部选优评价的每个申报组织都将获得一份书面评价报告。评价反馈与报告体系是整个评定过程重要的组成部分之一，它提供了申报组织持续改进的途径。评价报告是一种机制，它使申报组织获得评审员根据《准则》要求对申报组织的优势和改进机会的评价。

有效的评价报告要求：

（1）按照《企业高质量发展准则》对申报组织全方位的评定。

（2）针对每个条目编写申报组织的优势和改进机会。

（3）通过该评价报告实现与申报组织优势和改进机会的有效沟通。

评审组织机构人员将评审员准备的最终评分表转化为评价报告。在第一阶段，由指派的编写人员根据各个独立评审员的评审评语编写最终评分表。在第二阶段和第三阶段，由指派的编写人员分别收集和编辑小组的合议评审评分表或现场评审评分表，并且在与评审组长协商后编写最终评分表。

4.1 评价报告的格式

作为评价报告的基础，最终评分表的内容和补充材料如下：

（1）引言。

由评审组织机构起草准备，解释评价报告的内容并简要介绍申报组织的评审过程。

（2）关键主题工作表。

由评分表编写人员或编辑人员准备，长度为2—3页，包含了对申报组织评定关键点的总体概要。它是对申报组织最重要的优势、重大改进机会和关键结果的评估。关键主题工作表应当对下列三个问题进行响应：

——最重要的优势或先进性（对于其他组织的潜在价值）是什么？

——最重要的机会、担忧或劣势是什么？

——根据组织的关键经营（组织）因素，在结果条目的回答中最重要的优势、机会、劣势和（或）差距（相对于数据、比较和关联性）是什么？

专栏 4–1　关键主题工作表示例（以《兰克餐饮有限公司评分表》为例，节选）

关键主题工作表提供了对申报组织进行评估的关键点的总体汇总，且当申报组织进入第二阶段合议评审和第三阶段现场评审时，关键主题工作表是对所有需要评审的关键主题的评价。关键主题是针对《准则》要求的优势或改进机会，且在多个项目或者类别中通用。关键主题在申请人的关键因素中尤其重要，或者说涉及《准则》的核心价值。

1. 所识别出的最重要的优势或者（相对于其他组织的潜在价值观而言的）最佳实践有哪些？

——兰克餐饮公司（以下简称兰克）通过其系统性和部署良好的战略规划过程，将重点放在未来发展上。这一过程与各种数据和信息系统（如 Voice 和 Foodtrak）紧密结合，并保持一致性。这些系统提供了基于事实的数据和信息，利用来自客户、供应商（合作伙伴）、主要利益相关者和员工的关键输入来支持短期和长期计划。战略规划过程的结果是制定战略矩阵，这一工具帮助兰克餐饮公司将其战略目标与战略挑战、行动计划以及与当前和未来运营相关的竞争成功因素相结合。战略规划过程中的校准和集成有助于组织在应对当前运营挑战时保持敏捷性，同时也能更好地定位自己，以最佳方式应对未来的战略挑战。

——兰克通过其数据收集、分析和过程改进的系统方法，明确地展示了其对管理和持续改进的承诺。DINERS 团队采用了系统的改进过程来解决整个组织内的改进机会。这些改进机会是通过收集和分析来自 Voice 和 Foodtrak 系统的数据和信息来确定的。这些数据和信息经过多次分析，为高级领导、DINERS 团队和各级员工提供可操作的信息，并在此基础上提出改进建议。兰克还提供了几个性能改进的实例，这些改进都来源于其对过程改进、数据收集和分析的全面部署和集成的方法。

2. 识别出的最重要的机会、关注点或漏洞是什么？

——尽管兰克拥有成熟的、部署良好的、整合的战略规划过程，并利用了如 Voice 和 Foodtrak 等数据和信息源，但目前尚不明确该公司如何或是否充分解决了其家庭膳食替代（HMR）和餐饮业务线的既定目标。尽管从餐饮客户那里收集了一些信息，但兰克似乎在解决 HMR 和餐饮业务线的几个关键方面上仍存在不足。例如，供应商和合作伙伴要求相关的问题，包括与适当的食品处理和储存相关的法律要求；客户需求、客户联系要求以及客户知识和关系的建立。如果不解决这些关键问题，将严重影响兰克的合规性和经营绩效。

——尽管兰克在解决其产品和服务对社会的影响方面取得了一些进展，例如，提供具体的培训如食品处理认证，但它似乎仍需关注啤酒、葡萄酒和其他酒精饮料的潜在影响以及与之相关的法律和监管要求。特别值得注意的是，啤酒和葡萄酒是情侣和单身客户群体的主要需求之一，这两个群体占兰克销售额的45%。因此，如果不充分解决这些产品的潜在影响，兰克可能会在关键的监管和法律领域处于不利地位。

3.基于申报组织的关键业务（组织因素），组织关于结果条目的说明中最重要的优势、机会、劣势和差距（相关数据、比较和关联）是什么？

——兰克的产品和服务在许多重要领域展现出持续的改善，并且在一些关键指标上超越了其最佳竞争对手。其中，就座和服务等待时间、餐桌清洁这两项与客户首次接触的关键指标持续改进。在预约和无预约就座等待时间、开始服务等待时间等方面，兰克至少将等待时间缩减了一半。此外，无论是饭店、供餐还是外卖业务，订单准确性和交付时间也呈现持续改进趋势。兰克的所有产品和指标在业界中都表现出色，这表明了其DINERS改进方法和战略计划方法的有效性。

——兰克以客户为中心的结果表明，在许多或大多数关键指标上，其绩效趋势都在不断改善。根据外部调查的整体客户满意度，兰克的绩效与2003年和2004年的鲍德里奇奖获奖者基准和同类最佳比较相符。此外，《秘密用餐者协会报告》和《员工用餐报告》的结果进一步证实了兰克在客户满意度方面的优势，其表现超过了最佳竞争对手。在2004年的《秘密用餐者协会报告》中，兰克的平均满意度得分比其竞争对手高出9%（97%对88%）。这些高满意度得分支持了兰克的愿景，即成为休斯敦和加尔维斯顿地区公认的十大餐饮体验之一，并保持其作为首选餐厅的地位。

(3) 条目工作表。

由评分表编写人员或编辑人员准备，包含根据《准则》对每个条目的评语。评语引用申报组织在每个条目等级的具体优势和改进机会。条目工作表包括以下内容：

——该条目的4—6个最重要的经营（组织）因素；

——组织针对该条目的总体要求和详细要求的主要优势；

——组织针对该条目的总体要求和详细要求的主要差距或改进机会；

——该条目的得分区间（上下一般在10%的幅度范围）；

——现场评审时需要验证和（或）澄清的问题。

专栏4-2　条目工作表（以《兰克餐饮有限公司评分表》为例，节选）

条目工作表——条目2.2　　　　（合议阶段）

为每个条目准备一个条目工作表，根据申报组织对准则要求的响应及其关键业务（组织因素），列出6—10个最重要的优势和改进机会。

1. 列出4—6个与该条目相关的最重要的关键业务（组织因子）

（1）员工简介：

——212名员工：47名全职，102名兼职，63名随叫随到；

——49%西班牙裔，24%白人，23%非洲裔美国人（反映了所在社区的多元化）；

——7%管理者（受薪工），6%支持员工（受薪工），87%其他员工（小时工）；

——48%具有大学或同等学力，52%高中及以下教育程度；

——25名发育障碍员工和残疾复员军人。

（2）使命：兰克是客户的终极餐饮体验。聚焦于美味食物、历史氛围、优质服务，以及员工的职业成长，致力成为个人、家庭和企业的“用餐首选”。通过服务与保护地标建筑，屹立于社区发展的历史长河之中。

（3）竞争数据的关键来源：国家餐饮协会（NRA）、供应商调查、国民报告、秘密食客协会、员工餐饮报告、欧文·杜德利领导的非正式协会、行业网站、员工生产力解决方案公司、大卫与布拉德利企业。

（4）供应商与合作伙伴：加入了一个本地的采购货物及服务的餐厅联盟；其他供应商包括IT服务供应商、存储及其他设施的维护服务商、广告商、安全部门和其他HR机构；合作伙伴包括HMR分销商和一个社区大学。

（5）产品（服务）：午餐和晚餐的家中用餐服务；啤酒、葡萄酒及其他酒精性饮料；外卖餐饮；餐饮递送；宴会性餐饮。

（6）愿景：以出色的食物和独特的用餐体验，成为地区十佳餐饮体验提供商之一。

2. 优势和改进机会

（1）酌情使用“++”或“--”来表示评论的相对重要性（强度）。

（2）要包含对相关性最大的关键因素（KFs）的引用。

（3）要在评估中说明相关的过程评估因素。

表 4-6 优势

+/++	相关条目	相关关键因素（KF）	评价要素 A/D/L/I	优势
+	2.2a（1，3）	1，2，4	A/D/I	在战略计划过程期间，领导团队识别出实现组织的战略目标所要求的特定行动，以及附属的指标，并识别谁、什么内容、什么时间以及如何完成这些特定的行动和任务。制定战略矩阵以确保将短期和长期行动计划与组织的竞争成功因素、战略挑战和价值观联系起来，然后通过沟通过程将行动计划部署到整个组织以及供应商和合作伙伴。特定的短期计划的展开，会在将来通过开发在部门和员工层面对组织层面的方向性提供支持的行动计划来完成，员工的行动计划与其IRDPs关联起来。DINERS改进过程及月度绩效审查用于确保因为战略行动计划的完成所导致的关键改变被集成应用，并确保绩效的可持续性
+	2.2a（2）	1，3	A/D/L/I	战略矩阵的所有指标都通过Foodtrak进行跟踪，领导团队会对这些指标进行每周和月度审查。如果业务环境、市场条件，或者客户要求发生了紧急情况或者改变，或者有不符绩效规划的情况，则使用DINERS改进过程来确定原因以提出变更建议。然后对战略矩阵进行调整，在积分卡中增加适当的指标来跟踪绩效，在线上会议或者全员会议中，向员工告知调整内容，必要的情况下，管理者和监理员协助员工调整IRDPs。这些方法允许申请者在发生变化时快速而敏捷地做出反应
+	2. 2a（2，5）	1，2，3，5	A/D/I	用于跟踪行动计划成果的关键绩效指标是在战略矩阵中识别出来的。领导团队在每周和每月的行政审查会中对行动计划进行评审，以确保对行动计划测量系统进行校准，从而与组织战略和利益共享者的需求保持一致
+	2.2b	1，2，3	A/D	申请人已在策略矩阵中确定其28项短期及长期主要行动计划措施的表现预测。申请人2005年的业绩预测在大多数指标上都优于或与竞争对手2010年的业绩预测一样好。使用DINERS改进过程来解决预期的绩效差距

表 4–7　改进机会

-/--	条目引用	关键因素引用	A/D/L/I	改进机会
–	2.2a（1）	1，2	A/I	尽管领导团队拥有各种行动计划，制订了计划，并协调了措施，但申请人除了财务资源外，如何分配资源以确保行动计划的完成并不清楚。如果没有一个根据优先次序分配资源的系统程序，申请人可能无法确保实现所有行动计划，进而实现战略目标
–	2.2a（4）	1，2	A/D	尽管申请者识别出了很多与短期行动计划相关的人力资源计划，但是并未提供从长期关键行动计划所得出的人力资源计划。如果没有具体的人力资源行动计划，组织可能很难实现长期战略目标，这些目标可能依赖于招聘和留住熟练和积极的员工
–	2.2b	3，6	A	尽管2010年的关键长期竞争者绩效目标在战略矩阵中显示出来了，但是申请者的短期目标与这些竞争对手对比的情况并不明确。这可能限制组织测量其价值观“成为本地区十佳用餐体验之一”的效果的能力

3. 在合议评审阶段，公司该条目的得分区间：45%—55%。

（4）得分区间（得分段或得分范围）。

由评审组织机构准备，在第一阶段独立评审时以表格提供，包括与申报组织具体得分百分比范围一致的典型特征。它是申报组织书面材料评审期间的得分值百分比描述。

4.2　准备最终评分表（评价报告）的步骤

当确定申报组织未被选定进入高质量发展成熟度外部选优评价下一个评审阶段时，需要为其准备最终的评分表。评审组织机构人员将最终的评分表进一步转化为评价报告。

4.2.1　第一阶段报告

对于未选定进入合议评审的申报组织，其最终评分表在独立评审或第一阶段之后由参加评审的其中一位评审员编写。在第一阶段编写评分表的任务包括：

——评审申报组织独立评审的全部评分表评语、评审组织机构提供的编写指南、申报组织的得分概况和评分指南。

——全面涵盖《准则》要求和最重要点的相似评语。

——消除关键主题和条目工作表内部和相互之间的不一致评语、术语和缩写，以及不重要问题的评语。

——平衡评语的数量和权重以全面反映全体参与申报组织书面材料评审评审员的评分概要。

——按照既定的方向和日程完成最终的关键主题工作表和关键条目工作表，并寄送给评审组织机构。评审组织机构将最终评分表转化为评价报告。

——解决评审组织机构在评价报告评审过程中提出的问题。

4.2.2 第二阶段报告

对于未选定进入现场评审的申报组织，其最终评分表由合议评审小组的一位评审员编写。在第二阶段编写评分表的任务包括：

——参加合议评审会议，澄清问题，索要讨论要点的具体案例、参考的表格或图表（如果评审组长未予以说明）。由一个或多个评审员提出并且得到全体通过的观点应该纳入最后合议评审评分表评语。

——根据合议评审小组的工作准备最后的合议评分表，评分表需体现合议评审阶段会议的一致性观点。

——消除关键主题和条目工作表内部和相互之间的不一致评语、术语和缩写。

——用合议评审会议中讨论的案例对评语进行补充。

——通知或接受评审组长就修改或补充评语或问题的批复决议，这些问题往往是评分表编写人员认为应该包含在最终的合议评审评分表中，但在会议中没有一致通过。

——按照既定的方向和日程完成最终的合议评审评分表，并寄送给评审组织机构和（或）评审组长。

——解决评审组织机构在评价报告评审过程中提出的问题。

4.2.3 第三阶段报告

对于接受现场评审的申报组织，在现场评审结束后，其最后的现场评审评分表由现场评审小组的一位评审员准备。在第三阶段编写评分表的任务包括：

——参加合议评审在线会议，澄清问题，索要讨论点的具体案例，或现场评审问题、条目和关键主题工作表中包含的具体案例，以及参考的表格或图表（如果类目、条目领导未予以说明）。由一个或多个评审员提出并且得到全体通过的观点应纳入最后的现场评审评分表评语。

——消除关键主题和条目工作表内部和相互之间的不一致评语、术语和缩写。

——用现场评审会议中讨论的案例对评语进行补充。

——从文本中消除类似“不清楚”“不显著”等字样。(这些问题需要在现场评审中得到解决)

——通知或接受评审组长就修改或补充评语或问题的批复决议，这些问题往往是评分表编写人员认为应该包含在最终的现场评审《评分表》中，但在现场评审中没有一致通过。

——按照既定的方向和日程完成最后的现场评审评分表，并寄送给评审组织机构和（或）评审组长。

第 5 章　兰克公司高质量发展报告案例

本案例旨在帮助读者特别是高质量发展体系成熟度评审人员理解《企业高质量发展准则》（以下简称《准则》）以及成熟度评价方法与报告方法。本案例选自人们比较熟悉的餐饮企业，以便于不同行业背景的读者能够理解。案例情景依据实际的经营管理背景和业务特点编写。案例内容按照准则类目和条目编排，便于对照学习和评价评价方便。为了评价的需要，案例所描述的过程方法和结果中有优势也有改进机会；案例中缺少个别条目信息，不代表企业没有相应的功能或活动。另外，为了简化案例和防止不可预知的影响，案例中并未使用真实的公司名称、人名，但其中的优秀实践，不妨碍作为其他企业标杆学习。

组织概要

（1）发展环境

（1）a　组织环境

兰克餐饮公司，一家德州南部的家族牛排与海鲜餐厅，拥有两家分店。首家餐厅哈里斯堡站与其相关的餐饮业务哈里斯堡站餐饮，位于休斯敦一个历史悠久的火车站内，这座火车站建于1857年，是当时名为哈里斯堡的小定居点的地标建筑。而第二家餐厅德州光之守护者，则坐落于加尔维斯顿一座经过修复的灯塔内，这座灯塔建于1853年。兰克餐厅以亲民的价格，为休斯敦和德州都市区的居民提供了独特而别致的用餐体验。

1945年第二次世界大战结束之后，约翰先生开创了第一家餐厅哈里斯堡站。他与妻子习惯于为父亲的农场工人烹饪各种美味佳肴。为了延续这一传统，他们买下了最近空置的火车站，并对其进行了翻新，为用餐区打造了一个开放的空间，并配备了一个现代化的大厨房。这家餐厅因其家常菜、丰盛的食物和物有所值而广受好评。

对于休斯敦人欧文来说，哈里斯堡车站的用餐经历给他留下了美好的回忆。从小时候开始，他就一直梦想着有一天能够拥有这家餐厅。1975年，欧文大学毕业后，他的梦想依然没有改变。他回到了休斯敦，并顺利获得了餐厅夜班经理的职位。同年，欧文的大学室友弗兰克·芬迪也被聘为这家餐厅的会计员。

1978年，约翰和他的妻子决定退休，欧文和弗兰克抓住机会，买下了休斯敦的哈里斯堡站餐厅。在接下来的10年里，他们坚守传统，致力于在温馨的环境中，以合理的价格为顾客提供上佳的食物。欧文对哈里斯堡车站餐厅能够为就餐家庭提供美好的用餐体验感到特别自豪，这让他回想起自己小时候在餐厅的美好时光。

2000年，欧文和弗兰克怀揣着扩张的愿景，创建了一个名为“兰克”的公司架构，为现有餐厅和未来餐厅的可持续发展奠定了坚实基础。同年晚些时候，该公司收购并翻新了一座空置的地标建筑——德州加尔维斯顿的一座古老灯塔。经过精心装修后，欧文的儿子山姆接手并开设了这家餐厅，名为德州光之守护者。除此之外，他还协助父亲管理公司的日常运营，如战略规划和商业策划等。

2008年，欧文的女儿戴碧获得工商管理硕士学位后，开设了一家新的餐饮服务公司——哈里斯堡站餐饮公司。她运用自己的专业知识，开发了营销研究和顾客关系管理的方法。戴碧不仅是孤星质量奖（LSQA）项目的评审员，后来还成为高质量发展成熟度国家质量项目的评审员。这使她深入了解了卓越绩效的标准以及如何实施这些标准。兰克公司成功申请并获得了2012年度的孤星质量奖。如今，他们通过国家质量奖计划继续追求卓越的绩效。

(1) a1　产品和服务。

兰克餐饮公司的主要服务项目包括：内部餐厅的午餐和晚餐、外卖、送餐服务，以及各类活动餐饮，如社团户外野餐。一周七天，兰克公司全天候为顾客提供优质服务，创造令人难以忘怀的用餐体验。兰克的餐厅以其优质的牛排和新鲜的海鲜而闻名，其美食环境充满历史底蕴。此外，餐厅还提供来自世界各地的丰富啤酒、葡萄酒和烈酒选择。午餐的人均消费在13—25美元，晚餐的主菜价格则在16—35美元。这种合理的定价使兰克成为家庭和商务人士的首选用餐地点。此外，兰克的餐饮服务能够满足多达500人的团体需求，无论是正式还是非正式的午餐和晚餐，都能为顾客提供满意的服务。

2014年第四季度，兰克公司推出了一个新的服务项目，名为兰克送餐服务。这一服务旨在为休斯敦地区的日间托儿所和健身馆合作网络提供预定餐食或家庭代餐。这些合作伙伴将餐食视为对顾客的一项增值服务。家长和其他顾客可以在一周中的任何一天订购家庭代餐，并在接孩子或完成锻炼时领取。这一创新的送餐服务为顾客提供了便利，使他们能够在忙碌的生活中享受到美味健康的餐食。

（1）a2　组织的文化。

兰克公司以其为顾客营造的历史氛围和为员工打造的家庭文化而自豪。欧文一直热衷于社区服务和历史的保护，他是休斯敦城市历史保护协会的创始成员之一。为社区提供服务是兰克公司的一个重要特点，如本章1.2c所述，该公司设计了一些深入社区的项目。这包括支持当地的食品库和“送餐上门”服务，捐赠节日餐食，雇佣发育障碍者和残疾退伍军人。此外，兰克公司还与当地社区大学合作，帮助孩子们养成健康饮食习惯，并为大学生和兰克公司未来的员工提供培训机会。这些举措和其他的社区活动使兰克公司成为一个积极、负责任的社区成员。

2010年，随着第二家餐厅开业，兰克公司正式地确立了它的愿景、使命和价值观。具体如表5–1所示。

这些愿景、使命和价值观体现了组织的重心和它对未来的独特设想，为所有员工提供了决策的基础，协助他们明确方向。这些信息与所有新员工共享，并在每月的会议上进行评估，张贴在员工区域，并印刷在餐厅菜单和宣传资料上。

表 5–1　　兰克公司的愿景、使命和价值观

愿景：以出色的食物和独特的用餐体验，成为地区十佳餐饮体验提供商之一	
使命：兰克是顾客的终极餐饮体验。聚焦于美味食物、历史氛围、优质服务，以及员工的职业成长，致力于成为个人、家庭和企业的“用餐首选”。通过服务与保护地标建筑，屹立于社区发展的历史长河之中	
价值观：	
•卓越的服务和以顾客为中心	•团队合作的家庭文化
•独具特色的食物	•员工发展
•促进健康的生活方式	•社区富庶
•道德、诚实和正直	•历史传统保护
	•享受快乐

(1) a3　员工概况。

作为一家家族拥有和经营的企业，兰克公司以其餐厅和员工为骄傲。许多员工都是在企业中逐渐成长起来的，从小时工开始，然后晋升为受薪员工。其中，山姆和戴碧从16岁开始就在这里工作。

目前，兰克公司拥有212名员工，其中包括47名全职员工、102名兼职员工和63名随叫随到的员工。尽管餐饮业的人员流动率较高，但兰克公司的员工稳定性很高，超过33%的员工已经工作了超过10年，19%的员工工作了超过5年，12%的员工工作时间在2—5年，其余36%的员工主要是学生或刚毕业的毕业生。

员工群体反映了餐厅周边社区的多元化特性。表5-2对员工的类别和类型进行了详细划分，依据职位和身份、性别、种族（民族）多样性、年龄多样性和教育水平进行分类。

为了确保员工专注于自身的核心竞争力，我们聘请了合同工来处理厨房卫生、餐厅清洁、信息技术和设施设备维护等工作。所有现场合同员工都将接受培训，内容涵盖公司的历史、愿景、使命和价值观。

健康和安全标准参见表5-16。议价单位不包括雇员或合同工。

表 5-2　员工概况统计

	兰克公司	行业平均水平
管理人员（月薪制）	7%（14）	3%
服务员（招待）（时薪制）	43%（92）	50%
厨师（时薪制）	25%（52）	23%
厨房工作人员	6%（12）	7%
碗碟收拾工	6%（13）	5%
调酒师（时薪制）	8%（17）	4%
后勤人员（月薪制）	6%（12）	8%
全职工	22%	20%
兼职工（随叫随到人员）	78%	80%
男性	42%	45%
女性	58%	55%
白人	24%	德州为53%

续表

	兰克公司	行业平均水平
西班牙裔人	49%	德州为32%
非洲裔美国人	23%	德州为12%
其他种族	4%	德州为3%
大于40岁	7%	5%
31—40岁	24%	20%
21—30岁	40%	30%
小于21岁	29%	45%
本科或本科以上	21%	18%
大专	27%	20%
高中	34%	50%
高中以下	18%	12%

（1）a4　主要技术、设备和设施。

兰克公司在休斯敦和德州各有一家餐厅。休斯敦的餐厅设有38桌，可容纳192人，而德州的餐厅则有43桌，可容纳218人。两家餐厅均配备了一间可容纳35人的休息室。平均每家餐厅的客流量在175—200人。此外，公司的管理、营销、会计、信息技术、运输和仓储部门都位于一座独立的总部大楼内，这座大楼位于历史悠久的铁路塔楼内，距离休斯敦餐厅仅一个街区之遥。

兰克公司的设备包括传统的微波炉、对流烤箱、步入式冷库和冰箱、保温台，以及各种用于商业（餐馆）食品准备的器具。在非高峰时段，餐饮和送餐服务会使用这些厨房设备。此外，公司还租用卡车以确保预制食品的安全运输。送餐服务部门还配备了特定的食品安全储存容器，这些容器保存在合作伙伴的地点，以确保食品在送到分销商时仍保持适当的温度。

兰克公司的IT基础设施主要依赖于名为Foodtrak的POS系统，该系统广泛应用于餐饮业。该系统提供了预订和订单处理、库存管理、顾客信息管理、菜单工程、操作测量和分析、时间（出勤）跟踪、调度、数据管理和仓储等功能。在对高质量发展成熟度奖获得者进行基准访问后，我们进一步扩展了该系统的功能，使其能够跟踪顾客信息，从而为顾客提供更加个性化的用餐体验。

(1) a5　法律（监管）环境。

如表5-3所示，德州的餐饮业在许多法规和要求以及食品安全的行业标准下运营。

表 5-3　**监管环境**

要求	监管机构	过程	测量	目标
食品安全法规	TDH、HDH、GDH、HACCP	食品处理程序、检查、培训	违规行为	0
废物消除	EPA	废物处理程序	违规行为	0
地区法规	城市	建筑安全程序、内部审计	调查结果	0
许可证发放	ATF、城市	库存程序、报告程序、作业指导书	认可	全部
财务	IRS	会计程序、审计和报告程序	调查结果	0
与员工相关的法规（FMLA、ERISA、ADA、OSHA、FLSA、EEOC等）	联邦政府	人力资源程序、定期的内部文件审计、自我报告	调查结果或违规行为	0
安全	OSHA	安全培训、检查、监视措施	事故	0

(1) b　组织的关系

(1) b1　组织结构和治理体系。

2000年，兰克公司正式注册成立为一家小型企业公司。起初，公司的董事会由欧文、欧文的妻子（不参与经营）、山姆·杜德利和弗兰克·芬得里四人组成。2010年，戴碧·杜德利也加入了董事会。此外，为了确保公司的长期指导和监督，还成立了一个由代表各种急需的专业技术的商业领袖组成的外部咨询委员会。这两个委员会的存在，为兰克公司提供了稳定的管理和指导。为了确保财务的透明度和准确性，公司实行了外部财务监督，每月向两个委员会提供最新信息，并由咨询委员会负责进行年度财务审计。

在日常业务运营中，兰克公司的组织报告结构明确了各级员工及其家属的责任。同时，公司还建立了内部控制制度，以确保各级员工都能履行其职责，并防止任何潜在的风险和不当行为。

(1) b2　关键顾客和利益相关者群体。

关键的顾客群体包括个人和家庭顾客、企业，以及游客。通过行业研究和顾客反馈，兰克公司识别并优先考虑所有顾客的关键需求，不论其属于哪个细分市场，这些需求包括：

①可靠性：可靠而准确地交付承诺服务的能力。

②响应性：乐于帮助顾客并提供及时的服务。

③保证性：与博学、有礼的人员合作，并有能力传达信任和信心。

④移情性：为每位顾客提供关怀和个性化关注的能力。

⑤有形性：有吸引力的设施，清洁，高质量的设备和有效的沟通材料。

⑥价格公道而独具特色的食物：美味的饭菜，丰富的菜单选择，诱人的展示，丰盛的分量，有竞争力的价格。

⑦令人难忘的用餐体验：有感染力的气氛、体贴周到的服务和优质食物的结合。

每个不同的顾客群体都有额外的、特定的需求。表5-4显示了顾客群体组和这些额外需求。

其他涉众组包括监管机构（见表5-3），其总体需求和期望包括遵从性、可访问性和透明度。

所有者是兰克公司的重要利益相关者群体，他们的需求在公司的价值观中得到了体现。社区也是兰克公司的重要利益相关者，其要求主要体现在参与、责任和领导等方面。至于供应商和合作伙伴这一利益相关者群体，他们的要求在表5-5中详细列出。

表 5-4　顾客细分和顾客要求

顾客群	销售额（%）	要求
按照组织划分		
当地家庭	25	对儿童友好、实惠、快捷的服务、健康的菜单选项、等待时间短、被看作“常客”
当地企业	40	对企业有利、群体对待、等待时间短、被看作“常客”
游客	35	有趣的体验、提供旅游纪念品
根据家庭状况划分，不包括企业顾客		
有孩子的家庭	15	对儿童友好、实惠、健康的菜单选项、快捷的服务、等待时间短
夫妻两人	15	等待时间短、气氛、安静、美酒
独自一人	30	等待时间短、多种葡萄酒和啤酒选择
根据服务划分		
常规用餐	33	被看作“常客”
活动用餐	20	特殊的努力

续表

顾客群	销售额（%）	要求
根据服务划分		
一次性用餐	30	特殊的努力
外卖	10	准时、食物的温度、便于订购
餐饮服务	7	菜单选项、准时、食物温度、便于订购
交付给分销商	0	准时、食物的温度、便于订购

表 5-5　供应商（合作伙伴）的类型和要求

供应商（合作伙伴）	兰克公司的要求	供应商（合作伙伴）的要求
TexRest 采购集团——当地的食品、饮料和餐饮用品	互动、新鲜的食品、成本、可用性、准时、圆满的交付	明确的要求、遵守政策、按时付款、经常沟通
Geekhead 信息系统——Web 开发、Foodtrak 和 IT 支持	知识、灵活性、反应性、准确性、及时性、可用性	明确的要求、经常沟通、按时付款
德州维护系统——清洁和卫生	完成工作、符合监管要求、实用、准时到达	明确的要求、遵守政策、经常沟通、按时付款
促销专家——形象开发、广告和市场促销	灵活性、反应性、创造性、广泛的途径	明确的要求、经常沟通、及时调整方案
人力资源解决方案公司——人力资源的招聘和满意度调查	有效的方法、可衡量的结果、准确的结果、适应要求、	明确的要求、遵守政策、经常沟通、按时付款
保安系统公司——现场安全服务	灵活性、反应性、敏锐地出现	明确的要求、遵守政策、按时付款
当地的社区大学——在校大学生和员工的培训计划	健全的教育计划、学生的支持	可用性、可靠性、明确的要求、经常沟通
日间托儿所和体育馆交付合作伙伴——分销渠道	及时分发、顾客满意、对文化的敏感性	良好的信誉、按时交货、顾客满意

（1）b3　供应商和分销商的作用。

供应商在为顾客创造难忘的用餐体验中扮演着至关重要的角色。兰克公司的销售成本，即购买用品的资金，大约占总销售额的30%。为了确保食材的高质量和新鲜度，当地餐馆采购联盟负责协调食品、饮料和餐馆用品的重要供应商。此外，通过与这家联营公司合作，兰克公司还能以较低的价格获得其他服务，如员工的健康医疗保险。

在价值创造过程中，兰克公司还与IT服务和托管服务的供应商合作。通过利用这些供应商，公司的员工能够更高效地工作，从而将更多资源集中在核心竞争力上。此外，兰克公司还与一些关键支持流程的供应商合作，包括一家保安公司、一家广告公司和一家人力资源（HR）服务组织。这家人力资源服务组织协助完成一些人力资源职能，而其他支持流程则由公司内部自行管理。这些主要供应商及其要求已在表5–5中详细列出。

兰克公司与每个供应商建立并维护开放的合作关系，以确保快速且频繁的沟通。这种合作关系建立在相互信任的基础上，并旨在实现共同的改进目标。只要有可能，供应商都会参与过程改进工作，包括创新和持续改进过程。通过这种合作方式，兰克公司能够更好地利用供应商的专业知识和资源，共同提升业务效率和顾客满意度。

在兰克公司的业务中，最重要的分销商类型（见表5–5）包括休斯敦餐厅半径30英里内的某些日托所和健身房。这些分销商与兰克公司合作，为顾客提供家庭代餐服务。这些合作伙伴在兰克公司的分销策略中占据着重要地位，为公司的产品和服务提供了更广泛的覆盖范围，同时也满足了顾客的多样化需求。

（1）b4　关键的供应商和顾客的合作伙伴关系。

关键伙伴关系如表5–5所示，其中详细展示了兰克公司与供应商（合作伙伴）之间的相互要求。

兰克公司与主要供应商之间的沟通机制主要包括日常的基于网络的食品库存和用品订购，以及每月与各级经理举行的会议，讨论供应商的绩效并明确期望。此外，公司还采用IT系统，使供应商能够通过特定的安全网络访问入口获取餐厅内部的库存情况，以便更好地管理库存水平并保持食材的新鲜度。

对于饭菜配送服务部而言，分销商与最终顾客之间有着直接的接触。这种接触有助于顾客挑选和订购所需的饭菜。为了确保有效的沟通，兰克公司与这些组织建立了多种沟通机制，包括面对面的亲身接触、每日的电话交流、传真和电子邮件。

在上述（1）b2中，详细描述了兰克公司与关键顾客之间的关系。为了维护这些关系，公司采用了多种沟通机制。其中包括顾客反馈渠道，如直邮、焦点小组、调查、电话讨论以及兰克公司的官方网站。此外，为了策划活动和进行评估，公司还会与顾客举行一对一的会议。

（2）组织挑战

（2）a　竞争环境

（2）a1　竞争地位

自2011年以来，餐饮业一直保持了连续13年的增长趋势。在兰克公司所在的区域，包括休斯敦和加尔维斯顿地区，存在超过10000家餐饮场所，这些都可以被视为其竞争对手。然而，兰克公司已经精准地将市场定位为满足家庭和商务用餐者对美食和非凡用餐体验的需求。在休斯敦和加尔维斯顿地区，兰克公司主要与35家特色餐厅（休斯敦）和20家特色餐厅（加尔维斯顿）展开直接竞争。值得注意的是，尽管兰克在这两个城市的餐厅都不是最大的餐厅，但在休斯敦的餐厅入座率排名第三，在加尔维斯顿更是排名第一。2014年，兰克公司的收入超过了590万美元，其中550万美元来自餐厅和外卖业务，另外40万美元则来自餐饮服务。

目前，兰克公司的餐饮服务仅在休斯敦地区提供。在休斯敦这个庞大的市场中，存在着7000家餐饮竞争对手。然而，其中只有10家像兰克公司一样提供正餐选择，而不仅是三明治和沙拉。尽管关于餐饮竞争对手的具体信息难以获取，但兰克公司似乎在特殊活动方面做得比任何竞争对手都要出色。

在休斯敦市场，兰克公司是唯一一家提供家庭代餐配送服务的餐饮企业。

(2) a2　竞争的成功因素

相对于竞争者，决定我们成功的主要因素有：

①知名度。

②价格公道。

③清新的菜单设计和创新设计。

④健康的菜单项。

⑤设施的有效利用。

⑥优质的服务。

⑦卓越的运营。

⑧社区参与。

(2) a3　比较数据

行业内，比较数据的主要来源包括：

①全国餐饮协会提供的行业绩效、人力资源绩效和财务绩效数据。全国餐饮协会为共享数据和信息提供了非正式的场所。

②来自供应商的顾客满意度调查结果。

③2014年度人力资源最佳实践报告。

④秘密食客协会第三方比较服务。

⑤来自其他餐厅就餐的员工用餐报告。

⑥共享成果和最佳实践的德州非正式的餐馆联盟（由欧文领导）。

⑦餐饮业的各种网站。

行业外，比较数据的主要来源包括：

①大卫和布拉德利提供的财务比较。

②人力资源解决方案公司提供的员工满意度结果。

③关于高质量发展成熟度奖获得者的文献并拜访他们。

④一般的商业和经济刊物。

(2)b 战略挑战

最大的运营、业务和人力资源战略挑战包括：

①产品和服务的不断扩张。

②竞争者的数量预计以5.2%的速度增加。

③与组织的预期增长相匹配的有技能、士气高昂的员工的可用性。

④顾客可支配收入的增加，以及顾客对方便化和社会化的要求。

⑤美国人品位的精致，体现在渴望更频繁地在餐厅用餐和频繁地更换菜单。

⑥顾客年龄特征的不断变化对偏好和购买行为的影响。

⑦更加关心食品安全、营养（例如，低碳和低脂肪餐饮）和健康问题，如肥胖。

⑧通过法规要求加强政府的影响，从而使成本增加。

兰克公司所面临的可持续性挑战包括以上的第③、⑤、⑦、⑧条。

(2)c 绩效改进系统

为了确保组织能够聚焦于绩效改进，包括组织学习，需要采取一种总体方法。这包括制定战略计划和实施系统的评价与改进方法。在本章2.1a中描述的年度战略规划过程，旨在定期评估公司的运营和方向，并为改进行动、活动和战略提供机会。平衡计分卡（scorecard）作为一种工具，被用于每周、每月和每年设定目标并监控进度。

组织学习和知识共享的总体方法依赖于系统的沟通活动和培训机制。为了促进工作开展和员工成长，交叉培训被广泛采用，并与轮岗任务相结合，为员工提供继任培训机会。

在全公司范围内，兰克采取多种方式共享知识和最佳实践。这些方式包括但不限于会议沟通、员工间的交流、公告板信息发布、参与跨餐厅和跨部门的团队，以及教练、指导和培训。此外，兰克还利用Foodtrak软件系统来维护组织的知识数据库。Foodtrak是一个专门用于收集和交流公司信息的系统，通过这个系统，可以收集关于整个公司运营的功能、系统的关键变更以及项目关键学习成果的信息。

通过实施监测措施，组织在评审期间评估和分析数据，随后与员工分享评审结果（见本章4.2b）。此外，组织还开展年度高质量发展成熟度自我评估活动，定期评估流程和方法的有效性。当发现改进机会时，组织积极寻求标杆学习，制订行动计划，并组建过程改进小组。这些小组采用DINERS过程改进方法（见图5–7）实施改进措施。

1　领导与治理

1.1　治理体系

1.1a　宗旨与核心价值观

兰克的高层管理团队包括主席（首席执行官）、首席财务官、餐厅主管、餐饮主管、卓越商务主管、高级厨师、两家饭店的前台经理和咨询委员会成员。自2005年起，随着咨询委员会的加入，兰克公司正式确定了自身的愿景、使命和价值观［见组织概要的（1）a2部分］。这些愿景、使命和价值观是由公司主席（首席执行官）发起，通过共识的方式，并得到高层领导团队其他成员的认同。根据本章2.1所述，愿景、使命和价值观每年都会在战略规划过程中进行评估，并纳入战略矩阵（见表5–1）。虽然这些愿景、使命和价值观始终是组织的核心指导原则，但它们并非一成不变。例如，2005年，为了应对新兴的健康生活方式消费趋势，兰克公司新增了“促进健康的生活方式”这一价值观。此外，尽管遵守道德一直被视为公司的核心价值观之一，但2008年兰克公司还是决定将道德、诚实和正直纳入组织的正式价值观。

1.1b　发展方向

高层领导采取了多种措施来推广和部署组织的愿景、使命和价值观，这些措施不仅包括图5–2中兰克公司沟通流程，也包括本章2.1中提到的战略规划过程。兰克的领导团队由除咨询委员会外的所有高层领导团队成员组成。2011年，领导团队创建了一个战略矩阵（见表5-9和表5-10），旨在确保组织的愿景、使命和价值观在员工、关键供应商、合作伙伴和顾客之间得到协调一致的推广。这个战略矩阵将愿景、使命、价值观、竞争的成功因素［见组织概要（2）a2］、战略挑战［见组织概要（2）b］、目标、行动计划和关键措施紧密地联系在一起。所有员工都必须对战略矩阵进行复习，他们的个人评价与发展计划也与战略矩阵挂钩。最终，每个员工都能深入理解组织的愿景、使命和价值观，明确自己在确保组织持续发展中的角色和贡献。

该战略矩阵的特定部分还会与关键供应商和合作伙伴共享，其中一些合作伙伴还参与了战略矩阵的开发过程。鉴于竞争者数量日益增多，兰克公司更加重视与供应商和合作伙伴建立紧密的关系，以获取竞争优势。与所有潜在合作伙伴和供应商的首次会议通常以详细的一对一讨论开始，重点探讨每个组织的价值观、期望和战略方向。显然，相互支持彼此的方向和价值观是建立成功合作关系的关键，也是与兰克开展业务的前提条件。

兰克公司将愿景、使命和价值观印在菜单上，并发布在网站上，供顾客了解。起初，这主要作为一种与所有顾客和潜在顾客沟通的机制。不过，这也凸显了兰克公司在历史保护方面所做的努力。2006年，休斯敦地区一位知名企业的首席执行官注意到了兰克在历史保护领域的贡献，并对兰克将历史保护作为组织使命的做法深感钦佩。这位首席执行官与兰克的领导团队合作，为HMHPA设立了额外的基金，如本章1.2c所述。

高层领导通过他们的个人行为表明了对组织价值观的承诺，这些行为包括在价值观和相关期望方面的沟通、强化和树立榜样。在日常工作中，高层领导和员工的决策都与组织的愿景和价值观保持一致。例如，尽管医疗保健成本不断上涨，且行业普遍不为兼职员工提供医疗保健福利，但兰克公司仍决定为所有兼职员工提供打折的医疗保健选项，以体现其“团队合作的家庭文化”价值观。

为了进一步强化价值观和相关期望，并促进内部沟通，兰克领导团队的每位成员每周至少要花费10%—20%的时间在餐厅或餐饮服务岗位上工作。他们会在各种职位（如服务员、货车司机、配菜厨师）中和员工一起工作，以更好地了解员工、发挥模范作用，并了解员工的观点。如本章5.1c所述，兰克还为所有潜在员工提供了一份名为“潜在员工指南”的提纲，其中列出了公司的价值观和高层对员工的期望。这样有助于合适的潜在员工自行做出选择。一旦被录用，员工（包括全职、兼职、随叫随到的）需要接受一名高层领导团队成员负责的半天指导。在这个指导中，会深入讨论与兰克的价值观及其相关期望有关的员工责任。公司的价值观主要张贴在接待区、工作点以及餐厅的菜单上。此外，在每月的全员会议上，会有一位员工主持讨论，探讨一条或多条价值观，以及如何在整个组织中更好地落实这些价值观。

1.1c　内部环境

如1.1b所述，高层领导利用沟通过程（见图5–5）、相关政策和程序以及角色榜样来确保持续、一致的双向沟通。沟通过程提供了一种系统化的方法，让全公司都能讨论关键信息。这有助于确保所有员工都能清楚了解组织内部的沟通类型。此外，高层领导在从事饭店服务和供餐服务期间，不断强调关键信息并接收员工的直接反馈，从而进一步强化了沟通的效果。

——沟通愿景、使命、价值观要求

如表5–6所示，许多例行的规定日程的会议提供了一个有效的沟通工具，这有助于进一步强化组织的价值观、方向、绩效预期和对员工的激励。公开的沟通文化有助于建立强烈的信任感。会议和交叉培训的机会鼓励组织内所有层级的坦诚和双向沟通。每天的在线会议特别用于公开、坦诚地讨论事件及其根本原因。即使高层领导不在饭店工作，公司的门户开放政策仍然为员工提供了一个提出意见和担忧的渠道。

表 5–6　例行评审安排

会议	频度	参与者	主题
在线	每次轮值	轮值经理和列入进度表的雇员	工作分配，菜单项，关键焦点冲刺，培训进度，小组领导确定的服务员绩效主题
菜单设计（再次工程化）	每日（每周）	餐厅管理小组	菜单计划，菜单盈利能力，菜单项放置，特定菜单项的可用性
员工	每周	所有经理	计划的进度，行动项的评审，计分卡评审，顾客投诉
小组领导	每月	所有小组领导	绩效测量，顾客反馈，共享最佳经验
所有雇员	每月	所有领导和雇员	计划的进展，价值观讨论，雇员鼓励，新雇员介绍，课程学习，开放论坛，计分卡的绩效，培训进展，顾客投诉
执行评审	每月	高层领导、咨询委员会、关键供货商	计划的进展，计分卡评审，必要的科目修正
战略计划	每年	高层领导、咨询委员会、关键供货商	战略方向的开发和高层次行动计划及测量

培养和激励员工的主观能动性，主要通过公开、诚实的沟通，以及奖励和认可员工

对组织的贡献来实现。工作系统的设计是为了让决策能够在较低的组织层级进行，这有助于培养员工的自主性和责任感。明确的行为和绩效预期（见本章5.2a 和 5.1b）有助于员工明确了解组织的期望。同时，高层领导通过教育和树立榜样，在奖励和鼓励员工方面发挥了积极作用。全体员工大会是表达和传递鼓励的主要平台，但现场的非正式鼓励也对高绩效和以顾客和经营为中心的工作理念起到了强化作用。

为了促进活性化，兰克公司在过程管理中采用了团队领导的方法。团队领导是从团队成员中选出，负责管理整个过程和职能。在团队领导的指导下，各个团队制定每日和每周的工作计划。这样既满足了公司的要求，也考虑了员工的需求，确保工作日程的合理安排。团队能够灵活调整工作计划，以应对工作负荷的变化，从而在保持高服务水平的同时有效控制成本。

此外，为了确保顾客获得愉快的用餐体验，所有员工都明白他们肩负着顾客满意度的责任。作为“顾客至上”培训的一部分，员工们接受了培训，通过Voices系统（见本章3.1）来识别潜在的顾客不满，以便在顾客抱怨之前采取措施。每当遇到问题或抱怨，发现问题的员工有责任将其记录到Foodtrak（FDT）服务过程恢复系统（见本章4.3a1），以便识别并解决系统中的问题。

自1945年以来，哈里斯堡站一直是一家由家族拥有和经营的小企业。该组织的高层领导从过去的经验中吸取教训，制定了确保组织持续发展和繁荣的战略。为了实现可持续性，他们采取了三个层面的措施。首先，高层领导为组织设定了明确的愿景和方向，为所有员工提供了一个决策的基础。其次，组织重视坚定的过程导向，通过标准化方法确保结果的一致性。最后，通过建立测量系统和评审体系（见本章4.1），将绩效责任感融入组织中，从而加强了绩效改进的环境。

> ——创建改进、创新与可持续经营的组织

高层领导通过战略计划过程（见本章2.1a）、战略矩阵（见表5-9和表5-10）以及战略部署过程（见本章2.2a），确保组织的愿景、使命、价值观、竞争成功因素［见组织概要（2）a2］、战略挑战［见组织概要（2）b］、行动计划、关键措施和目标保持一致，从而顺利实现战略目标。此外，他们还利用实时和正式的关键绩效指标评审（见表5-6），以便及时针对意外经营状况作出决策。

公司还积极鼓励员工提出创新方法，以改进组织的工作方式。每月的全员会议、每日在线讨论和每月团队领导会议为员工提供了一个交流创意的平台。例如，一名员工提议在桌子旁边表演一些小魔术来逗乐孩子们。经过讨论，大家一致赞同这个想法。此外，只要员工提前提交创意，并得到其他员工的认可，认为这些创意不仅适合某个特定顾客，还能让周围顾客感到惊喜和愉悦，这些创意就会被采纳。因此，现在招聘新员工时，会询问他们有哪些独特的或特殊的才能，希望他们能够将这些才能融入工作中。

公司鼓励员工在各个领域寻求改进。通过营造“团队合作的家庭文化”氛围，公司欢迎所有员工提出改进建议。提出建议的员工会在每日在线讨论和全员会议上受到表彰，并随时更新建议的后续情况。此外，交叉培训和兰克公司每月让员工在其他领域工作一天的政策也有助于培养员工的开放思维。

创新的鼓励不仅限于公司内部。兰克公司对卓越绩效高质量发展成熟度评价准则的承诺是另一个重要手段。高层领导团队中有一位成员是高质量发展成熟度国家质量奖计划的评审员，另外两名成员则是LSQA的评审员。这种参与不仅推动了组织内部的改进，还从其他行业汲取了新的创新思维。

员工的发展和职业成长是兰克公司使命和价值观的核心部分。公司采取多种方式促进员工学习和组织学习。通过安排员工每月在其他领域工作一天，兰克不仅加深了员工对其他领域工作的理解，还加强了各工作领域之间的沟通交流。作为对员工发展的承诺，公司鼓励员工追求在餐饮业（酒店业）的职业发展，并为他们在这一领域的深造提供支持。

高层领导亲自参与继任计划和培养未来的组织领导者。他们通过与员工合作，发现并培养潜在的人才。为了正式发展领导技能，他们制定了个人的评价和发展计划，采用教练制和师徒制的方式培养高潜力的未来领导者。此外，他们还会在每月的行政总结会上讨论未来的领导问题，以确保组织的顺利发展。

1.1d　治理结构

兰克是一家封闭型的小型企业，股权由杜德利和范德利家族成员持有。为了获取关于组织领导和治理方面的建议与反馈，兰克建立了一个外部咨询委员会，该委员会由本社区内一些知名的商业领袖组成。咨询委员会成员的任期为3年，每年更换1/3的成员。这种方式既能维持一定的连续性，又能鼓励新的、潜在的创新理念。选择委员会成员有两个主要准则。第一，他们必须能够适应并支持组织的价值体系。预期的成员需要与整个高层领导团队进行会谈，其中讨论兰克的价值观是主要议题。第二，他们必须具备与现有高层领导团队互补的技能。例如，最近加入委员会的是休斯敦一家知名律师事务所的负责人，该律师擅长公司规约和2012年的《萨班斯–奥克斯利法案》。咨询委员会积极参与领导会议和战略计划活动，他们向高层领导团队提供关于经营风格和行动方面的客观反馈。一旦被选为委员会成员，他们必须与兰克公司签订保密和非竞争协议。这一过程确保了兰克公司的高层领导在与委员会讨论机密信息时，不会使组织面临风险。

通过与咨询委员会和员工共享战略计划过程、战略矩阵（见表5–9和表5–10）以及关键绩效指标，兰克公司确保了运营的透明性。此外，财务审计结果也与委员会共享，以确保信息的完整性和准确性。

尽管兰克公司是一家家族企业，但它为了推动长期和道德的发展，选择利用外部独立的审计机构进行公司的年度财务审计。对组织行动的管理责任与财务真实性密切相关，因此由财务审计来评估和判定。此外，根据新加入的咨询委员会委员的建议，公司正在逐步实现《萨班斯–奥克斯利法案》的规约要求，从而在公司内部建立问责理念。兰克公司正在积极推进这一过程。

此外，作为组织学习的机会以及推动财务和管理责任与运营透明性的工具，餐厅的Front of House（FoH）经理每月与其他餐厅进行互评。这包括使用检查表进行的安全性、职业健康安全管理（OSHA）符合程度、清洁度和整体观感的评估。之后，经理们会召开会议评审损益报告。这个过程促进了不同部门间共享理念和最佳实践经验。财务数据每月从财务部门汇总，经过CFO的评审后，在高层行政评审会上进行讨论。

1.2 社会责任

1.2a 守法崇德

兰克公司最近将“道德、诚实和正直”纳入其价值观中，并将其作为一项不可妥协的雇佣要求。高层领导不断利用多种方式来推动和要求营造一个守法和遵守道德的环境，包括图5–5中的沟通流程、相关政策和程序，以及树立良好的榜样。在入职培训期间，每位员工都必须接受道德培训，其中涉及敏感问题的角色扮演，例如，如何妥善处理顾客的信用卡信息。培训结束时，所有员工都必须签署兰克的道德政策声明。每位员工都清楚地知道，任何违反道德政策的行为或不举报其他员工的违规行为都将导致其立即停职。此外，公司还会向所有供应商和合作伙伴提供道德政策的副本，并要求他们举报任何可疑的违规行为。高层领导团队会对所有涉及供应商和合作伙伴的道德违规报告进行调查。违反道德是终止供应商合作关系的充分理由。2008年，兰克终止了与一家提供伪造分析报告认证文件的肉类供应商的合作。

如本章1.2a所述，道德行为不仅是个人价值观的体现，也是企业就业的基本条件。然而，近年来，餐饮业中出现了一些涉及员工盗用顾客身份和滥用信用卡的负面事件，引起了公众的广泛关注。为了维护良好的道德风尚，兰克公司明确告知所有员工，如果他们在工作中遇到任何道德行为问题，都应立即向上级或相关部门反映。为了进一步加强员工的道德意识，兰克公司每年都会组织全面的道德培训。这些培训不仅涉及理论知识的传授，还包括敏感情境的角色扮演，使员工能够更好地理解和应对实际工作中可能遇到的道德问题。在培训中，兰克公司强调了道德行为的重要性，并明确指出，遵守道德不仅是责任，更是对个人品质的坚守。通过这样的培训，员工不仅了解了道德规范的具体要求，还深刻理解了道德行为对于企业形象和自身职业发展的重要性。

兰克公司通过多种方式来衡量道德行为的实践程度，其中包括对顾客、员工、合作伙伴（供应商）进行年度调查。在每次调查中，都会提出与道德相关的特定问题，以便收集受访者对道德行为的态度和观察。除了正式的调查方式外，兰克公司还注重通过非正式渠道收集信息。咨询委员会为高层领导提供了关于道德行为的实时反馈，这种反馈既可以是正式的，作为年度360度反馈过程的一部分，也可以是非正式的，以便提供更直接和及时的意见。此外，兰克公司还设定了其他测量指标来评估道德行为的执行情况。这些指标包括违规行为的数量、因违反道德规范而终止雇佣的员工数量以及由于盗窃导致的库存短缺数量。

与规章遵从性问题一样，兰克公司也高度重视处理具体遵守道德的关键过程。这些过程被整合到组织的价值创造过程和支持过程中，以确保报告的遵从性和准确性。培训在提高员工的道德意识方面发挥着重要作用。通过培训，员工不仅了解了道德规范的具体要求，还深刻理解了道德行为对于企业形象和自身职业发展的重要性。这种道德意识的培养有助于防止不道德行为的发生。此外，兰克公司的高层领导和咨询委员会在处理可能的违反道德行为方面也发挥了关键作用。他们负责调查、采取适当的措施，并坚决不容忍任何不遵守道德的行为。

1.2b 绿色环保

兰克公司领导意识到环境保护日益成为强制性的要求和社会责任，虽然公司的业务不属于高污染的行业，但是也开始按照环境保护的要求，寻找公司经营中可能发生环境污染的领域，并作出规定，例如，餐饮机具维修废油、肥料的收集和处理必须尽可能减少影响；经营过程尽可能减少能源消耗；加强废水管理和再利用等。同时，开始参加社区的环保宣传和活动，提供捐款，在各个餐厅通过标识、标语倡导环境保护，加强全体人员的环境保护意识等。

绿色生活正在成为时尚，公司领导开始了解关于绿色、低碳的政策和倡议，学习绿色生产、绿色生活的知识，探讨如何开展绿色餐饮服务的思路和方法。目前，主要是在成本可控的情况下，使用绿色原材料，提供少量绿色食物和套餐等，还没有制定技术应用与改进计划，增加新的预算开展绿色生产活动。

1.2c 协调共享

——识别并防止不利影响

正如表5–3所示，兰克公司受到一系列法律和规章的约束。为了合法经营，兰克公司从休斯敦和加尔维斯顿健康和人类服务部（HHS）获得了经营许可证。公司的目标是在这个领域中不存在任何违规行为，无论是严重的、重要的还是一般的，并且在过去的7年中，公司已经达到了这个目标。此外，促进健康的生活方式也是公司的核心价值观之一，这一价值观得到了严格的遵守。为了改善室内空气质量，兰克公司与德州卫生部合作开展了一项倡议。尽管休斯敦是一个没有禁烟令的大城市之一，公司的CFO仍然与当地的女议员密切合作，协助制定和推动相关立法。为了向顾客和员工提供一个安全的空气环境，并应对可能的立法改革，兰克餐厅于2013年决定成为无吸烟场所，这一举措并未给企业带来不利影响。

为了预防传染病的传播，兰克公司非常重视食品安全，并为新入职的食品服务员提供安全食品操作技术培训。这项培训每年9月进行，恰好与国家食品安全教育月相吻合。两地的餐厅经理都是经过认证的食品安全培训师，他们不仅具备丰富的专业知识，还积极推动食品安全文化的普及。正如表5–3所示，兰克公司设立了一个关键合规指标的目标：无事故或违规事项。这充分体现了公司对食品安全的重视程度。除此之外，所有的经理，包括领班经理，都已完成了HHS提供的食品服务经理认证。两地餐厅的厨师长更是获得了国家烹饪协会的厨师长认证。这些认证在很大程度上涉及了卫生和监管要求，进一步确保了食品的安全与卫生。

兰克公司致力于在多个层面上预测和应对公众关注的问题。在本地层面，高层领导积极参与休斯敦大都会餐馆协会、加尔维斯顿沿海饭店协会和国家餐饮协会的活动，与行业内的其他领导者保持紧密的联系。首席执行官也是本地商会的一员，通过这一渠道获取有关行业的最新动态和未来发展趋势的信息。此外，餐厅经理服务于休斯敦和加尔维斯顿城HHS顾问委员会，与政府部门保持沟通，及时了解公众对当前和计划中的企业运营的看法和预期。这些信息对于兰克公司的战略计划至关重要，有助于公司主动应对潜在的问题和挑战。除了上述资源，兰克公司还通过其他途径获取信息，如顾问委员会、顾客和社区调查等。这些信息不仅有助于了解市场需求和顾客期望，还能为公司的战略决策提供有力支持。通过多渠道的信息收集和分析，兰克公司能够更好地预测和应对公众关注的问题，从而确保企业的可持续发展。

例如，正如组织概要（2）b所提到的，政府通过法令调整产生的影响日益增强，这是公司面临的一项战略挑战。在2009年的战略计划会议上，兰克公司认识到HACCP（危害分析和关键控制点）的潜在影响。HACCP是美国食品和药品管理局指定的一种方法，用于确保从原材料到加工和消费的整个过程中的食品安全。因此，兰克公司在该规划会议上决定实施HACCP的关键要素，以应对未来的法规变化，并进一步确保顾客的食品安全。

在解决与产品、服务和运营相关的监管问题和风险方面，兰克公司采取了一系列关键措施和目标。这些措施和目标在表5-3中进行了详细说明。为了确保遵从性和前瞻性，兰克公司将处理特定风险的过程与关键价值创造和支持的过程进行了整合。通过这种方式，兰克公司能够更好地应对监管挑战和风险，确保业务运营的合规性和稳定性。

鉴于兰克公司是一家小企业，公司选择重点支持两个关键社区：加尔维斯顿城和休斯敦。此外，根据组织的能力、价值观和社区的需求，公司还确定了5个重点关注领域（见表5-7）。这些领域最初是在战略计划工作中确定的，并且每年都会进行评审以确保其适宜性。

——支持社区

表 5-7 关键的社区支持领域

关键支持领域	价值	详见图（表）号
支持不幸者	社区富庶	图5-56和图5-57
支持残联者	社区富庶，员工发展	图5-58
支持员工在客服行业发展	员工发展	图5-59
推进健康生活方式	促进健康生活方式	图5-57
保存和支持社区历史	社区富庶，遗存保护	表5-23

为了支持这些社区领域，兰克高层领导和员工积极参与：

- 年度休斯敦餐厅周活动；
- 年度加尔维斯顿城食品共享节；
- 为无家可归者准备的感恩节和圣诞节大餐；
- 休斯敦食品基金；
- 雇佣残障人员；
- 当地社区大学的厨师节；
- 在菜单上提供营养信息和心脏保健信息；
- 休斯敦和加尔维斯顿历史遗存保护协会。

除了与员工一起做志愿者外，兰克公司的高层领导还积极参与多个社区机构的董事会工作。这些机构包括休斯敦和加尔维斯顿食品基金、历史保护协会和地区商会。

1.3 执行力、绩效与应变

1.3a 执行力

表5-6展示了用于评估组织绩效的一系列常规评审。在这些评审中，绩效是根据关键指标计分卡来评价的。这个计分卡来源于战略计划和战略矩阵（见表5-9和表5-10），并与它们紧密相连。这为实现组织目标、改进绩效和达成愿景提供了一个行动导向的框架。计分卡包括行动计划的进展情况和运营数据，高层领导每天都会对这些信息进行评估。计分卡会在每周的员工会议和每月的高层行政会议上进行评审，并在外部或内部定位发生变化时，对战略矩阵和计分卡进行相应的调整，以确保方向的一致性。在每月的评审中，针对任何未达到预期绩效的领域，都会制定相应的行动计划。

“就餐者”改进过程为高层领导提供了一种将组织聚焦于绩效改进的机制。每年，“就餐者”团队都会对关键的组织过程进行评审，以识别改进的机会和测量系统的有效性。“就餐者”团队得到了高层领导的全力支持，并接受他们的评审和指导。

由于评审工作以计分卡上的绩效为重心，而计分卡又与战略矩阵紧密相关，高层领导可以在组织绩效期望中，实现顾客和其他利益相关者价值的平衡。公司通过分析并关联长期和短期计划、相关测量指标以及预期结果，确保优先事项和资源的协调一致。此外，公司还利用计分卡和战略矩阵来关联和校准所有员工的个人发展计划（IRDP），使所有员工都能明确自己在处理组织优先事项中的角色。关键的供应商和合作伙伴参与年度战略计划会议，并出席月度的高层行政评审，从而加强了他们对优先事项的配合和支持。

1.3b 绩效

——绩效分析与评审

表5–6展示了定期用于组织绩效评估的评审的一系列内容。组织中各个层次的瀑布式评审集合确保员工能够获取用于其绩效改进和运营理解的信息。例如，在日常的菜单设计会议上，行政官和FoH经理使用来自FTD的关于特定菜单项的绩效数据来进行决策制定，例如，菜单项盈利能力、菜单项的放置，以及特定菜单项基于要素可用性和可能的要求的可用性。由于菜单是每日打印的，餐厅在快速应对顾客口味的改变和关键要素的可用性上具有很大的灵活性。

在数据评审过程中，应用多种分析方法来为制定合适的决策提供信息。这些分析不仅用于整合和修正声音数据（见本章3.1a），还包括修正分析、定性数据分析（使用Pareto图）、散点图（用于理解顾客需求中重要性和满意度的关系）、鱼骨图（用于分析顾客不满意的根本原因）以及其他DINERS小组在评估绩效和识别改进领域时采用的方法。

在制订战略计划时，修正技术和频度分布图可以帮助兰克更好地理解环境数据以及通过SWOT分析识别的问题，如本章2.1a所述。传统的趋势和比较分析也被用于了解兰克在市场中的当前地位。FTD系统为这些分析工具提供了便利的使用方式。由于行业中存在许多POS系统的计算机技术伪造情况，餐厅倾向于在总体管理和日常业务运营中使用更成熟的分析技术。

表5-6所示的评审为企业提供了对其是否达到目标的充分评估，从而使高层领导能够评审组织的成功。在这些评审期间，高层领导评估战略目标和行动计划的进展，并将组织绩效与竞争对手或标杆企业的绩效进行比较。每个测度的标杆绩效水平都会包含在计分卡中，以提供快速参考。

评审设计用于提供针对运营环境的状态和变化的常规评估。例如，在最近一次评审中，发现顾客投诉数量持续保持在低于300的目标值以下。然而，等待座位的时间虽然仍低于6分钟的目标值，但正在不断增长。由于上座率为84%，每座位毛利为1.31万美元，这意味着基本没有改进空间。因此，对餐桌配置进行了重新设计，以为顾客提供更多的灵活性。

为了对评审中确定的重点调整和其他输出进行适当的调整和部署，高层领导会对战略矩阵和计分卡进行相应的调整。这些调整随后会在日常会议和周会上，以瀑布式的方式同步传达给各级领导和员工。

在表5-6所示的每次评审中，通过制定行动项目、行动计划或DINERS团队问题来解决绩效差距或变化问题。由于度量系统与组织方向一致，这些活动可以轻松转化为优先事项。计分卡与战略矩阵（见表5-9和表5-10）相关联并派生，因此与组织优先级保持一致。所有IRDP都从这些文档中导出并关联，确保了在整个组织中进行部署。此外，由于计分卡的绩效在月度全员会议中得到评审，所有员工对重点安排保持警觉。关键供应商和合作伙伴参与年度战略计划会议并出席月度执行评审，帮助他们与兰克的优先安排保持一致并提供支持。

——将评审发现转化为改进优先事项

在对计划进度进行评审时，高层领导在必要时会重新分配资源。例如，在最近一次评审中，发现德州灯塔守护者餐厅的备餐区域重新设计工作落后于计划。该项目的目标是提供一个“开放式厨房”，这是一个由参与交叉培训的雇员提出的建议。由于新布局的规划旨在实质性地节省成本并增加业务量，DINERS小组确认了该项目将超期的事实，并从哈里斯堡站餐厅临时调来两名雇员，以确保项目按时完成。

大部分数据通过手持无线设备和其他终端实时传达给所有员工，包括服务员、厨房工作人员和经理。汇总结果，包括最新趋势，在在线会议、例行员工会议和全员会议上的讨论，并以图标形式在公告板上展示。会议中涉及的分析结果通过沟通流程继续同步部署（见图5–5）。

1.3c 应变

兰克公司每年通过DINERS方法，将倾听和学习方法以及顾客关系过程（见本章3.3）纳入评估和改进流程。针对特定的倾听和学习或顾客关系过程的设计需求，将由战略规划团队和DINERS小组共同确定并进行改进。这些年度改进循环和高质量发展成熟度自我评价反馈为倾听和学习方法提供了宝贵的提炼和优化机会。

改进过程节省（见图5–51）是每年使用DINERS改进过程的团队节省的成本百分比。兰克将改进过程节省作为一项关键绩效指标，并与标杆进行比较。标杆通常是同行业中的最佳实践或优秀企业，如最近的服务业高质量发展成熟度奖获得者。

在新员工入职培训期间，与他们详细讨论了紧急出口和疏散流程，以确保他们了解在紧急情况下的行动方案。此外，为了加强员工的应急意识和准备，我们还会定期与所有员工一起审查这些疏散流程，如每月举行火灾、恶劣天气和疏散演习。使每个员工在面对突发事件时，能够有序迅速响应。

2 战略

2.1 战略制定

2.1a 战略策划

在战略规划过程中，主要的参与者包括董事会和高级领导团队（见图5–1）。此外，关键供应商也会参加战略研讨会的首日会议，就各自领域的主要趋势向兰克公司提供建议。在必要的情况下，公司还会邀请顾客及相关领域的专家来提供特定的信息。

年度战略计划过程是山姆于2000年提出的，这是一个旨在明确公司未来发展方向和目标的重要过程。在早期的战略讨论会中，该过程通过SWOT分析，即对公司的优势（strengths）、劣势（weaknesses）、机会（opportunities）和威胁（threats）进行全面评估，从而为以下四个核心问题提供了明确的答案。

- 我们现在在哪儿？

•我们想去哪儿?

•我们如何到那儿?

•我们该做什么?

经过多年的发展，战略规划过程已经涵盖了更多关键的步骤，如图5-1所示。尽管过程变得更加复杂和全面，但其核心仍然关注那四个基本问题：

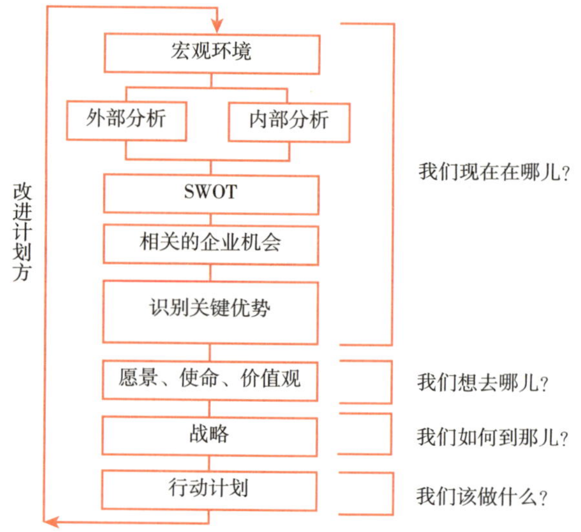

图5-1 战略策划过程

战略规划过程的持续进化与修订是年度战略计划过程回顾的核心部分。例如，2011年，公司引入了战略矩阵，旨在确保公司的愿景、使命和价值观与战略目标以及短期和长期的行动计划保持一致。随后，在戴碧·杜德利成为LSQA检查员后，战略矩阵进一步得到了完善，增加了关键成功因素和利益相关者的考量。如今，该矩阵已经发展成为一个结构化的工具，使任何查看矩阵的人都能轻松地将自己的目标与行动计划与公司的愿景、使命和价值观对齐。为了与时俱进，战略矩阵最近又进行了一次改进，融入了A—D—L—I（方法—展开—学习—整合）的思想，并进一步明确了其与战略计划的关联。

在年度战略规划回顾的前三天，领导团队的成员积极收集并分析他们所负责的信息（见表5-8）。这些信息来源于整个组织，目的是确保高层领导能够做出基于全面信息的决策。数据按照本章1.3b所述的方法进行分析，以深入了解各种趋势、相互关系和根本原因。这种分析是SWOT（优势、劣势、机会、威胁、趋势）分析的一部分，旨在明确公司的优势、劣势、机会和威胁，以及市场和行业的发展趋势。此外，领导团队的每个成员都是《卓越绩效准则》中某一类目的倡导者。他们运用《卓越绩效准则》作为评价工具，以识别组织在实现卓越绩效方面的改进机会。

表 5–8　　年度战略计划中的相关责任

关键因素	负责人	数据来源
优势、劣势、机会、威胁	董事会主席、戴碧·杜德利	高质量发展成熟度奖自我评审、FDT 报告、行业对比数据、非正式联盟、一般新闻和出版物、每月董事会会议、高质量发展成熟度奖获得者的信息
顾客和市场需要	山姆·杜德利	FDT 报告、行业出版物、顾客满意度调查、行业协会会员资格、行业网站、员工就餐报告、非正式饭店联盟、秘密就餐协会、商会、顾问委员会
竞争环境	CEO、顾问委员会	同上、休斯敦大都会商业团体
技术	山姆·杜德利	行业MIS行政研究团队、公开文献、卖方文献、商业杂志、非正式联盟
人力资源需要	董事会主席、戴碧·杜德利	员工满意度报告、行业比较数据、2014年人员报告、FDT 报告
财务及其他风险	CFO	会计体系、大卫和布拉德利报告、非正式饭店联盟、NRA比较信息
社会风险、合规风险、道德风险	CEO	休斯敦和加尔维斯顿大都会沿海饭店协会、行业报告、商会、卫生部检验与审核报告、HHS顾问委员会、行业网站
可持续性和经营可连接性	戴碧·杜德利	来自高质量发展成熟度奖获得者的信息、行业和企业报告、技术发布者出版物、经营连续性讨论会
经济变化	CEO	休斯敦大都会企业集团、企业出版物、联邦储备委员会的褐皮书
独特的因素	上述所有人	晚餐送货服务合作伙伴关系——商会、电话目录通信机制——所有以前列出的来源［如在组织概要（1）b2 和本章3.1中］

在战略计划回顾的第一天，我们首先会对各个数据所有者所做的分析结果进行评审，以更全面地了解组织当前所处的外部和内部环境状态。作为评审工作的一部分，每位高层领导团队成员需要回答以下问题：

- 与公司目标和行业标杆相比，去年兰克公司做得如何？
- 如果目标已达到，是否应该设定更高目标？

- 如果目标没有达成，为什么没有？
- 如果想改进，公司需要做什么？

在过去的几年里，公司通过进行SWOT分析，成功地识别出与持续扩张战略目标相关的几个关键机会，并积极利用这些机会进行了改进和创新。这些机会为公司带来了新的服务，进一步扩大了市场份额，并提高了顾客满意度。其中，哈里斯堡站提供餐饮和外卖餐服务的改进是一个典型的例子，另一个重要的机会是在2014年第四季度启动的家庭代餐送餐服务。

在战略计划回顾的第二天和第三天，我们集中评审组织的愿景、使命、价值观以及未来五年的战略方向。这些核心要素是我们的战略规划的基础，因此，我们需要确保它们仍然与组织的战略目标保持一致，并在必要时进行适当的修订。在第三天结束时，我们完成了战略矩阵的制定（见表 5-9 和 表5-10）。

战略规划过程的目标是通过在适当的时候纳入各类参与者（如供应商、合作伙伴、顾问委员会成员和社区成员），帮助识别盲点。这样做是为了确保高层领导能够从不同的角度获得观点，并收集到对公司成功有重大影响的领域的信息。要识别盲点，另一种有效的方法是引入来自不同领域的多方意见。这不仅为高层领导提供了可能未曾考虑过的观点，还揭示了那些通常不受高层领导关注的重要信息。

兰克公司的短期计划周期为一年，而长期计划周期为五年。尽管行业标准的长期计划周期为三年，但兰克公司在历史保护工作上至少需要五年的规划窗口。这些不同的时间范围已在公司的战略矩阵中明确列出。

兰克公司在评估其执行战略计划的能力时，不仅考虑过去的业绩和关键因素，还注重未来的战略规划。此外，如表5-10所示，兰克公司通过设定临时里程碑来确保组织在实现长期目标的正确轨道上。这些里程碑在短期目标和长期目标之间起到桥梁作用，帮助组织逐步实现其长期目标。

2.1b 战略创新

战略矩阵（见表5-9和表5-10）详细说明了兰克的战略目标、短期和长期行动计划是如何与其愿景、使命、价值观、关键成功因素、利益相关者和战略挑战相互关联的。每个关键成功因素都与兰克的一个或多个价值观、利益相关者、战略挑战、战略目标、长期行动计划、短期（2015年）行动计划、关键措施和目标相联系。这种关联确保了战略与组织面临的关键挑战保持一致，同时平衡了短期和长期的机会，以及满足利益相关方的需求。

兰克使用战略矩阵中的关键指标构建计分卡，该计分卡由Foodtrak实时更新。每月执行评审会议上会进行计分卡评审，讨论外部环境和内部绩效，并根据需要调整战略矩阵。

表 5-9　　公司战略矩阵（A—D—L—I）部分

A阶段	愿景：以出色的食物和独特的用餐体验，成为地区十佳餐饮体验提供商之一						
	使命：兰克是顾客的终极餐饮体验。聚焦于美味食物、历史氛围、优质服务，以及员工的职业成长，致力于成为个人、家庭以及企业的“用餐首选”。通过服务与保护地标建筑，屹立于社区发展的历史长河之中						
	KSF、竞争成功因素［见组织概要（2）a］	新鲜菜单设计、健康菜单品目	知名度、货币价值	有效利用设施设备	一流服务	运营卓越	社区参与
	价值观	特殊的食物、创新和活力、促进健康生活方式	特殊的食物、创新和活力、欢乐	创新和活力、保护历史遗存	服务卓越和以顾客为关注焦点、员工发展、尚德、诚实和正直、团队式工作的家庭文化、欢乐	服务卓越和以顾客为关注焦点	社区丰富化、保护历史遗存、促进健康生活方式
	利益相关方	O、E、C、S、P、M	O、E、C、S	O、E、S、P	O、E、C	O、E、C	O、E、M
	战略挑战	全部	全部	全部	1、2、3	2、3、4、8	1、2、3
	战略目标	2. 提升产品（服务）绩效	1. 保持“饭店之选”的地位	3. 维持财务绩效	4. 成为最佳雇主	5. 通过价值创造过程和支持过程增强运营有效性	6. 持续的社区参与计划
D阶段	长期行动计划	持续坚持	监视顾客满意度（顾客保留率）	创造性地利用设施设备	增强员工忠诚度、家庭文化和团队式工作	精练为顾客创造价值的过程	• 辅助无家可归者 • 支持身体（精神）障碍者 • 职业发展 • 健康生活方式

续表

D阶段	短　期（2005年）行动计划	扩大HMR、配餐、外卖服务	利用技术改进顾客服务	• 改进停车设备使用 • 在灯塔守护者店建立开放厨房	• 提高员工满意度 • 提供尚德指导 • 开展礼品店人才招聘培训 • 举行生日庆祝会	• 精练过程 • 改进顾客服务（接触培训） • 由社区院校学生进行预审核	• 捐助节目宴会 • 雇用身体（精神）障碍者 • 推动未来饭店老板开设校园餐厅 • 进行财务审计
L阶段	由于表格空间限制，战略矩阵的“学习（L）”部分见表5-10						
I阶段	经营结果	产品和服务结果	以顾客为中心的结果	财务和市场结果	人力资源结果	组织有效性结果	领导和社会责任结果

注：利益相关者代号：O=所有者、E=员工、C=顾客、S=供应商、P=合作伙伴、M=社区。

相关战略挑战代号：1=持续扩张、2=不断升级的竞争、3=技能熟练并积极的员工的可用性、4=可支配收入增加、需要便利和社会化的消费者、5=消费者的口味日益复杂化、6=适龄消费人口的变化 、7=在健康和营养方面高度的兴趣、8=政府的影响日益增强。

表 5–10　　　　战略矩阵（L 部分）

				目标						图（表）号
	KSF	关键测量指标	竞争对手绩效预测（2020年）	2015年	2016年	2017年	2018年	2019年	2020年	
L	新菜单设计（品目）	订座等待时间（分）	6	5	4	4	4	4	3	图5-8
		订单准确率（%）	94	96	97	98	98	98	98	图5-10
		退订率（%）	2.25	1.9	1.8	1.8	1.8	1.7	1.7	图5-11
		交货及时性（%）	93（准时率）	95	96	97	98	98	98	图5-12
	知名度（价值）	总体顾客满意度（%）	96	96.5	96.5	96.5	97	97	98	图5-16
		抱怨和退餐损失	300/$10K	290/$9K	290/$9K	290/$9K	280/$8K	280/$8K	270/$7K	图5-19
		顾客保留率（%）	85	87	90	90	90	90	90	图5-20
	设施有效利用	每座毛利润（美元）	13000	13250	13300	13350	13400	13450	13500	图5-22
		所有者权益回报（%）	5—6（小饭店平均值）	9	9	9.5	9.5	10	10	图5-23
		流动比率	2	2	2	2	2	2	2	图5-24

续表

	KSF	关键测量指标	竞争对手绩效预测（2020年）	目标						图（表）号
				2015年	2016年	2017年	2018年	2019年	2020年	
L	设施有效利用	入座率（%）	90	85	86	87	88	89	90	图5-27
		新服务增长率（%）	15	15	15	15	15	15	15	图5-28
	主管服务	内部提升服务（%）	50	50	55	55	55	60	60	图5-29
		招聘周期时间	2周（兼职）、4周（工薪）	2/4	2/4	1.5/4	1.5/4	1.5/4	1.5/4	图5-30
		总员工流动率（%）	70	70	70	65	65	60	60	图5-31
		IRDPs达标（%）	90	90	92	93	94	95	95	图5-33
		兼职员工交叉培训（%）	100（在两个职位）	100	100	100	100	100	100	图5-35
		员工满意度（%）	80	78	78	79	79	80	80	表5-22
	运营卓越	员工年收入（千美元）	40	40	42.5	43	43.5	44	44.5	图5-38
		直接成本（%）	65	64.5	65	65.5	66	66	66.5	图5-40
		新菜单品目绩效	600	600	600	625	625	630	640	图5-42
		预审核得分（%）	95	96	97	98	98	99	100	图5-45
		主管绩效（%）	100	100	100	100	100	100	100	图5-48
		改进过程节省率（%）	2	1.6	1.7	1.8	1.9	2.0	2.0	图5-51
	社区改进	财务审计发现	0	0	0	0	0	0	0	图5-54
		正餐捐助次数	300	300	300	300	300	300	300	图5-56
		雇用残障人数	20	25	27	29	31	33	35	图5-58
		载入好客计划次数	9	10	10	10	12	12	15	图5-59

2.1c　战略思维

兰克在短期和长期规划时间范围内的主要业绩预测、2020年主要竞争对手的业绩预测和业绩目标均在战略矩阵（见表5-10）中有所展示。与此同时，过去的绩效结果也在第6章类目7中进行了归纳和呈现。

兰克公司是休斯敦和加尔维斯顿地区少数几家参与卓越绩效改进的餐厅之一，这使公司有信心在未来3—5年内大幅超越其竞争对手。针对当前与竞争对手存在的差距，兰克公司的就餐者团队已经在创新和方向上付出了努力，以缩小这些差距。

2.1d 核心竞争力

高层领导团队中的每位成员都负责一个或多个关键因素。为了更好地制定战略计划，董事会和高层领导团队成员需要收集和分析过去几年的全部数据。这些数据会在年度战略计划讨论会和月度会议上进行展示和讨论。以2009年的情况为例，山姆·杜德利发现，通过分析宴会的规模并重新配置相应的桌子设置，一家餐厅可以实现超过90%的入座率。对从Foodtrak收集的数据进一步分析表明，两家餐厅在午餐和晚餐的聚会规模上存在差异：在哈里斯堡站餐厅，4人、6人或8人的午餐和晚餐聚会更为常见；在德州光之守护者餐厅，4人一起享用午餐以及2人或4人一起享用晚餐的情况更为普遍。最初，两家餐厅的餐桌都是为5人设计的。2010年，为了更好地满足顾客的需求，两家餐厅决定投资购买新桌子，这些新桌子可以容纳2人、4人或6人同时用餐。进一步的数据收集和分析表明，这一调整使兰克公司的入座率比全国平均水平高出4%。

为了提升组织执行战略计划的能力，领导者需要确保每个批准的行动计划都得到适当的资源和支持。为此，每一项行动计划和战略都应指派一名高级领导作为倡导者，负责提供必要的资源，并密切关注战略计划执行过程中关键因素的进展情况。

如果这些关键因素中的任何一个在一年内发生变化，并且分析显示出了负面的趋势，负责该因素的人员将在预定的执行评审会议上向领导团队和董事会进行报告。在面对商业环境、市场条件、顾客需求或紧急情况等变化时，任何可能的中期调整都将以与年度战略规划相同的方式进行深入分析。这一过程确保了兰克公司的方法具有连续性，从而维持组织的长期发展。

2.1e 战略目标

主要战略目标和完成这些目标的时间表已明确列在战略矩阵中，如表5-9和表5-10所示。2005年，公司设定了以下重要的目标：

（1）通过开设当地社区大学的校园餐厅，并增加餐饮、外卖服务和晚餐外卖业务，实现新服务成果的年增长率达到15%，同时保持服务收入的稳定增长。

（2）通过采取一系列措施，包括利用技术提供更优质的顾客服务，将顾客满意率提升至96.5%，以满足顾客需求并保持顾客忠诚度。

（3）通过更有效地利用设施资源，提高入座率至85%，以优化资源利用并提高盈利能力。

2.2　战略部署

2.2a　行动计划制定和展开

在年度战略计划回顾中，领导团队确保每个关键成功因素与关键利益相关者、相关战略挑战以及组织价值观保持一致。针对每个关键成功因素，设定一个或多个战略目标，并制定相应的绩效衡量标准。行动计划的制定是通过明确完成特定战略所需的具体行动或任务来实现的。这些具体行动明确了执行人员、任务内容、时间安排和实施方式。公司在战略制定过程中对行动计划进行评审和批准。

行动计划通过有效的沟通在整个组织内进行部署，并向供应商和合作伙伴传达（见图5–5）。此外，兰克采用级联部署方法来处理具体的短期行动计划。在此方法中，各部门创建支持组织方向的行动计划，然后员工制定个人行动计划以支持其所在部门。这些个人行动计划被纳入员工的IRDP中，以确保始终关注组织的总体战略目标。

在兰克公司的战略矩阵中（见表5–9），包含长期和短期行动计划。2015年，公司产品、服务、顾客和市场经历了若干重大变化：

——关键的短期和长期行动计划

（1）利用社区大学学生资源进行预审计，以支持我们应对州和地方审计的准备工作计划。

（2）在校园内开设餐厅，作为我们在社区大学培训计划的一个重要组成部分。

（3）开发餐送服务HMR项目。

（4）扩大备餐服务、外卖和半私用宴会厅服务。

（5）更高效地利用两个经营地区的停车设施。

（6）在德州之光守护者餐厅，设计开放式厨房。

（7）在两家餐厅都开设礼品店。

人力资源计划已纳入整体战略目标，战略目标之一——成为最佳雇主——与兰克公司的人力资源有特别的关系。表5-11展示了公司的大部分短期行动计划和相关的人力资源计划。战略矩阵则阐明了短期行动计划与长期行动计划及战略目标之间的关联。

——关键人力资源计划

表 5-11　短期行动计划和相关的人力资源计划

行动计划	人力资源计划
利用技术手段增加顾客满意度	•团队领导——接受绩效测量培训 •所有人——接受 FDT 培训 •销售商——向经理和团队领导提供技术变革培训
扩展HMR、备餐服务和外卖服务	•备餐、HMR和外卖服务培训
创造性地利用设施设备	•男服务员泊车培训
提供道德指导	•指导培训 •道德培训
改进顾客服务	•服务挽救过程培训（评审）
雇佣残障人员	•所有人——接受多样性培训（与身边行为能力不健全的人一起工作）
开设礼品店	•雇佣和培训提供零售（服务）的员工
提供领导力培训	•被选择的员工将学习并参与战略计划过程 •管理团队——接受高质量发展成熟度奖培训

兰克运用战略矩阵（见表5-9和表5-10）将关键绩效指标与短期和长期行动计划、战略目标、战略挑战、利益相关者、关键成功因素以及其愿景、使命和价值观紧密结合。在每周和每月的执行评审会议上，兰克会评审正在进行的措施和活动，评估行动计划的进展情况。在这些会议中，领导团队会根据战略矩阵中列出的年度目标来衡量进度，同时考虑预算差异（如适用）。如果行动计划似乎进展缓慢，团队会进行根本原因分析，并根据需要调整目标和预算，以确保顺利实现战略目标。

——关键绩效测量指标

为了确保行动计划能够满足所有干系人的需求，兰克使用关键干系人作为协调点。此外，兰克还将战略矩阵部署到组织内的所有部门和餐厅，以确保关键部署区域得到充分的关注和覆盖。

在领导团队制定长期行动计划的同时，团队成员也负责制定和部署短期计划，并将其传达给组织内的所有员工。短期计划应与既定目标保持一致。表5–12列出了负责每个项目结果类别的个人或团队。

表 5–12　　结果类目的所有者

执行人员	结果类目
山姆·杜德利	以顾客为中心的结果
厨师长（经理）	产品和服务结果
CFO	财务和市场结果
BE主席	人力资源结果
山姆·杜德利	组织有效性结果
CEO和戴碧·杜德利	领导、社会责任结果

在很多情况下，行动计划的制定和实施需要协调多人的行动。此前，山姆已经将总体顾客满意度与员工对Foodtrak系统的了解和使用联系起来（见图5–16）。他利用有效的沟通（见图5–5），并与BE总监密切合作，确保所有员工都能熟练使用FDT系统，并认识到更好地使用该系统与提高顾客满意度是紧密相关的。目前，FDT系统的知识已经被纳入所有员工的个人发展计划（IRDP）中。

行动计划所引起的关键变化将按照本章1.3c所述进行评审。此外，兰克公司利用DINER改进流程（见本章6.1b）来系统化各个流程，并确保关键变更得以持续实施。结果所有者负责将相关信息输入Foodtrak知识库中，并利用沟通流程通知员工有关变更。BE总监根据需要适当调整培训内容。

这是一个关于兰克公司如何保持行动计划结果与公司战略一致性的实例。2009年，一位首席财务官读到一篇文章，了解到一家全球性公司会储备下一年的工资。他向领导团队提出了这个想法，并得到了团队的支持，认为这与公司的家庭文化价值观、团队合作和社区充实一致。然而，考虑到兰克公司规模相对较小，董事会认为更为现实的做法是储备三个月的薪金和工资，以确保在经济衰退期间能够履行工资支付义务。随着时间的推移，公司会将净利润的一部分添加到这个储备基金中。这个储备账户的价值在2011年9月11日的灾难以及随后出现的经济衰退中得到了体现。在顾客信心尚未恢复之际，兰克公司能够确保员工获得全额工资。储备账户的资金在公司财政拨款中占据了非常重要的地位。

2.2b 行动计划调整

如前所述，为应对商业环境、市场条件、顾客需求或紧急情况的变化，我们需要制定或修改行动计划。如果情况发生变化，需要调整、终止或创建新的行动计划，我们将在战略矩阵中进行相应的修订，并在需要时在计分卡中添加适当的度量标准，以跟踪计划的执行情况。我们将通过在线会议或全体员工会议通知员工有关变更，并在适当情况下协助员工修改他们的个人发展计划（IRDP）。

3 顾客

3.1 顾客期望

3.1a 倾听顾客声音

根据组织概要（1）b2所述，餐厅、餐饮和送餐顾客有一些共同的需求，包括可靠性（可靠性和精确性）、响应速度（时效性和帮助程度）、保证性（知识、信任和信心）、同理心（个体关怀和关注）、设备（清洁程度和外观）、价格（有竞争性的价格）和印象深刻的用餐体验。除此之外，还有其他一些特定需求是针对不同顾客群体的（见表5-4）。这些需求是通过系统化的倾听和学习方法来收集的，主要针对潜在顾客（包括竞争对手的顾客）、当前顾客和过去顾客。

兰克采用的“声音系统”是一个专门设计的工具，旨在提供一套可测量的设备系统，用于确定顾客的期望和喜好。这套系统在2007年设计出来，它从四个方向收集知识，从而提供对顾客需求的完整360度分析。这四个方向包括：行业和市场的经验（经验之声）、顾客的声音（顾客之声）、员工的观点（员工之声）和服务交付过程数据（过程之声）。这种多元化的知识组合方式为兰克提供了全面而平衡的视角，帮助其了解顾客认为重要的因素。此外，声音系统还被用于从各个用餐体验阶段收集信息，为兰克提供更加深入的顾客洞察（见表5-13）。

表 5–13　　声音系统：贯穿顾客用餐体验的倾听和学习方法

语音来源	在用餐体验之前（频度）	在用餐体验期间（频度）	在用餐体验之后（频度）
经验之声	• 行业出版物（网页）(O) • 与行业专家联系（O） • 行业会议　（O） • 院校专家、咨询（O） • 秘密食客协会　(A) • 竞争对手的情况（A）	• 咨询委员会参观　(Q) • 餐厅所有者参观　(Q) • 行业与市场专家对我们设施的参观（O）	• 咨询委员会　(Q) • 本地协作活动（O） • 行业与市场专家（O） • 行业出版物　(M)
顾客之声	• 院校（行业）研究　(O) • 潜在顾客的询问（D） • 中介机构咨询　(D) • 顾客之家计划分析（D） • 网页点击、邮件（D） • 推荐来源　(D) • 本地市场焦点群体（Q） • 独立组织进行的本地市场调查（A）	• 接待服务员调查　(T) • "至杜德利" 表单（T） • FDT 登载　(T) • 即席跟踪顾客　(T) • 服务恢复问题　(S)	• 网站调查　(D) • 网站投诉邮件（D） • 24 小时内用个人电话投诉（D） • "至杜德利" 表单（D） • 所有者进行跟踪（W） • 30 天跟踪调查（Q） • 焦点群体　(Q) • 顾客满意度调查（A）
员工之声	员工输入： • 食品质量　(S) • 菜单设计及内容等（M） • 培训需求及实行（Q） • 鼓励和补助　(Q) • 招聘及雇佣过程（Q） • 服务改进　(Q) • 职位与过程设计（A）	• 顾客行为　(T) • 顾客评价　(T) • 顾客对于服务员问题的回答（T） • 厨师员工访问餐桌（S） • 轮值管理员访问餐桌（S） • 所有者访问餐桌　(S) • 服务员抱怨　(S)	• 服务员抱怨　(T) • 服务员会议　(W) • 厨房员工会议（W） • 月度轮值、本地管理者会议（M） • 内部员工满意度调查（A）
过程之声	• 顾客需求　(O) • 过程设计标准　(T) • 过程测量计划　(T) • 服务恢复过程　(S)	• 等待时间　(S) • 食品质量　(S) • 服务质量　(S) • 服务恢复过程　(S)	• 过程结果　(M) • 过程改进　(Q) • 知识共享　(Q) • 改进比率　(A) • 服务恢复过程　(S)

频度编码：Ongoing, Transaction, Shift, Daily, Weekly, Monthly, Quarterly, and Annually

"经验之声"主要涵盖了全年收集的行业、市场、竞争对手以及最佳实践或基准信息，这些信息用于跟踪外部条件的变化。兰克通过从学术和商业来源购买行业和市场研究，以广泛定义顾客需求并深入了解顾客购买决策的背后动机。这些研究结果被用于指导设计更具体的倾听和学习方法，以进一步了解兰克顾客的具体需求。高层领导通过 SWOT 分析，对这些数据进行了整合和分析，并利用分析结果制定战略决策。

"顾客之声"是兰克从顾客及分销商处收集的数据和信息，这些数据和信息通过多种方法在用餐体验之前、期间和之后进行收集。这些方法大多涉及在用餐体验的关键时刻与顾客进行双向沟通。由于不同顾客会提供不同类型的反馈，因此兰克采用了多种方法以确保能够从每个顾客细分群体中收集到有价值的信息。例如，家庭顾客更倾向于在订单传递过程中完成调查，而商业顾客则更倾向于在线完成调查。这些数据和信息被用于菜单设计、过程管理、实时输入、过程评估和服务交付过程的绩效改进（见本章6.1a）。

通过市场调查和满意度调查，兰克收集了有关非顾客（包括竞争对手的顾客）潜力的数据和信息。这些调查要求顾客将兰克的产品和服务与市场上知名的同类最佳竞争对手的餐厅进行比较。为了验证调查结果，兰克还采用了其他几种方法，如市场调查、焦点小组讨论、对竞争对手能力的观察以及“秘密食客计划”和咨询委员会的反馈。

“员工之声”指的是根据观察技术从员工那里收集到的信息，这些观察技术被整合到员工的工作描述和工作流中。员工经过相关培训，具备了特定的信息收集技能，包括观察、倾听以及主动向顾客询问关于产品和服务绩效的反馈。这些信息能够实时地或通过一系列跟踪来定位顾客期望。此外，兰克还会将员工的声音与顾客的声音联系起来，以提供关于满意度和额外要求的信息。例如，通过餐桌调查，并按时间、位置、服务员名称和顾客数据编订条码，可以获得顾客样本。员工评价同样会被扫描、编码并链接到具体事件，从而能够将员工的声音与顾客的反馈关联起来。这些结果被用于改进过程、产品和服务。

“过程之声”指的是用于确保服务过程符合标准的一系列过程测量结果，这些标准不仅满足顾客期望，还超越了顾客的期望。这些结果信息基于来自服务员和顾客的反馈进行校准，以确保一致性。例如，如果顾客对等待时间感到不满意，那么兰克会分析实际等待时间的长度，并评估当前绩效标准的适宜度，以确保服务过程的一致性和有效性。此外，“过程之声”的结果还提供了与顾客细分相关的特定信息。这些信息有助于兰克了解哪些顾客群体对不同的部分、食物温度、等待时间和联系频率有更高的满意度或更低的不满意度。

满意度调查是兰克用来收集顾客对餐厅各个方面的反馈的重要工具。在调查中，顾客被要求对每个因素的满意度和重要性进行评分。这些数据点可以在散点图上显示出来，以便分析重要性与满意度之间的关系。图5-2显示了样本需求的重要性和满意度之间的总体关系。这些数据还可以按因素编码，以便更具体地了解顾客的需求和期望。通过分析这些数据，兰克可以确定具体的改进机会，以提升顾客满意度和忠诚度，消除或防止不满意的情况。

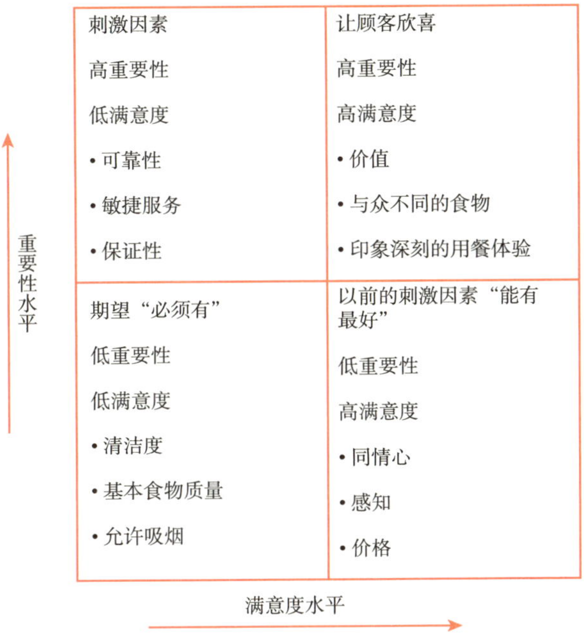

图 5-2　相关联的满意度和重要性水平

在顾客满意度分析中，有一些因素被视为重要，但顾客的满意度较低。这些因素可能不会让顾客感到满意，但如果缺失了，反而会导致顾客不满。然而，随着时间的推移，这些因素可能不再像最初那样重要，现在顾客对这些因素的满足程度要求不高，只要“有就好”。对于那些既重要又满意的因素，它们是真正能取悦顾客、提高顾客忠诚度并为企业提供可持续竞争优势的关键。这些因素的分析结果，不仅用于优化价值创造过程，确保服务符合顾客需求，从而增加顾客忠诚度和保留度。分析结果还会被用于职位设计和员工培训，确保员工能准确传递顾客所期望的服务。此外，基于这些分析结果，可以建立改进团队或制定改进行动计划。最后，分析结果还有助于评估满意度调查的绩效，确保其提供可靠和有效的数据。

针对不同的顾客群体，我们会采取多种方法和渠道来获取他们的反馈，确保我们的倾听和学习方式既恰当又得体。顾客可以根据自己的喜好选择合适的方式提供反馈，比如面对面的口头交流、多项选择题的回答、电话和书面调查、填写空白建议卡，或者通过电子邮件进行反馈。考虑到与顾客沟通的频率不同，我们的倾听和学习机制也会随之调整。对于现有顾客，我们会在他们用餐期间或之后立即进行调查，以便及时了解他们的需求和期望。而对于潜在顾客和竞争对手的顾客，我们会在季度和年度调查中，将他们作为重点群体进行调查，以便更好地了解他们的需求和期望。

通过声音系统收集的输入信息（见表5-13）涵盖了多种测量数据。例如，推荐人的数量能反映营销和销售的有效性。“我们一家人”项目的用餐频率则提供了顾客忠诚度和保留率的数据。此外，还有关于服务恢复过程的信息。这些信息在收集后，可用于验证调查结果、制定决策、识别商机、调整菜单内容、奖励员工以及设计沟通方式。每一条信息都会被整合，并在战略规划阶段得到应用，以确保我们始终紧贴顾客需求，并敏锐捕捉到顾客感知的变化（尤其是关于重要性的感知）。顾客对于供应餐食的感知信息，可用于调整菜单内容或确定餐食在菜单中的位置。我们将多个来源的绩效因素进行整合，以识别新过程的需求并改进现有流程（见本章6.1a和6.2a）。从倾听和学习中获得的知识也被纳入年度战略规划过程（见本章2.1a），从而影响高层领导的决策。通过持续的倾听与学习，我们不断适应时代的发展和变化，如本章3.1a。

在初始阶段，顾客输入主要来源于餐桌评价卡和手写便签。管理者通过这些信息识别顾客的满意度。随着信息使用和数据发展的演进，这些传统方法经过多次提炼和优化，并增加了新的方式来获取顾客的意见和建议。

每年，通过DINERS方法，将倾听和学习方法以及顾客关系过程（见本章3.3）纳入评估和改进流程。针对特定的倾听和学习或顾客关系过程的设计需求，将由战略规划团队和DINERS小组共同确定并进行改进。这些年度改进循环以及高质量发展成熟度自我评价反馈为倾听和学习方法提供了宝贵的提炼和优化机会。

例如，当前的满意度调查已从每年一次转变为整年持续进行。这一改进是通过将2013年在保健领域获得的一个地方质量奖作为基准来实现的。这不仅提高了效率，还改善了预防措施、响应速度、数据流转，并增强了员工对顾客相关信息的理解。另一个实例是最近的战略规划过程的结果。在这一过程中，我们运用多种声音评价方法来搜集关于战略挑战的各种数据和信息，包括由于便利性和社交媒体普及而不断变化的顾客需求、口感与饮食趋势，以及由于“美国老龄化”而逐渐转变的顾客喜好。

3.1b　顾客细分和价值载体

在餐饮行业，为了识别细分市场，需要对服务内容、服务地点和收费标准进行战略性选择。兰克选择以半休闲式牛排和海鲜餐为主打，定价在35—50美元，以此在市场中竞争。为了更好地满足顾客需求，兰克对顾客进行了细分，如表5-4所示。通过市场研究，兰克将产品（服务）的特性与顾客细分相匹配，从而确定了当前和未来的目标顾客群体（见本章2.1）。

3.2　顾客全心参与

3.2a　顾客体验与顾客支持

兰克在用餐体验的全过程中，采用了多种方法来确定顾客的满意程度。正如本章3.1a和表5-13中所述，餐厅作为一个提供服务和产品的场所，顾客在其中消费并享受服务。因此，顾客的满意度往往可以通过所提供的服务的质量来体现。为了更好地了解顾客的感受，兰克提供了多种沟通方式，以满足不同顾客的偏好。顾客可以轻松地表达他们的满意程度，无论是正面的还是负面的反馈，都可以提供给兰克。

兰克实施了多种顾客满意度调查，既有外部机构进行的调查，也有内部自行组织的调查。这些调查形式多样，包括多项选择题、填空表格、语音和在线调查等，使顾客能够灵活选择适合自己的方式参与。除了英语，我们还提供西班牙语作为沟通语言，以满足不同语言背景顾客的需求。此外，我们还特别考虑了特殊顾客群体的需求。对于视觉障碍的用户，我们提供盲文形式的调查；对于听力受损的用户，我们提供TTY系统访问方式。为了方便儿童参与，我们使用“笑脸”图标来表示不同的高兴程度，使儿童也能轻松表达他们的满意或不满意。针对“我们一家人”计划的顾客，我们提供WEB网页访问方式，让他们能够更加便捷地参与调查并提供反馈。同时，我们还通过季度新闻刊物和其他沟通信息要求顾客对一系列主题提供持续的意见和建议，以便我们更好地了解他们的需求和期望。

在兰克的实践中，口头询问、对话和调查表的填写都是关键的信息收集手段，这些方法帮助他们了解顾客的期望。此外，兰克还利用在重要性和满意度级别之间进行的相关性分析（见图5-2）来深入理解顾客的需求。兰克通过多种方法收集和分析顾客信息，以深入了解他们的需求和期望。这种方法使他们能够采取有效的行动来解决潜在问题，并努力超越顾客的期望。

服务修复过程（见图5-3）的核心目标是在顾客不满表现升级为投诉之前，及时发现并采取有效的解决方案。在服务业中，服务缺漏难以完全避免，但当缺漏出现时，及时的修正能够显著提高顾客忠诚度和正面推荐意愿。服务修复过程正是基于这一现象而设计的，旨在通过成功修复服务缺漏来提高顾客保留率和推荐率。要监测正面推荐的可能性，可以在合适的反馈机制中询问顾客：“组织会向亲朋好友推荐我们吗？”

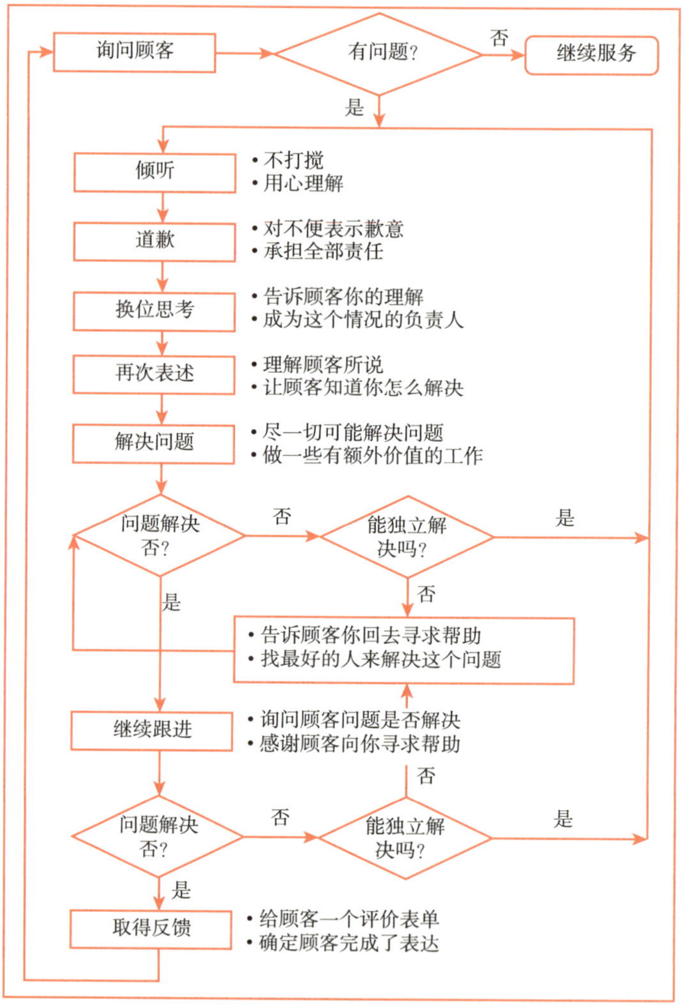

图5–3 服务修复过程

DINERS小组利用重要性和满意度的关联性，进行投诉要素分析，并跟踪趋势，以便调整新过程的设计，使其更符合顾客需求（见本章6.1a）。他们还实时管理过程绩效（见本章6.1a），并在评估周期中重新设计或改进过程（见本章6.1b）。

在声音系统中（见表5-13），大多数方法被用于获取即时反馈。这种反馈机制贯穿整个用餐体验过程，为所有员工提供了识别潜在不满并在其演变成投诉之前解决的机会。这种即时跟进顾客的设计旨在确保顾客关心的问题得到及时解决，并为兰克公司提供了一个机会，确保针对顾客关心的特定问题所采取的纠正措施是恰当的。所有相关行动都被记录在FDT系统中，以便后续学习和改进。此外，还有一个额外的跟进机制，即值班经理会打电话给顾客，核实关于投诉解决方案的反馈。

声音系统提供了多种访问机制，以便在用餐体验周期（见表5-13）中适应顾客不同的沟通方式偏好。这些机制包括面对面沟通、电话、网络、传真、邮件、调查和焦点小组访问。通过使用声音系统来跟踪和分析顾客满意度数据、沟通方式评价和投诉，我们可以确定最佳的沟通方法。此外，负责顾客沟通的员工还可以提供关于最佳经验、风格和频度的建议，为提高服务水平提供启示。这些输入信息也可以用于更新顾客沟通标准，如表5-14中所示的面对面沟通访问方式。

——优化顾客访问机制

表 5-14　顾客当面沟通标准示例

位置	沟通、质量和服务的标准
所有员工	对于见到的所有顾客都致以温馨问候。 询问“有什么需要我做的吗？”
招待员	在顾客问候你之前问候顾客。 不等顾客询问就确定其预定细节。 在顾客落座之前询问是否有特殊要求。 落座之前，询问以后是否还要预定。
吧台服务员	在提供酒水服务之前确认年龄。 在酒杯空之前检查并续满。 在续杯之前，询问顾客是否到量。
食品服务员	在顾客落座1分钟内呈上菜单。 立刻以100%符合要求的标准处理订单。 确定顾客期望的上餐时间。 提供续杯服务并留意额外的顾客需求。
厨师	每小时询问一个餐桌上的食品和服务情况。
经理	每小时询问三个餐桌上的食品和服务情况。 询问特殊需求、偏好等。

顾客沟通的一项重要要求是让员工主动询问顾客在之前的用餐服务中是否有任何未解决的问题，并验证顾客的持续满意度。例如，服务员可以询问顾客关于预定、接待和吧台服务的情况。员工会接受相关培训，以确保以一种不打扰、友好的方式进行询问，避免引起顾客的不满。

通过“未来的雇员指导”和“雇员手册”，我们向员工传达了沟通标准。员工在培训和日常在线会议中接受沟通技巧的培训，并在FDT系统中参与个体过程中。例如，FDT系统会每小时向厨师发送提示，询问他们是否至少访问了一个餐桌，以及访问的结果如何。

服务矫正过程（见图5-3）于2007年开发，旨在处理顾客投诉。该过程适用于所有职位的所有顾客沟通人员。它通过观察业内三个以卓越服务矫正结果而闻名的领先企业的最佳实践，并模仿其成功经验而设计。该过程的目标是确保餐饮行业最重要的利益点得到满足：第一时间获取顾客投诉并在现场或顾客离开之前解决问题。这有助于将顾客的不满降至最低，同时让顾客感受到餐厅为修复关系而给予的特殊关照，从而实质上促进回头客业务的发展。这个过程适用于顾客体验的所有阶段，无论是电话、信件、邮件，还是面对面沟通。每个部门都采用这种方法，包括外卖和DDSD。过程中设置了评审点，以确保所有投诉得到完全解决。所有正式投诉均由轮值经理负责跟进，通过电话或邮件确认投诉已得到解决。

——管理投诉过程

沟通标准和服务修正都是兰克卓越服务和顾客关注价值观的具体体现。这些方法从员工入职兰克的第一天就开始向他们传授。“未来的雇员指导”（见本章5.1c）阐述了这些价值观的重要性，并列出了顾客沟通的要求和服务修正的期望。在入职培训期间，员工会评审员工手册中有关于沟通要求和服务修正的章节，员工通过角色扮演来进一步强化这些标准。

在新员工上岗的第一周，他们会接受“顾客至上”的培训，其中包括关于沟通要求和服务修正过程的训练。在员工第一次与顾客沟通时，会对其进行指导和观察，以评估和提高他们的熟练度。此外，新员工在试用期内还会接受关于顾客沟通和服务修正的绩效评估，试用期结束后每年进行一次评估。良好的绩效是晋升为小组领导或经理的必要条件。所有负责顾客沟通的员工、小组领导和经理每年都会接受最新的培训，以保持对最新标准和要求的了解。

成功的服务修正工作在轮值员工会议或每周员工会议上受到表扬和肯定。表现出色的服务修正工作将得到奖励，并在会议上分享和庆祝，同时会在内部沟通材料中发布，以进一步强化服务文化。

通过服务修正过程收集的数据，会与其他反映顾客不满因素的数据——如负面评价、信件、电子邮件和调查中的低评级等——进行整合。由于所有调查方式都采用通用的评级范围，因此可以方便地对评级数据进行整合。评价和其他定性数据会根据主题进行分类和编码，以便使用帕累托图等工具来分析趋势。通过鱼骨图对主题进行深入评审，可以确定导致顾客不满的根本原因。散点图和相关性分析则用于将主题的频率数据与调查评级结果数据相关联。这些分析产生的结果对于识别趋势、原因和效果、市场和顾客细分的优先战略，以及顾客需求（见表5-4）至关重要。此外，这些结果还有助于评估倾听和学习方法的效力（见表5-14），确定如何更好地取悦顾客（见图5-2），完善顾客沟通标准（见表5-15），优化服务修正过程（见图5-3），以及改进满意度测量（见本章3.3a）和顾客保持率及忠诚度计划（见本章3.3）。如果趋势和分析显示供应商和分销商对顾客体验有显著影响，或者受到顾客体验的影响，那么他们也会被纳入DINERS小组中，以便共同协作改善顾客满意度和忠诚度。

3.2b　顾客满意与全心参与

每年，我们都会对调查手段的精确度、可靠性和正确性进行校对。对于由机构提供的调查，我们会由学院的专家对其可靠性统计情况和构成进行评审，并预测调查机构表述的正确性。这些信息用于改进调查问题、格式和数据集合。用于生成内部调查的软件虽然提供了统计的可靠性和正确性，但也需要由学院的专家进行评审。

——满意度测定保持最新

在顾客反馈方法中，区域管理小组每季度和每年都会对基于评价的数据进行整合，并根据“关键主题”进行排序。使用帕累托图来分析满意度测量中的改进机会，并确定优先级。此外，来自高质量发展成熟度评价过程的专家反馈为改进满意度测定方式提供了重要信息。

对于所有的满意度输入方法，高层领导每年会制定改进方向，以支持决策需求，并作为战略计划的一部分。在某些情况下，调查信息可能会进行更新，因为过程小组或DINERS小组需要特定数据来支持其决策。

兰克公司采用了一些方法来评估顾客的相对满意度，即与竞争对手相比的满意度。这些方法包括外部顾客满意度调查，这些调查由第三方机构进行，是比较数据的主要来源。此外，兰克还利用秘密食客协会提供的报告来获取有关每个参与调查的餐厅的服务绩效的详细信息。这些报告提供了关于食物和服务质量、及时性、价格、价值和便利度的相关信息。

——与竞争对手对比满意度并采取措施

在内部生成的报告中，邀请顾客对食品和服务质量、及时性、价格、价值和便利度进行评级，并回答他们是否倾向于再次在兰克餐厅用餐。此外，顾客还被邀请分享“过去一年中曾经用过餐的最好的另外一家餐厅”，这一信息对于兰克来说至关重要，因为它使公司能够针对每个主要竞争对手分析自身的竞争优势和劣势。

除了之前提到的调查和报告，兰克还从其他来源收集额外的满意度信息，包括本地发布的新闻和贸易杂志中一些食物评论家和记者的评估。这些本地市场数据，是对行业协会、行业网站、行业分析师、其他咨询师报告，以及标杆企业数据的有益补充。

3.3 顾客关系

在与顾客接触的每一个环节中，建立关系是至关重要的。这包括识别顾客对我们食品和饮料准备和服务的具体要求（见表5–16）。

——顾客关系构建

为了吸引顾客，兰克运用各种媒体手段来提升公众对其优质食品和服务的认知，以及兰克为社区所创造的价值。宣传机制包括电视、广播、杂志和网络广告，展示活动，持续的促销活动，以及积极参与社区活动。通过利用从声音系统中获取的关键数据和信息，媒体和促销信息能够精准地传达给目标顾客群体。

声音系统提供的数据和信息，有助于在高重要性、高满意度和忠诚度的领域建立顾客关系。以兰克为例，自2009年开始跟踪顾客回头率时，他们发现仅有65%—70%的“满意”顾客（评级为4，低于5）和超过90%的“非常满意”顾客（评级为5）会回头光顾。这一预测模型揭示了一个重要的趋势："非常满意"的顾客再次光顾的概率是"满意"顾客的3倍多。考虑到获取新顾客的成本高达51美元（基于当地行业标准），只有当顾客成为回头客（"常客"）时，企业才能真正实现盈利。

基于上述分析，2009年，最早的一个DINERS小组开始着手解决顾客保持率的问题，通过重新设计产品和服务，并实施了一项名为"我们一家人"的计划，旨在增加顾客用餐的频率。为了提高顾客忠诚度，他们推出了一系列激励措施，包括免费餐后甜点、两人同行一人免单、提前提醒特殊活动和新菜单项目。"我们一家人"计划的顾客可以收到感谢卡、生日和周年纪念卡以及"招待朋友"优惠券，这些措施有助于赢得顾客的推荐。此外，该计划的成员每推荐一个新顾客，还可以获得额外的奖励。当"我们一家人"成员进行预定时，在线预订系统会根据他们的个人喜好显示相关信息，包括停车、用餐时间、服务员、菜单项目、特价、饮料、支付方式和促销活动。系统还会显示该顾客的满意度级别、投诉记录、订单趋势和特殊需求（如招待残障人士、调节椅、高座椅、大字体菜单等）。在预定前1个小时或顾客到达时，这些信息会再次显示，以便接待员更好地了解并规划顾客的用餐体验。此外，"我们一家人"成员可以在现场或网页上更新他们的家庭情况和简介，以便更好地满足他们的个性化需求。

3.3a　关系管理（略）

3.3b　关系数据和信息开发（略）

> ——顾客关系保持

每年，他们都会使用本章6.1a所述的DINERS改进过程，对语音系统、"我们一家人"计划、沟通方法和标准以及服务修正系统进行评审，以确保这些用于建立顾客关系和提供顾客访问的方法始终保持最新。此外，他们还会通过外部评审和来自高质量发展成熟度自我评价的反馈，不断寻求改进这些过程的方法。这些评审和改进努力贯穿整个公司。如果高层领导认为某个过程与企业战略方向一致，他们将在战略规划期间评估其结果。如果这些过程发生改变，为了符合战略目标，他们会制定相应的行动计划来应对。

4 改进与创新

4.1 构建改进与创新体系

通过员工发展推动改进与创新是兰克公司高层领导坚定信仰并积极践行的价值观。他们致力于持续改进团队和个人的绩效。除了跟踪组织战略目标的进展，高层领导还会关注员工个人发展计划（IRDP）的完成情况，以此作为衡量员工发展有效性的指标。兰克公司的所有经理和高层领导都接受360度评审（包括来自下属、同级和上级的反馈），其中也包括总裁（CEO），他会接收下属、董事会和咨询委员会的反馈。由于咨询委员会成员每月参与高层行政评审，并且其中有几位是各自行业的领导者，因此他们最适合提供此类反馈。所有高层领导的反馈结果会在战略计划会议之前的一个指定会议上进行公开讨论，以便为战略计划会议识别共同问题。例如，针对去年员工调查的结果，公司聘请了一位咨询师来提升高层领导团队的各项技能，这是提供建设性反馈的一部分。

——推动全面改进与创新

组织还开展年度高质量发展成熟度自我评估活动，定期评估流程和方法的有效性。当发现改进机会时，组织积极寻求标杆学习，制定行动计划，并组建过程改进小组。这些小组采用DINERS过程改进方法（见图5-7）实施改进措施。

在DINERS评审期间，兰克会对前一时期的过程绩效和长期趋势进行深入分析。为了确保持续的改进和创新，兰克还通过评审知识管理系统中的数据，积极引入更新的技术和有关最佳实践的信息。在完成DINERS改进过程后，DINERS团队会向股东和经理进行演示，总结过程中的关键步骤和由此产生的变化。兰克非常重视改进成果的分享和传播。在完成DINERS改进过程后，相关的变更和改进会在列队会议中及时分享给所有员工。此外，每个月在团队领导过程会议上也会分享过程变更，确保所有相关部门都能及时了解并适应这些变更。任何变更必须在10天内由Foodtrak相应的团队负责人记录并纳入员工培训指南。这种同步的培训方式确保了员工始终掌握与最新过程变更相关的知识和技能。

自2009年起，兰克公司与当地大学商业系的教授签订了合同，邀请她参加每季度的委员会会议。这位教授不仅向公司的高层领导提供关于绩效的指导和反馈，同时向咨询委员会提供相关建议和意见。

兰克公司不仅注重组织内部的持续改进与创新，还善于整合其他资源和力量，推动组织的进步。例如，与每个供应商建立并维护开放的合作关系，以确保快速且频繁地沟通，供应商也会参与过程改进工作，包括创新和持续改进过程。通过这种合作方式，兰克公司能够更好地利用供应商的专业知识和资源，共同提升业务效率和客户满意度。

4.2 促进创新

4.2a 文化塑造

兰克自1955年成立以来，该组织的高层领导从过去的经验中吸取教训，制定了确保组织持续发展和繁荣的战略。为了实现可持续发展，他们采取了三个层面的措施。首先，高层领导为组织设定了明确的愿景和方向，为所有员工提供了一个决策的基础。其次，组织重视坚定的过程导向，通过标准化方法确保结果的一致性。最后，通过建立测量系统和评审体系（见本章6.1），将绩效责任感融入组织中，从而加强了绩效改进的环境。这种文化也增强了员工的归属感和责任感，提高了组织的凝聚力和竞争力。

持续改进文化已经成为兰克员工日常工作的一部分。员工在日常工作中不断寻找改进的机会，积极提出并实施改进措施。无论是菜品创新、服务优化，还是环境设施升级，员工都能够主动参与并贡献自己的力量。

公司鼓励员工在各个领域寻求改进。通过营造“团队合作的家庭文化”氛围，公司欢迎所有员工的改进建议。提出建议的员工会在每日在线讨论和全员会议上受到表彰，并随时更新建议的后续情况。此外，交叉培训和兰克公司每月让员工在其他领域工作一天的政策也有助于培养员工的开放思维。

4.2b 激励机制

公司还积极鼓励员工提出创新方法，以改进组织的工作方式。每月的全员会议、每日在线讨论和每月团队领导会议为员工提供了一个交流创意的平台。例如，一名员工提议在桌子旁边表演一些小魔术来逗乐孩子们。经过讨论，大家一致赞同这个想法。此外，只要员工提前提交创意，并得到其他员工的认可，认为这些创意不仅适合某个特定顾客，还能让周围顾客感到惊喜和愉悦，这些创意就会被采纳。以这种方式，让员工全身心参与到改进过程中，并得到认可。

创新的鼓励不仅限于公司内部。兰克公司对卓越绩效高质量发展成熟度评价准则的承诺是另一个重要手段。高层领导团队中有一位成员是高质量发展成熟度国家质量奖计划的评审员，另外两名成员则是LSQA的评审员。这种参与不仅推动了组织内部的改进，还从其他行业汲取了新的创新思维。

4.2c 创意开发

如果改进机会的解决方案涉及培训，BE总监会安排相应的培训，这可能是过程改进方面的培训，也可能是作为战略计划的一部分或为完成战略目标而包含在行动计划中的培训。培训的评估在一定程度上是通过是否成功实现战略目标来进行的。此外，培训也会与员工的个人发展计划（IRDPs）相联系，以帮助员工实现他们的行动计划和目标。员工达到的目标百分比是评估培训成功与否的一个关键指标。

4.3 数据信息与知识

4.3a 数据和信息

4.3a1 数据和信息的管理与应用

公司数据和信息管理，包括选择、收集、校准和集成等基本过程，在FDT信息管理系统的支持下，保证公司运营决策、计划、控制，支持开发、改进和创新。

> ——数据和信息的选择、收集、校准、集成和应用

用于跟踪组织整体绩效的数据通过战略计划过程进行筛选和校准，该过程在本章2.1节中进行了描述。这些数据最终以战略矩阵的形式呈现。通过战略矩阵，高层领导可以针对表5-10中所述的所有关键绩效创建计分卡，用于每月更新组织绩效。这种方法确保了计分卡中的度量标准能够跟踪对企业最重要的领域，并能与组织的各个部分进行整合。

在计分卡中，测量结果可以通过网站查看，并且使用红色、黄色和绿色进行编码，以直观地显示计划进度。同时，还标明了趋势方向，使高层领导能够快速识别

需要注意的区域。计分卡可在线访问，并自动根据FTD系统的实时数据进行更新。FTD是一个集成的贸易解决方案系统，旨在管理餐厅和食品服务的运营，并且可以不受地点限制而使用。这种类型的POS系统在餐饮业非常流行，即使是最小的企业，它也能提供一个成熟的系统。FTD集成了高等级的硬件、软件和网络技术来支持系统和运营系统。

对于FTD中的计分卡，任何项目的点击都会触发底层数据的分析。计分卡包含运营数据和行动计划进展。高层领导每天都会评审这些信息，并且确实如此。如表5-6所示，计分卡和战略矩阵是每周员工会议和月度行政评审的重点。在这些评审中，会讨论外部环境，并在必要时更新战略布局和计分卡。如果优先级发生变化，这些信息也会通过FTD系统传达给员工。这种灵活性使公司能够快速适应需求的变化。例如，为了适应餐食外送服务，计分卡进行了扩展。

用于跟踪日常运营的数据是从系统中筛选出来的，并在由DINERS小组负责的年度正式评估和改进中提炼。这些评审工作旨在改进过程，并对关键过程中的新的或现有的度量标准进行校准。对于DINERS小组发现的新问题，他们会定义新的或修订现有的度量标准。当前选定并正在使用的实际度量标准如表5-16和表5-17所示。

如果需要，将根据一个优先级和准则的集合来选择新的或修订的组织测度和运营测度。选择测度的原因如下：①是（或可以是）正式日常运营的一部分，用于最小化无用功并增加对遵从性的利用，或可与一个或多个类似测度相结合；②直接与战略计划或其中的过程相关联；③可以简单、快速地进行实时记录；④可以与行业数据或其他指数进行比较；⑤可以由负责改进绩效的员工进行利用或汇报（最好是实时的）。

所有重要的运营测度都由FTD系统进行收集和整合。如果FTD系统无法满足特定需求，则使用支持数据库来收集信息，并连接到报告和分析系统。图5-4描述了FTD系统的设计，包括连接情况和访问点。该系统基于一个私有WAN运行，提供安全的网络通信，连接餐厅和总部。每个地点都由LAN支持，其中包含安全且高速的无线技术，用于便携设备和掌上设备的通信，这是餐饮行业的标准技术。中心数据库在所有三个地点进行镜像，实现了冗余备份，并允许远程地点在必要时独立操作数据一段时间。

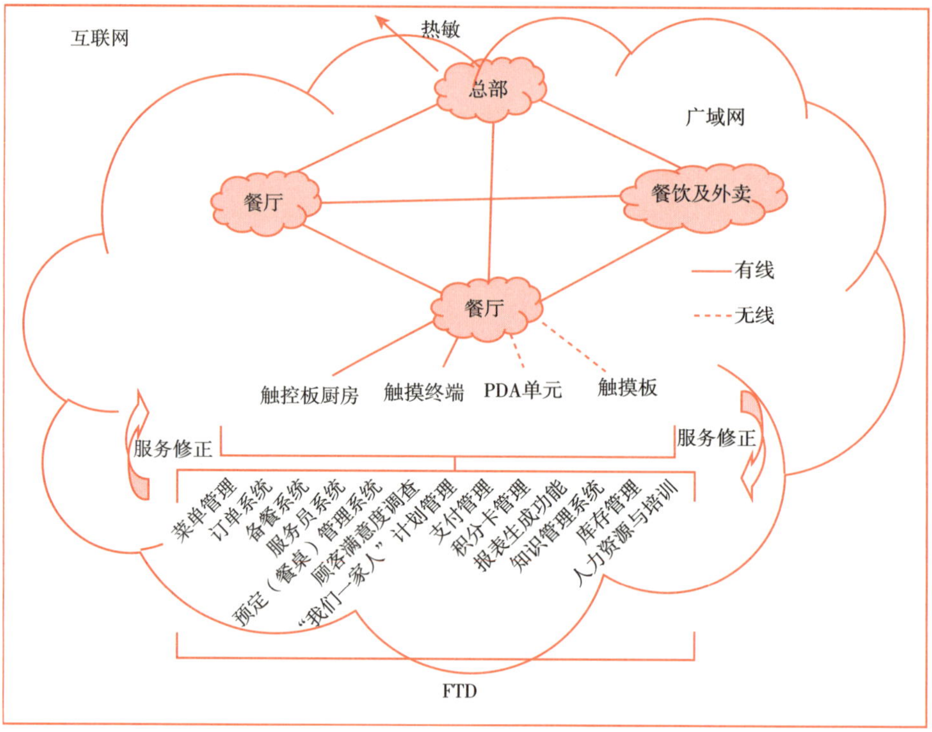

图 5-4 FTD 系统的连接情况和访问点

整个网络被设计为“无地点限制”，这意味着所有的特性、功能、文件和数据都可以在任何访问点进行访问。这使员工能够不受地点限制地履行必要的职责。例如，如果一个总部成员需要在餐厅提供协助工作，他（她）完全可以在餐厅访问其日常工作文件，以提供顾客或供应商服务。系统还为所有员工提供“我们一家人”高频度用餐计划的概况和偏好。

在餐厅中提供了四类用于访问FTD系统的访问点（见图5-4），包括：①挂在关键厨房区域的有线触摸板电脑；②每个餐厅和服务员站立处的有线POS触屏终端，配备信用卡刷卡槽和打印机；③每个轮班岗位的服务员的无线POS（PDA）单元；④顾客和员工使用的无线POS平板单元，包括一个信用卡刷卡槽和微型终端打印机。此外，服务员可以让顾客使用这些终端单元，以替代放在餐桌上的食品订单。在办公区域则使用传统的有线电脑。这些计算机连接到FTD系统和其他系统。

FTD所支持的功能旨在更紧密地支持企业的价值观创造过程（见表5-16）：

•菜单管理：确定并保持菜单格式，选择菜谱，以及确定特定的配菜和表述指南。

•订单系统：允许顾客或服务员在任何可以提交订单的地点进行订单提交。订单会自动转发到相应的厨房。

•备餐系统：提供触控访问菜单和厨房员工的讲解（包括图片呈现），管理处于等待或处理状态的订单，从而确保菜品的一致性和高质量。

•服务员系统：为员工提供定制化的FTD功能访问，使他们能够更好地管理顾客的体验。

•预定（餐桌）管理系统：负责管理餐厅的预定和餐桌使用情况，包括监控餐桌的当前状态。

•顾客满意度调查：允许顾客在订单被记录为“已递交”之后进行满意度调查。调查可以在餐厅现场完成，也可以通过在线方式进行。

•“我们一家人”计划管理：维护顾客的简介、订单历史、满意度记录，并负责分配特定的餐单和“宴请朋友”优惠券。

•支付管理：处理并记录顾客的支付方式，包括信用卡支付和所有地点的刷卡器管理。

•积分卡管理：通过仪表盘风格的监控器，按照优先级安排来评审目标和行动计划的进展，维护计分卡测度。

•报表生成功能：基于运营数据实时生成标准化和定制化的报表。

•知识管理系统：作为一个数据库，跟踪建议、问题、过程文档、过程执行和最佳经验。

•库存管理：跟踪库存情况，向采购部门或其他供应商下电子订单，并提供远程访问订货要求和库存水平的功能。

•人力资源和培训支持：用于跟踪员工相关的低安全级别信息、培训记录，并提供对在线培训材料的访问。确保员工的专业发展和培训需求得到满足。

•服务修正过程：用于启动、跟踪和分析顾客服务主题，系统还自动识别未解决的主题并提醒管理者。

所有运营过程都通过FTD进行整合，允许在过程执行时对关键绩效测量进行监控。大部分用于跟踪绩效的测度由员工或顾客通过FTD系统提交，或者直接由FTD系统收集（如循环时间）。在员工执行工作时，他们会接收到相关的信息提示，如冰箱温度、预审结果或顾客评价。这些信息被输入系统中，并根据早期趋势数据进行验证。

组织级别的信息，包括结果和趋势，在各种会议中得到使用，特别是每月的执行会议。这些信息用于评估组织的绩效状况和进度，帮助制定有关方向和纠正措施的决策。如果对比数据显示存在绩效落差，则使用这些信息来识别需要改进的领域，并寻找创新方法来提高绩效。在班组会议期间，使用操作绩效指标来评审之前班次、工作日和每周的结果，并识别问题。趋势数据，尤其是满意度数据的趋势，会在每周的全员会议中进行评估和讨论。

除了组织级别的信息，FTD系统还提供了其他有用的信息，以协助员工作出决策。每个关键过程的关键运营测度都在系统终端中显示，方便员工实时查看。例如，服务员使用手持无线POS（PDA）下订单，该设备中的订单程序会显示订单的状态，以及属于其他服务员、已经准备好但超过2分钟还未递交的订单。服务员只需扫一眼，就能知道哪个顾客的订单需要留意。

4.3a2　比较数据获得

战略计划和DINERS执行过程都需要选择能够获得合适比较数据的组织成功的测量指标。餐饮行业在促进组织内部共享信息方面做得非常好。比较数据源包括NRA标准报表、共享会议、非正式餐厅联盟和秘密食客研究。兰克和其他43家餐厅共同建立了秘密食客协会，在成员餐厅进行评论式的饮食评价，并向协会出具月度报表。在关于食品质量、菜单项和服务的比较数据中，会隐去餐厅的名字。此外，成员餐厅还会向协会提供关于财务和菜单项绩效的数据。这些非正式的信息使成员能够评估其相对绩效并识别改进领域。另一个非正式但非常有价值的数据源是雇员饮食报告。作为培训体验，兰克鼓励员工每6个月在其他餐厅用餐一次，并在提交结构性报告后获得最高50美元的补贴。

比较数据在评审期间被广泛使用，以了解竞争态势和过程设计。这些数据在战略计划期间也起到了重要作用，帮助确定行动计划和目标。兰克的总体目标是让每家餐厅在其所在市场中占据前10%的位置。比较数据还有助于识别创新机会，支持对顾客新出现的需求的响应。关键的过程标杆和比较以同行业中表现最佳者，如高质量发展成熟度奖获得者为基准。

4.3a3　保持测量系统更新

除了例行的运营评审，兰克还通过日和（或）周的趋势跟踪对总体组织顾客和绩效测量过程进行内部测量，并每季度进行分析。这些分析旨在验证用于过程内测量的主导因素对素质绩效的预测性，并在需要时改进测量。DINERS小组负责的过程的年度评审内容包括定期更新用于过程跟踪的测度。

在进行战略规划时，组织会将其关键绩效测度与战略矩阵和计分卡进行关联和重新评估。此外，还通过FTD知识管理系统收集员工对测量系统改进的建议。在例行会议期间或战略规划期间，通过外部咨询委员会收集员工反馈。测量系统的更改能快速地通过FTD部署到员工中，以便对环境变化做出快速响应。战略矩阵、计分卡与FTD的结合，使组织能够快速响应或应对预料之外的组织和外部变化。

——使数据和信息可用

所有的雇员都可以通过多种终端中的任意一个访问FTD系统及其各种测量数据。除了与内部网络连接，FTD还与公司网站整合，使一般公众可以查看菜单并对服务、菜单选择等相关问题进行评论。此外，FTD还为“我们一家人”计划的成员提供了特定的访问权限，使他们可以预定和查看菜单、下订单、完成满意度调查，并修改个人喜好、查看个人状态，以及提出特定建议和奖励。同时，顾客也可以使用相同模块查看和修改餐饮和外卖订单。然而，一旦订单准备工作开始或特定成分或材料（如大订单所需的）已准备妥当，系统会进入“锁定状态”，禁止对订单做出任何更改。

在兰克的网站上，厂商和供应商如有需要，可以通过提供的唯一用户标识符和密码来访问库存管理功能。通过这个平台，他们可以了解库存的使用情况和预期需求，还能查看顾客、服务员或厨房工作人员的评价，这些评价与他们的产品息息相关。此外，电子商务供应商还可以利用该平台查看待处理的订单和业绩。值得一提的是，部分厂商只能通过网页查看与他们业绩相关的数据，而不能直接访问数据库。例如，清洁工作承包商可以查看清洁度的满意度结果。

——保持数据与信息的可用性不过时

在常态化运营中，顾客反馈被纳入FTD知识管理系统，并由技术人员进行监控，以确保对业务需求的实时更新。顾客可以在线提交评价，并在轮值会议上讨论他们的问题、关注点和建议。每年的改进日活动，厂商和其他FTD系统用户都会参与其中，共同评审系统性能并改进功能。为了确保系统的可用性目标，在系统样本用户进行验收之前，新的更新、应用和系统改变会经过预审。一旦通过验收，在改变内容应用于系统之前，会进行beta测试，使用并行数据测试系统的运行情况。

例如，在FTD系统的早期版本中，它主要用于跟踪运营，并不向用户提供实时信息。然而，服务员们提出了一个需求：他们希望能够得到关于订单准备情况的提示，因为他们在忙碌的服务过程中很难时刻关注订单的进度。为了解决这个问题，一个DINERS小组与FTD的厂商进行了合作。经过共同的努力，他们在FTD系统中集成了两个功能，允许通过手持无线PDA单元实时查看订单状态。

4.3b 组织知识

FTD知识管理系统为收集和整理想法、建议和最佳实践经验提供了有力的支持。新内容会在周末的管理会议和员工会议上得到评审。频繁使用的系统特性会在员工会议上讨论，以提高员工的关注度。最佳实践经验会在小组领导会议上讨论，并在在线会议上进行沟通。在适当的情况下，厂商和供应商也会参与讨论。由于厂商和供应商也可以访问该系统，兰克鼓励他们提供与他们的产品无关的评价、建议和想法。最佳实践经验通常会被整合到FTD工作流中，以便在整个组织内传播和应用。

——数据、信息与知识的质量

通过数据登记过程和双重检查，我们验证了数据和信息的准确性。为了尽量减少登记过程中产生的错误，我们采取了一些特别的设计措施。例如，提供选择项而不是要求全文登记，尽可能使用条码进行识别，以及在合并焦点输入时，让输入数据的人参与其中。

通过确保所有电子系统都定期进行备份，并且能够轻松恢复，我们实现了数据的完整性和可靠性。在停电等紧急情况下，我们会启用人工系统，包括人工现金结算箱、信用卡处理终端以及提供重复订单平板，以确保业务的正常运行。在关键位置使用掌上电脑和其他终端可以确保数据的及时录入。

安全和密码系统被用来保护敏感数据，包括“我们一家人”成员的简介数据以及敏感的财务和运营数据。对于这些重要数据的访问，如信用卡数据、顾客简介和关键的组织财务数据，都必须经过高层领导的授权。

5　人力与资产

5.1　工作系统

5.1a　工作的组织

精湛的技术和积极进取的员工是兰克公司成功的关键因素，也是提供优质服务的竞争要素，同时是关于员工发展的价值观的体现。为了应对这一挑战，兰克公司注重团队合作和员工发展，以改善服务并减少人员流失。

在20世纪90年代初以前，我们的工作和工作职位是按照公认的行业惯例进行组织的。员工被雇用来做特定的工作，有固定的上下班时间，但对于如何完成工作任务并没有太多的自主权和投入。随着正式战略规划过程的启动，兰克公司明确了愿景、使命和价值观，开始发展创新过程来管理工作和职位，以实现高绩效。

为了促进合作与授权，兰克公司的所有业务部门员工，包括餐饮、送餐服务和行政部门，都被组织在经过授权的过程小组中，这些小组通过表5–16和表5–17所示的关键过程来进行校准。每个小组负责自己的进度和过程改进，每一个小组有一个人担任领导者的角色。小组领导者不被认为是管理的一部分，而需承担额外的义务，包括：（1）确保团队工作计划得以实施；（2）训练新员工并为团队所有成员提供进修培训；（3）监测和协调团队过程的改善（包括报告指标）；（4）为团队成员的绩效考核提供输入。团队领导由餐厅经理和行政总厨根据具体标准选出。当他们被委派任务时会接受专门培训，重点关注团队发展、领导力、高质量发展成熟度准则和用餐者改进过程等方面，以促进整个组织的创新。

通过实施流程改进奖励制度（见本章5.1b）和强调横向服务，兰克公司进一步促进了合作、主动性和授权。这意味着服务员不仅关注自己负责的区域，还“为整个房间工作”，例如，当服务员为自己负责的顾客续水时，也会为其他服务员负责的顾客续水。此外，为了促进团队合作，兰克公司采用了“点系统”来管理餐桌的使用。每个席位都有编号，用于接收和交付订单。通过这样的系统，每个人都能负责交付订单。

为了确保敏捷性和适应变化的能力，团队在必要时会与跨流程和跨餐厅的团队进行跨地域合作。所有的团队领导每月开会评估绩效指标，评审顾客反馈，确定改进机会，并分享最佳实践。敏捷性也可以通过交叉培训来促进。所有员工在入职培训和交叉培训中都会接触到每个流程，以确保他们至少能够胜任两项工作：他们被雇用的职位和下一个更高水平的职位。员工可以选择第三次交叉培训的机会作为IRDP流程的一部分。所有工作1年以上的小时工都要接受至少三个职位的交叉培训。员工必须在交叉培训岗位上工作，每个季度至少一次轮班。

——有效地沟通和技能共享

有效的沟通和技能共享对于任何组织都至关重要，尤其随着兰克公司的不断壮大，及时、有效的沟通变得越来越具有挑战性。为了解决这个问题，兰克公司采取了一系列措施来促进沟通，包括正式沟通过程的创建、FDT知识管理系统的运用和会议结构的组合。首先，兰克公司创建了一个正式的沟通过程（见图5–5），该过程始于每次会议或决策后的问题："谁需要知道。"通过明确需要知道的人，确保了沟通的确定性和有效性。在沟通过程中，兰克公司采用了多种方法，包括培训、教育、定期会议、公告栏公告、网站公告和电子邮件等，确保信息的有效传递。此外，委任了一名沟通者负责完成沟通任务，并将沟通过程记录在共享空间的沟通日志中。完成沟通过程的设计和部署后，沟通者会负责更新沟通日志。每年，由过程负责人领导的食客团队会对沟通过程进行评审和改进。值得一提的是，这种沟通日志在2013年经过高质量发展成熟度获奖企业的咨询后得到了进一步加强。

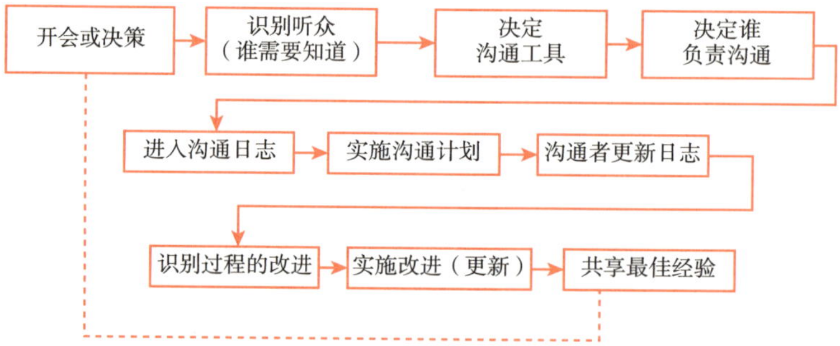

图5–5 沟通过程

在FDT知识管理系统中，我们详细记录了过程改进的所有成果。同时，所有标准化的流程和程序也都已纳入该系统，以便我们能够追踪和管理这些过程。在开始新的项目之前，各个团队都会采用食客改进过程（见图5–7）来检查FDT系统，确保我们从过去的经验中吸取了足够的教训。

团队领导每月举行会议，分享最佳实践案例，并将这些经验反馈到每个岗位。此外，每月的全员大会包括最佳实践交流、流程改进和常规更新等内容。每次通信的接收者都记录在通信日志中。

5.1b　员工绩效

正式的绩效评估方法是个体评审与发展过程（IRDP）。这个机制旨在促进员工与经理之间的双向沟通。在组织层面上，行动计划会逐级细化到部门和员工个人的行动计划与目标，确保对顾客和商业成功的重视。IRDP不仅评估个人和部门当前行动计划与目标的绩效，还关注员工的发展规划。发展规划中会明确下一阶段的实现时间，并要求员工设定行业内外职业目标。

在第一年，评审按季度进行，而在之后则是每年进行一次。在年度评审过程中，会有一个年中检查的环节，目的是评估进展情况和阻碍计划完成的所有因素。为了确保持续和有效的反馈，会对经理人进行培训。这样，正式的评估就会变得更加系统、不突然，并能集中精力帮助员工实现更高层次的发展目标。

除了员工个人的IRDP过程外，经理们还参与了由外部顾问每两年进行一次的360度反馈过程。这些反馈为制定发展计划提供了重要依据。

在餐饮行业中，补偿设计是极具竞争力的，并且通过各种奖励和表彰活动进一步增强，这些活动集中于企业在关键领域的优秀业绩。基于同行的建议、顾客的积极反馈和员工超出职责的卓越表现，经理会给予现场奖励，形式为当地百货公司的礼品卡。奖励是即时的，并且优秀表现和最佳实践会被广泛分享。例如，在日常和月度全体员工会议上，会立即颁发奖励并公布。每个现场奖励都会被记录在案，员工每获得五个奖励，便能获得100美元奖金并在其围裙上绣上一颗星。这一措施是在2014年根据食客团队的提议而实施的。此外，为食客团队工作的员工会收到礼券，作为一种团队认可的形式。

在组织中工作3个月的新员工会被邀请参加餐厅的聚餐，作为对其里程碑式成就的认可和培训的加强。对于在某个职位工作至少6个月的员工，他们将被邀请免费到竞争对手的餐厅就餐以示鼓励。此外，他们还需要完成一份员工餐饮报告，并在每月的全体员工会议上分享。会议期间，员工需要分享他们根据这次体验可能会做出哪些改变。为了体现对家庭文化的重视，所有员工在生日当天会收到生日蛋糕、祝福和生日歌，并获得四张可在任意一家兰克餐厅用餐的礼券。

——促进行动计划的实现

如本章1.1b所述，战略目标对人力资源相关计划的制定起到推动作用，而人力资源相关计划又进一步推动员工培训计划的制定。这一过程确保了与组织绩效相关的关键需求得到满足，培训和教育能够体现组织的短期和长期目标。以2011年为例，超越收集顾客对服务的看法的关键战略目标促使兰克公司制定了一系列相应的员工培训计划。

了解形成这些感知的事件，并对其展开调查。为了扩展语音系统（见表5–13），兰克公司成立了一个DINERS团队，该团队将预测方法纳入其中，并对所有员工进行培训，确保他们掌握这些方法和背后的顾客服务理念。公司还设计了一门名为“顾客至上”的课程，要求每位员工至少每两年参加一次。

根据战略计划的关键变化，2015年的培训（见表5–10）将涵盖伦理指导、餐饮服务、送货服务、FDT系统和战略计划等方面的内容。此外，对所有员工的顾客至上和DINERS改进过程的培训将会继续进行。同时，还提供有关FDT功能、绩效测量系统的理解和业务相关的技术变革等方面的培训。通过在IRDPs中纳入适当的培训活动，实现组织目标与员工需求的平衡。

5.1c 聘用与发展

——识别所需特征和技能

潜在员工所需具备的特征和技能会被详细记录在正式的职位说明书中，并通过职位评审过程进行筛选。这些必备的特征通常基于公司的通用技能要求，即“良好的态度和专注的服务”。职位评审过程如下：

（1）对职位说明书进行评审；

（2）获得反馈；

（3）汇总反馈；

（4）验证反馈；

（5）重写职位说明书并公布；

（6）对过程进行评审和修订。

每个已确定的职位都有一系列基于具体过程需求的明确技能和专长。这些职位说明最初是基于行业规范进行制定的，但后来根据兰克公司的具体需求进行了重新定义。在年度过程评审时，根据战略规划的要求或在重大过程变更后，职位说明会进行定期修订。例如，餐饮活动经理这一职位在2014年经过了修改，采纳了食客团队的提议，要求该职位负责获取顾客事件评价。

BE总监要求每个地点的员工和团队领导对现有的工作描述进行评审并提供反馈。根据变化的性质和重要性，反馈要么通过文件评审，要么通过职位观察来记录和验证。这种描述是一个持续更新的过程，并通过IRDPS系统共享。

在较少发生的情况下，新设立的职位所需的技能由负责该职位招聘的经理根据职位目标和关键工序的功能流程图来确定。在雇用员工后，职位说明会通过每周的评审进行验证和改进。

——招聘、雇用和留住新员工

在饮食服务业，员工保留率普遍较低，这在很大程度上是因为该行业的员工以年轻人为主，他们往往将这份工作视为在学校期间或其他临时状态下的第一份工作。鉴于这一现实情况，兰克公司的目标是通过建立一个强大的核心员工群体来提供稳定性和专业知识，从而帮助这些员工实现他们的个人目标。对于短期员工而言，兰克公司凭借其提供优质培训的声誉，成为他们的首选雇主。

兰克公司的招聘工作旨在维持当前业务的适当人员配备水平，并随着战略计划的实施进行人员扩张。例如，为了支持新的HMR和餐饮业务方向，兰克公司正在加大招聘力度。

兰克公司的系统化招聘和雇用过程步骤主要有：

（1）必要时更新职位说明书；

（2）负责雇用的经理通知BE主席；

（3）BE总监通知人力公司；

（4）人力公司基于需求开始招聘过程；

（5）人力公司甄选候选者；

（6）对候选者面试并打分；

（7）负责雇用的经理做出雇用决定；

（8）对过程进行评审和修订。

招聘工作外包给了员工方案有限公司，这是一家通过集团化采购提供服务的人力资源公司。他们采用了适合餐馆的招聘流程，包括在学校烹饪课程中寻找人才、跟进员工推荐、与高中辅导员合作、在行业杂志上发布广告、从竞争对手中招聘、在报纸上刊登广告，以及在当地社区中心发布招聘信息，以确保潜在员工的多样性。

招聘过程首先由招聘经理告知BE总监有职位空缺。BE总监作为与人力资源公司的接口，负责协调招聘工作并为寻找资源和满足公司需求提供指导。人力资源公司随后开始为该职位展开招聘工作，包括对现有员工和员工推荐社团的评审，以及通过招聘来填补需求空缺。

作为人力资源解决方案公司的一项职责，他们还会进行背景调查和参考查询，确保申请人的适职性。同时，为了帮助申请人更好地了解兰克公司的文化和期望，他们还会为申请人提供“未来员工指导”，其中涵盖了公司的价值观和高层次的期望。一旦潜在员工通过兰克公司的招聘程序被选中，人力资源解决方案公司还会提供药物筛选服务。

员工方案有限公司会将候选人安排给招聘经理、团队领导者和至少一名团队成员进行面试。面试是基于一套正式的问题集，这些问题旨在评估申请者是否具备工作所需的工作态度、期望的行为和技能。在招聘经理做出聘用决定后，会向候选人提供职位。这个过程每年都会进行评审，并根据DINERS团队的使用情况进行改进。

为了支持招聘和雇佣过程，兰克公司采取了一系列措施来维护与潜在员工的关系，包括参加当地烹饪学校的活动、聘请大学和技校实习生，以及通过提供实习机会参与高中职业日活动。

兰克公司认为，有效的招聘是组织成功的关键所在。为了满足这一需求，招聘工作经过精心设计，旨在选拔能够顺利融入组织文化的潜在员工。兰克公司通过建立系统和开发方法，确保员工（主要是学生）有机会提升和发展他们的技能，使他们成为理想的人选，从而成为首选雇主。兰克公司被誉为顶尖的烹饪培训基地，其员工在任何行业都备受推崇。

为了留住员工，兰克公司的努力主要集中在为核心员工群体提供稳定性和知识基础。这些努力包括关注员工的个人发展和工作价值观、实施奖励和表彰方案、提供辅导、指导和支持家庭文化价值观以及团队合作的环境，以支持员工的职业发展。许多公司的前员工后来成为他们的顾客，因为在兰克工作期间，他们体验到了家庭般的感觉。在策略性规划过程中，兰克公司设定了所需的保留水平及上下限。当保留率低于最低限度时，将采取额外的行动来保留骨干员工。

——继任计划和晋升

基于咨询委员会的反馈，2010年，兰克公司正式确立了领导职位的继任计划，该计划明确了每个领导岗位的具体培养对象。选择依据包括员工在公司的工作年限、职业目标、工作才能和技能以及工作绩效。继任计划的内容涵盖了职业生涯规划、岗位轮换、培训和发展活动，以及未来角色的工作见习。这个计划每6个月由欧文·杜德利和BE总监进行评审。为了支持各级员工的发展，兰克公司在2012年对继任计划进行了改进，增加了团队领导部分。每个团队领导角色都有两个潜在的继任人选，每个人都有一套完整的继任计划，类似于高级领导者的继任计划。这种改进措施提高了高绩效员工的保留率。

在绩效评估中，兰克公司要求所有员工明确个人职业生涯目标。对于那些表达了对酒店行业感兴趣的员工，公司会提供特殊的培训和发展机会，以支持他们的职业发展。所有员工的发展目标都与行动计划和预计完成的时间表相配套，以确保目标的实现。

5.2　工作环境

5.2a　员工能力

——应对关键的组织需要

每个新员工都会收到一本员工手册，其中概述了公司对他们的期望、政策和一般的工作要求。在入职培训中，高级领导会提供一个4小时的培训课程，内容包括基本的安全问题（包括应对工作场所暴力行为）、多样性、伦理、顾客联系标准以及兰克公司的使命、愿景、价值观和战略目标。接下来，新员工将虚拟参观所有设施并参加团队介绍活动。他们还会接受流程培训，使用检查表和Foodtrak功能进行操作。一位经验丰富的员工将担任教练（导师），并在3个月内回答问题并提供指导。此外，新员工将跟随导师工作3—5天。为了确保所有员工都能理解培训材料，所有重要的书面培训材料，如员工手册，都已被翻译成西班牙语。

在入职培训期间，兰克公司会为新员工提供基本的道德和安全培训，并定期进行进一步的教育和加强。例如，员工会接受基本的培训和复习课程，学习在潜在的窒息紧急情况下的心肺复苏技术和程序。此外，每位员工每年都会评审并签署一份道德协议。在与员工签署协议之前，管理人员需要仔细评审协议的关键要素。在全员会议上，道德行为作为一个标准议程项目得到进一步加强。

在入职后，新员工的团队领导和教练会为他们提供进一步的安全培训。涉及的安全问题包括OSHA要求、工作场所暴力、设备的安全处理和建筑安全等。如有必要，还会在排队、在线模块和全体员工会议期间进行复习培训。全体员工会议还包括与食品安全、顾客满意度、多样性、联系标准、服务和销售以及菜单项目有关的信息。兰克公司要求所有员工在入职后2个月内完成NRA的食品处理和食品安全课程，这是一门通常只要求经理和主要员工完成的课程。此外，员工还需要通过国家烹饪协会提供的认证项目。所有准备和储存食物的程序都记录在案并张贴在厨房，每季度评审一次。

大多数管理和领导能力培训课程每年都会进行更新，并且所有管理者和领导人都会参与这些培训课程。领导力培训包括参与州和国家质量奖励计划、商业建设研讨会、会计和金融课程，以及其他根据战略规划确定为必要的培训。例如，在2014年，所有领导都参加了如何提供建设性反馈的培训。

——员工、主管和经理的培训输入

公司采用多种方法从员工、主管和经理那里收集培训需求的意见和建议。其中关键的工具是内部资源发展计划（IRDP）。每个员工的IRDP涉及个人或主管建议的培训内容，以支持行动计划和战略方向。BE总监会检讨所有内部发展计划，以揭示计划的主题。此外，员工满意度调查也被用于确定培训需求。2013年，由于调查结果显示员工对主管有效协助员工的能力感到失望，餐饮管理团队因此参加了培训技能的提高课程。另外，这家公司规模较小，所以在很多情况下，高层领导只是在员工排队时询问他们的培训需求。

为了将组织的学习和知识资产整合到教育和培训中，BE总监采取了多种措施。首先，他确保从Foodtrak知识管理系统中获取适当知识提供给培训提供者（如社区学院），以便将其纳入培训活动。其次，将新员工与经验更丰富的员工配对，由后者担任教练，通过实践经验来传授知识和技能。再次，在DINERS团队进行必要的研究期间，通过使用知识管理系统，将知识资产非正式地整合到学习中。最后，每月的全体员工会议也是一种分享和交流最佳实践的培训方法。

5.2b　工作氛围

兰克公司与外部公司签订了合同，由其为兰克公司提供一系列与改善工作场所的健康、安全、安保和人体工程学有关的服务。这些服务包括监督OSHA遵守情况、为员工提供健康和安全培训（包括人体工程学）以及进行定期检查。BE总监负责监督合同执行情况，并评审和监控绩效措施。在每月的行政评审会议上，BE总监会向管理层报告该事项的进展和成果。

在列队会议和IRDP会议期间，员工可以提出关于工作场所的改进建议。与健康、安全和安保过程相关的措施的绩效由团队领导进行监控，以确定需要改进的领域。此外，通过与社区大学合作伙伴和兰克的安全承包商合作，定期进行内部检查，还可以发现更多改进安全的机会。当面临问题时，解决方案由TINERS团队来确定。如果该改进符合员工的发展计划目标，或者该员工被认为是某个主题的专家，那么该员工将参与改进的全过程。

表5–15展示了主要的健康、安全、安保和人体工程学绩效指标，以及目标、基准和受影响的主要员工群体。这些指标已经被跟踪了5年，并显示出显著的改善。其他信息和更具体的指标可以通过公司网站获取。

表 5–15　　工作环境绩效指标和目标（示例）

因素	员工团体	测量指标	目标（每年）	标杆组织水平
切伤	临时工	次数	＜2	＜3
烧伤	临时工	次数	＜2	＜2
灼伤	临时工	次数	＜2	＜1
滑倒	临时工	次数	＜2	＜2
人机工学方面	全日工	每年重复用力伤害次数	0	0
室内空气质量	全体	空气质量超标	0	0
安全性	全体	安全违规资料	＜2	0

BE总监负责维护一份详尽的灾难准备计划，该计划每年都会进行更新，具体内容可参见本章6.2c。此外，电子版计划可在FDT知识管理系统中查阅。该计划的核心是安排持续的活动以支持灾难恢复，例如每日备份所有数据系统和每周进行场外存储。该计划主要针对南德州可能发生的特定灾害，如龙卷风、飓风、山洪和严重雷暴，同时也考虑了一般的商业灾难，如火灾和电力中断。每种情况都为员工提供了明确的行动指南，如建议留在室内、进行疏散或拨打紧急救援电话等。为了确保计划的顺利实施，每年都会对计划进行评审，并在每个工作地点和高级领导团队的家中保留副本。此外，电子版的计划还在Foodtrak知识管理系统中提供。

——确保工作场所的防范准备

在新员工入职培训期间，为他们详细介绍紧急出口和疏散流程，以确保他们了解在紧急情况下的行动方案。此外，为了加强员工的应急意识和准备，还会定期与所有员工一起评审这些疏散流程，如每月举行火灾、恶劣天气和疏散演习。

5.3 员工全心参与

5.3a 参与度与满意度

员工满意度调查是确定影响员工幸福感、满意度和积极性的关键因素的主要工具。自2009年以来，兰克公司一直使用一项由外部顾问开发的在线调查，每年进行两次。这项调查为员工提供了一个平台，让他们能够在工作场所或家中方便地完成。兰克公司模仿NRA的一项全国调查来设计问卷，以便与全国范围内的结果进行比较。在调查中，兰克公司要求员工提供关于他们的工作和工作地点的基本信息，还包括性别、年龄和种族等人口统计数据。员工被要求将各种满意因素按重要性进行排序，并对这些因素进行评分，评分范围从1到5，其中5表示“非常同意”。此外，员工还有机会在调查中添加书面意见。

——影响员工的福祉、满意和激励的关键因素

对小时工和工薪阶层来说，关键因素包括有竞争力的薪酬、有竞争力的福利、工作与家庭生活的平衡、尊重和认可以及社区参与。对小时工来说，另一个因素是有能力的经理。值得一提的是，这些因素的重要性水平可以通过网页上的细分数据来具体了解。

兰克公司通过深入分析离职面谈的数据和采纳IRDPs的员工反馈，系统性地确定了影响员工满意度和积极性的关键因素。对于所有员工而言，以下因素被证明是至关重要的：同事和主管的尊重、福利和工作与家庭生活的平衡。

——员工服务、福利和政策

为了满足公司内部多样化职工队伍的需求，兰克公司采取了一种创新的福利匹配策略——自助餐厅计划。对于全职员工（每周工作30小时以上）和受薪员工，他们有一定的福利申请金额限制。在此框架内，员工可以选择他们认为最符合自己需求的福利项目，如401k计划、医疗保险、视力保险、牙科保险和人寿保险等。此外，兰克公司还为员工提供了带薪休假福利。全职和受薪员工有资格享受2周的带薪休假，员工在为公司服务满5年后，这一福利将增加至3周。

对于随叫随到的员工，兰克公司提供了一种联合购买的方式，允许他们在利率降低时购买医疗保险。对于兼职员工，福利是基于他们每月工作的平均小时数按比例分配的。

工作满6个月后，兰克公司为所有员工提高了福利上限，并提供了丰富的额外福利选项。员工可以根据个人需求选择儿童保育补贴、健康俱乐部会员资格、交通补贴和医疗保险补贴。通过与餐馆采购联盟的合作，公司还为员工提供了医疗保险补贴。此外，对于受薪职位的员工，公司还提供残疾和意外死亡保险。对于随叫随到的员工，兰克公司还提供了特别的医疗保险福利，允许他们以较低的价格购买医疗保险。对于兼职员工，福利是基于他们每月工作的平均小时数按比例分配的。

兰克公司还为员工提供了一系列其他福利和服务，包括带薪假期、每年参加社区（志愿者）活动的时间、参与改善工作的认可、餐厅用餐折扣和私人生日晚餐。

——员工的福祉、满意和激励

员工满意度调查是兰克公司用来评估员工满意度的重要工具。每年进行两次的调查，配以频繁的提醒，确保了高达90%的回复率。兰克公司采用了NRA（非随机样本代表性评估）模型来进行员工满意度调查，这使他们能够将自身的数据与酒店业内的其他顶级公司进行比较，甚至与同行业的最佳标准进行对比。此外，所有调查结果都根据工作类型、工作地点、性别、年龄和种族进行了细分。表5-21展示了员工满意度调查的主要结果和细分示例。

兰克公司不仅关注员工满意度调查的结果，还密切监测其他关键指标，包括员工流动率、IRDP完成率、缺勤率、每项服务的销售率、离职面谈结果以及表5-15所概述的工作环境指标。当这些领域中的任何一个出现下降或有问题时，兰克公司会迅速采取行动。DINERS团队会进行调查并改进。以2012年为例，DINERS团队注意到离职面谈完成率的下降。经过深入调查，他们发现较低的完成率与服务器面试的大幅减少有关，并进一步发现了BE总监在管理面试过程中缺乏时间的问题。为了解决这个问题，团队简化了方法，并将面试流程委托给了Staffing Solutions, Inc.。这一调整使完成率得到了显著提高。

——将满意度评价结果与经营结果相关联

员工调查和离职面谈结果以及其他关键人力资源数据，由高层领导定期评估，以找寻改进空间。例如，2013年年初，调查结果显示，厨师对工作工具的满意度有所下滑，这与准备新菜肴所需时间的增加有关。DINERS团队介入后，深入挖掘原因，并采取了相应措施。最终，准备时间得到优化，厨师的满意度也随之提高。

在过去的两年里，兰克公司定期将员工满意度与“声音”系统的元素（顾客的声音和过程的声音）进行关联性分析。这种分析不仅揭示了员工满意度与各种因素之间的潜在关系，还为公司指出了在员工满意度方面可能存在改进的领域。例如，公司通过自动分析员工保留率的变化，密切关注顾客评论或满意度水平的波动。此外，兰克公司还分析了兼职员工数量的变化或员工类型满意度的变化与标准流程绩效之间的关系。2013年的分段满意度调查结果显示，男（女）招待的满意度有所下降，同时顾客对受到热情和及时接待的满意度也相应下降。为了解决这一问题，公司进行了一项调查，发现男（女）招待的职责最近发生了变化，这使他们很难及时回应顾客。针对这一发现，公司采取了相应的措施来优化工作流程，提高员工的及时响应能力，从而提高顾客满意度。

5.3b 组织文化

兰克公司经过授权的团队方法与多元化的培训相结合，为利用多样性的想法、文化和思想奠定了基础。员工每年至少要参加一个由跨职能和跨地点成员组成的DINERS团队。兰克公司在职位种类和工作时间上的灵活性（例如，兼职、周末、晚上、随叫随到）使公司能够雇佣具有不同需求的多样化劳动力（见表5-2）。

所有经理和团队领导都接受了关于团队发展基本概念的培训。入职培训中还包含多样性培训和人格类型识别练习，这些培训和练习有助于员工更好地理解和欣赏不同性格类型在组织中的优势，以及组织如何从这些多样性中受益。

兰克公司鼓励员工在工作中寻找乐趣，并发挥自己的独特才能。例如，一个著名的海鲜市场员工们将鱼扔来扔去，调酒师能够完美地将装有饮料的调酒壶从酒吧的一端抛到另一端。一个业余的魔术师在为孩子们服务时表演魔术，一个特别擅长与孩子相处的员工可能会被安排服务一个不快乐的孩子。

由于该地区讲西班牙语的人口众多，解决工作人员需要讲西班牙语的问题成为一项重要任务。为了满足这一需求，兰克公司采取了多种多样的解决办法。讲西班牙语的员工会为不讲西班牙语的员工提供非正式的课程，社区大学也为员工提供了其他语言的课程。

5.3c　绩效管理和发展

——实施激励与促进职业发展

兰克公司的员工发展、家庭文化的团队工作等价值观对管理者和员工起到了重要的指导作用。公司明白激励一名员工的方式不一定适用于其他员工，因此管理者和团队领导者有责任了解每位员工的激励因素。由于公司规模较小，这一点相对容易实现。动机和职业发展的基础是内部资源发展计划（IRDP），它概述了员工的职业目标，评估当前的表现，并记录了实现职业目标和满足组织运营需求的计划。加薪和晋升与绩效评估结果相挂钩，但也可以根据经理的判断在任何时候给予。

用于激励员工充分发挥其潜力的非正式方法包括前面描述的非正式技巧，如指导、认可良好表现和制定继任计划。

——提供员工教育和培训

培训通常通过以下五种方式进行：在职培训（OJT）、在线培训、会议培训、课堂或研讨会培训，以及研究培训。虽然在职培训是最常用的方式，但其他培训方式同样重要。员工可以通过社区和技术学院、国家烹饪协会（NRA）、项目安排、在线进修模块和全体员工会议来获取培训。此外，教练和知识管理系统也可以提供额外的培训方法和资源，帮助员工提升技能和知识水平。

每当发现新的培训需求时，BE总监会根据一套标准来选择适当的培训交付方法。

例如，阵容训练的标准是30分钟或更短，并且不需要讲义。当需要培训员工关于饮料服务的变更，包括提供“取之不尽的”苏打水时，培训是在排队时进行的，这是一种非正式的交付方式。员工和经理对培训交付方式的反馈意见是通过评估当前培训效果来提供的。此外，员工通常在选择IRDP目标时也会选择培训方法。在IRDP讨论期间，正式和非正式的培训交付方法（如前文所述）都被视为可选择的方式。

——促进新的知识和技能的运用

由于大多数培训是在教练的指导下进行的，员工能够立即获得反馈和强化。只有在有迫切需要的情况下，才会进行列队训练，这是一种集中培训的方式，可以确保员工在短时间内获得必要的指导和训练。当Foodtrak系统更新后，培训会“及时”举行，员工在团队领导的指导下，可以立即使用新技能。

对于外部机构的培训，直属领导需要为员工制定一个运用新技能的计划，并希望员工能够分享他们所学的知识。例如，一个参加了高质量发展成熟度概况课程的团队领导者被安排在申请材料写作团队中，并被要求在下一次的月度会议中分享他们学习到的宝贵经验。由于培训内容被纳入员工的IRDPs中，这进一步促进了员工的学习和技能提升。所学的课程也会被纳入公司的知识管理系统中，作为长期学习的机会，供其他员工参考和学习。

通常情况下，对于主动提出离职的员工，通常会有一个交接期，用于工作交接。在此期间，员工会培训他们的继任者，记录最佳实践，并确保所有的账目和活动都已完成。然而，对于非自愿离职的员工和一些自愿离职的员工，兰克公司并没有安排交接期。不过，在离职面谈中，兰克公司会询问员工离职的原因，了解他们对公司的看法，并鼓励员工分享任何其他想法和做法。

——评价教育与培训的有效性

培训评估通过几种方法进行，其中包括在所有课堂培训结束时进行的正式评估。此外，年度员工调查也会包括一些问题，旨在评估员工对培训有效性的看法，以及他们是否能够在工作中运用所学的新技能。这种调查提供了一个重要的反馈机制。

培训与业务改进密切相关。如果改进机会的解决方案涉及培训，BE总监会安排相应的培训，这可能是过程改进方面的培训，也可能是作为战略计划的一部分或为完成战略目标而包含在行动计划中的培训。培训的评估在一定程度上是通过是否成功实现战略目标来进行的。此外，培训也会与员工的个人发展计划（IRDPs）相联系，以帮助员工实现他们的行动计划和目标。员工达到的目标百分比是评估培训成功与否的一个关键指标。

5.4 有形资产（略）

5.5 无形资产（略）

6 运营

6.1 运营过程

6.1a 产品和过程设计

——识别和确定关键的价值创造过程

兰克公司非常注重识别关键价值创造过程，并对其需求、过程内指标和结果指标进行评估。如表5–17所示，兰克通过使用声音系统收集的信息来评估每个过程的输出如何影响顾客，从而确定其关键价值创造过程。兰克利用精益系统的概念和价值流映射等质量工具，将价值创造过程定义为根据顾客的视角为用餐体验增加价值的过程。这种映射确保了这些过程的一致性，以促进盈利能力和业务成功。从顾客的角度来看，那些不一定增加价值但需要支持业务的过程被认为是关键的支持过程。随着时间的推移，兰克公司不断优化和改进其运营流程。对于那些既不能为顾客增加价值，也对支持业务不是必需的流程，公司已经果断地从运营中删除。

表 5-16　　关键价值创造过程、要求和测量

	过程	要求	过程指标	输出指标	引用
餐厅	预定和迎接	精确预定	系统可用性	顾客满意度 顾客保留度	表5-18、图5-49 图5-20
		及时落座	精确安排	等待时间	图5-8
		及时（礼貌）地迎接	迅速、热情地迎接	等待时间	图5-8
	订单处理	短的等待时间	持续的餐桌转接	餐桌清理周期时间	图5-46
		精确的订单	向后台回送	顾客投诉	图5-11、图5-19
		负责的（正式的）服务员	向上销售	每员工收入	图5-38
	食物准备	健康的餐食	食品安全（温度）	顾客满意度	图5-9、图5-55
		诱人的外观	可视化的标准	积极的食品外观	图5-9、表5-18
		味觉鲜美	标准化的食谱	新菜单项绩效	图5-42
		与餐单一致	标准化的食谱	积极的菜单选项	表5-18
	餐桌服务	得体的举止和步调	可视化建议	食品循环周期	表5-18
	餐桌转接	餐桌结束后撤销餐盘	可视化建议	餐桌清理周期时间	图5-46
外卖	活动计划	及时的活动排程 正向的顾客关系	由顾客审核，厨房提前10天进行准备	顾客满意度 顾客保留度	图5-16 图5-20
	食物准备	（与餐厅项一致）	（一致）	（一致）	（一致）
	递送和活动清除	按照计划进行递送和服务	提前一周进行员工（车辆）计划	顾客满意度 顾客保留度	图5-16 图5-20
HMR	HMR递送订单处理	精确的订单	递送24小时之前与厨房验证菜单	顾客满意度 顾客保留度	*N/A
	HMR递送服务	精确、及时地递送	递送及时性百分比	顾客满意度 回头客	*N/A
所有业务线	新产品介绍	顾客认可新产品及服务的价值	标准过程的介绍	收入（雇员） 菜单项开发循环时间 顾客满意度	图5-38 图5-43 图5-16、图5-17

续表

	过程	要求	过程指标	输出指标	引用
所有业务线	菜单设计与工程重来	顾客喜欢的菜单表现——半年度菜单评审 季度菜单调整	菜单项跟踪 菜单开发 紧随的条目与评审过程	#新菜单项购买数 向后台回送 顾客满意度 菜单项开发循环时间	图5–42 图5–11 图5–16、图5–17 图5–43
	采购联盟	产品的精确递送	供应商库存可用性	菜单项短缺 供应商绩效	图5–44 图5–48
	器械清洁度	餐厅、休憩室和厨房保持清洁且无虫子	餐桌（设施）清洁 每周检查（每HHS）分数	顾客满意度 每审计分数 HHS审计结果	图5–16、 图5–15、图5–45 图5–55

注：由于篇幅限制，这里只报告了一些关键的输出指标和过程内指标的结果。

*兰克公司自2014年第四季度起，不再将HMR服务结果纳入其关键价值创造过程的评估中。

兰克公司每年在战略计划期间都会对声音系统中的信息进行评审，以确定是否有关键的新过程涌现。例如，2011年，顾客反映洗手间的清洁度对他们的整体用餐体验产生了影响。根据顾客的反馈，兰克公司将洗手间清洁作为一个关键过程来管理。同样，在战略规划期间，兰克公司还根据要提供的新服务线的方向来识别相关的过程。例如，2008年决定进入餐饮业，2011年提供外卖服务，2014年增加了HMR餐食递送服务，这些新服务线也需要相应的支持过程来确保顺利运营。

兰克公司通过一系列有效和高效的方法来创造价值，包括顾客设计、系统和一致的执行以及常规的评估和改进。在过程设计方面，兰克公司首先关注效率，其次是效益，并尽量减少不必要的步骤。所有过程都使用Foodtrack系统工具和系统流程进行监控，以确保有效性和效率。兰克公司对大部分关键过程进行每日甚至每小时的监控，只有少数过程按周进行监控。所有的过程都有对应的效率和效果评估标准。Foodtrak系统为大部分关键要素提供日常信息，帮助公司及时了解运营状况。此外，兰克公司还定期收集来自顾客和其他利益相关者的反馈和意见，并将这些输入运营过程中。兰克公司密切关注各项指标，并热切关注成本控制和生产力，这是确保公司业务成功的关键因素。

——确定价值创造过程的要求

关键过程（见表5–17）的要求通过声音系统确定，该系统包含了来自顾客、员工、所有者和其他利益相关方的输入。在用餐体验的前、中、后三个阶段，通过收集这些声音阶段的信息，兰克公司能够设计出更有效的价值创造过程，并监控过程的绩效。顾客调查反应分析的结果表明，顾客的意见被转化为详细的服务标准。例如，为了满足顾客对可靠性的关键需求，兰克公司在招待过程中加入了一项要求，即实际等待时间不得超过顾客预期的时间。每日的列队会议包括深入的菜单和食物准备评审，确保服务员能够准确描述食物的外观和口感，这反映了兰克公司对卓越服务的关注，这也是顾客的另一个关键要求。

兰克的供应商通过参与评审（见本章4.2b）和Foodtrak系统的知识管理组件，为满足需求提供了重要的输入。在行政和副厨师长的安排下，几乎每周都会与当地供应商的代表举行简短会议，讨论双方的要求以及交付的质量和状况。此外，他们还经常为兰克员工安排培训，例如，如何正确使用和维护洗碗机，或者如何向顾客准确描述新鲜农产品、海鲜和牛肉的特点。每月的执行评审会议由采购联盟经理、高级领导、顾问委员会和主要供应商的代表参加。在此会议上，他们评审关键指标，讨论新的或修订的规范，并确定其他所需的产品和服务。

兰克公司非常重视食品安全，并遵守了美国食品和药品管理局以及本地HHS部门提出的安全食品处理监管要求。为了确保食品的安全性，兰克还执行了HACCP（危害分析和关键控制点）计划（见本章1.2c）。HACCP计划包括一个特定的文件化过程，用于确保食品在化学、物理和微生物危害下的安全性。兰克公司通过实施这一计划，采取了基本的常规控制措施，如安全处理和温度控制等，以确保食品安全。

兰克的股东要求通过战略规划进行整合。在最高级别上，股东的要求是维护并增强盈利能力，这符合公司的愿景、使命和价值观。盈利能力对所有者、员工以及企业和所在社区都有益处。

——设计过程满足所有要求

所有过程（价值创造和支持过程）都是由DINERS团队和团队领导使用图5-6所示的常见九步方法设计的。在流程设计过程中，首先从最终期望的过程结果出发，基于顾客和利益相关方的需求进行设计。其次，通过逐步实现这些结果所需的步骤来完善整个过程。现有过程应定期进行重新设计，可以通过以下步骤实现：

（1）根据顾客和利益相关方的需求确定期望的结果。

（2）确定过程输出，并建立过程结束的指标标准和具有比较数据的目标，例如，周期时间、生产率和成本控制。对来自Foodtrak知识管理系统的信息进行评估，以确定影响过程的最新变化、对特定过程的最新修改以及最佳设计。

(3) 使用尽可能少的步骤，结合可视化管理和价值流映射，制定“未来”流程图，以产生期望的输出。

(4) 建立过程内指标和目标，并确定有效绩效所需的相关支持过程，包括信息管理和其他技术。

(5) 试用过程，并测量结果。

(6) 基于适用情况调整并修改过程步骤和要素。

(7) 在Foodtrak中完成并记录流程，包括流程图、程序和培训更新，并添加到DINERS日历中进行正式的年度评估。

(8) 与所有员工进行沟通并培训执行过程的人员。

(9) 通过使用在本章6.1b中描述的指标和DINERS改进过程，有效地监控和评估正在进行的过程有效性。

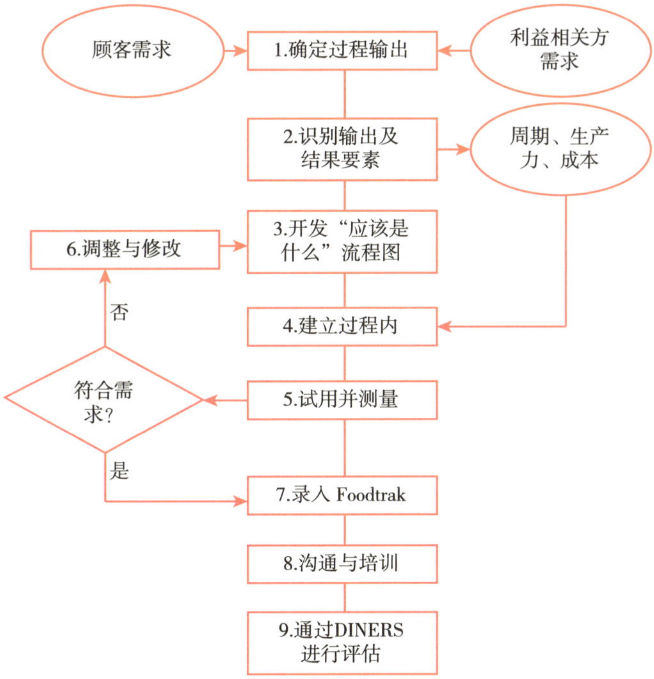

图 5–6　过程设计步骤

兰克积极参与NRA、非正式餐厅联盟等餐饮业专业组织，以了解行业的最新趋势和最佳实践，同时关注技术创新。为了更深入地了解行业领先者的运营方式，兰克对一家全国连锁餐厅进行了基准测试，并发现Foodtrak系统的知识管理组件非常有价值。

在设计过程的第4步中，兰克对技术变更进行了评估和合并，将Foodtrak服务器系统纳入设计之中（见本章6.2a）。作为业内最早采用多项创新的独立公司之一，这些创新已经逐渐成为行业的标准，例如，无线POS（PDA）设备、在线预订系统、服务器和厨房之间的无线通信系统、供应商访问在线库存系统和食品准备系统。

在过程设计中，组织知识通过多种方式被整合进来。首先，兰克利用跨职能和跨餐厅团队进行设计。这个团队包括至少一名厨师和一名供应商，他们专门负责食品准备过程。其次，兰克设立了过程负责人来协助团队进行设计工作。再次，兰克利用每月的团队领导会议作为分享过程状态和结果的重要平台。最后，在设计过程的第2步中，兰克要求团队成员在知识管理系统中正式搜索相关信息。

一旦过程最终确定，兰克会采取两种方式进行记录：一是书面记录，二是利用Foodtrak系统进行电子记录。利用Foodtrak系统是为了更好地进行过程管理，以便快速响应不断变化的需求。为了更好地理解过程中对敏捷性的需求，兰克定期评审性能指标（见本章4.2b）。通过定期评审，兰克可以及时发现过程执行中的问题、瓶颈和潜在改进领域。

在Foodtrak中记录所有过程有助于确保过程的遵循和关键指标的监控。对于过程中出现的变更，兰克会在多个场合进行沟通。这些场合包括内部队列会议、团队领导会议和管理层会议。此外，兰克还重视员工的培训，培训的目的是确保员工能够按照设计好的流程步骤执行任务，并尽量减少服务中的缺陷和变化。

——识别和确定关键的支持过程

表5–17展示了关键支持过程，以及关键需求、过程中指标和结果指标。如前所述，关键支持过程与关键价值创造过程是同时确定的，并采用相似的方法来确定。作为一个战略决策，许多支持过程被外包，使兰克能够专注于其核心竞争力。关键支持过程可以通过过程设计步骤（见图5–6）中的步骤4来确定，该步骤询问关键过程的有效运作需要哪些支持过程，或者在战略规划期间通过识别来确定。例如，防灾计划作为2011年9月11日事件导致业务中断后的产物，在

2013年8月美国部分中西部及东部的大规模停电后进行了改进，并在2014年9月东南飓风时再次进行了优化。此防灾计划目前每月进行一次测试。

表 5–17　　关键支持过程

过程	要求	过程指标	输出指标	引用
信息管理	系统可用性	日常系统维护	系统可用性	图5–49
人力资源管理	雇员培训 雇员IRDPs 聘用合适雇员 快速招聘过程 精确（实时）的工资 成本—效益工资机制	#雇员培训 #雇员IRDPs #申请者预筛 24小时内访谈 及时的新招聘信息 及时的工资信息录入	#雇员交叉培训达标 #雇员IRDPs达标 雇员流动率 招聘周期 每工资成本	图5–35 图5–33 图5–31 图5–30
供应商管理	供应商提供符合合约规格的质量和时限要求的服务 满足供应商要求（见表5–5）	服务绩效： • 设备维护 • 垃圾清除 • 油迹清除 • 卫生预查 • 临时工作人员 • 人力资源招聘 • 付款过程 • 财税报表	供应商绩效 HHS审计结果 招聘周期 供应商满意度 财务审计问题数	图5–48 图5–55 图5–30 图5–54
防灾	在短期或者长期中断后，公司与过程能够恢复	位置和过程计划符合要求， 对员工进行评审 月度厨房火灾演习 年度灾害演习	运营恢复的时间	
广告与市场	有效果的广告和促销	由于促销而导致餐食消费量增加	市场份额 正面的形象	图5–26 图5–21

注：由于篇幅限制，这里只列出了一些输出指标和过程内指标的结果。

关键支持过程的要求由过程所有者和供方共同决定（见表5–17）。这些需求的确定与价值创造过程类似，主要通过声音系统的输入（见表5–13）来进行。声音系统（包括过程之声）会定期收集信息，这些信息用于明确支持过程的需求，并指导支持过程的设计。

——确定支持过程需求

在可能的情况下，公司还将支持过程与价值创造过程紧密关联。员工在价值创造过程中工作，并被视为支持过程的内部顾客。为了确保支持流程的员工能够充分理解他们的工作如何为外部顾客提供价值，公司为他们提供了相关的培训。此外，关键价值创造过程的结果与支持员工共享，使他们了解自己的工作对整体业务目标的影响。顾客反馈也被纳入支持过程需求的考量，以更好地满足顾客需求和提高顾客满意度。

——设计支持过程

支持过程的设计是采用与价值创造过程相同的设计方法进行的。在设计过程的第4步骤中，考虑到了技术变化和组织知识，并将其纳入支持过程的设计中。此外，在整个设计过程中，还充分考虑了周期时间、生产力、成本控制和其他效率因素。

兰克公司在支持过程中特别关注敏捷性的潜在需求，这在招聘过程中得到了充分体现。在餐饮行业，快速筛选潜在入门级员工、选择合适的候选人，并迅速传达招聘决定的能力至关重要。DINERS团队实施了一个过程改进，使人力资源部门能够快速筛选申请人。通过这一改进，兰克公司能够在面试后的24小时内向申请人传达招聘决定。这一改进举措带来了显著的效果。它大大缩短了整体招聘周期，从职位开放到聘用，整个过程现在只需要两周时间。这使兰克公司能够迅速填补岗位空缺，确保业务的连续性和高效运营。

6.1b 过程改进与创新

——价值创造过程改进与创新

兰克在实践中采用了PDCA循环的变体，并随着时间的推移将其调整为DINERS的六步改进过程（见图5-7）。

D：确定当前状态和潜在机会（必须与战略方向相关联，并纳入过程之声或顾客之声数据）。

I：调查并验证根本原因。

N：提出可能的解决方案和成功的衡量标准。

E：执行改进计划。

R：评审改进过程和相关的绩效指标，重复并做出必要调整。

S：系统化：记录修订后的流程，将变更和学习成果输入Foodtrak知识管理系统，与所有员工沟通，并将变更纳入培训。

通过正式的DINERS改进过程，兰克国际按照既定的时间表，每年对每个关键过程进行评估和优化。此外，公司还培训员工识别那些可能需要在年度循环之外单独处理的问题，并成立DINERS小组来专门处理这些问题。为了更好地支持改进过程，所有员工都接受了关于简单质量工具的培训，这些工具在DINERS改进过程的各个阶段都得到了广泛应用。这些工具包括检查表、直方图和帕累托图，用于记录和识别缺陷；鱼骨图则用于头脑风暴，帮助团队深入挖掘潜在的根本原因。值得一提的是，许多质量工具都是由Foodtrak自动生成的，这大大简化了数据收集和分析的过程，提高了效率和准确性。

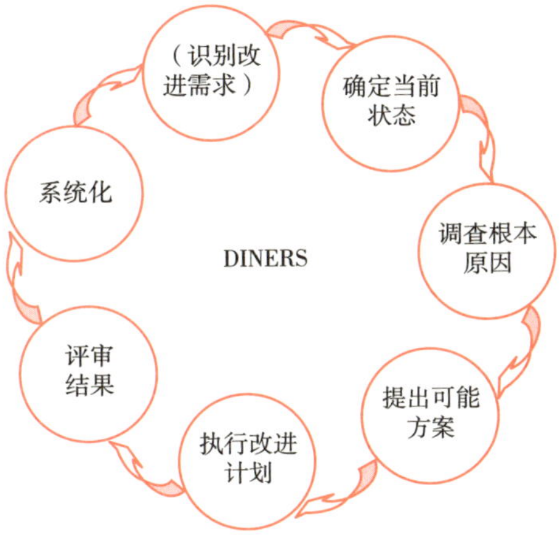

图 5-7　DINERS 改进过程

在DINERS评审期间，兰克会对前一时期的过程绩效和长期趋势进行深入分析。为了确保持续的改进和创新，兰克还通过评审知识管理系统中的数据，积极引入更新的技术和有关最佳实践的信息。在完成DINERS改进过程后，DINERS团队会向股东和经理进行演示，总结过程中的关键步骤和由此产生的变化。兰克非常重视改进成果的分享和传播。在完成DINERS改进过程后，相关的变更和改进会在列队会议中及时分享给所有员工。此外，每个月在团队领导过程会议上也会分享过程变更，确保所有相关部门都能及时了解并适应这些变更。任何变更必须在10天内由Foodtrak相应的团队负责人记录并纳入员工培训指南。这种同步的培训方式确保了员工始终掌握与最新过程变更相关的知识和技能。

一个有意义的过程改进活动的例子，是在菜单设计和重新设计过程中引入了强制性的标准化配方成本工作表。此外，为了确保只向顾客提供健康、美味且具有收益性的食品，兰克还制定了一个纪律过程。在兰克的早期阶段，当公司只有一个餐厅门店时，过程相对简单。然而，随着企业扩张至两个餐厅门店，加之餐饮和餐食递送服务业务，需要一个更加严格的过程来确保企业能够实现其具有收益性的目标。兰克采用了年度DINERS评审。通过这一评审，每个过程在其生命周期中不断得到更新和改进。

——支持过程改进与创新

支持过程通过DINERS改进过程（见图5-7）进行持续改进，该过程由DINERS小组进行年度评审，旨在改进所需的方法或措施。作为DINERS评审的结果，支持过程的关键过程指标得到了实时监控和周转，包括成本、周期和生产率。这是对Foodtrak系统和支持过程同时进行改进的结果。上面提到的24小时周期内沟通聘用决定则是其中一个例子。

支持过程的改进首先在部门内部共享，其次与内部顾客共享。一旦改进被记录下来，员工就会接受更新的培训，培训模块中会纳入支持过程的改进。改进和学习记录在Foodtrak系统中，可以确保这些信息能够用于组织学习和其他过程的创新方法。

6.1c 供应网络管理（略）

6.2 运营效率、有效性和安全性

6.2a 过程效率和有效性

——过程效率与关键绩效指标

兰克非常注重关键价值创造过程的指标管理。这些指标在表5-16中得到了详细的展示，而硬拷贝和在线工艺文档则为员工提供了全面且易于理解的信息。除了文档支持，兰克还采取了多种措施来确保过程的日常运营满足流程需求。这些措施包括对员工的培训和在职强化、可视化管理和工作辅助工具的应用、定期的餐厅和餐饮活动演练，以及每天两次的排队会议。这些会议是高质量发展成熟度奖获得者采用的最佳实践之一，有助于确保所有相关人员都清楚了解当前状况，并知道如何应对变化和挑战。

这些实践以及每天、每周和每月对过程指标进行的评审，确保了过程的顺利执行。过程内指标是衡量过程性能的关键，它们为过程执行提供了重要的反馈。为了确保过程符合要求和标准，这些指标的使用被纳入各个步骤中。以菜单设计和发布过程为例，兰克运用数据管理来优化关键价值创造过程。兰克的菜单保持相对稳定，只有一部分菜品会随着季节或每日特色菜的变化而调整。通过使用Foodtrak系统，公司能够实时跟踪特定菜单项的销售数据、顾客反馈和其他关键指标，并在象限图上绘制性能水平。这有助于确定各个菜品的盈利能力和受欢迎程度，为菜单的优化提供数据支持。新菜品至少要准备和测试三次，以确保在味道、气味、质地、颜色和总体特征方面符合公司的标准。在这一过程中，品尝者包括厨师、其他员工、老板和一些顾客，他们将对新菜品提出宝贵的评价和建议。如果反馈是积极的，公司将根据既定配方制备标准化配方。这一标准化配方不仅包括配料信息，还详细列出了营养价值和制备方法。通过使用标准的配方成本工作表进行成本计算，公司确保添加的新菜肴将为公司带来正的贡献利润。在将新菜品正式添加到菜单之前，行政总厨需要对食谱和配方成本工作表进行审批。只有经过总厨的批准后，这些信息才会被输入Foodtrak系统，从而确保两个门店的厨房都能够获得最新的菜单信息和标准化配方。

计分卡上的每日Foodtrack报告被张贴出来，供所有员工查看。这份报告包括了每日的结果和趋势数据。此外，每天还会举行列队会议，时间在10—25分钟。这个简短的会议旨在解决任何出现的问题，并让所有员工都能参与到讨论中来。会议内容包括每日公告、顾客反馈、菜单项目描述和展示方法，以及菜单特色菜的样品展示。为了加强轮班和餐厅之间的沟通，餐厅和总部的经理会在轮班之间举行简短的电话会议。这确保了信息的及时传递，从而在两家餐厅的用餐队伍中都能对遗留事项进行及时评审。这种沟通机制还为高级领导提供了一个机会，使他们能够强调当天特定的经营概念，确保所有员工都清楚自己的职责和目标。

在执行这些过程期间，通过声音系统（见表5–13），捕 获来自过程内顾客和雇员的意见和建议。通过使用声音系统，公司能够快速评估过程的绩效，并采取必要的措施在问题升级为投诉之前进行纠正。通过频繁沟通和定期的绩效评估来收集供应商和合作伙伴（例如，食品递送服务分销商）的声音，从而确保关键过程的成功。

表5–17展示了关键支持过程所使用的过程内及过程后指标。这些支持过程的管理方式与价值创造过程相似，小组领导负责管理和改进绩效。在日常运营中，通过将员工培训与标准化工作过程相结合，包括精益管理系统等管理领域的元素，确保关键绩效需求的满足。同时，支持过程受到Foodtrak系统的电子提示指导，该系统支持执行这些活动的标准化。当对过程进行改进时，任何变化的内容都可以通过在系统内更新过程的步骤，实时推送给所有员工。此外，支持过程的员工在每日的列队会议中将活动与服务

顾客的相关价值创造过程联系起来。

声音系统在确保团队领导和团队在管理和改进支持过程中接收顾客输入方面发挥着关键作用。顾客输入是每月会议中支持过程标准评审的一部分。

兰克通过早期检测错误和缺陷，有效降低与检查、测试和审核相关的成本。过程中设立多个检查点，如巡检和列队会议，确保过程按预期执行。尽管健康部门审核不频繁（通常每年只有一次或者两次），并且是以突袭的方式，兰克仍保持高清洁标准，并超越规定。每周的“预审核”由烹饪艺术项目学生执行，作为培训和强化手段，既经济又高效。这些措施防止高额罚款，使兰克在卫生部门审核中得分高，从未收到罚单。

> ——检查、测试审核成本最小化

为了降低检查、测试和审核支持过程的成本，这些过程需要经过经理和团队领导的定期评审，以确保过程符合标准并保持性能。在执行评审期间，经理每月对支持过程的绩效指标进行评审和报告，以确保过程的有效性和效率。作为供应商管理过程的一部分，供应商需要参加每月的会议，并经常参与餐厅的日常运营。此外，通过在外包服务合同中明确过程观察和报告的责任，可以有效地处理外包服务的检查和审核费用。以外包工资处理为例，这是一个要求非常高的领域。为了确保高效和准确的工资处理，兰克公司选择了一家在该领域处于行业领先地位的全国性公司作为外包服务提供商。

6.2b 数据与网络安全

FTD 的厂商作为关键合作伙伴，在协议中明确规定由一名技术服务代表负责远程监控系统性能，包括对知识管理模块中的用户反馈输入进行监控。这一安排确保了在餐厅运营期间能够获得必要的技术支持。此外，网络安全、备份系统的运行和镜像数据库的建立，都为监控过程中的数据安全提供了坚实的保障。

> ——确保可用性、完全性和用户友好性

在个体位置办公环境中，局域网（LAN）通过冗余的直连线进行连接，这种直连线由本地电话公司按照协议约定进行维护。广域网（WAN）系统在网络结构上位于一个防火墙之后，以控制外部源的访问。此外，所有本地无线网都经过了安全加密配置，以确保数据传输的安全性。

——紧急情况下的持续可用性

兰克制定了灾备计划，以满足业务需求。该计划包括备用电源，以确保系统在断电时仍能正常运行。此外，所有数据都进行每日的场内和场外双重备份，以防止数据丢失。为了应对硬件设备故障，所有场所都配备了相应的替代设备。

紧急系统响应协议规定，在硬件故障发生后，应在24小时内进行故障硬件的替换。在灾害发生时，毁坏的系统硬件应在12小时内得到替换。同时，所有的顾客沟通系统应在24小时内完成替换。

6.2c　安全性、业务持续性和弹性

——财务资源可用性

为了支持兰克的运营和计划，财务资源的确定和分配遵循战略规划的年度预算程序。在这一过程中，每个部门会提交预算请求，以满足其“按原样”继续运营的需求。这些预算请求支持运营活动和维持现有业务。除了“按原样”运营的预算外，各部门还会提出预算分配和成本效益分析，以实施战略规划期间概述的行动计划。这些行动计划可能包括新的商业投资或其他需要大量投资的计划。一旦所有预算请求提交完毕，领导团队会对这些请求进行评审，并根据运营和投资优先级对它们进行优先级排序。资金会根据优先级适当地分配，确保公司的财务资源得到最佳利用。对于未能获得资金的预算项目，将与相关人员进行讨论，探讨备选方案或可能延迟活动的可能性。这一过程确保每年对每个运营领域的财务风险和新投资的财务风险进行评审，从而确保公司有限的财务资源得到最佳利用。

——运营安全性、持续性

兰克公司的备灾计划旨在确保在灾难或紧急情况发生后，公司能够在合理的时间内恢复运营。这一计划由BE总监负责管理，并确保IT系统的备份和可用性。该计划不仅关注IT系统的恢复，还注重员工的安全，确保员工在紧急情况期间和之后都知道如何安全返回工作岗位，并帮助公司恢复正常运营。该计划涵盖了一般业务紧急情况的应对程序，以及南德州特有的灾害情况，如龙卷风、飓风、突发洪水

和雷暴等。

7 经营结果

7.1 产品与服务结果

7.1a 产品与服务结果

在服务业中，第一印象对于顾客满意度和忠诚度至关重要。而在餐饮业中，与顾客的首次接触更是重中之重，因为它直接影响到顾客对餐厅的整体评价。等待就座的时间（有预订或无预订）和上菜时间成为衡量餐厅服务质量的关键标准。对于等待时间，有预订和无预订的衡量标准是不同的。对于有预订的顾客，衡量的是从预订到达餐厅的平均等待时间。而对于无预订的顾客，则是顾客到达餐厅后等待就座的平均时间。这两项标准在午餐和晚餐高峰期，即餐厅一天中最繁忙的时间段进行衡量，更具实际意义。首次服务等待时间则是另一个重要的衡量标准，它指的是顾客到达餐厅后，从坐下到上任何食物或饮料（如面包卷、水、葡萄酒）之间的平均时间。这个时间间隔能够直接反映出餐厅的服务效率，是顾客对服务质量感知的关键因素。这些标准的测量结果能够反映出餐厅服务的稳定性，以及是否有持续改进的迹象。图5-8中的数据显示了这些关键衡量标准的稳定改进，这正是DINERS改进过程取得成功的体现。

为了确保食物的品质和顾客的满意度，兰克的厨师和其他工作人员采取了多项措施来评估食物的可接受性。这些措施包括食物的正确呈现、适当的温度和及时的递送（见图5-9）。这些标准不仅关乎食物的口感和风味，还涉及顾客对餐厅的整体体验。为了验证这些措施是否达到既定标准，兰克公司采用了一种名为“声音”的方法来收集顾客反馈。该方法包括口头和现场的顾客满意度调查，这是本章3.1所述的“声音”方法的一部分。

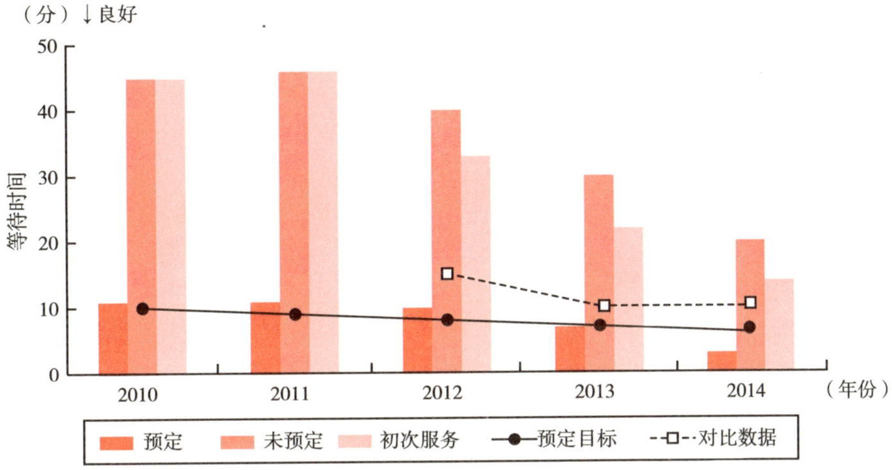

图 5-8　等待坐下的时间和等待服务的时间

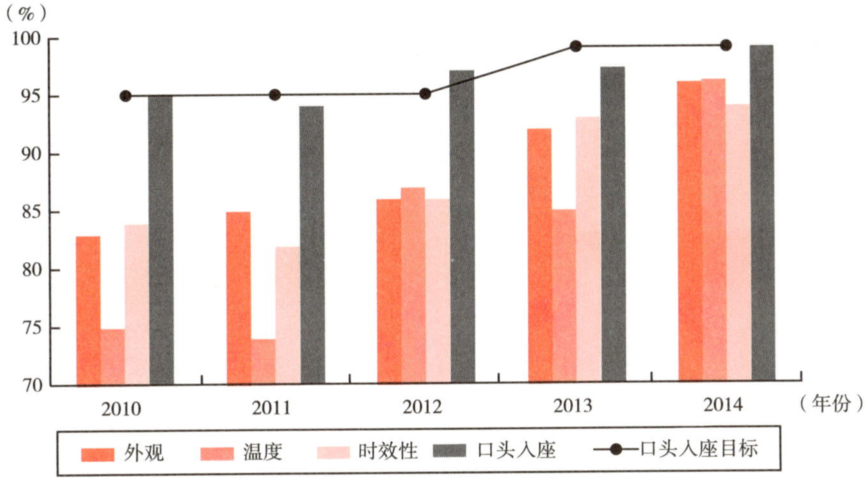

图 5-9　餐食接受度的标准

订单准确性对于顾客来说是一个至关重要的因素。兰克公司密切监控第一次捕捉顾客需求的能力，并确保订单能够准确地反映顾客的意愿。例如，如果顾客在点餐时明确表示想要土豆泥而不是烤土豆，那么餐厅必须确保订单中准确地反映了这一要求。兰克的餐厅、餐饮、外卖和HMR送餐服务的结果如图5-10所示。该图表中还包含了来自外部顾客满意度调查的比较数据，该调查确定了每个市场的“最佳竞争对手”。对于本项目中的结果，竞争者1位于休斯敦，竞争者2位于加尔维斯顿。

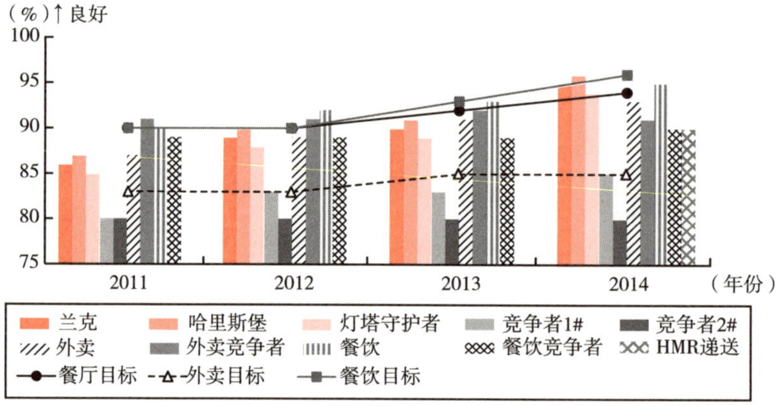

图 5-10　订单准确率

服务和产品的质量是任何餐厅成功的关键因素，而衡量这些质量的最直接方式就是顾客对它们的接受程度。退单率作为一个重要的指标，反映了因烹饪错误或订单履行问题而退回的订单百分比。这些问题可能包括牛排的烹饪程度不符合顾客要求，或者订单中缺少某些食材或替换了错误的菜单项。兰克公司通过图5-11所示的退单率数据，密切监控两家餐厅的服务和产品质量。这些数据不仅揭示了存在的问题，还帮助餐厅管理团队定位并解决这些问题，从而提高顾客满意度。

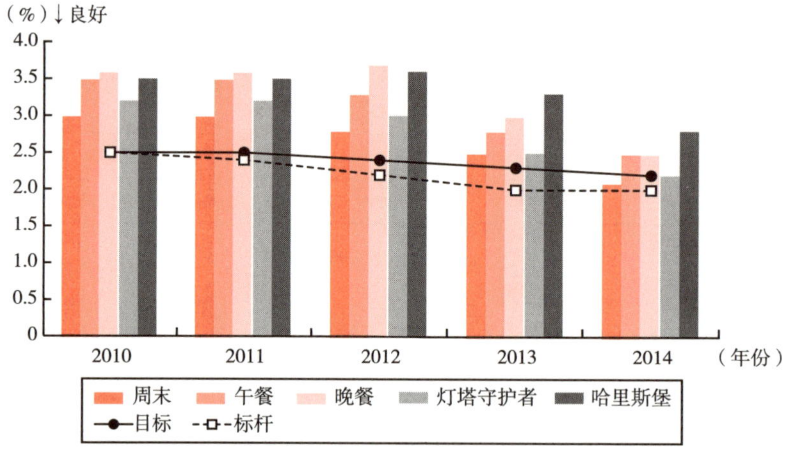

图 5-11　订单退回率

及时交付订单对于餐厅顾客而言是一项至关重要的服务标准，无论是在餐厅就餐的顾客，还是选择外卖服务的顾客。事实上，对于餐饮和外卖业务来说，配送的及时性显得尤为重要。兰克公司密切关注配送服务的结果，并将数据分解为适当的部分进行分析。通过图5-12所示的配送及时性数据，兰克公司发现其餐饮服务的及时性表现一直是一流的。与此同时，外卖服务的及时性在过去一段时间内有了显著的提高，现在已经超过了最佳竞争对手的水平。

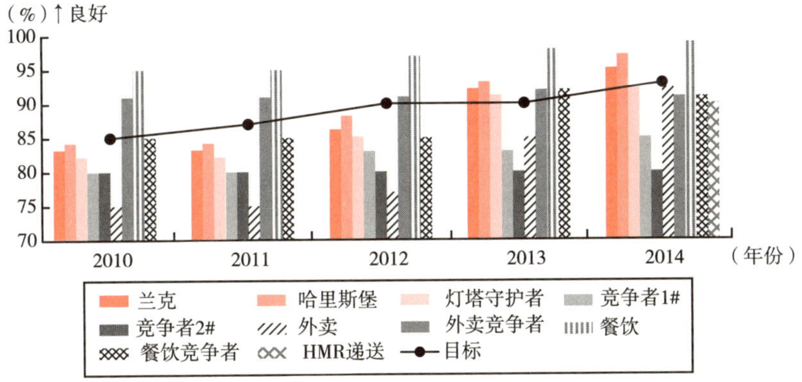

图 5-12　送达及时性

烹饪时间（见图5-13）是衡量厨房工作人员准备订单所需的时间。由于菜单项目和食物制备方法的多样性，不同厨房或餐厅之间的基准可能存在差异。为了提高工作效率，兰克一直在努力改善烹饪流程，并始终遵循安全的烹饪方法和标准食谱。缩短烹饪时间对于提高顾客满意度确实是一个优势，然而，需要注意的是，为了确保食物的口感和品质，平均烹饪时间不应低于10分钟。

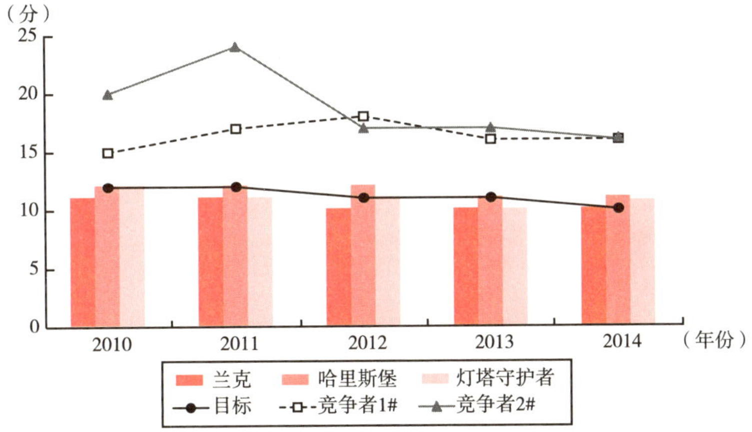

图 5-13　烹饪时间

服务员提餐时间（见图5–14）衡量的是当餐食准备好时，服务员从厨房提取食物并送达顾客所需要的时间。兰克公司非常重视提高服务效率，努力提升时间敏捷性，兰克公司引入了FDT系统，该系统有助于促进厨房工作人员和服务员之间的沟通。为了确保数据的准确性和可靠性，比较数据是通过非正规餐厅团体成员的报告收集的。此外，员工餐饮报告和秘密食客协会报告也用于验证这些数据。

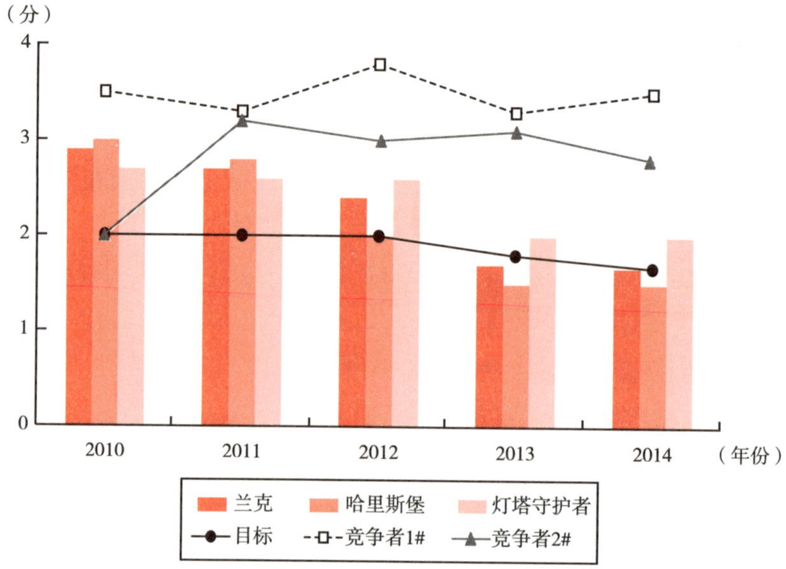

图 5–14　服务员提餐时间

与顾客最初接触时的问候和安排座位一样，餐桌的清洁度（见图5–15）也是给顾客留下第一印象的重要因素之一，直接影响到顾客对餐厅的整体印象和用餐体验的满意度。为了确保餐桌清洁度的标准得到遵守，餐厅需要对餐桌的清洁度进行全年监测，并计算平均分数。这个平均分数可以作为餐厅是否达到过程要求的一个指标。根据图5–15，餐桌清洁度的最高得分是6.0分。

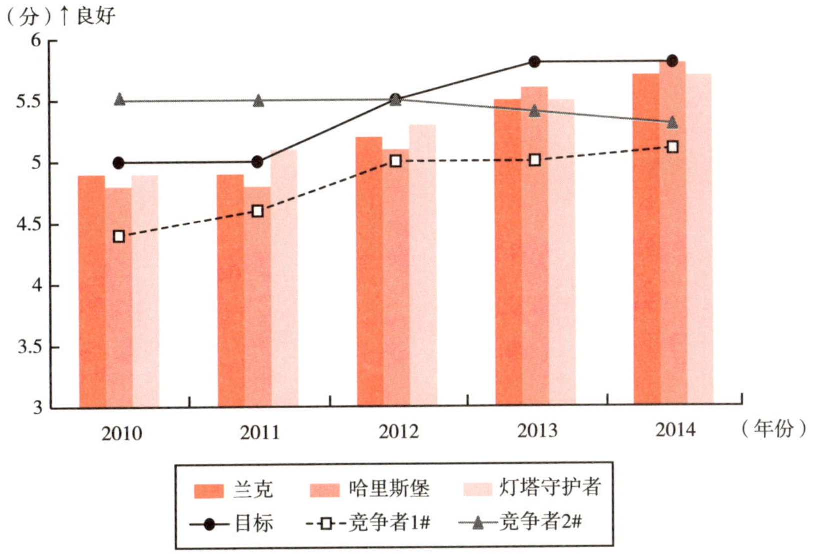

图 5-15　餐桌清洁度

7.2　顾客结果

7.2a　顾客结果

7.2a（1）顾客满意

图5-16展示了两种类型的顾客满意度调查的详细结果。外部调查是由外部第三方全年进行的，并在年底进行汇总和详细分析。内部调查则是根据随支票一起提交或在线输入的调查结果编制的。这两种调查都采用了李克特量表，从1到5，其中4表示“满意”，5表示“非常满意”。除非特别说明，本项目的结果只显示了四和五评级的综合百分比。这些调查的结果揭示了2011年9月11日恐怖袭击对顾客满意度的影响，也反映了在2011年和2012年实施的三大改进措施的效果：实施顾客至上培训、调整Foodtrak系统，以及优化流程以改善周期时间和服务质量。

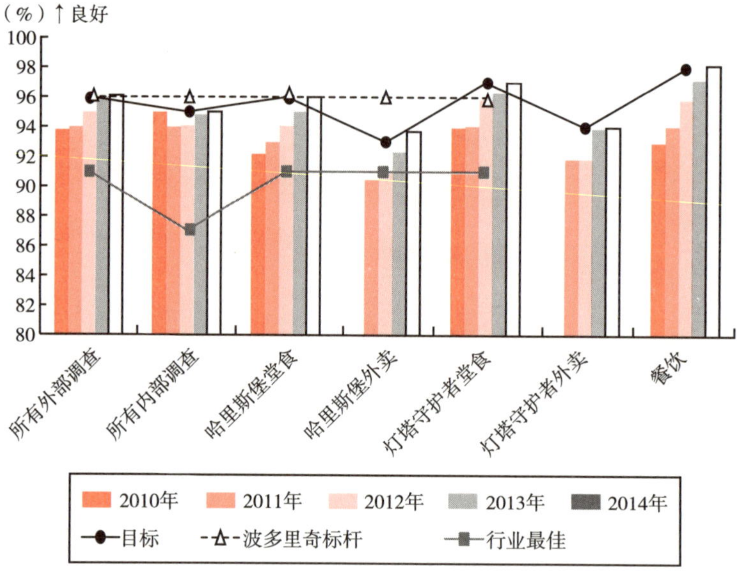

图 5-16　总体顾客满意度

在最近的一次调查中，我们关注了顾客对就餐体验的质量满意度。图5-17为我们内部调查的结果。从图中可以看出，兰克公司的顾客对质量的满意度呈现出持续上升的趋势。我们注意到，商务顾客的满意度最高，更令人欣喜的是，家庭和旅游顾客群体的满意度也有显著提高。

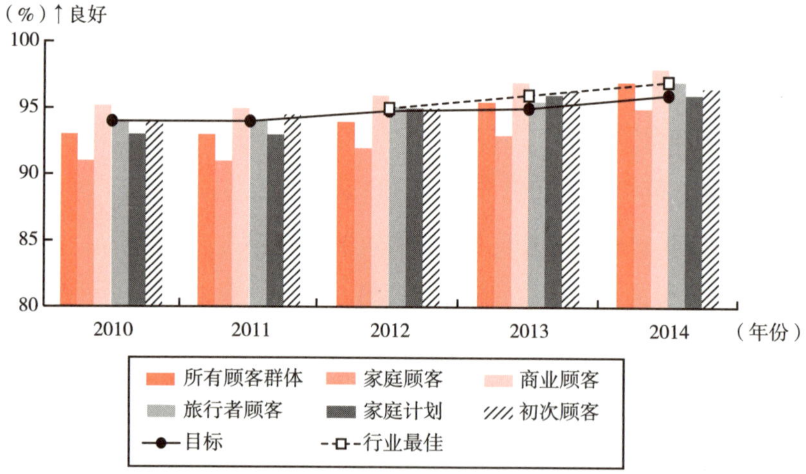

图 5-17　顾客满意度（内部调查）

根据本章3.1a所述，该过程包括频繁的口头检查点，这些检查点是员工要求顾客提供反馈的特定时间。这些检查点的目的是监控整个过程并评估顾客的满意度水平。在各个领域中，员工和顾客都可以提供正面或负面的评论。这些评论的数量被详细记录并输入Foodtrak系统中。Foodtrak是一个用于跟踪、分析和改进餐饮服务的软件工具。表5-18展示了九个主要评价领域的汇总结果。从图中可以看出，在许多领域中，正面评论的比例有了显著增加。

表 5-18　汇总口头评论样本　　单位：%

正面评价领域＼年份	2010	2011	2012	2013	2014
食品质量	97.4	97.9	98.2	99.1	99.7
食品外观	91.8	91.2	93.1	95.2	95.7
食品递送	88.5	88.3	88.5	89.1	89.4
食品周期	88.0	88.1	88.4	88.6	92.3
服务员礼貌	93.5	94.1	95.5	95.3	96.1
主动问候	98.5	99.1	99.5	99.2	99.4
预定	99.5	100.0	100.0	100.0	100.0
等待时间	77.5	76.5	81.5	88.3	93.1
菜单选择	98.0	98.3	98.6	99.1	99.4

除了通过顾客调查和口头检查点收集的反馈外，还有其他方法可以了解顾客满意度，如图5-18所示。一种方法是通过秘密食客协会进行的调查。秘密食客协会是一个独立的调查机构，它定期向参与调查的餐厅收集顾客反馈。《秘密食客协会报告》每季度提供一次，并每年提供一次汇总报告，以便餐厅了解其顾客满意度的总体趋势和表现。另一种方法是通过员工用餐报告了解顾客满意度。这种报告与秘密食客的数据进行了一致性和趋势的比较，提供了一个内部视角，帮助公司了解员工对餐厅服务和顾客满意度的看法。这些数据可与其他多种来源的结果一起进行分析，如口头检查点（见图5-16）和来自顾客调查的输入（见图5-16和图5-17）。

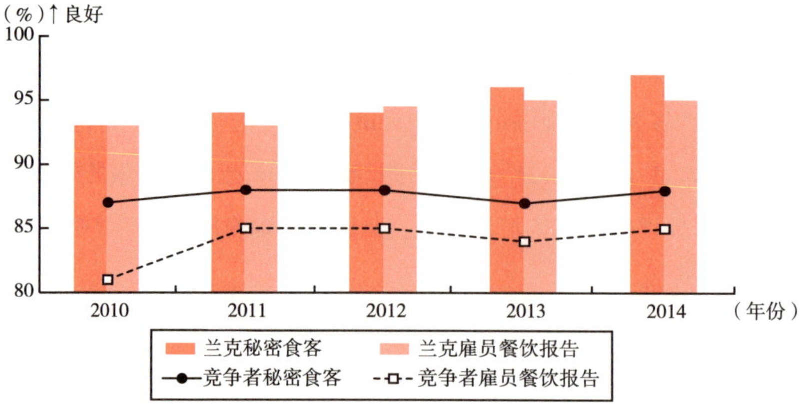

图 5-18　秘密食客协会和员工用餐报告

兰克公司对两个关键指标进行了综合分析：投诉和由于顾客不满意而获得的免费餐食（“补偿”）。这些指标是衡量过程绩效和顾客不满的重要标准，如本章3.1a所述。图5-19展示了用餐前、用餐期间和用餐后的投诉数量，以及所购买物品的价值。在兰克公司，顾客在用餐前和用餐过程中的反馈，包括抱怨，是被鼓励的，并且被视为积极的，因为在这个时候解决问题实际上可能会提高顾客的满意度。然而，用餐后的投诉更难以解决，因此它们被视为更能体现问题，并且更适合用于对过程绩效的监控。免费餐食的比较信息是通过非正式的餐馆联盟获得的。值得注意的是，2008年，兰克公司将投诉的定义扩大到包括任何被认为是负面的评论或行为。由于竞争对手没有采用这个更高的标准，兰克公司的实际表现优于展示的结果。

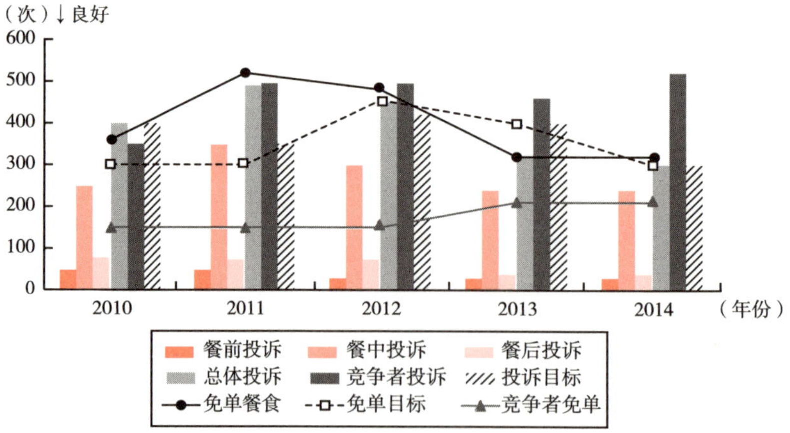

图 5-19　投诉及由于顾客不满而免单的情况

7.2a (2) 顾客感知价值

顾客留存率，包括回头客的比例，是衡量顾客满意度的关键指标之一。图5–20展示了餐馆和餐饮顾客的顾客留存率结果。顾客留存率是通过计算在12个月内至少在餐厅就餐或使用包餐多于一次的顾客百分比来衡量的。从图5–20中可以看出，两组顾客的留存率都很高，这表明兰克公司的顾客关系建立活动取得了成功，如本章3.3所述。

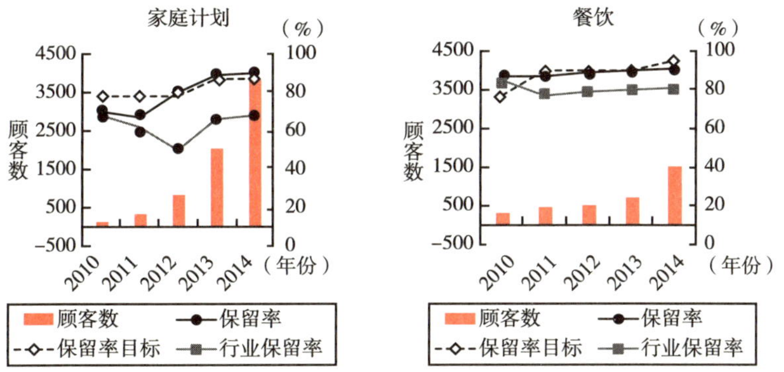

图 5–20　顾客保留情况

图5–21展示了从各种渠道收到的积极推荐的数量，以及通过推荐转换为或加入常客计划的顾客百分比。从图中可以看出，最大数量的常规顾客推荐一直来自广告。另外，我们的家庭计划的现有成员似乎是最有效的推荐来源。基于这些分析结果，我们决定为推荐顾客加入常客计划增加奖励措施。

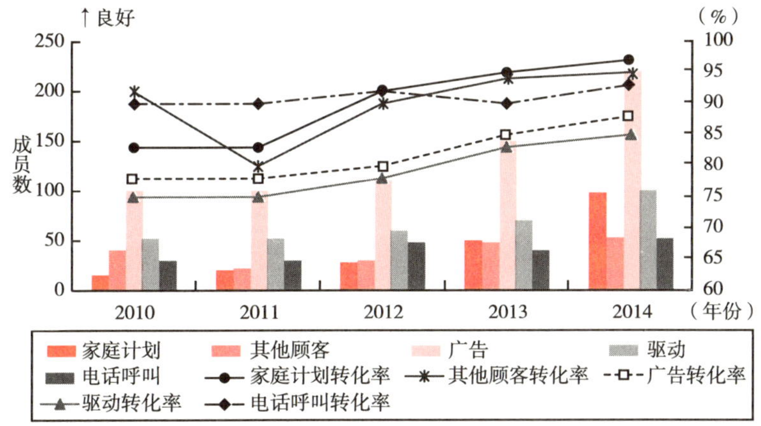

图 5–21　正面推荐情况

焦点小组是一种重要的市场研究方法，用于深入了解顾客的需求、期望和潜在改进领域。表5–19显示了最近从各个焦点小组获得的信息。

表 5–19　焦点小组结果

讨论话题	2014通用焦点小组	2014咨询委员会焦点小组	2014家庭计划焦点小组
对家庭计划逐渐增加的服务	√		√
菜单以及递送的可视表现	√		
在服务过程中对技术逐渐增加的应用	√	√	√
停车场的重新设计	√	√	√
菜单项调整建议（例如，增加苹果酱，使儿童饮食更加健康）	√		√
社区参与的新机会	√	√	√
广告建议		√	
加强道德与管理		√	
服务过程改进		√	

7.3　财务、市场与战略结果

7.3a　财务绩效

兰克公司衡量每个餐桌的毛利润（见图5–22），并将其作为通过餐厅采购联盟控制成本，同时通过上行销售增加销售有效性的一般指标。行业比较包括各种规模的牛排和海鲜餐厅，包括大型连锁餐厅，而小型餐厅比较仅限于规模与兰克相当的牛排和海鲜餐厅。在图5–22中，兰克通过与业内表现最好的1/4的餐厅进行比较，可以发现自身的优势和不足，从而针对性地采取改进措施，提升经营业绩。此外，图5–23展示了兰克公司所有者权益回报率的变化趋势。所有者权益回报率是向所有者提供的资本回报，是衡量公司盈利能力的重要指标。从图中可以看出，兰克公司的所有者权益回报率随着时间的推移而改善，这表明公司的盈利能力在逐步增强。此外，兰克一直超过小型餐厅集团的前1/4，并在过去两年中与行业的前1/4持平。

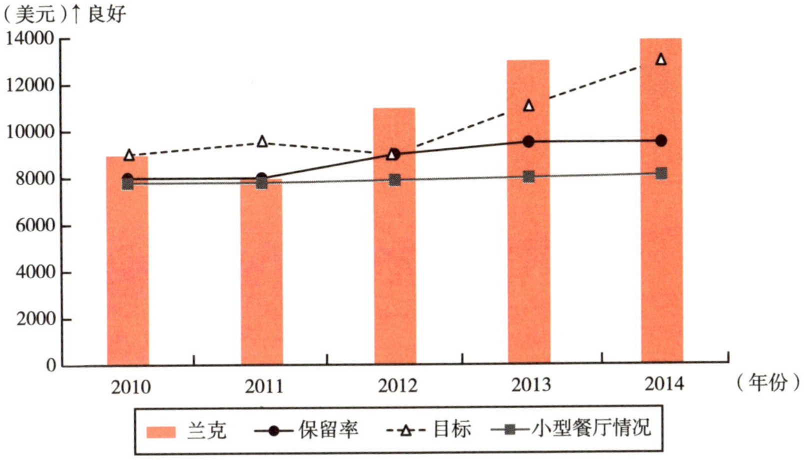

图 5–22　每餐桌毛利率

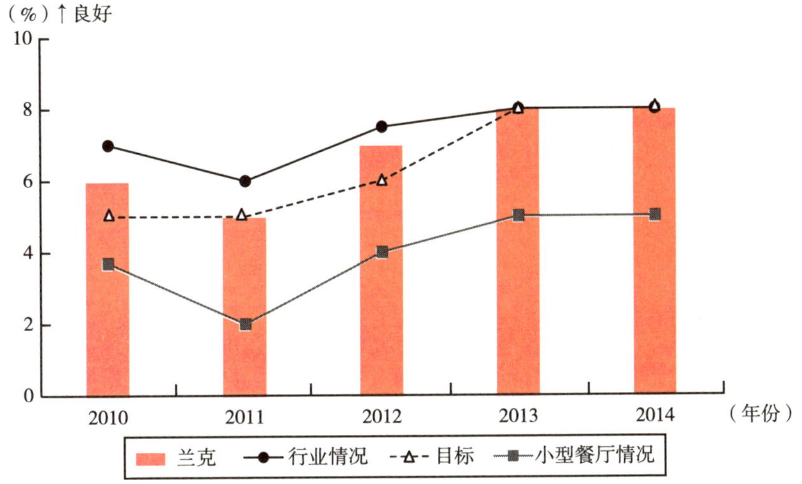

图 5–23　净资产回报率

流动比率是衡量企业用流动资产偿还流动负债的能力的重要财务指标。图5–24展示了兰克的流动比率，分为兰克1和兰克2两个层次。兰克1包含了3个月工资的准备金，而兰克2则不包含该准备金。兰克的目标是将平均比率（不包括准备金）维持在2∶1的水平。这个比率代表了一个安全网，也反映了兰克公司将利润投资于增长的良好信托政策。

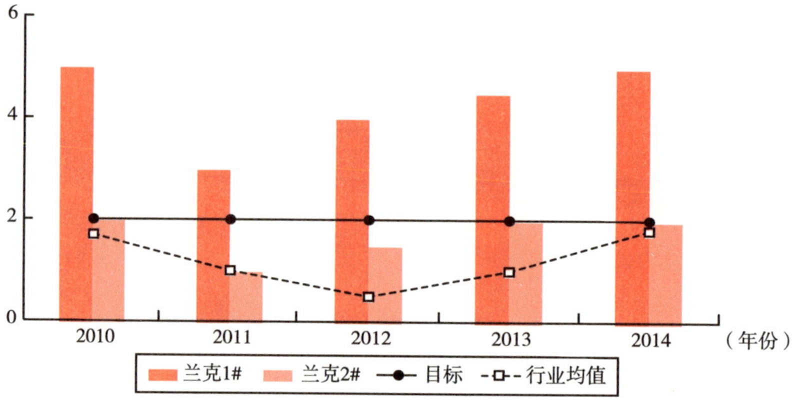

图 5-24 流动比率

表5-20为兰克公司2014年的损益表摘要。其他的年度数据可在网站获得。兰克公司追踪其损益情况，并将其作为销售总额的一个比率。此外，兰克公司还采用了FDT系统来实时生成信息。兰克公司的情况与行业标准中牛排和海鲜餐厅相媲美，这得益于其较低的成本和较高的每座销售额。通过降低成本和提高销售额，兰克公司能够获得高于行业标准的息税前收益（EBIT）。

表 5-20 2014 年损益汇总 单位：%

总结项	行业	兰克
销售额	100.0	100.0
销售成本	35.2	30.3
毛利	64.8	69.7
可控浪费	50.0	49.6
可控利润	14.8	20.1
占用成本	8.1	8.1
EBIT	6.7	12.0

兰克公司是秘密食客协会的会员，这使它能够与该地区的其他43家餐厅进行比较。秘密食客协会汇总并提供财务信息给其成员，还保护成员餐馆的名称，以确保隐私和比较的公正。尽管兰克公司在协会中是一家相对较小的餐厅，但它的收入增长与顶尖的秘密食客餐厅相比毫不逊色（见图5-25）。值得注意的是，所有参与比较的餐厅在2011年第四季度都遭受了严重亏损。然而，2012年，这些餐厅都呈现出惊人的增长速度。

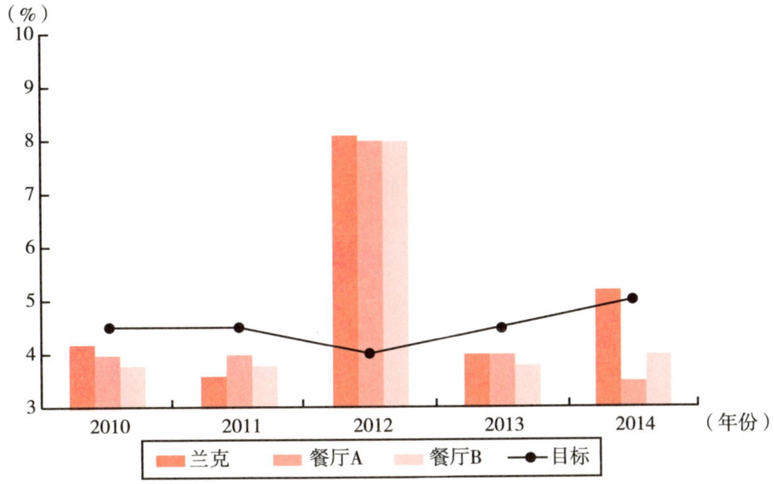

图 5-25　餐厅收入增长情况

7.3b　市场与战略绩效

兰克公司利用来自国家餐馆协会（NRA）的数据和来自秘密食客协会的信息来确定其市场百分比。兰克公司的目标是在当地小型牛排和海鲜餐饮市场保持10%的份额。如图5-26所示，兰克公司在2011—2014年市场份额逐年增加，正在逐步缩小与目标的差距。秘密食客协会从2014年开始追踪餐饮业的市场份额。哈里斯堡餐饮业最接近的竞争对手占有1.9%的市场份额，而兰克公司的市场份额略高于这一数字。此外，关于HMR送餐服务的市场份额信息目前不可用，因为在休斯敦地区没有其他竞争对手。

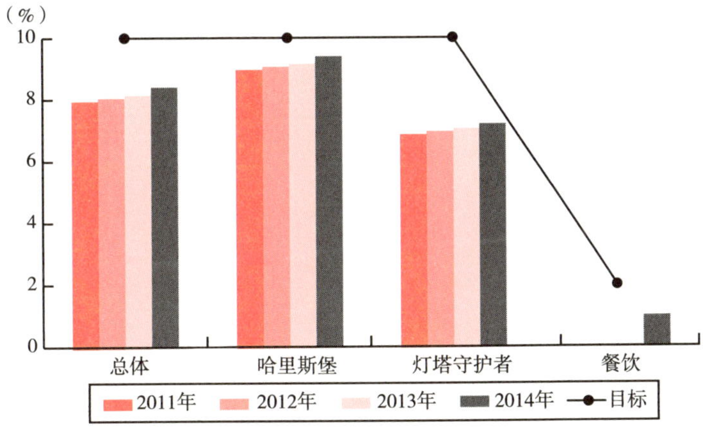

图 5-26　市场份额情况

兰克公司既不是休斯敦最大的餐厅，也不是加尔维斯顿最大的餐厅，但其上座率在休斯敦的餐厅中排名第三，在加尔维斯顿排名第一（见图5–27）。通过对就餐规模数据的分析，兰克公司重新配置了座位，从而提高了两家餐厅的上座率。此外，兰克公司的当前比率正在接近标杆餐厅的90%的水平，表明兰克公司正在不断改进和优化其业务运营，以缩小与业界最佳实践之间的差距。这种改进工作的催化剂有助于推动兰克公司进一步提高其上座率和其他关键绩效指标。

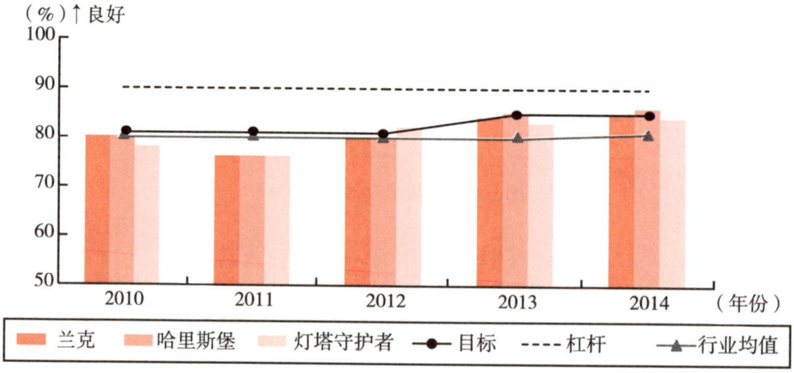

图 5–27　上座率

尽管外卖和餐饮收入来源已经存在了几年，但从商业角度来看，它们仍然被认为是“新”的。图5–28展示了这两条业务线的增长率，公司为了缓解自身和员工的压力，有意将其增长率保持在15%以下。此外，董事会增加了HMR送餐服务项目，该项目旨在采用类似的方法在不限制市场需求的情况下管理增长。值得注意的是，除了公司设定的目标之外，这种绩效衡量没有其他基准（见表5–10）。

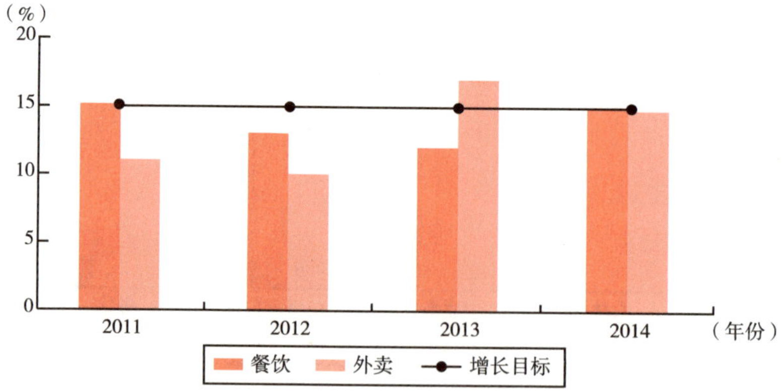

图 5–28　新服务的增长情况

7.4　人力与资产结果

7.4a　人力结果

——工作系统的绩效

兰克的工作系统测量反映了其对团队合作和员工发展的重视。一个关键的衡量标准是公司内部的小时工和受薪职位的比例（见图5–29）。兰克在2010年的策略规划过程中，决定以内部晋升为重点，以提高员工的留任率。图5–29和图5–31中的基准是基波多奇奖获得者的小时职位数据。

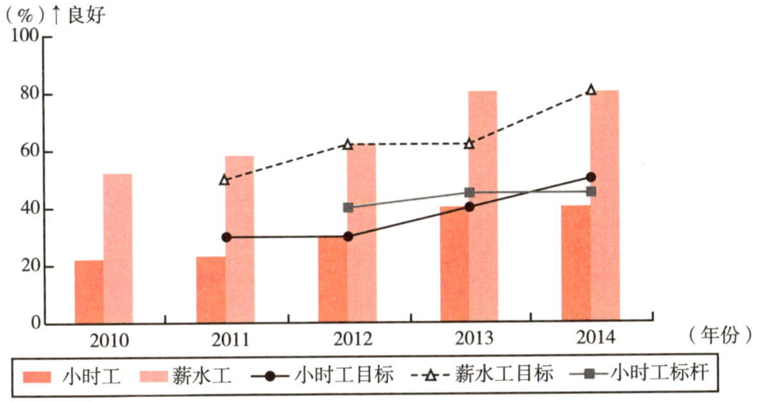

图 5–29　公司内部填充职位的百分比

兰克公司在另一项工作系统指标——招聘周期时间方面也取得了稳步进展（见图5–30）。招聘周期的缩短，特别是对于小时工而言，反映了DINERS小组过程改进的成功。该过程改进促进了招聘决策的快速筛选和沟通。

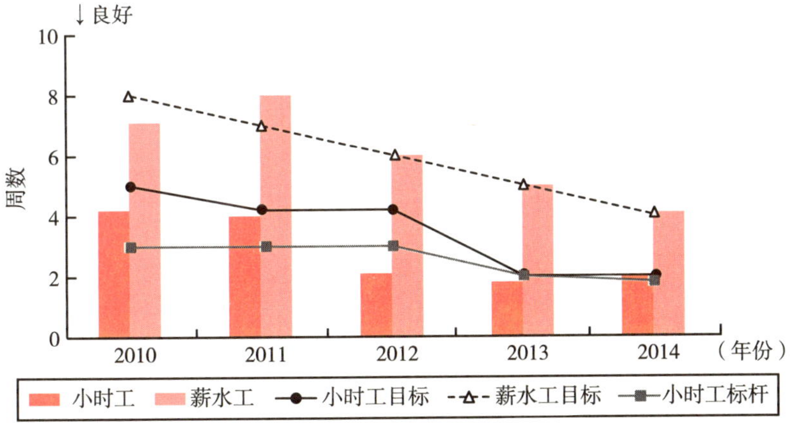

图 5–30　招聘周期

图5-31所示的兰克公司员工流动率情况表明，兰克公司的员工流动率低于行业平均水平，并且正在朝着标杆企业的水平迈进。该指标的行业平均值是通过国家餐馆协会（NRA）提供的数据得出的。

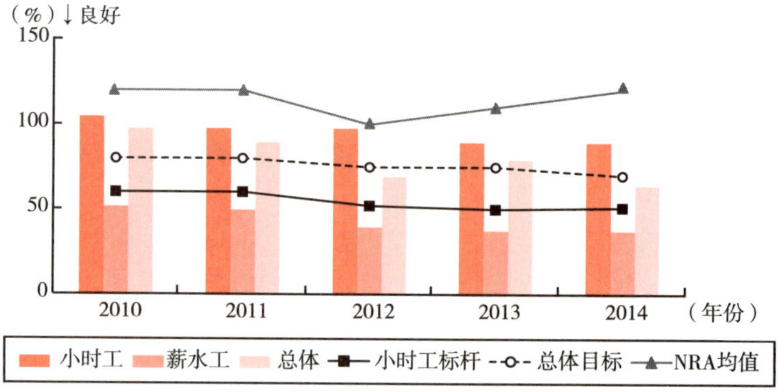

图 5-31　员工流动率

其他工作系统指标的结果，包括本章7.1和7.2所示的关键工作过程相关的指标，以及本章7.5所示的组织绩效结果。

——员工学习与开发

员工学习和发展的衡量指标之一是员工综合绩效评级。兰克公司采用李克特模型对员工进行评分，从1到5分，其中5分代表“优秀”。这种评级方法不仅提供了定量的数据，还为每个评级级别附带了相关的技能和属性描述。目前，兰克公司的目标是让78%的员工达到四级或五级。图5-32显示了自2010—2014年第四级和第五级的总评级百分比。

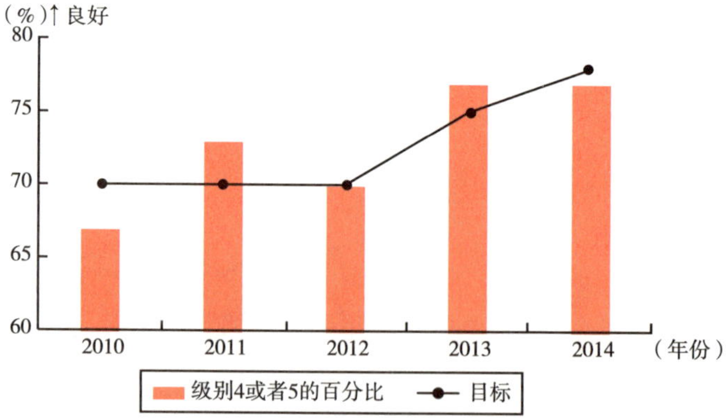

图 5-32　员工绩效水平

图5-33显示了兰克公司自2010年跟踪开始以来到2014年IRDP的目标百分比。从图中可以看出，兰克在这一领域取得了稳步进展，这种稳步进展与员工对自己IRDP的满意度之间存在相关性。达到IRDP目标对员工对其个人发展计划的满意度有积极的影响。

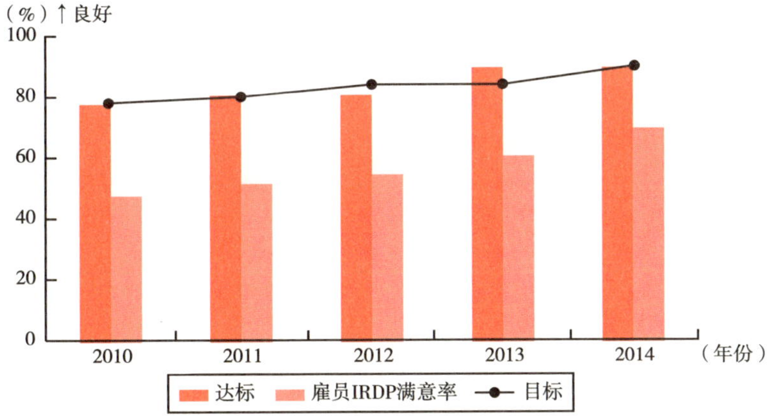

图 5-33　IRDP 目标

兰克公司通过制定和跟踪继任计划的管理和团队领导职位的百分比来衡量继任计划的实施效果。图5-34显示了兰克公司继任计划的完成情况。从图中可以看出，自2011年以来，兰克公司的管理层和团队领导职位的继任计划都取得了100%的完成率。

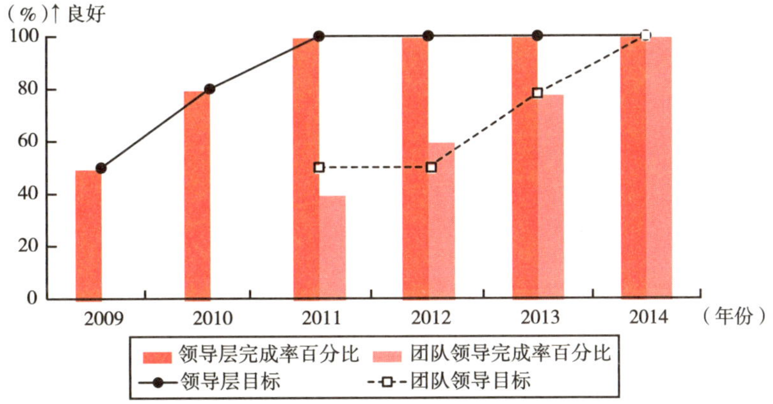

图 5-34　继任计划

对于小时工，兰克公司在短短两个月内对其进行至少两个岗位的交叉培训。对于在公司工作一年以上的员工，兰克公司为他们提供了至少三个职位的交叉培训机会。此外，我们有一些高级员工在四个职位交叉。图5-35显示了按这些标准对小时工进行交叉培训的结果。

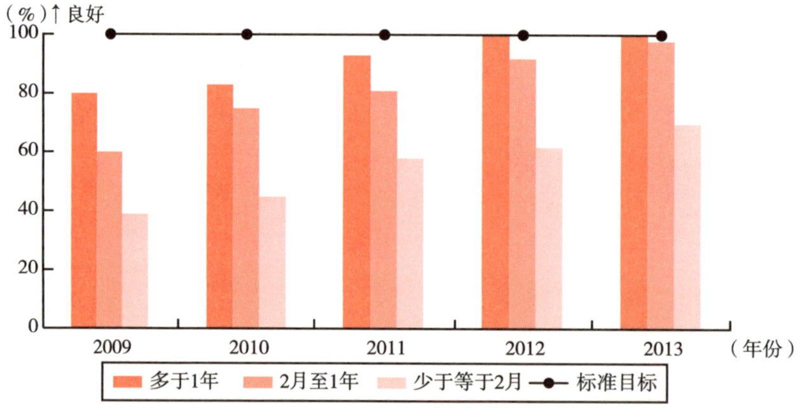

图 5-35　小时工交叉培训及标准

交叉培训还使公司能够控制与招聘相关的成本，包括控制FTE（相当于全职）员工的数量。兰克公司还采用随叫随到的员工来进一步控制全职员工的数量。图5-36显示，自从兰克开始交叉培训项目以来，已经成功地控制了全职员工的增长百分比。该项数据的行业平均水平来自NRA。

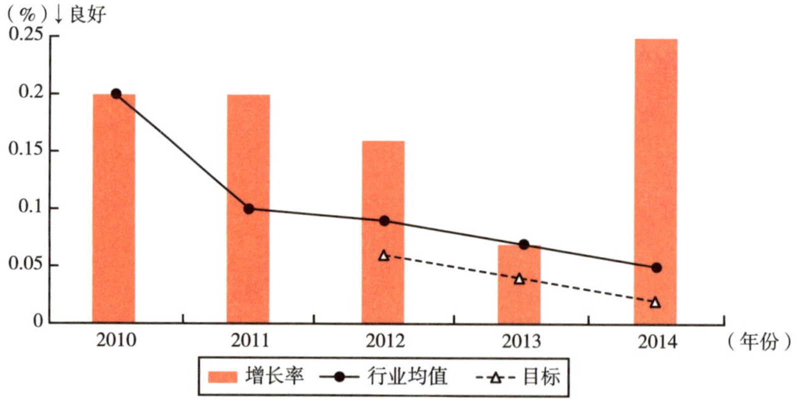

图 5-36　FTE 员工的百分比增长

兰克还注重将培训与改进的过程和绩效联系起来。例如，向服务员提供关于追加销售开胃菜的培训（如从薯条和萨尔萨到海湾虾）。培训完成后，通过跟踪和评估开胃菜的销售额，发现每台服务的销售额增加了5%。

——员工幸福感与满意度

由于服务业的员工频繁离职和快速变化，兰克每年进行两次员工满意度调查，并在年底计算平均得分。表5-21显示了按小时工和受薪岗位划分的最高员工满意度因素的结果。进一步细分的结果（例如，按地点和工作类型）可在网站上获得。调查结果反映了同意和强烈同意他们对各个领域的满意度陈述的员工的综合百分比。小时工和受薪员工的总体满意度稳步提高，2014年，这些员工群体的综合结果超过了2010年78%的目标（见表5-10）。该项指标的标杆是NRA 所做的类似的在全国调查中评出的最佳表现者。

表 5-21　员工满意度结果　单位：%

年份 小时工	2010	2011	2012	2013	2014	标杆（NRA 最佳）
主管胜任	43	48	55	54	56	65
竞争力的薪酬	55	61	65	68	77	85
竞争力的福利	55	64	63	65	69	80
工作—家庭生活平衡	63	65	71	74	76	75
尊重和认可	70	74	78	78	82	75
社区参与	64	66	64	67	71	65
综合	61	64	63	75	78	80
受薪工						
竞争力的薪酬	54	62	65	70	74	85
竞争力的福利	59	66	68	71	76	70
工作—家庭生活平衡	55	61	68	73	78	70
尊重和认可	71	74	77	78	83	75
社区参与	65	68	69	70	73	65
综合	65	68	67	77	79	80

兰克公司利用在离职面谈中收集的信息，追踪员工离职的主要原因（见表5-22），以了解主要的不满因素。兰克将其结果按小时工和受薪员工进行细分，并将其数据与最佳地区竞争对手（由秘密食客协会提供的信息确定）进行比较。兰克公司设定的目标是能够对95%自愿离职的员工进行离职面谈。2014年，兰克公司通过对100%自愿离职

的员工进行离职面谈，超额完成了这一目标。兰克公司不断改进工资、工时和福利，针对经理们对工作时间和工作与家庭生活平衡的不满意，兰克公司已经实施了各种行动来帮助他们改善这种平衡。

表 5-22　　离职的前几项原因　　单位：%

原因＼年份	2010	2011	2012	2013	2014	竞争者
小时工						
更好的薪酬	49	44	40	34	31	31
更好的工作时间	18	20	17	16	15	16
在期望职业领域找到工作	20	25	22	28	31	29
转行	8	10	14	18	20	17
受薪工						
更好的薪酬	26	27	21	22	25	24
更好的福利	10	11	13	14	13	16
更好的工作时间	55	51	48	46	42	35
转行	6	5	11	14	16	20

图5-37显示了兰克的工作环境指标的结果（见表5-15），包括违反安全性规定以及人体工程学和其他伤害的综合结果，以及员工的赔偿要求的结果。该项指标的标杆是之前的高质量发展成熟度奖获得者。值得注意的是，图5-37中没有显示OSHA和室内空气质量违规的结果。这可能是因为这些调查指标在过去7年中没有被实施或收集。

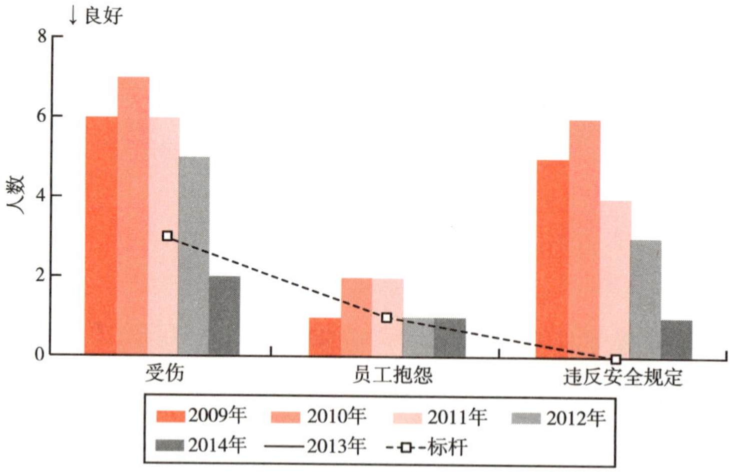

图 5-37　工作环境

7.4b　无形资产结果（略）

7.5　运营结果

7.5a　效率和有效性结果

人均收入（见图5–38）是衡量员工生产力的主要指标。与其他业务相比，餐饮服务的收入波动更大，因为订餐对经济变化非常敏感。当经济环境发生变化时，如经济衰退，商业顾客可能会选择较便宜的餐饮项目，从而影响餐饮服务的收入。本条目用于比较结果的行业平均值由NRA提供，除非另有说明，否则标杆即指同地区的同级别最佳饭店。此外，兰克外卖服务的结果也包含在这两家餐厅的数据中。然而，目前还没有新的HMR 餐饮配送服务的结果可供分析。此外，关于行政和会计人员的数据包含在图5–38和图5–41中的总体兰克结果中。

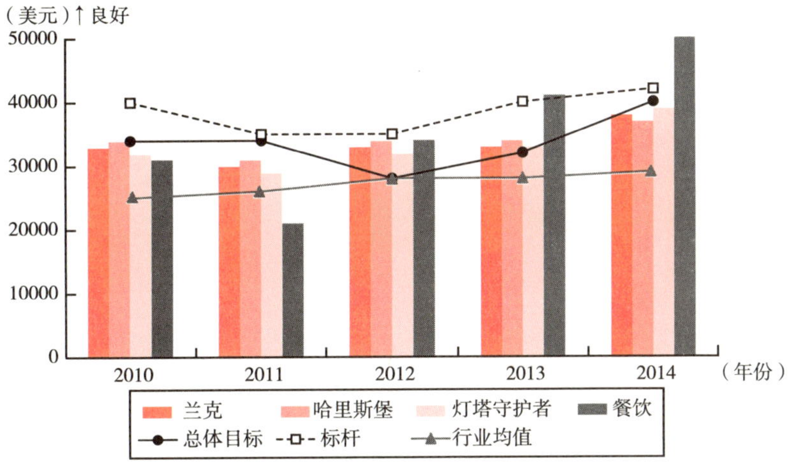

图 5–38　员工的平均收入

厨师服务量（见图5–39）是衡量生产力的另一项重要指标，它反映了每位厨师烹饪和上菜的平均数量。由于采用了高效的运营方式、Fooktrak的绩效提升和富有成效的员工，兰克公司已经能够在不增加厨师的情况下，准备出更多的食物。然而，2011年和2012年，由于整体业务量的下降，兰克的厨师服务量也随之下降。在这个时期，公司选择维持员工水平，以应对未来的增长。

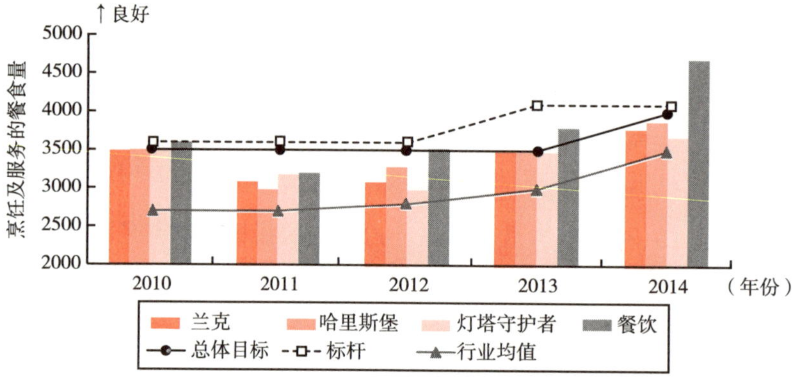

图 5-39 厨师服务量

主要成本是餐饮企业中与为顾客提供价值最直接相关的成本，通常由食品和人工成本组成（见图5-40）。这些成本在总成本中所占的百分比对于衡量企业的盈利能力至关重要。兰克公司在主要成本方面的表现一直在不断提高，并且已经超过了行业标杆。

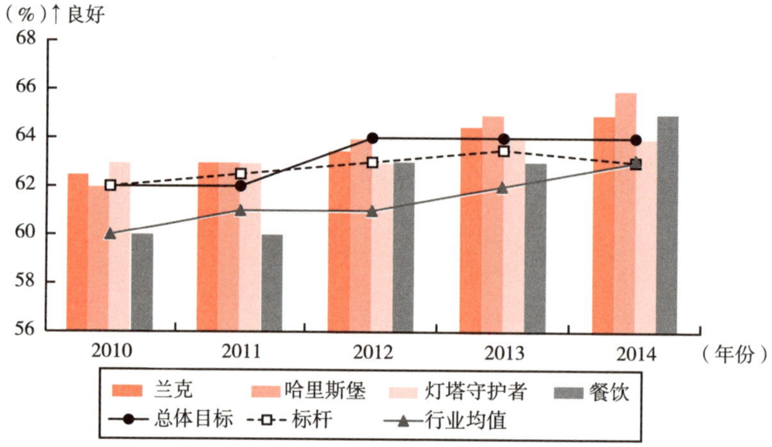

图 5-40 主要成本

每个员工的成本（见图5-41）是衡量成本控制效果的重要指标。该指标的计算方法是用销售成本和可控费用之和除以员工总数。在经济低迷的2011年和2012年，每个员工的成本有所增加。然而，2014年，这一成本已降至目标水平。值得注意的是，兰克的成本高于行业平均水平，这主要是由于公司需要拥有和维护历史建筑。历史建筑通常需要更多的维护和修复费用，这会增加企业的成本负担。

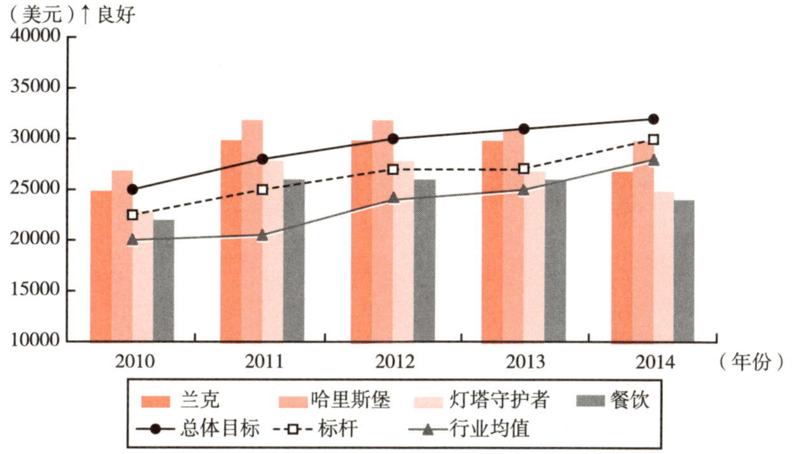

图 5-41　人均成本

新菜单项绩效是衡量菜单设计和再造过程有效性的重要指标，指的是新的菜单项被订购的平均数。根据兰克的预期，在最初的90天内，每周50个订单（大约共600个订单）是非常成功的表现。同时，根据NRA提供的行业标准，新菜单项绩效的行业平均值大概在490—500。自从兰克对菜单设计及重新布设过程进行了优化并扩展使用，新菜单项的订购数量显著上升，这表明该过程的有效性。图5-42表述了对每年引入的新主菜的采样。

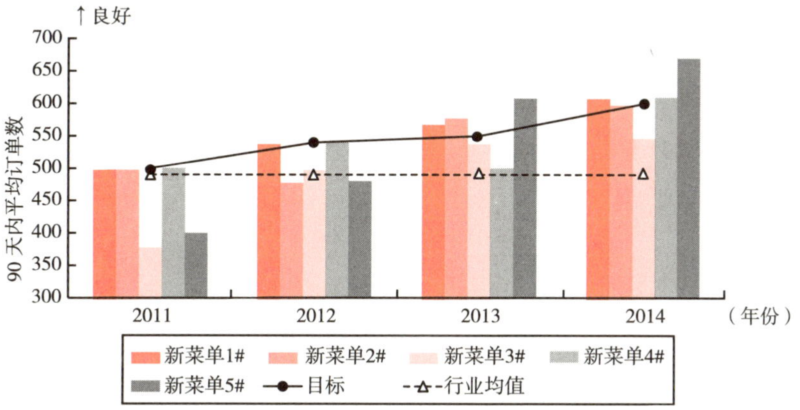

图 5-42　新菜单项绩效

菜单项开发周期（见图5-43）是衡量新菜单项或菜单项修改从构思到实际推出平均所需时间。兰克通过细化和扩展菜单设计和再造过程，显著地缩短了引入新菜单项所需的时间。一些新的菜单项甚至能够在同一天推出。值得注意的是，这个绩效指标是在分析2011年LSQA评价报告之后引入的，所以只有2012年及以后的数据可用。

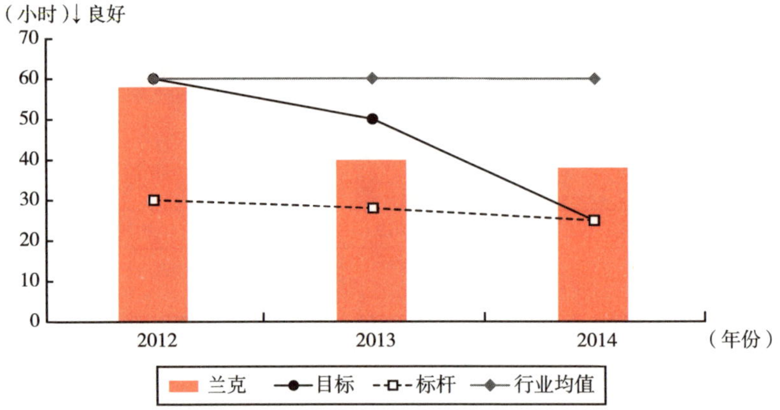

图 5-43　菜单项开发周期

菜单项短缺（见图5-44）是衡量顾客订购时无法获得的项目的百分比。兰克通过其Foodtrack系统电子订购程序跟踪这一指标。

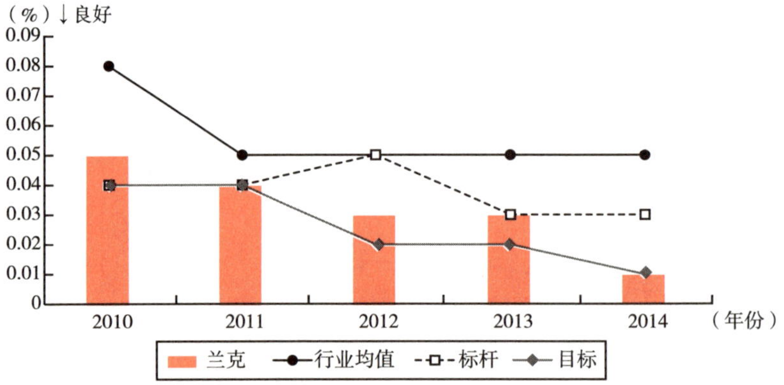

图 5-44　菜单项短缺

预审计分数（见图5-45）是兰克对社区学院烹饪项目的学生进行内部预审计演练的非官方结果。将审计前的评分与卫生部门的实际审计结果进行比较（见图5-56）可以看出，内部审计的评分比卫生部门的实际审计更加严格。这种仔细的检查有助于组织为超出卫生部门的要求做好准备。

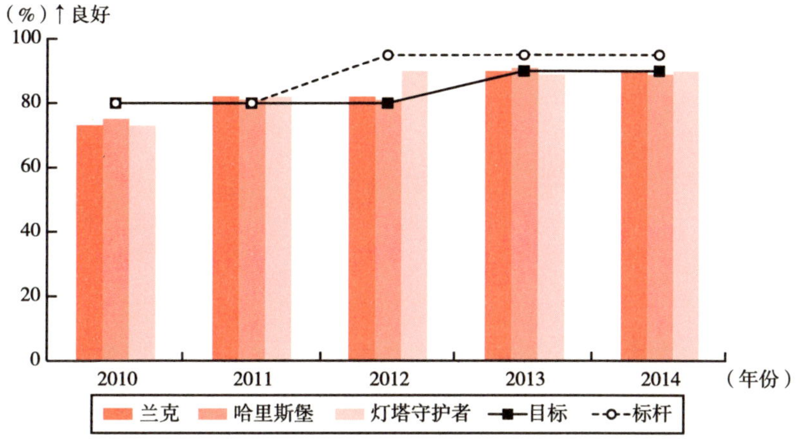

图 5-45　预审计分数

餐桌准备周期（见图5-46）是衡量在用餐之前，餐桌收拾准备所需的时间，通常以分钟为单位。随着时间的推移，兰克采用了一系列行业范围内的改进措施、工作流程的调整以及流程标准化，显著提高了餐桌准备周期这一指标的绩效。

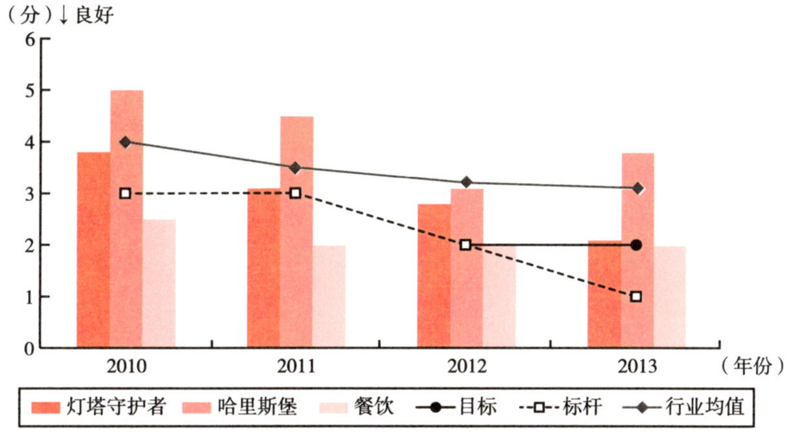

图 5-46　餐桌准备周期

腐败（见图5-47）是因变质和（或）过期而被丢弃的食品成本占食品总成本的百分比。通过与餐厅采购联盟的频繁沟通和密切合作，以及更好地使用Foodtrak系统进行供应商库存管理，兰克显著提高了这一指标的绩效。

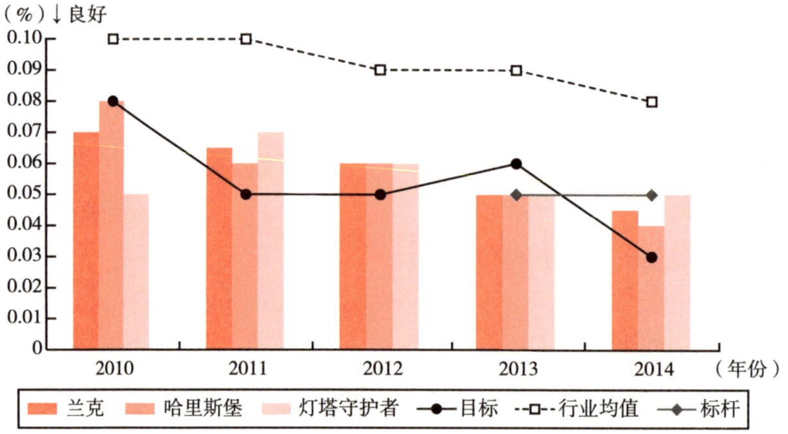

图 5-47　腐败

7.5b　供应网络结果

由于餐厅采购联盟的产品和服务构成了供应商成本的90%，因此，改进供应商绩效对于兰克来说至关重要。供应商在联合体中的表现（见图5-48）通过满足率和准时交货两个指标来衡量，这两个关键指标都呈现显著的改善趋势。满足率是衡量按订购交付的物品的百分比，供应商应该100%交付所下的订单。供应商准时交货是指按时交货订单的百分比，供应商应在24小时内（或在约定的时间范围内）交付订单。兰克通过关注供应商在联合体中的表现，特别是满足率和准时交货率，来改进供应商绩效。

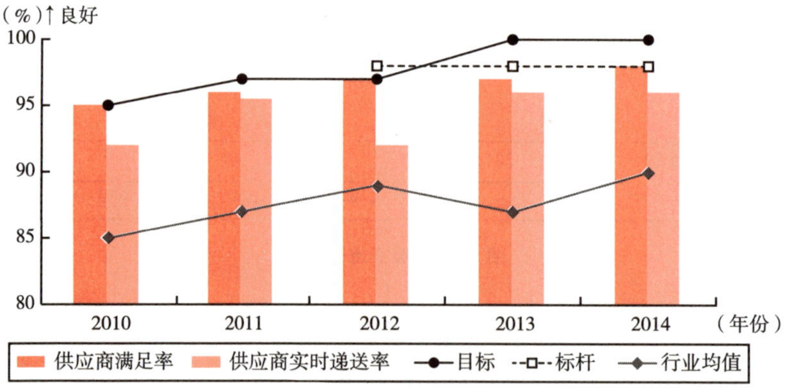

图 5-48　供应商绩效

系统可用性（见图5-49）是指系统在计划外停机的情况下，启动和运行时间的百分比。咨询台问题解决（见图5-49）是衡量IT供应商在兰克员工第一次呼叫时解决问题的能力的百分比。结果显示，在这段时间内，各种关系建立活动、更好的沟通和POS技术改进都对这两个指标产生了积极的影响。

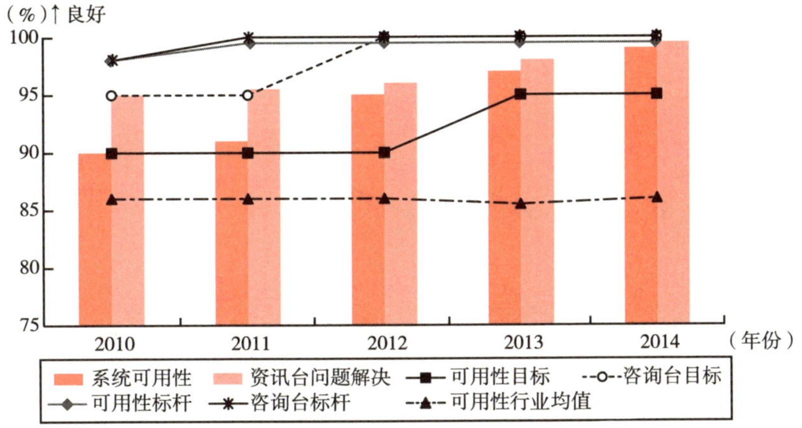

图 5-49　系统可用性和咨询台问题解决

收缩率（见图5-50）是指未计入销售或变质的供应品的百分比，是衡量食品供应和员工行为内部控制的重要指标。兰克通过增加对减少收缩和变质的关注，并为员工提供减少浪费的方法的培训，成功地将2014年的收缩率降低到接近前高质量发展成熟度奖得主的0.01%的基准。

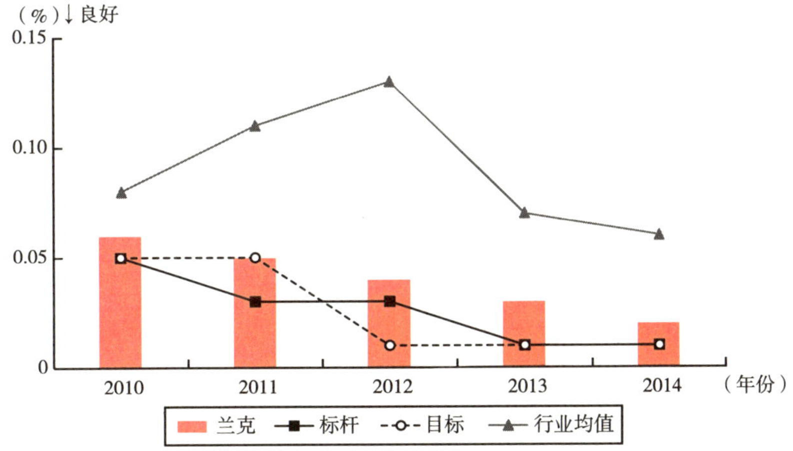

图 5-50　收缩率

改进过程节省（见图5-51）是每年使用DINERS改进过程的团队节省的成本百分比。兰克将改进过程节省作为一项关键绩效指标，并与标杆进行比较。标杆通常是同行业中的最佳实践或优秀企业，如最近的服务业高质量发展成熟度奖获得者。

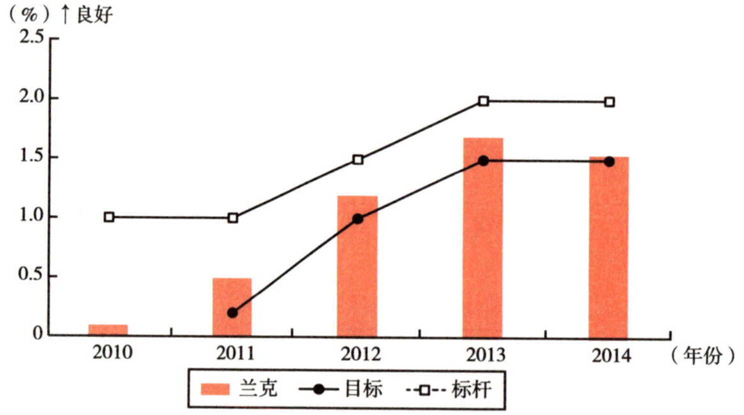

图 5-51 过程改进的节约

7.6 领导与治理结果

7.6a 战略部署

行动计划的成就可以通过第6章类目7的结果来显示，因为这些结果与在战略矩阵（见表5-10）中确定的指标直接相关，而这些指标被认为是战略计划成功的关键。图5-52显示了实现关键里程碑和最后期限的战略行动计划的百分比。

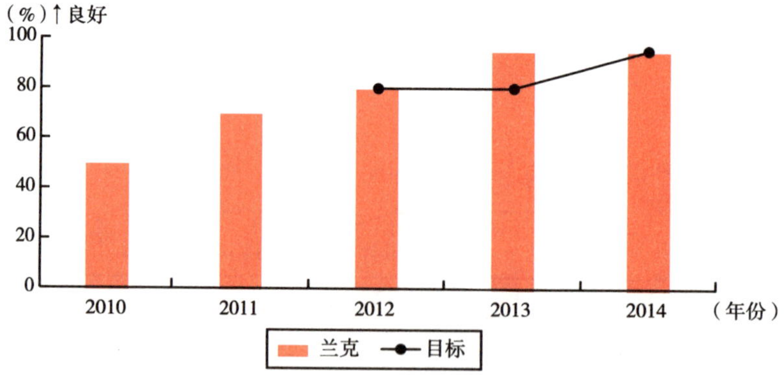

图 5-52 行动计划成就

7.6b　道德行为及利益相关者的信任

图5-53显示了“我确信所有员工都以道德方式行事”这一陈述的员工年度调查结果，以及“兰克员工始终以道德方式行事”这一声明的供应商年度调查结果。2009—2011年的调查结果显示，在李克特5分量表上，4级和5级回答（同意和非常同意）的综合百分比；然而，在2012年，该指标改为只包括“顶盒”（强烈同意）的回答，以便提供更多可操作的数据，并更好地与我们最好的竞争对手进行比较。由于秘密食客协会的所有成员都使用这些调查，兰克通过该协会获得比较数据。在这两项调查中，兰克的表现都超过了其最佳竞争对手。有关道德行为的其他指标（例如，违反行为准则，与道德有关的雇佣终止）的结果可在网站上获得。

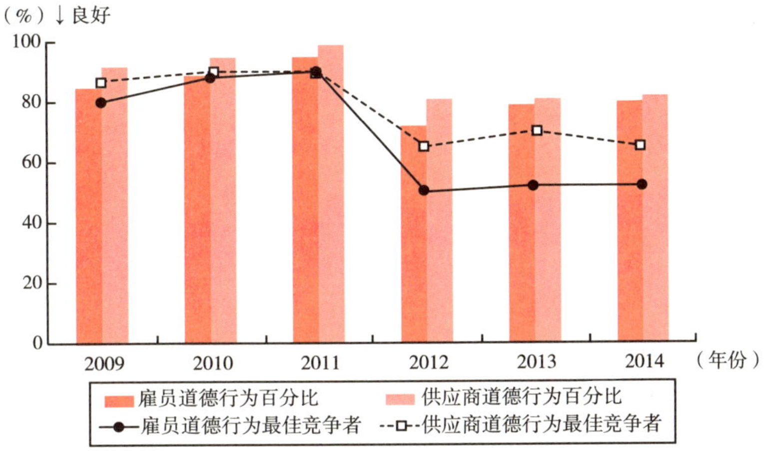

图 5-53　道德行为百分比

如前所述，该组织选择将其社区支持重点放在与其价值观一致的关键领域。表5-23列出了兰克2008—2014年在这些领域获得的部分奖项和认可。

表 5-23　2008—2014 年部分奖项目和认可

社区服务奖
休斯敦食品基金：Thanks a Ton奖（2010年，2011年，2012年，2013年，2014年）
加尔维斯顿食品分享节：关键赞助者（2012—2014年）
德州退伍军人协会：价值证书（2010年，2011年，2012年，2013年，2014年）
休斯敦城：体恤关怀奖（2012年，2013年）
Carol J. Angelard 酒店与饭店管理学院：荣誉堂（2012年）
美国红十字会灾难援助奖（2008年）

续表

历史保护奖
休斯敦大都市历史保护协会的创始成员（2013年）
休斯敦历史保护联盟：Good Block奖（2013年，2014年）
加尔维斯顿城历史联盟：价值奖（2012年，2014年）
德州历史保护协会：梦想家奖（2009年，2013年）
商业卓越奖
孤星质量奖（2012年）
查尔斯 S. 轮换年度企业家（2011年）
德州商会年度商业雇主（2012年，2013年）
休斯敦时报最佳工作场所——小型企业（2010年，2012年，2013年，2014年）

7.6c 财务责任

图5-54描述了内部和外部财务审计的结果。外部审计在2012—2014年没有发现问题。相比之下，兰克的内部审计通常更为全面，包括对流程的彻底评审。虽然这些审计结果没有发现财务报表存在任何违规行为，但兰克在审计过程中发现了一些过程的不足之处。这些不足可能表现为错过最后期限、格式错误的报告或其他流程问题。

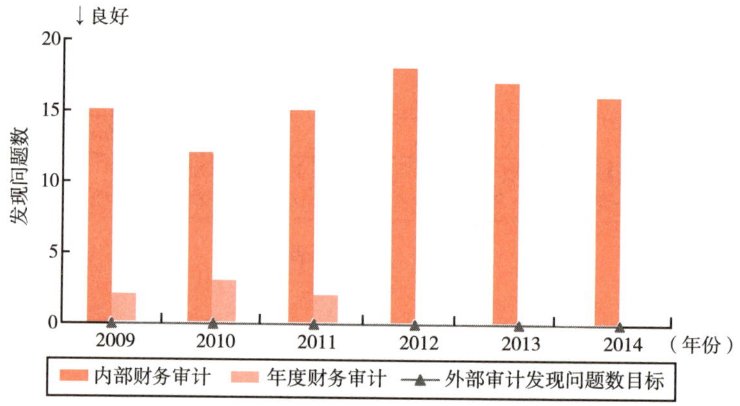

图 5-54 财务审计结果

7.6d 监管及守法

兰克在休斯敦和加尔维斯顿HHS部门的审计中一直表现出色，得分很高。如图5-55所示，兰克在2014年卫生部门审计（包括餐饮服务的食品准备）中的总体得分高于两个城市报告审计的前10%。这表明兰克的卫生和食品安全管理得到了高度认可。此外，在2008—2014年，兰克的任何一家餐厅都没有任何违反健康或食品安全法规的行为。

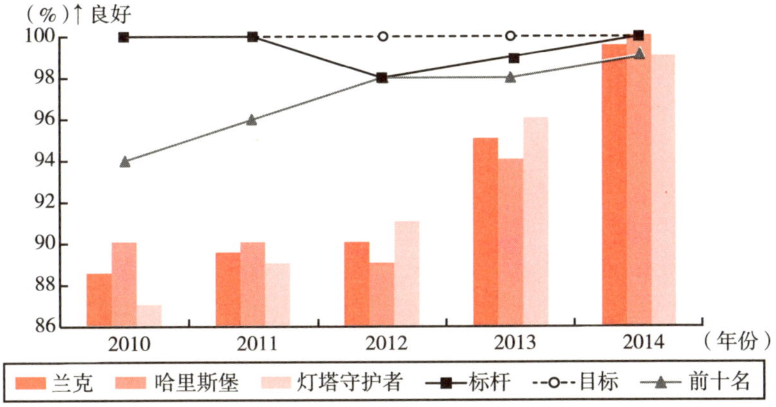

图 5-55　HHS 审计结果

表5-3中确定的法规遵从性的其他领域显示出兰克在遵守法规方面具有卓越的表现。例如，2010—2014年，兰克没有违反任何废物清除或任何与员工相关的法规（例如，与《家庭和医疗休假法》《员工退休收入保障法》《美国残疾人法》《职业安全与健康保障法》《公平劳动标准法》或《平等就业机会委员会》相关的法规）。兰克继续遵守所有的分区法规和许可规定，并且在两个地点进行了精心维护，作为其历史保护工作的一部分。这不仅满足了法规的基本要求，还在实际操作中超越了基本法规的要求。

7.6e　组织的公民化

兰克对其本地社区的支持是全年持续的。图5-56展示了兰克两个关键社区贡献活动的成果：餐厅周和晚餐捐赠。兰克每年都是餐厅周的重要参与者，在活动期间，顾客所点的特定菜单的收益会被捐赠给慈善组织。图5-56中的基准值是参与该计划的前10%餐厅的平均值，而兰克的数值远高于基准值。

为了支持当地社区，兰克每年感恩节和圣诞节都会为无家可归者提供免费膳食。此外，2012年，为了帮助因尼奥恩公司倒闭而在石油行业失去工作的员工，兰克为这些员工和潜在的新雇主赞助了许多社交晚宴。尽管2012年对兰克来说也是财政困难的一年，但是其依然继续满足社区的需求，展示了兰克对丰富社区价值的承诺。

除了公司的财务和产品贡献外，兰克的员工还为社区的志愿者活动贡献了大量的时间。员工每年最多可以休假四天，到汤厨房、当地退伍军人医院或其他符合兰克核心价值观的慈善组织做志愿者。如图5-57所示，大多数员工都选择参与这些志愿者活动，这充分反映了兰克识别和聘用支持组织价值观的员工的能力，以及沟通和加强这些价值观的能力。在特殊时期，如2011年9月11日和2012年的经济困难时期，员工的参与率甚至比平时还要高。

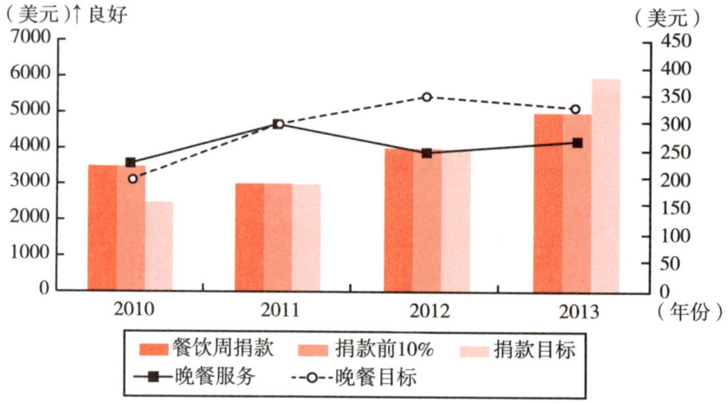

图 5-56　社区贡献

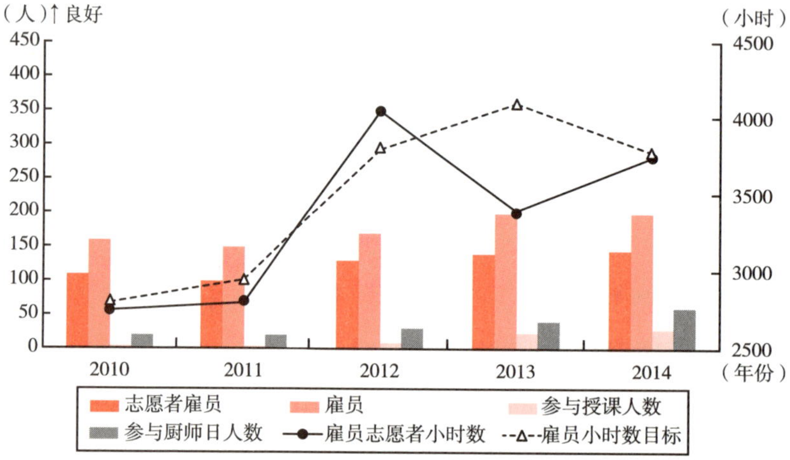

图 5-57　服务捐献

此外，兰克致力于在社区推广健康的生活方式。兰克与当地社区大学合作，为8—14岁的儿童提供“厨师日”项目，目的是教育孩子们养成健康的饮食习惯，让他们了解健康饮食的重要性。厨师们还在休斯敦食品基金会（Houston Food Fund）做志愿者，为低收入家庭提供营养和食品预算技巧方面的课程。课程数目已由2011年的3门增至2014年的23门，表明兰克对满足市民需求的承诺和持续的努力。

另一项与“丰富社区价值”有关的措施是对有困难人士的支持。图5–58展示了兰克与当地机构合作，积极招募有发育障碍的人的情况。这种合作使这些员工能够获得稳定的工作，使他们能够独立和有尊严地生活。自2011年以来，兰克公司中发育障碍的员工数量持续增加。为了支持从战争中归来的军队，兰克还致力于招募和雇用残疾退伍军人。

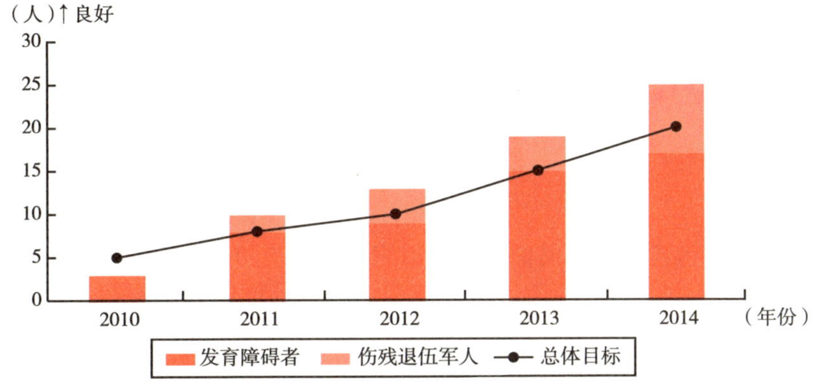

图 5–58　发育障碍及伤残退伍军人的雇用

虽然兰克是一家商业企业，但其高层领导深知经营兰克不仅是一种商业行为，更是一种传递爱心和关怀的行动。他们致力于服务业，并鼓励有兴趣的员工在该行业实现自己的人生追求。为了支持员工的个人发展和追求，兰克提供了多种机会和激励措施。图5–59显示了选择在兰克工作后，继续接受服务管理教育的员工人数、Carol J. Angelard酒店和餐厅管理学院实习生人数以及公司提供的奖学金人数的增长情况。

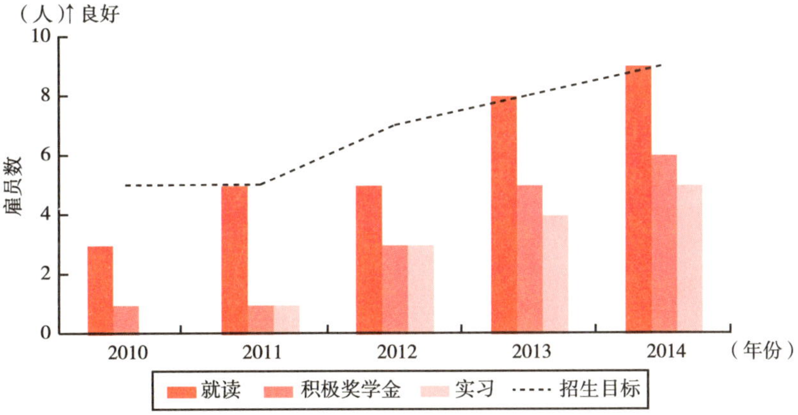

图 5–59　员工在服务业的职业发展

第 6 章　兰克公司高质量发展成熟度评价报告

这份评价报告包含了评审员们基于对组织进行的全面了解所提出的各项观察意见。他们针对组织的卓越绩效标准相关优势和改进机会给出了具体的评语。需要明确的是，这份评价报告是非规定性的，旨在为组织提供一个关于组织绩效的全面视图，而不是制定具体的行动计划。报告中列出的优势值得组织引以为豪，而改进机会则是组织追求卓越的关键领域。如何处理这些机会完全取决于组织，因为每个组织的情况都是独特的，对于什么是最大的改进机会，只有组织最清楚组织的内部情况。这份报告的目的是激发组织对改进的思考，并为组织提供一个出发点，而不是为组织提供具体的解决方案。兰克餐饮有限公司成熟度评分范围如表6–1所示。

关于如何使用该报告，每个组织可能有不同的方式和用途，我们整理了一些建议和做法，供组织参考：

（1）评价报告中提到了组织的优势，请深入挖掘这些优势，并基于此持续提升。不断评估和改进已经做得出色的地方，确保优势得以保持并进一步增强。

（2）如果组织认为自我评价的结果更出色，很可能是有些相关的信息没有传递给评审员，他们没有完全了解，所以，并非他们所有的评价都十分准确。

（3）尽管评审员十分努力，在评审过程中难免会出现一些疏漏或误解。如果评审员对组织的申请存在误读或有任何误解，请不要因此忽视整个评价报告。尝试从其他评论中寻找有价值的信息，并重点关注那些对组织发展至关重要的建议。

（4）明确目标，分阶段实施改进。组织不必同时处理所有的改进机会。首先，思考哪些改进对组织当前发展最为关键；其次，制定计划逐步实施。

（5）对于每个改进机会，组织可以根据实际情况选择全部、部分采纳或完全不处理。这取决于组织对特定条目的重视程度和潜在影响。

（6）将评价报告作为战略规划的重要输入。关注对组织的战略目标和具体目标有积极影响的优势和改进机会。

表 6–1　兰克餐饮有限公司成熟度评分范围

条目			计分权重	评分范围（%）
治理与领导（140分）	1.1	（1）治理体系	50	60—70
	1.2	（2）社会责任	50	60—70
	1.3	（3）执行力、绩效和应变	40	60—70
战略（100分）	2.1	（4）战略制定	50	70—80
	2.2	（5）战略实施	50	50—60
顾客（80分）	3.1	（6）顾客期望	20	60—70
	3.2	（7）顾客全心参与	30	60—70
	3.3	（8）顾客关系	30	65—76
改进与创新（80分）	4.1	（9）改进与创新体系	40	65—75
	4.2	（10）促进创新	20	65—75
	4.3	（11）数据、信息和知识	20	65—75
人员与资产（100分）	5.1	（12）工作系统	20	55—65
	5.2	（13）工作环境	20	60—70
	5.3	（14）员工全心参与	20	65—75
	5.4	（15）有形资产	20	30—40
	5.5	（16）无形资产	20	30—40
运营（80分）	6.1	（17）运营过程	40	65—75
	6.2	（18）运营效率、有效性和安全性	40	60—70
结果（420分）	7.1	（1）产品和服务结果	50	55—65
	7.2	（2）顾客结果	60	60—70
	7.3	（3）财务、市场和战略结果	80	60—70
	7.4	（4）人力与资产结果	100	65—75
	7.5	（5）运营结果	60	65—75
	7.6	（6）领导与治理结果	70	60—70
评分范围（分数）：			600—700	

1 综合报告——主要优势与改进机会

兰克餐饮公司在高质量发展成熟度文件评审中获得了5分。这是评分等级中的高分类别。对于评分等级的解释，请参考《准则》中“评分等级描述”。

这类组织展示了有效的、系统的、部署良好的方法来响应项目的总体要求。兰克餐饮公司展示了一个基于事实的、系统的评估和改进过程以及组织学习，从而提高了关键过程的有效性和效率。其结果条目阐述了大部分关键的顾客（利益干系人）、市场和过程对组织的要求，并且与较相关的竞争者或标杆企业相比，该组织具有明显的优势。报告中也涵盖了对组织关键要求中的大部分重要领域的改进趋势（良好绩效）。

1.1a 最重要的优势或最佳实践

（1）兰克餐饮公司通过其系统性和部署良好的战略规划过程，将重点放在未来发展上。这一过程与各种数据和信息系统（如Voice和Foodtrak）紧密结合，并保持一致性。这些系统提供了基于事实的数据和信息，利用来自顾客、供应商（合作伙伴）、主要利益相关者和员工的关键输入来支持短期和长期计划。战略规划过程的结果是制定战略矩阵，这一工具帮助兰克餐饮公司将其战略目标与战略挑战、行动计划以及与当前和未来运营相关的竞争成功因素相结合。战略规划过程中的校准和集成有助于组织在应对当前运营挑战时保持敏捷性，同时能更好地定位自己，以最佳方式应对未来的战略挑战。

（2）兰克餐饮公司通过数据收集、分析和过程改进的系统方法，明确地展示了对管理和持续改进的承诺。DINERS团队采用了系统的改进过程来解决整个组织内的改进机会。这些改进机会是通过收集和分析来自Voices和Foodtrak系统的数据和信息来确定的。这些数据和信息经过多次分析，为高级领导、DINERS团队和各级员工提供可操作的信息，并在此基础上提出改进建议。兰克餐饮公司还提供了几个性能改进的实例，这些改进都来源于对过程改进、数据收集和分析的全面部署和集成的方法。

（3）兰克餐饮公司通过创建基于团队的环境，并采用数据和信息驱动的操作风格，充分利用计划、过程改进、数据和信息收集及分析方法。该公司确保数据和信息的可访问性，并通过有效的沟通流程、Foodtrak知识管理系统和其他双向沟通工具（如排队会议和定期绩效评估），创造了一个有利于组织学习的环境。员工可以实时访问关键绩效数据和信息，这有助于他们在日常工作中作出明智的决策。此外，兰克还通过座谈会议、Foodtrak知识管理系统和分享故事的方式，与所有员工分享最佳实践，以进一步支持公司的文化以及个人和组织的学习。

（4）兰克餐饮公司通过系统化的员工学习、发展、满意度和幸福感的方法，展示了对员工的承诺和重视。该公司为员工提供“自助”计划，使他们能够选择最适合自己需求的福利。此外，兰克还提供大量的教育和培训机会，帮助员工获得多种技能，提升他们的能力和对组织的整体价值。为了充分利用其训练有素、积极进取的员工队伍，兰克授权员工团队安排、管理和改进他们的工作过程。所有员工都必须完成一份个人评估和发展计划（IRDP），该计划与组织的方向保持一致，并平衡个人和组织的需求。此外，兰克还将系统的继任计划方法与组织的员工发展和培训方法相结合，以帮助确保公司的长期可持续性。这些方法不仅通过团队合作和员工发展支持了兰克的组织价值观，还助力其实现成为首选雇主的战略目标。

（5）兰克餐饮公司致力于在其运营的社区中成为有价值的公民，并采用系统的方法来确定需要组织层面支持的关键社区。为了确保对社区的支持得以有效部署，该公司还授权员工休假参加关键社区活动。此外，兰克的领导团队成员与员工并肩服务于志愿者岗位，积极参与社区服务。一些高级领导人是关键社区支持组织的董事会成员，包括休斯敦和加尔维斯顿食品基金、历史保护协会和地区商会。

1.1b　最重要的改进机会或漏洞

（1）尽管兰克餐饮公司拥有成熟的、部署良好的、整合的战略规划过程，并利用了如Voice和Foodtrak等数据和信息源，但目前尚不明确该公司如何或是否充分解决了其家庭膳食替代（HMR）和餐饮业务线的既定目标。尽管从餐饮顾客那里收集了一些信息，但兰克似乎在解决HMR和餐饮业务线的几个关键方面上仍存在不足。例如，供应商和合作伙伴的要求相关的问题，这包括与适当的食品处理和储存相关的法律要求；顾客需求、顾客联系要求以及顾客知识和关系的建立。如果不解决这些关键问题，兰克的定位可能无法在HMR和餐饮业务中复制相对较高的服务水平、满意度和法规遵从性。

（2）尽管兰克餐饮公司在解决其产品和服务对社会的影响方面取得了一些进展，例如提供具体的培训如食品处理认证，但它似乎仍需关注啤酒、葡萄酒和其他酒精饮料的潜在影响，以及与之相关的法律和监管要求。特别值得注意的是，啤酒和葡萄酒是情侣和单身顾客群体的主要需求之一，这两个群体占兰克销售额的45%。因此，如果不充分解决这些产品的潜在影响，兰克可能会在关键的监管和法律领域处于不利地位。

（3）尽管兰克的产品和服务依赖于许多重要的供应商和合作伙伴，如餐厅采购联盟、安全和职业健康与安全管理局（OSHA）相关流程和信息技术服务的供应商，以及HMR业务线的分销商等，但管理和改进这些关键领域的系统过程并不明显。目前，尚不清楚兰克如何向这些供应商和合作伙伴传达其期望、关键绩效信息、价值观以及法律和道德要求。此外，也不清楚兰克使用哪些绩效测量（指标）来帮助管理他们的绩效。考虑到兰克对这些关键合作伙伴和供应商的依赖，以及他们的表现对顾客的潜在影响，这一点可能对兰克尤为重要。

1.1c 结果条目最重要的优势、改进机会

（1）兰克公司的结果覆盖了大部分重要领域，大多数指标保持了改进趋势。关于顾客满意、产品和服务质量、财务绩效、人力资源绩效和社会责任的一些关键绩效指标达到或超越了业界最优者、最佳竞争对手和一流企业的水平。这些方面的表现似乎验证了兰克的规划和改进方法的有效性，并显示出其愿景正在逐步实现，即成为休斯敦和加尔维斯顿地区公认的十大餐饮体验之一，并保持其作为首选餐厅的地位。

（2）兰克公司的产品和服务在许多重要领域展现出持续的改善，并且在一些关键指标上超越了其最佳竞争对手。其中，就座和服务等待时间、餐桌清洁这两项与顾客首次接触的关键指标持续改进。在预约和无预约就座等待时间、开始服务等待时间等方面，兰克至少将等待时间缩减了一半。此外，无论是饭店、供餐还是外卖业务，订单准确性和交付时间也呈现持续改进趋势。兰克公司的所有产品和指标在业界中都表现出色，这表明了其DINERS改进方法和战略计划方法的有效性。

（3）兰克以顾客为中心的结果表明，在许多或大多数关键指标上，其绩效趋势都在不断改善。根据外部调查的整体顾客满意度，兰克的绩效与2013年和2014年的鲍德里奇奖获奖者基准和同类最佳比较相符。此外，《秘密用餐者协会报告》和《员工用餐报告》的结果进一步证实了兰克在顾客满意度方面的优势，其表现超过了最佳竞争对手。在2014年的《秘密用餐者协会报告》中，兰克的平均满意度得分比其竞争对手高出9%（97%对88%）。这些高满意度得分支持了兰克的愿景，即成为休斯敦和加尔维斯顿地

区公认的十大餐饮体验之一，并保持其作为首选餐厅的地位。

（4）兰克通过实现其战略目标的有效性，即成为首选雇主，并通过团队合作和员工发展来支持其家庭文化价值观。这一点可以从员工满意度和幸福感结果中得到证明。具体来说，兰克的员工满意度结果表明，在许多被确定为影响员工满意度的关键因素中，其绩效都有所提高。2014年，在针对小时工的6项指标中的3项和针对工薪员工的5项指标中的4项，兰克的表现都优于美国全国餐饮协会（NRA）的最佳表现。

（5）2000—2014年，兰克公司对社区的无偿贡献和服务稳步改进，这证明了公司坚持富裕社区的价值观，并恪守对社区的承诺。此外，兰克在社区餐厅周的金钱贡献超过了前10%的参与者，其中还包括规模更大的餐厅。兰克在履行社会责任方面的成功体现在以下事实中：2008—2014年，公司在任何一个地点都没有因违反任何健康或食品安全法规而受到批评；2010—2014年，公司没有因违反任何废物清除或任何与员工相关的法规而受到批评。

（6）兰克公司在报告中没有提供与关键绩效领域相关的结果。例如，在表5–16所识别的价值创造过程中，几个主要的过程绩效指标没有提供结果，其中包括预订和问候、事项策划、交付与事项清除、采购联盟的指标。同样，在表5–16所识别的几个关键支持过程的操作指标没有提供结果，其中包括相关的人力资源管理、供应商管理、防灾准备，以及广告和营销过程。另外，公司所识别出的几个顾客要求没有提供结果，包括接收具有良好价值的额外食品的顾客总要求、几个顾客细分市场的具体要求，如儿童友好氛围、有利于商业的环境或健康菜单。没有这些结果，兰克公司可能难以积极应对绩效下降或改进机会。

（7）兰克公司在报告中没有对几个关键绩效保证领域的结果进行细分或细分不充分。例如，没有按照公司识别的顾客群（如家族、企业、旅游者）细分产品和服务结果。以顾客为中心的结果没有按顾客群细分，少数结果按地点和服务进行了细分，只有一个例外（内部调查中，顾客对质量的满意度）。此外，尽管公司在组织简介中对员工进行了多种细分（如按工种、种族、全职与兼职状态），但人力资源结果仅按照小时工、带薪工来划分。缺乏全面的细分可能会影响兰克公司评价每个细分市场的相对绩效，从而难以准确衡量计划工作的有效性，或者难以针对关键顾客和员工细分市场识别改进方法。

（8）兰克公司在报告中没有提供几个关键结果领域的数据，包括主要的产品和服务结果，如食品的可接受标准、就座和服务等待时间等。此外，领导和社会责任的几个测量指标也缺少数据，如财务审计结果、无偿贡献和服务、行动计划成就等。另外，有几个比较数据，包括一些财务和市场结果，是与行业平均水平进行比较，而不是与业界最优组织进行比较。缺乏适宜的比较数据可能会限制兰克公司评估应对日益增加的竞争对手的战略挑战的绩效，以及评估达成其认可的“成为社区就餐体验前10位”这一愿景的绩效。

2 详细报告——面向条目的优势和改进机会

类目1 领导与治理

1.1 组织治理

A.关键业务（组织要素）

1.家族拥有及运营的牛排和海鲜餐厅，其业务依赖于两个地方的历史性的地标建筑。

2.产品/服务：午餐和晚餐的家中用餐服务；啤酒、葡萄酒及其他酒精性饮料；外卖餐饮；餐饮递送；以及宴会性餐饮。

3.小企业级别的董事会（杜德利家庭成员及弗兰克·芬德利），以及一个由商业领袖组成的外部顾问委员会。

4. 价值观：道德、诚实及正直；社区福祉；历史保护。

5. 监管环境要求：食品安全条例，废物清理，分区条例，认证，财务法规，员工安全，以及其他员工相关的法规。

6. 关键的利益相关者群体：监管机构、所有者、社区、供应商与合作伙伴。

B. 优势（见表6–2）

表 6–2　　组织治理优势

+/++	相关条目	相关KF	评价要素A/D/L/I	优势
+	1.1d 治理结构	1，3，4	A/D/L	兰克公司利用由杰出商业领导组织成的顾问委员会，为公司领导和组织治理提供指导和反馈，并在会议和战略计划活动中发挥积极的领导作用。在选择顾问委员会成员时，公司遵循两个关键准则。首先，候选人必须适应并支持组织的价值体系；其次，他们必须具备与现有高层领导团队互补的专门技能。每年的财务审计由独立的外部评审员实施，审计结果会与顾问委员会共享，这样既保证了财务的透明度，也加强了对财务管理的监督。此外，兰克公司虽然并未强制要求执行《萨班斯—奥克斯利法案》，但为了提升公司治理的规范性和透明度，公司正在积极落实这一法规的要求
+	1.3b 改进绩效	3，6	A/D/L	高层领导和经理们利用360度评审和IRDP完成情况跟踪，以提升领导人和领导团队的有效性。在启动战略策划过程之前，他们会深入讨论这些评价结果，并制定相应的行动计划。此外，高级领导人和咨询委员会也会定期从外部顾问那里获得反馈，这些顾问每季度都会参加会议
+	1.2c 协调共享	1，2，4，6	A/D/L/I	高层领导在本地社区委员会和协会担任关键职位，包括本地商会、NRA和休斯敦卫生与人类服务咨询委员会。他们利用这些职位获取的信息，参与公司的战略制定过程，以预见和识别对兰克公司当前和未来产品、服务和运作的潜在威胁
+	1.2a 守法崇德	3，5，6	A/D/L	兰克公司已经建立了一套完善的程序，通过培训和认证，制定测量和报告方法，以确保符合当地、州和联邦政府等各级的法规要求。这些法规涵盖了多个方面，包括食品安全、垃圾处理、地区规划和建筑规范、许可证、员工安全以及人力资源等。为了确保合规性，兰克公司设定了关键的承诺目标和指标。此外，兰克公司还特别关注食品安全和顾客安全。为了适应未来食品和药品管理（FDA）的规范要求，公司已经实施了HACCP要素
+	1.2a 守法崇德	3，4	A/D/I	兰克公司通过多种方式宣传道德行为的重要性，将其视为组织的核心价值和雇佣条件，以促进员工对道德行为的重视和实践。所有员工都必须接受职业道德培训，并且每年都需要签署一份职业道德声明。兰克公司跟踪违反行为准则的行为、记录因道德问题而被解雇的员工数量、实施法规遵从措施等。兰克公司还定期进行顾客、供应商和员工调查。高级领导和顾问委员会在宣传道德行为方面也发挥了重要作用，当发现潜在的违反道德行为时，他们将进行调查，并采取适当的行动
+	1.2c 协调共享	1，4.6	A/D/I	在战略规划过程中，兰克确定了需要重点支持的社区和领域，并每年进行评审。兰克选择了休斯敦和加尔维斯顿作为主要的运营社区，并明确了在这些社区中的关键支持领域。高级领导和员工积极参与社区活动，高级领导还在多个关键的社区支持组织中担任领导职务

C.改进机会（见表6–3）

表 6–3　　组织治理改进机会

–/– –	相关条目	相关 KF	评价要素 A/D/L/I	改进机会
–	1.1d 治理结构	1，2，3，6	A/D/I	虽然兰克在选择和使用其顾问委员会方面有一套系统的方法，但尚不清楚这种方法如何确保对管理层的行动负责。此外，尽管兰克与咨询委员会及其员工分享其战略矩阵、关键绩效指标和财务审计结果，但尚不清楚这种方法如何提供对治理过程的内部控制，以支持运营的透明度，或构成兰克治理体系咨询委员会和高级领导团队的选择和披露政策。同样不清楚的是，兰克的治理方法如何解决供应商关系中的财务责任和风险，以保护所有关键利益相关者的利益
–	1.3b 改进绩效	1，3	D	虽然兰克公司与当地大学商业系的一名教授签订了合同，请其参加季度委员会会议，并向高层领导和顾问委员会提供绩效反馈，但是没有一个系统化的方法，来利用这些反馈改进高层领导、顾问委员会和整个领导体系的绩效
– –	6.1a产品和过程设计	2，3，5	A	虽然兰克公司在解决与食品安全操作相关的隐忧方面做得很好，提供了员工培训和认证，但是并未明确如何解决其产品和运营的其他潜在不利影响。例如，还没有一个系统的方法解决存贮啤酒、红酒和其他酒精饲料的不利影响——而这是几个顾客细分市场的主要要求。还不清楚公司如何解决运输营运（如向分销商交付HMR、供餐等事项的提供）的不利影响。如果公司没有说明产品、服务和运营的潜在不利影响，可能不能有效地识别潜在的风险
–	1.3b 改进绩效	1，3，5	D	尽管兰克已经通过各种调查和收集的数据来跟踪道德行为的理解，但仍然缺乏一个系统的方法来监视其治理结构以及与顾客和合作伙伴（包括HMR分销商）的交互作用的道德行为。另外，虽然提供了一些测量指标，但这些指标并未明确如何监视和应对与运营和与HMR顾客直接交互作用相关的关键道德挑战，诸如滥用顾客的信用卡信息（这已识别为兰克公司主要的隐忧），以及与酒精饮料销售相关的法律（道德）问题

合议评审分数段：60%—70%。

1.2　社会责任

A.关键业务（组织要素）

1.愿景：以出色的食物和独特的用餐体验，成为地区十佳餐饮体验提供商之一。

2.价值观：服务卓越和以顾客为中心；独具特色的食物；促进健康的生活方式；道

德、诚实及正直；创新与活力；团队合作的家庭文化；员工发展；社区富庶；历史保护；享受快乐。

3. 员工简介：

· 212名员工：47名全职，102名兼职，63名随叫随到。

· 49%西班牙裔，24%白人，23%非洲裔美国人（反映了所在社区的多元化）。

· 7%管理者（受薪工），6%支持员工（受薪工），87%其他员工（小时工）。

· 48%具有大学或同等学力，52%为高中及以下教育程度。

· 25名发育障碍员工和残疾复员军人。

4. 供应商与合作伙伴：加入了一个本地的采购货物及服务的餐厅联盟；其他供应商包括IT服务供应商、存储及其他设施的维护服务商、广告商、安全部门一些人力资源职能的提供商；合作伙伴包括HMR分销商和一个社区大学。

5. 竞争成功因素：知名度、物有所值、新鲜的菜单设计及重新布设、健康的菜单、对设施的高效使用、优质服务、卓越运作、社区参与。

6. 小企业级别的董事会（杜德利家庭成员及弗兰克 · 芬德利），以及由商业领袖组成的外部顾问委员会。

B. 优势（见表6–4）

表 6–4　社会责任优势

+/++	相关条目	相关KF	评价要素 A/D/L/I	优势
++	1.1b 发展方向	1，2，6	A/D/L/I	高层领导和顾问委员会在制定战略时，对兰克公司的愿景、使命和价值观进行了深入的评审，并将其融入了战略矩阵（见图5-11）中。这个战略矩阵不仅校准了公司的竞争成功因素，还与公司的价值观、战略目标以及短期和长期计划紧密相连，同时还设定了一系列相关的测量指标，用以评估公司的实际成就。这一战略矩阵成为公司日常运营与其价值观和绩效期望之间的桥梁，确保所有员工都能明确自己的工作方向和公司的期望。经过全体员工的共同评审，这个战略矩阵还与公司的内部关系和决策框架（IRDK）相联系。部分战略矩阵还会与供应商共享，使合作伙伴也能了解公司的战略方向。除此之外，为了更好地与顾客沟通，兰克公司将公司的愿景、使命、价值观印在了菜单上，让顾客在享受服务的同时，也能了解到公司的核心价值

续表

+/++	相关条目	相关KF	评价要素A/D/L/I	优势
+	1.1b 发展方向	2，3	A/D/L	高层领导通过多种个人行为，如沟通、强化、树立榜样等，来体现和传达企业的价值观和期望，这反映了他们对企业价值观的坚定承诺。例如，为了支持兰克公司的家庭文化价值观，高层领导为所有兼职员工提供折扣医疗方案；高层领导定期花费10%—20%的工作时间在饭店或者供餐服务中，与员工一起工作；为了进一步传达和解释组织的价值观和期望，高层领导会亲自指导为期半天的员工上岗引导，与员工深入讨论组织的价值观和期望
+	1.2a 守法崇德	2，3	A/D/L	高层领导在促进守法和遵守道德的环境方面发挥了关键作用。他们利用多种沟通方式，如年度全员道德培训和全员签订崇德声明，来强化道德和法律的重要性。此外，公司通过员工雇用条件和与供应商的合同条件，明确了对遵守道德和法律的承诺。为了进一步强化公司的价值观，公司还提炼了包括尚德、诚实、正直在内的价值观，并将其体现在组织的学习过程中
+	1.1c 发展环境	1，3，5	A/D/I	可持续性在兰克公司是通过三个层面的方法来解决的：（1）愿景和方向：公司明确地设定了愿景和方向，为员工的日常决策提供了清晰的焦点。（2）过程导向：兰克公司不仅关注结果，还重视实现这些结果的过程。（3）绩效义务的强化：通过测量系统和评审结构，公司进一步强化了绩效义务，确保所有员工都明确自己的责任，并努力实现可持续的业绩。此外，兰克公司还鼓励员工提出创新的方法，并寻找改进的机会。每位高级领导都在继任计划中起到了关键作用，这进一步促进了公司的可持续发展。他们不仅识别有才能的员工，还制定个性化的发展计划（IRDP），辅导和指导有潜力的员工。在每月的高管评估中，他们还会讨论未来的领导力问题
+	1.1c 发展环境	2，3	A/D	高层领导运用了多种策略来与员工进行有效的沟通、激励员工，并赋予他们相应的权力。他们采用了一个正式的沟通过程（见图5-5），这一流程明确规定了传递关键信息的关键要素；高层领导定期组织各种会议，如每天的列队会议、每周的职员会议以及每月的全体员工和团队领导会议；当高层领导在餐厅与员工互动时，他们也会积极收集员工的反馈；为了进一步激励员工，公司实施了公开的员工奖励和认可机制；团队领导在兰克公司中扮演着重要的角色，他们不仅需要激活团队氛围，还要根据公司的总体目标和员工的个人需求来制订每日和每周的工作计划
+	1.3a 执行力	1，2，3	A/D/I	高层领导通过一系列方法和策略，将公司的愿景、使命、价值观与战略计划紧密结合，创造了一个以实现公司战略目标和改进绩效为关注焦点的环境。他们将平衡计分卡作为工具，把公司的战略目标、行动计划、行动目标和关键绩效指标整合在一起。为了支持改进和创新，公司采用了一系列具体的方法建立了正式、系统化的评价过程，这一过程将组织、部门和个人的绩效评审校准并联系起来。在评审和会议期间，高层领导积极征求员工的想法和反馈，并与他们进行深入的讨论

C.改进机会（见表6–5）

表 6–5　社会责任改进机会

-/--	相关条目	相关 KF	评价要素 A/D/L/I	改进机会
–	1.2a 守法崇德	2，3，4	D	兰克公司虽然要求供应商和合作伙伴报告其遵守道德情况，但是并未显见有一个系统的方法监视和评价公司向其供应商部署遵守道德要求的有效性。考虑到公司90%的供应商支出都来自采购联盟，相关的交易可能对兰克公司并不透明，公司可能难以确保相关交易与其尚德、诚实、正直的价值观相符
–	1.1c 发展环境	2，3，5	D/L	有关公司顾问委员会如何作为高层领导团队的成员，亲自参与继任计划过程以及未来组织领导人的开发的确还不明确。这一环节可能具有非常重要的意义，因为顾问委员会包括本地商会的外部成员，他们具备兰克公司领导层所缺乏的关键能力
–	1.1c 发展环境	2，3，5	A/D	虽然兰克公司已经实施了沟通过程（见图5-5），其中包括每天的列队会议、其他会议和沟通日志，但是并未明确公司如何确保所有的员工团体，包括兼职的、应招的、供餐的以及HMR员工，能够加入各种沟通过程中

合议评审分数段：60%—70%。

类目2　战略

2.1　战略制定

A.关键业务（组织要素）

1.关键的利益相关者群体：监管机构、所有者、社区、供应商与合作伙伴。

2.竞争成功因素：知名度、物有所值、新鲜的菜单设计及重新布设、侧重健康的菜单项、对设施的高效使用、优质服务、卓越运作、社区参与。

3.战略挑战：产品和服务的不断扩展，竞争者数量以5.2%的速度剧增，需要有足够的熟练且积极的员工来支持期望的业务增长，需要消费者有不断增加的可支配收入，对便利性和社会化的需求，美国人的口味越来越细腻，不断改变的顾客年龄分布，提高社会在食品安全、营养及健康主题方面的关注度。政府通过法规管制施加越来越多的影响力。

4.通过Foodtrak来维护的组织知识库。

5.聚焦战略计划过程的绩效改进。

6.价值观：服务卓越和以顾客为中心；独具特色的食物；促进健康的生活方式；道德、诚实及正直；创新与活力；团队合作的家庭文化；员工发展；社区富庶；历史保护；享受快乐。

B. 优势（见表6–6）

表 6–6 战略制定优势

+/++	相关条目	相关KF	评价要素A/D/L/I	优势
++	2.1a 战略策划	1，2，3，5，6	A/D/I	在兰克公司的年度静修会上，有一个重要的环节就是战略规划流程（见图5-1）。这个流程涉及公司的核心领导团队、董事会成员和主要的供应商。此外，还有合作伙伴、咨询委员会成员和其他社区代表的参与，他们的参与对兰克公司非常关键，有助于识别可能被忽视的问题，还能提供关于未来变化的深刻见解。为了确保规划的长期稳定性和短期灵活性，兰克公司不仅设定了一个短期（1年）的规划范围，还设定了一个长期的规划范围，这个长期规划范围是5年，这与公司对历史保护的重视是一致的。在规划过程中，兰克公司还通过制定中期里程碑（见表5-10）来跟踪短期和长期目标的进展
+	2.1a 战略策划	1—6	A/L/I	兰克公司每年都会回溯并评审战略计划过程，这种方法自1990年以来一直在不断进化。经过多年的发展，公司已经确定了关键的战略步骤，并进行了严格的SWOT分析，全面评估了自身的优势、劣势、机会和威胁。2011年，兰克公司引入了战略矩阵这一工具，将公司的愿景、使命和价值观与关键的战略挑战、战略目标、行动计划和目标进行了校准。此后，兰克公司还进一步提升了战略规划的精度和效果。通过整合竞争成功因素、关键利益相关方和A-D-L-I的思想，兰克公司进一步增强了战略规划的针对性和可执行性。这种校准和整合的过程，使兰克公司在应对关键战略挑战的同时，始终保持对未来的关注
++	2.1d 核心竞争力	1—5	A/D/L/I	在战略计划回溯之前，兰克的领导团队成员肩负着收集和分析数据的重任（见表5-8）。这些数据是基于一系列关键因素，包括顾客和市场需求、财务风险、技术、人力资源需求、监管和社会风险，以及经济变化等。这些因素是制定战略计划的重要参考。为了确保对内外部环境的全面了解，领导团队会进行环境扫描和SWOT分析。这些分析不仅有助于识别潜在的机会，还能评估战略计划的进展，并确保所需的财务资源得到合理配置。此外，为了提高战略计划的敏捷性和适应性，兰克公司对关键因素或绩效的任何变更都保持高度关注。这些变更将在计划的执行评审或年中时被及时提出，以确保战略计划能够迅速应对各种变化。例如，在深入分析和评审入座率后，兰克公司决定拨款购买更适合不同规模聚会的新桌子，这一创新举措使入座率显著提高，比全国平均水平高出4%。
+	2.1d核心竞争力	2，3，5，6	A/D/I	兰克在其战略矩阵中明确了主要战略目标，并针对这些目标设定了具体的子目标（见表5-9和表5-10）。无论是短期还是长期目标，它们都与总体战略目标、竞争成功因素、组织的价值观和面临的战略挑战保持一致。2005年，兰克公司最为重要的目标是保持每年15%的新服务增长率，将顾客满意度提升至96.5%，并提高入座率至85%

C. 改进机会（见表6–7）

表 6–7　战略制定改进机会

–/– –	相关条目	相关KF	评价要素A/D/L/I	改进机会
–	2.1d 核心竞争力	1—5	D	尽管兰克公司的领导团队在战略计划过程中进行了大量的数据和信息收集与分析，涵盖了许多关键因素，但目前未见一个专门用于分析其供应链优势与劣势的系统性流程。考虑到供应商对兰克业务的重要性，一个完整的供应链分析对于确保经营连续性和增长至关重要。缺乏这一系统性流程可能导致兰克无法有效地识别和解决与供应商相关的潜在风险
–	2.1b 战略创新	1，2，3	D/I	尽管兰克的战略矩阵（见表5-9和表5-10）中列出了与其战略目标一致的战略挑战，但目前还不清楚这些战略目标是如何具体应对每个挑战的。例如，与美国人口味复杂性相关的挑战，对日益关注的食品安全问题，以及在战略目标中平衡商业利益与政府法规的关系。此外，战略目标是否权衡了短期和长期的挑战与机遇，以及如何满足各类关键顾客群体（如家庭、商业赞助人和游客）的需求也是一个重要问题

合议评审分数段：70%—80%。

2.2　战略部署

A. 关键业务（组织要素）

1. 员工简介：

•212 名员工：47 名全职，102 名兼职，63 名随叫随到。

•49% 西班牙裔，24% 白人，23% 非洲裔美国人（反映了所在社区的多元化）。

•7% 管理者（受薪工），6% 支持员工（受薪工），87% 其他员工（小时工）。

•48% 具有大学或同等学力，52% 为高中及以下教育程度。

•25 名发育障碍员工和残疾复员军人。

2. 使命：兰克是顾客的终极餐饮体验。聚焦于美味食物、历史氛围、优质服务，以及员工的职业成长，致力成为个人、家庭和企业的“用餐首选”。通过服务与保护地标建筑，屹立于社区发展的历史长河之中。

3. 竞争数据的关键来源：国家餐饮协会（NRA）、供应商调查、国民报告、秘密食客协会、员工餐饮报告、欧文 · 杜德利领导的非正式协会、行业网站、员工生产力解决方案公司、大卫与布拉德利企业。

4. 供应商与合作伙伴：加入了一个本地的采购货物及服务的餐厅联盟；其他供应

商包括IT服务供应商、存储及其他设施的维护服务商、广告商、安全部门和其他HR机构；合作伙伴包括HMR分销商和一个社区大学。

5. 产品（服务）：午餐和晚餐的家中用餐服务；啤酒、葡萄酒及其他酒精性饮料；外卖餐饮；餐饮递送；宴会性餐饮。

6. 愿景：以出色的食物和独特的用餐体验，成为地区十佳餐饮体验提供商之一。

B. 优势（见表6–8）

表 6–8 战略部署优势

+/++	相关条目	相关KF	评价要素A/D/L/I	优势
+	2.2a 行动计划制定和展开	1，2，4	A/D/I	在战略计划过程中，兰克的领导团队明确了实现战略目标的具体行动计划，包括行动的负责人、任务内容、执行时间和具体实施方式。为了确保行动计划的有效性，领导团队还建立了战略矩阵（见表5-9和表5-10），将短期和长期行动计划与竞争成功因素、战略挑战和组织的价值观紧密关联起来。这些行动计划通过有效的沟通流程被传达给整个兰克公司，并进一步部署给供应商和合作伙伴（见图5-5）。通过制定具体的短期行动计划，这些行动计划不但支持了部门和员工层面的组织方向，而且员工的个人行动计划也与他们的个人发展计划（IRDP）相挂钩。此外，兰克公司还采用了DINERS改进过程（见图5-7）和月度绩效评估来监测和评估战略行动计划的实施效果，确保组织从中学习并持续改进，还能确保战略行动计划的关键变更得到整合，并确保绩效的持续提升
+	2.2b 行动计划调整	1，3	A/D/L/I	战略矩阵中所有的测量指标都通过Foodtrak系统进行跟踪。领导团队会每周和每月对这些指标进行评审。如果出现紧急情况，商业环境、市场条件或顾客要求发生变化，或者实际绩效未能达到预期水平，兰克会启动DINERS改进过程（见图5-7）来确定问题的根本原因，并提出相应的改进建议。一旦确定了改进措施，兰克会对其进行调整，并将其纳入战略矩阵中。对于需要调整个人发展计划（IRDP）的员工，他们的经理和主管会提供必要的支持和指导。通过这一系列的方法和流程，兰克能够快速、敏捷地应对各种变化，确保战略计划的有效执行和公司绩效的持续提升
+	2.2b 行动计划调整	1，2，3，5	A/D/I	在战略矩阵（见表5-10）中，关键绩效指标被确定为跟踪行动计划进展的重要标准。领导团队在每周和每月的执行评审会议上，对这些关键绩效指标进行评估和评审，以确保行动计划与组织的战略目标和利益相关者的需求保持一致
+	2.2b 行动计划调整	1，2，3	A/D	在战略矩阵（见表5-10）中，公司为其28个关键的短期和长期行动计划指标设定了绩效预测值。值得注意的是，兰克公司对其2005年的业绩预测进行了深入分析，并认为在多数指标上，公司的表现将优于或至少不亚于其竞争对手在2010年的业绩。兰克公司利用DINERS改进过程（见图5-7）来处理预测的绩效差距

C. 改进机会（见表6–9）

表 6–9　　战略部署改进机会

–/– –	相关条目	相关KF	评价要素A/D/L/I	改进机会
–	2.2a 行动计划制定和展开	1，2	A/I	尽管图5-1显示领导团队负责各项行动计划的制定和数字校准，但并未明确说明兰克公司如何合理分配资源，确保这些行动计划的顺利实施。除了财务资源外，其他如人力、技术或信息等资源也是不可或缺的。如果没有一个系统性的流程来根据计划的优先顺序分配资源，兰克公司将很难确保所有行动计划能够按时完成，从而可能导致战略目标无法实现
–	2.2a 行动计划制定和展开	1，2	A/D	尽管组织在表5-11中根据短期行动计划确定了许多人力资源计划，但确实没有针对主要长期行动计划提供相应的人力资源计划。没有具体的人力资源行动计划，公司可能难以实现其长期战略目标。这是因为公司的战略目标在很大程度上依赖于招募和保留具备所需技能和积极态度的员工
–	2.2b 行动计划调整	3，6	A	尽管战略矩阵中提到了主要长期竞争对手在2010年的业绩预测（见表5-10），但目前尚不清楚兰克公司短期内的预测业绩与竞争对手的短期预测相比如何。这一信息缺失可能会限制兰克公司评估自己在实现成为城市十大餐饮体验之一的目标方面所取得的进展

合议评审分数段：50%—60%。

类目3　顾客

3.1　顾客与市场知识

A. 关键业务（组织要素）

1. 价值观：在服务及顾客焦点上成为卓越。

2. 关键顾客群体：个体及家庭主顾，企业，旅游者，社区机构；根据更具体的顾客群体和需求进行细分（即根据组织、家庭地位和服务［见表5–4］）。

3. 所有顾客群体的关键要求：可靠性、响应性、承诺、共情、踏实、以合理的价格提供优质的食物、记忆深刻的用餐体验。

4. 特定的市场小营业点：家庭及企业餐饮服务点。

5. 战略挑战：不断改变的顾客年龄分布。

6.产品（服务）：午餐和晚餐的家中用餐服务；啤酒、葡萄酒及其他酒精性饮料；外卖餐饮；餐饮递送；宴会性餐饮。

B.优势（见表6–10）

表 6–10 顾客与市场知识优势

+/++	相关条目	相关KF	评价要素A/D/L/I	优势
+	3.1b 顾客细分和价值提供	2，3，4，6	A/D	兰克公司根据餐饮行业的特定产品、市场和价格要求，采用顾客与市场细分策略。在竞争激烈的牛排与海鲜市场中，兰克将午餐价格定在35—50美元。为了更好地满足顾客需求并提供优质服务，兰克将市场中的顾客细分为不同的类型，包括家庭、企业和旅行者。此外，兰克还根据服务类型进行细分，如堂食、外卖、餐饮和送餐，如表5-4所示。兰克通过市场调研，来识别当前和未来的潜在顾客以及竞争对手的顾客
++	3.1a 倾听顾客声音	1，2，3	A/D/L/I	为了更好地倾听顾客的声音并从中学习，兰克公司采用了Voices系统（见表5-13）。这一系统是专门设计的，用于收集关于顾客体验、顾客反馈、服务员表现和服务流程等方面的信息。通过集成各种数据和信息，Voices系统能够全面地捕捉到顾客在不同频率下的用餐体验，包括体验前、体验中和体验后的反馈。Voices系统利用360度的分析方法，将不同来源的数据进行比较和验证。此外，兰克公司还利用满意度和重要性水平矩阵（见图5-2）来分析各种因素对顾客满意度的影响程度，以及它们的相对重要性。通过这一矩阵，兰克公司能够明确优先级，确定哪些因素对顾客满意度和忠诚度至关重要，从而制定有针对性的改进计划
++	3.1a 倾听顾客声音	1，2，3	A/D/L/I	来自Voices系统的信息、“我们一家人”计划和秘密食客组织的数据，以及投诉数据都通过Foodtrak系统进行了汇总。这些信息有多种用途，包括作为价值创造过程的输入（见表5-16）。基于这些反馈，DINERS小组可能会获得相应的授权，从而进行菜单调整、作业重新设计和沟通改进。此外，高层领导也会将这些收集的信息和知识作为战略计划过程的输入（见图5-1）
+	3.1a 倾听顾客声音	1，2，3	A/D/L/I	顾客群体提供了多种多样的信息反馈方式，如表5-13所示。这些沟通方式包括口头回应、多项选择的书面回答、电话调查、网站调查、书面调查、评论卡片、焦点小组讨论和通过电子邮件发表评论。这些机制都是根据不同顾客群体和市场的具体需求量身定制的，包括接触的频率和沟通渠道等细节
+	3.1a 倾听顾客声音	2，3，5	A/D/L/I	Voices系统最初在2007年设计，并经过了多次改进。兰克公司不断采用DINERS改进过程、高质量发展成熟度自我评估和战略规划过程等工具和方法，以优化其倾听和学习的方法。这些改进旨在确保兰克的倾听和学习策略与业务需求和方向保持同步，并能够适应市场变化。最近的一个例子是兰克公司从进行年度顾客调查转变为持续调查的策略。这一变化是为了确保能够更加敏捷地应对不断变化的需求，包括饮食和口味偏好以及对便利的需求等

C.改进机会（见表6–11）

表 6–11　顾客与市场知识改进机会

-/-	相关条目	相关KF	评价要素A/D/L/I	改进机会
–	3.1a倾听顾客声音	2，5，6	A/D/I	尽管Voices系统提供了一个系统的工具和方法来倾听和学习顾客的知识，但在兰克的餐饮和HMR服务中，如何以及是否实际应用了这一系统并不明确。考虑到兰克正面临着持续扩张产品和服务的战略挑战，这一点显得尤为重要
–	3.1a倾听顾客声音	2，3，6	L/I	尽管兰克已经确定了多个顾客和细分市场，但目前尚不清楚是否存在一个系统的过程，用于利用每个细分市场确定的独特需求来更好地满足顾客需求。兰克还可以根据这些需求信息来确定和优先考虑细分市场特定改进的机会
–	3.1a倾听顾客声音	2，5，6	D	虽然兰克确实收集了餐饮顾客和"我们一家人"计划成员的顾客留存数据，但目前尚不清楚它是否收集和分析了其他用餐顾客或外卖顾客的此类数据

合议评审分数段：60%—70%。

3.2　顾客关系与满意度

A.关键业务（组织要素）

1.愿景：以出色的食物和独特的用餐体验，成为地区十佳餐饮体验提供商之一。

2.关键顾客群体：个体及家庭主顾，企业，旅游者，社区机构；特定划分方式的顾客群体及要求［即按组织、家庭状态及服务来划分的（见表5–4）］。

3.所有顾客群体的关键要求：可靠性、响应性、承诺、共情、踏实、以合理的价格提供优质的食物、记忆深刻的用餐体验。

4.竞争成功因素：知名度、物有所值、新鲜的菜单设计及重新布设、侧重健康的菜单项、对设施的高效使用、优质服务、卓越运作、社区参与。

5.战略挑战：需要消费者有不断增加的可支配收入，对便利性和社会化的需求。美国人的口味越来越细腻。不断改变的顾客年龄分布。提高社会在食品安全、营养及健康主题方面的兴趣。

6.产品（服务）：午餐和晚餐的家中用餐服务；啤酒、葡萄酒及其他酒精性饮料；外卖餐饮；餐饮递送；宴会性餐饮。

B. 优势（见表6–12）

表 6–12　　顾客关系与满意度优势

+/++	相关条目	相关KF	评价要素A/D/L/I	优势
+	3.3 顾客关系	1, 2, 3, 4，6	A/D/L	为了构建顾客关系，兰克采取了多种策略。首先，兰克使用外部广告厂商，通过多种渠道如电视、广播、杂志以及网络广告、影像和促销活动，在目标顾客群中提高公众对其声誉的认识。其次，兰克通过识别特定顾客对于其食物及饮料的准备和服务的各个方面的需求，在多个接触点与顾客建立关系。此外，兰克通过实施“我们一家人”计划来发展和加强顾客忠诚度，该计划为计划成员提供个性化服务，并提供奖励，如买一送一套餐和“请朋友”优惠券，以增加回头客和积极的推荐。最后，兰克每年通过DINERS改进过程来评审关系建立的过程
+	3.2a 顾客体验和顾客支持	1, 2, 3, 4，6	A/D/L/I	为了确保所有顾客群体都能方便地获取信息、开展业务和提出投诉，兰克提供了多种沟通机制，包括个人联系、电话、互联网、传真、电子邮件、调查和焦点小组等。兰克的声音系统根据顾客满意度评分和各种联系方式收集的评论来识别顾客需求。为了确保整个公司都遵循统一的顾客联系标准（见表5-14），兰克采取了多种措施。这些措施包括制定《未来员工指南》和《员工手册》，通过每日排队会议进行强化培训，以及使用Foodtrak系统的自动提醒功能等
++	3.2a 顾客体验和顾客支持	1, 2, 3, 6	A/D/L/I	兰克通过实施系统化的服务恢复过程（见图5-3）来有效管理顾客投诉，旨在最小化顾客不满并促进再次交易。这个过程能够在现场或在顾客离开餐厅之前识别并解决顾客投诉，确保顾客在此过程中得到特殊对待。服务恢复过程适用于顾客用餐体验的所有阶段，所有员工都接受了关于沟通要求和服务恢复过程的培训。兰克使用Fooktrak系统来整理、整合和分析来自服务恢复过程和其他来源的投诉数据。通过分析这些数据，兰克能够识别问题的根本原因和趋势，防止类似问题的再次出现。此外，这些数据还可以用于改进其他顾客相关的方法，重新定义Voices系统和顾客沟通及关系建造过程。为了激励员工更好地运用服务恢复过程，兰克在每周员工会议和内部刊物上对成功使用该过程的员工进行奖励和表彰
+	3.2a 顾客体验和顾客支持	1，2，3	A/D/L/I	兰克使用多种方法来确定顾客在用餐过程之前、之中和之后的满意度和不满意度。这些机制（见图5-13）包括内部和外部顾客调查、服务点输入和焦点小组讨论。调查结果以西班牙语、英语、盲文和TTY（文本电话）系统提供。DINERS小组使用满意度和重要性之间的相关性（见图5-2），以及投诉要素分析来获取可操作的信息，以超越顾客期望，确保未来的业务，获得积极的推荐，设计新过程，并重新设计（改进）现有过程。DINERS小组特别关注满意度和重要性之间的相关性（见图5-2），通过分析投诉要素来获取可操作的信息。这些信息不仅有助于了解顾客的期望，还有助于确保未来的业务发展、获得积极的推荐、设计新过程，以及重新设计或改进现有过程

续表

+/++	相关条目	相关 KF	评价要素 A/D/L/I	优势
+	3.2a 顾客体验和顾客支持	3，6	A/D/L/I	兰克使用个性化的顾客沟通标准（见表5-14）和Voices系统（见表5-13）中确定的方法，确保对产品和服务的绩效进行即时跟踪。如果通过这些沟通渠道收集到了负面反馈，兰克会立即执行服务恢复过程。轮值经理会负责拨打跟踪电话，以确认投诉的解决情况。这些信息会被录入Foodtrak系统，有助于与其他所收集的数据进行比较，以便更好地学习和改进
+	3.2b 顾客满意与全心参与	2，4，6	A/D/L	兰克通过与秘密食客协会和第三方合作，进行外部顾客满意度调查，深入了解顾客对兰克的食品、服务质量、及时性、价格、价值和设施等方面的满意度。此外，兰克还关注新闻和贸易期刊等当地出版物，收集食品评论家的评论和NRA的行业标杆信息，以获取更广泛的行业洞察。同时，内部顾客满意度调查的结果也为分析特定竞争对手的优势和劣势提供了宝贵的数据
+	3.3 顾客关系	2, 3, 4, 5，6	A/D/L/I	兰克通过使用DINERS改进过程来评审并改进其建立顾客关系和确定顾客满意度的方法，从而保持与当前商业需求和方向的同步，并且每年至少进行一次高质量发展成熟度自评。关于Voices系统，“我们一家人”计划，沟通方法和标准，以及服务恢复过程的结果和过程会由高层领导在战略计划时进行系统评审，以确保它们与公司的战略方向保持一致。一旦确定了与战略方向的不符之处，兰克会创建行动计划来处理必要的改变，从而确保公司的战略目标得以实现。此外，兰克还会通过学术专家对外部满意度调查进行评审，以确保调查的有效性和可靠性

C. 改进机会（见表6–13）

表 6–13　　顾客关系与满意度改进机会

–/– –	相关条目	相关 KF	评价要素 A/D/L/I	改进机会
–	3.3 (1, 2) 顾客关系	2，3，4	A/D/I	兰克在建立顾客关系、提高忠诚度和留存率方面采用的方法，在外卖、餐饮或HMR（home meal replacement）顾客群体中可能并不完全适用。例如，兰克的家庭计划（our family program）是提高顾客忠诚度和保留率的关键机制，但这一计划主要针对在餐厅用餐的顾客，对于其他业务线如外卖或HMR顾客，这一计划并不直接适用。考虑到兰克未来打算开发和扩展新的业务线，这一差距显得尤为重要
–	3.2a 顾客体验和顾客支持	2，3，4	D/L/I	兰克对于HMR顾客的访问机制和个性化顾客沟通标准（见表5-14）的部署并不明确，这部分顾客主要是由分销商合作伙伴进行服务的。除了个性化沟通，兰克还需要明确电话、传真、网页等其他访问机制的沟通要求。如果没有一个系统的方法来确定所有顾客细分和访问机制的沟通要求，兰克将很难确保满足各类顾客的特定需求

合议评审分数段：60%—70%。

类目4　改进与创新

4.1　构建改进与创新体系

A. 关键业务（组织要素）

1. 关键的利益相关者群体：监管机构、所有者、社区、供应商与合作伙伴。

2. 竞争成功因素：知名度、物有所值、新鲜的菜单设计及重新布设、侧重健康的菜单项、对设施的高效使用、优质服务、卓越运作、社区参与。

3. 战略挑战：产品和服务的不断扩展，竞争者数量以5.2%的速度剧增，需要有足够的熟练且积极的员工来支持期望的业务增长，需要消费者有不断增加的可支配收入，对便利性和社会化的需求，美国人的口味越来越细腻，不断改变的顾客年龄分布，提高社会在食品安全、营养及健康主题方面的关注度。政府通过法规管制施加越来越多的影响力。

4. 通过Foodtrak来维护的组织知识库。

5. 聚焦于战略计划过程的绩效改进。

6. 价值观：服务卓越和以顾客为中心；独具特色的食物；促进健康的生活方式；道德、诚实及正直；创新与活力；团队合作的家庭文化；员工发展；社区富庶；历史保护；享受快乐。

B. 优势（见表6–14）

表6–14　构建改进与创新体系优势

+/++	相关条目	相关KF	评价要素 A/D/L/I	优势
++	4.1　构建改进与创新体系	3，4，5，6	A/D/L/I	通过员工发展推动改进与创新是兰克公司高层领导坚定信仰并积极践行的价值观。他们致力于持续改进团队和个人的绩效。在DINERS评审期间，兰克会对前一时期的过程绩效和长期趋势进行深入分析。为了确保持续的改进和创新，兰克还通过评审知识管理系统中的数据，积极引入更新的技术和有关最佳实践的信息。兰克非常重视改进成果的分享和传播。在完成DINERS改进过程后，相关的变更和改进会在列队会议中及时分享给所有员工。兰克公司不仅注重组织内部的持续改进与创新，还善于整合其他资源和力量，推动组织的进步

C.改进机会（见表6–15）

表 6–15　构建改进与创新体系改进机会

–/– –	相关条目	相关KF	评价要素A/D/L/I	改进机会
–	4.1　构建改进与创新体系	4，5	A/D	尽管兰克使用Foodtrak维护组织知识库，但目前尚不明确在多个来源中应使用哪个类目来选择各种指标。此外，兰克如何确保有效利用对比数据和竞争数据来支持日常运营决策和创新（如餐饮和HMR送餐）也尚不清楚

合议评审分数段：65%—75%。

4.2　促进创新

A.关键业务（组织要素）

1.关键的利益相关者群体：监管机构、所有者、社区、供应商与合作伙伴。

2.竞争成功因素：知名度、物有所值、新鲜的菜单设计及重新布设、侧重健康的菜单项、对设施的高效使用、优质服务、卓越运作、社区参与。

3.战略挑战：产品和服务的不断扩展，竞争者数量以5.2%的速度剧增，需要有足够的熟练且积极的员工来支持期望的业务增长，需要消费者有不断增加的可支配收入，对便利性和社会化的需求，美国人的口味越来越细腻，不断改变的顾客年龄分布，提高社会在食品安全、营养及健康主题方面的关注度。政府通过法规管制施加越来越多的影响力。

4.通过Foodtrak来维护的组织知识库。

5.聚焦于战略计划过程的绩效改进。

6.价值观：服务卓越和以顾客为中心；独具特色的食物；促进健康的生活方式；道德、诚实及正直；创新与活力；团队合作的家庭文化；员工发展；社区富庶；历史保护；享受快乐。

B. 优势（见表6–16）

表 6–16　　促进创新优势

+/++	相关条目	相关KF	评价要素A/D/L/I	优势
++	4.2a改进与创新文化	3，4，5，6	A/D/L/I	通过员工发展推动改进与创新是兰克公司高层领导坚定的信仰。兰克自1955年成立以来，高层领导从过去的经验中吸取教训，制定了确保组织持续发展和繁荣的战略。为了实现可持续发展，他们采取了三个层面的措施
++	4.2a改进与创新文化	4，5	A/D/L	通过建立测量系统和评审体系，将绩效责任感融入组织中，从而加强了绩效改进的环境。这种文化也增强了员工的归属感和责任感，提高了组织的凝聚力和竞争力
+	4.2a改进与创新文化	2，6	A/D/L	持续改进文化已经成为兰克员工日常工作的一部分。员工在日常工作中不断寻找改进的机会，积极提出并实施改进措施。无论是菜品创新、服务优化还是环境设施升级，员工都能够主动参与并贡献自己的力量
++	4.2b数据驱动与决策	3，4，5，6	A/D/L/I	兰克公司利用DINER改进流程来系统化各个流程，并确保关键变更得以持续实施。结果所有者负责将相关信息输入Foodtrak知识库中，并利用沟通流程通知员工有关变更。BE总监根据需要适当调整培训内容
++	4.2c激励机制	1—6	A/D/L/	公司还积极鼓励员工提出创新方法，以改进组织的工作方式。每月的全员会议、每日在线讨论和每月团队领导会议为员工提供了一个交流创意的平台。例如，一名员工提议在桌子旁边表演一些小魔术来逗乐孩子们，经过讨论，大家一致赞同这个想法。此外，只要员工提前提交创意，并得到其他员工的认可，认为这些创意不仅适合某个特定顾客，还能让周围顾客感到惊喜和愉悦，这些创意就会被采纳。以这种方式，让员工全身心参与到改进过程中，并得到认可。如果改进机会的解决方案涉及培训，BE总监会安排相应的培训，可能是过程改进方面的培训，也可能是作为战略计划的一部分或为完成战略目标而包含在行动计划中的培训

C. 改进机会（见表6–17）

表 6–17　　促进创新改进机会

–/– –	相关条目	相关KF	评价要素A/D/L/I	改进机会
–	4.2a改进与创新文化	2，6	A/D/L	尽管持续改进文化已经成为兰克员工日常工作的一部分。员工在日常工作中不断寻找改进的机会，积极提出并实施改进措施。但尚无明确的系统性支持员工有效记录、快速识别改进机会
–	4.2c激励机制	1—6	A/D/L	尽管公司积极鼓励员工提出创新方法，以改进组织的工作方式，每月的全员会议、每日在线讨论和每月团队领导会议为员工提供了一个交流创意的平台，但尚未健全激励机制，以激发员工全身心的参与感以及获得认同感

合议评审分数段：65%—75%。

类目5　资源

5.1　工作系统

A. 关键业务（组织要素）

1. 员工简介：

•212名员工：47名全职，102名兼职，63名随叫随到。

•49%西班牙裔，24%白人，23%非洲裔美国人（反映了所在社区的多元化）。

•7%管理者（受薪工），6%支持员工（受薪工），87%其他员工（小时工）。

•48%具有大学或同等学力，52%为高中及以下教育程度。

•25名发育障碍员工和残疾复员军人。

2. 价值观：服务卓越和以顾客为中心；团队合作的家庭文化；员工开发。

3. 竞争成功因素：对设施的高效使用、优质服务、卓越运作。

4. 战略挑战：需要有足够的熟练且积极的员工来支持期望的业务增长。

5. 对职位发展的交叉培训的广泛使用。

B. 优势（见表6-18）

表 6-18　工作系统优势

+/++	相关条目	相关KF	评价要素A/D/L/I	优势
++	5.1a 工作的组织	1—5	A/D/L/I	兰克将所有业务部门的员工（包括餐饮、送餐服务和行政）组织成流程团队，并与每个关键过程保持一致（见表5-16和表5-17），以确保与战略计划的一致性，并促进合作、授权和创新。团队负责安排和管理工作，以操作和改进其关键过程。所有团队领导每月召开会议，评估绩效、评审顾客反馈、确定改进机会，并分享最佳实践。为了适应业务需求、提高敏捷性，并鼓励员工的职业成长和发展，兰克为所有员工提供至少两到三个职位的交叉培训，并重视横向服务
+	5.1a 工作的组织	1—5	A/D/L/I	兰克通过多种途径实现了跨越工作单元、岗位和地点的有效沟通和技能共享。这些途径包括：沟通过程（见图5-5）、Foodtrak知识管理系统、沟通日志（作为高质量发展成熟度奖获得者的标杆过程）、交叉培训和各种会议（如全员会议、月度小组领导会议、轮值会议）等。此外，兰克还通过记录并整合在Foodtrak中的过程改进，确保标准化的过程和步骤，并通过分享最佳实践促进技能共享。这些方法支持了兰克对其卓越服务和卓越运营的成功因素的承诺

续表

+/++	相关条目	相关KF	评价要素A/D/L/I	优势
++	5.1b 员工绩效管理体系	1—5	A/D/L/I	兰克的正式员工绩效管理系统是其综合资源开发计划（IRDP）过程，该过程旨在促进员工和经理之间的双向沟通，并包括绩效评估。IRDPs与组织和部门的行动计划保持一致，并在第一年进行季度评估，此后每年进行年度评估，以及在年终进行进度检查，以确认进度、识别障碍。此外，管理者还参与两年一次的360度反馈过程。多种奖励和鼓励机制（例如，餐饮证书、生日鼓励、现场奖励如礼品卡和奖金）旨在强化并支持高绩效，同时关注顾客和业务目标
+	5.1c（1）聘用与晋升	1，2，4，5	A/D/L/I	兰克采用系统的工作评估过程来识别潜在员工所需的特征和技能，并将其记录在正式的工作描述中。职位说明书以过程要求为基础，并在年度战略规划过程中或重大过程变更后进行系统完善。职位说明书通过IRDP进行更新和共享。新创建职位所需的技能由招聘经理根据职位目标确定。关键过程的功能流程图在员工入职后通过每周评审进行验证和更新
+	5.1c（2）聘用与晋升	1，2，4	A/D/L/I	除了工作评审过程之外，兰克使用其系统化的八步招聘与聘用过程来招聘并聘用员工；这个过程通过来自于员工和经理的数据，以及年度DINERS小组评审进行更新。这两个过程都整合在兰克的战略计划过程中，从而确保每个过程都能满足长短期组织需求和方向。员工和管理人员都参与到潜在员工的面试中，并与人力资源机构签订合同，以解决有针对性的招聘工作，减少多样性差距
+	5.1c 聘用与晋升	1—5	A/D/L/I	兰克的正式继任计划最初是用于为每个领导位置识别潜在的个体，后来扩展到小组领导。该计划包括职业路径、轮岗、培训、开发行动和未来角色的职位影像。该计划每6个月由首席执行官（CEO）和业务卓越（BE）专家进行评审。此外，作为IRDPs的一部分，所有员工都被要求制定职业目标，包括发展目标、行动计划和预估的时间线。对于表现出对行业兴趣的员工，将为其提供特殊的培训支持。这些过程有助于支持兰克关于员工发展的价值观承诺

C.改进机会（见表6–19）

表 6–19　　工作系统改进机会

–/– –	相关条目	相关KF	评价要素A/D/L/I	改进机会
–	5.1a 工作的组织	1，2，3，4	A/D	尽管兰克的工作系统方法包括员工加入过程小组、DINERS小组和领导位置等，以促进合作和授权，但目前尚不明确这种方法如何帮助组织利用员工的不同文化和想法。如果没有系统的方法，兰克可能会难以应对其战略挑战，即拥有足够熟练和积极的员工来匹配组织的增长
–	5.1c（2）聘用与晋升	3，4	A/D/I	尽管兰克有一个招聘和雇用新员工的过程，但目前尚不明确是否存在一个系统的留住员工的方法。缺乏这样的方法可能会限制组织在解决其战略挑战方面的有效性，例如，拥有足够熟练和积极的员工来满足其增长需求

合议评审分数段：55%—65%。

5.2 工作环境

A. 关键业务（组织要素）

1. 员工简介：

• 212 名员工：47 名全职，102 名兼职，63 名随叫随到。

• 49% 西班牙裔，24% 白人，23% 非洲裔美国人（反映了所在社区的多元化）。

• 7% 管理者（受薪工），6% 支持员工（受薪工），87% 其他员工（小时工）。

• 48% 具有大学或同等学力，52% 为高中及以下教育程度。

• 25 名发育障碍员工和残疾复员军人。

2. 价值观：服务卓越和以顾客为中心；团队合作的家庭文化；员工发展。

3. 竞争成功因素：对设施的高效使用、优质服务、卓越运作。

4. 战略挑战：需要有足够的熟练且积极的员工来支持期望的业务增长。

5. 对职位发展的交叉培训的广泛使用。

B. 优势（见表 6–20）

表 6–20　　工作环境优势

+/++	相关条目	相关 KF	评价要素 A/D/L/I	优势
+	5.2a 员工能力	1—4	A/D/L/I	兰克通过使用战略规划过程和由此产生的战略目标来创建 IRDP，确保员工的教育和培训工作与表 5–9 中确定的组织战略和行动计划保持一致。这种联系和协调确保了与兰克的业务需求和方向以及其行动计划的完成相关的关键要求在组织层面上得到解决，同时融入其培训和发展方法中。此外，DINERS 团队经常通过培训来确定改进策略。例如，随着战略计划的变化，2005 年的培训重点转向了道德监督、餐饮服务和 HMR 交付服务、Foodtrak 系统和战略规划方面
+	5.2a 员工能力	1，2，3，5	A/D	兰克使用多种正式的培训方法来解决新员工的需求。这些方法包括由高层领导提供的四小时培训、虚拟参观和员工手册。此外，小组领导也会提供在职培训。新员工在前 3 个月会被指派一名教练或导师，并在其指导下工作 3—5 天。全年，兰克通过排队、在线模块和全体员工会议，提供心肺复苏术、安全、工作场所暴力、职业安全与健康管理局要求、设备安全处理和建筑安全方面的培训。员工必须通过 NRA 食品处理和食品安全课程，而所有管理人员都必须完成食品服务经理认证

续表

+/++	相关条目	相关KF	评价要素A/D/L/I	优势
+	5.2a 员工能力	1，3，4，6	A/D/L	兰克负责监督承包商遵守OSHA规定，组织健康和安全培训，并定期进行工作场所检查，以提升工作场所的健康、安全、安保和人体工程学标准。员工可以通过参加排队会议和IRDP会议，提出改善工作环境的建议。同时，BE总监负责管理供应商关系并评估供应商的绩效。当发现供应商检查或员工建议中有改进空间时，团队领导会组建DINERS团队来实施改进措施。表5-15展示了小时工和受薪工人的绩效指标、改进目标和基准
+	5.2b 工作氛围	1，3，5，6	A/D/L	兰克有一套正式的灾难准备计划，旨在确保其餐厅的工作场所能够应对一般商业灾难（如火灾）和可能发生在该地区的自然灾害（如飓风）。该计划详细说明了员工在灾难发生时应如何行动，并规定了支持灾难恢复的持续活动，如每日数据系统备份、异地数据存储和备份技术计划。该计划每年都会进行评审和更新，以确保其时效性和实用性。所有员工都能获得该计划的信息，每个餐厅和高层领导的家里都备有该计划的复印件。此外，电子版还可在Foodtrak知识管理系统中找到，方便员工随时查阅。在员工培训期间，新员工会初步了解紧急程序的相关信息，并会定期对这些信息进行复审。为了确保计划的可行性，每月还会进行一次演习

C.改进机会（见表6-21）

表6-21　工作环境改进机会

-/--	相关条目	相关KF	评价要素A/D/L/I	改进机会
-	5.2a 员工能力	1，2，3，5	A/D	尽管兰克通常会给退休和离职的员工一段“汇报期”，让他们培训继任者并记录下最佳实践，但目前尚不清楚这种知识转移的方法是否在整个组织中有系统且一致地实施。考虑到兰克希望保留核心员工，因为他们是公司的知识基础，以及技术熟练、积极进取的员工的可用性所面临的战略挑战，确保知识的系统化转移显得尤为重要。虽然兰克希望员工能够将外部培训中学到的经验教训输入知识管理系统中进行分享，但目前尚不清楚兰克是否有一套系统的方法来记录员工从内部培训中获得的新知识和技能，以供组织长期使用
-	5.2a 员工能力	1，2，3，6	D	尽管兰克通过外部机构来处理安全性问题，员工在线上会议中处理安全需求及改进，但目前没有明确说明兰克如何针对不同员工细分（如行政办公室员工或外部承包商员工，例如保管和保安人员）处理安全问题和其他问题
-	5.2b 工作氛围	1，2，6	D	目前尚未明确兰克的工作场所备灾计划是否充分考虑了现场工作员工或非现场工作的员工（如送货和餐饮人员）的需求，以确保他们了解该计划以及自己在灾难发生时的行动和责任。如果这些员工群体没有得到充分的信息，兰克的灾难准备计划可能无法全面满足所有员工的需求

合议评审分数段：60%—70%。

5.3　员工福祉与满意度

A. 关键业务（组织要素）

1. 员工简介：

• 212 名员工：47 名全职，102 名兼职，63 名随叫随到。

• 49% 西班牙裔，24% 白人，23% 非洲裔美国人（反映了所在社区的多元化）。

• 7% 管理者（受薪工），6% 支持员工（受薪工），87% 其他员工（小时工）。

• 48% 具有大学或同等学力，52% 为高中及以下教育程度。

• 25 名发育障碍员工和残疾复员军人。

2. 价值观：服务卓越和以顾客为中心；团队合作的家庭文化；员工发展。

3. 竞争成功因素：对设施的高效使用、优质服务、卓越运作。

4. 战略挑战：需要有足够的熟练且积极的员工来支持期望的业务增长。

5. 通过 Foodtrak 来维护的组织知识库。

6. 监管环境要求：员工安全，以及与其他员工相关的法规。

B. 优势（见表 6–22）

表 6–22　员工福祉与满意度优势

+/++	相关条目	相关 KF	评价要素 A/D/L/I	优势
+	5.3b（1）组织文化	2，3	A/D/L	兰克利用员工满意度调查、IRDP 流程和离职访谈的结果，来确定影响员工福祉、满意度和积极性的关键因素。这些关键因素根据员工类型（小时工和受薪工）进行了区分。员工满意度调查可以用来识别不同员工群体的关键因素，并要求员工根据重要性对这些因素进行排序，同时评估他们对这些因素的满意度
+	5.3b（2）组织文化	1，2，3，5	A/D/I	为了关爱员工，兰克实施了一项自助式健康关照计划，员工可以根据个人需求来定制自己的福利方案。这些福利包括 401k 计划、医疗保险补贴、儿童保育补贴、健康俱乐部会员资格、交通补贴、带薪假期、社区参与（志愿者活动）时间、餐厅用餐折扣和参与改善活动的认可。对于非全日制员工，福利是按比例分配的。按需工作的员工（随叫随到的工人）可以以较低的费率购买医疗保险。这些福利充分体现了兰克致力于成为首选雇主的战略目标

续表

+/++	相关条目	相关KF	评价要素A/D/L/I	优势
+	5.3b（3）组织文化	1，4，5	A/D/L	兰克通过半年度的在线员工满意度调查来衡量员工满意度，该调查以NRA的国家调查为模板，可以与酒店行业的全国结果以及同级别企业进行对比。调查的响应率超过90%，并且数据会按照职位、地区、性别、年龄和种族进行细分。除了员工满意度调查，兰克还通过监控员工流动率、IRDP完成率、旷工情况、每服务员销售额、离职访谈结果和工作环境指标（见表5-15），来评估员工满意度和福祉的其他关键因素。当出现任何下降的趋势时，兰克会立即组建DINERS团队进行评审并采取改进措施
+	5.3b（4）组织文化	2，5，6	A/D/L/I	高层领导会定期评审员工满意度和积极性的相关因素，包括员工满意度调查结果，以及兰克Voices过程和Voice顾客指标之间的相关性分析。这些分析旨在识别工作场所中可能影响关键业务结果的潜在改进机会。分析结果将由DINERS团队进行处理
+	5.3c 绩效管理和发展	1—5	A/D/L/I	兰克通过员工IRDP、员工满意度调查和排队会议期间的非正式反馈，积极寻求并利用员工及其主管和经理对教育、培训和发展需求的投入。此外，兰克还通过指导、在每月全体员工会议上分享最佳实践、使用Foodtrak知识管理系统作为DINERS团队研究的一部分，以及向外部培训师提供Foodtrak的关键信息，将组织学习和知识资产正式纳入教育和培训中
+	5.3c 绩效管理和发展	1—5	A/D/L/I	兰克通过阵容、指导和在职培训来加强新知识和技能的使用，其中包括对团队领导的即时强化和持续监督，以帮助员工更好地应用新技能。对于外部培训，主管会制定员工使用新技能的计划，并期望员工将学到的经验教训输入知识管理系统，与其他员工分享关键知识。此外，兰克还采取其他措施进一步加强员工的技能和知识。这些措施包括对员工的内部发展规划进行培训和评估，以及提供额外的指导和支持，以确保员工能够有效地应用和分享所学的知识和技能
+	5.3c 绩效管理和发展	1，2，4	A/D/L	兰克通过使用正式的课程评估、年度员工调查的反馈，以及与相关课程的改进行为的关联度来评估其培训的效率。此外，兰克还会考虑行动计划的完成度和员工IRDPs目标的实现百分比等因素，以全面评估培训的效果和影响
+	5.3c 绩效管理和发展	1，2，4，5	A/D/I	IRDP与组织战略和行动计划以及每个人的职业目标紧密相连，并通过与主管进行系统的评审来激励员工开发和利用他们的全部潜力。加薪和晋升与绩效评估结果挂钩，但也可以根据经理的判断在任何时候给予。这一过程体现了兰克对员工发展价值的承诺，以及将其建设成为首选雇主的战略目标

C. 改进机会（见表6–23）

表 6–23　　员工福祉与满意度改进机会

-/--	相关条目	相关KF	评价要素A/D/L/I	改进机会
–	5.3c 绩效管理和发展	1—4	A	尽管员工通过战略计划过程（见表5-13）制定了IRDPs，但兰克在应对与绩效指标相关联的培训，以及在满足个体需求与实现组织长期和短期目标之间保持平衡方面，仍需更加系统化的方法。考虑到行业人员的高流动率，如果没有一套完善的流程，兰克可能难以有效满足员工群体的需求，也可能难以解决提供优质服务和卓越运营的关键问题

合议评审分数段：65%—75%。

5.4　智力与知识

A. 关键业务（组织要素）

1. 员工简介：

•212名员工：47名全职，102名兼职，63名随叫随到。

•49%西班牙裔，24%白人，23%非洲裔美国人（反映了所在社区的多元化）。

•7%管理者（受薪工），6%支持员工（受薪工），87%其他员工（小时工）。

•48%具有大学或同等学力，52%为高中及以下教育程度。

•25名发育障碍员工和残疾复员军人。

2. 设施：一个192座的餐厅，一个128座的餐厅，两个餐厅各有一个35座的休闲室，一个独立的总部（用于管理、仓储、市场等）。

3. 所有顾客群体的关键要求：可靠性、响应性、承诺、共情、踏实、以合理的价格提供优质的食物、记忆深刻的用餐体验。

4. IT设施主要是Foodtrak销售、点式销售（point of sale，POS）系统。

5. 供应商与合作伙伴：加入了一个本地的采购货物及服务的餐厅联盟；其他供应商包括IT服务供应商、存储及其他设施的维护服务商、广告商、安全部门和其他HR机构；合作伙伴包括HMR分销商和一个社区大学。

B. 优势（见表6–24）

表 6-24 智力与知识优势

+/++	相关条目	相关KF	评价要素A/D/L/I	优势
++	5.4a（1）数据和信息	1，2，3，4	A/D/I	兰克公司通过Foodtrak系统，确保员工能够方便地获取所需的数据和信息。员工可以通过有线计算机、无线个人数字助理（PDA）、触屏板和触屏终端等设备，即时访问所需的数据。例如，服务员可以使用无线POS或PDA设备进行订单操作，了解订单状态，并在需要时提醒员工。此外，Foodtrak系统还与兰克的公共网站相整合，使顾客可以查询与事务和订单相关的信息。顾客还可以访问“我们一家人”计划成员的申请信息和供应商的库存管理信息
+	5.4a（1）数据和信息	1—5	A/D/L	Foodtrak系统的信息技术供应商在系统运行时提供技术支持，并远程管理该系统和软件，以确保网络安全。此外，IT供应商还提供备份系统和运营数据库，以确保数据安全。局域网（LAN）使用安全加密访问技术，而广域网（WAN）则受到防火墙的保护。用户反馈会被记录在Foodtrak知识管理系统中，任何建议的更改在实施之前都会经过抽样工作人员的评审
+	5.4a（1）数据和信息	3，4，5	A/D/L/I	兰克公司具备灾难恢复计划，旨在确保在紧急情况下数据和信息的持续可用性。该计划包括在所有地点配备接口硬件的备用设施，以便能够迅速替换出现故障的设备；备份电池，以确保系统持续供电；场内和场外的日常数据备份；签订协议，确保关键系统硬件组件在12小时内得到替换，在24小时内对所有顾客沟通系统进行替换。此外，信息技术供应商还会通过来自Foodtrak顾客的反馈，在年度改进日对系统性能进行评估
+	5.4a（3）保持测量系统更新	1，4，5	A/D/L	兰克的签约IT厂商负责收集和管理来自用户的反馈。这些反馈信息由技术员工定期征集，并由厂商进行管理。此外，IT厂商还会利用每年的Foodtrak改进日来确保这些数据和信息与业务需求和方向保持一致。Foodtrak知识管理系统负责收集用户反馈，员工可以在这里提供关于系统可用性的意见和建议。DINERS小组则负责与IT厂商讨论改进的机会，确保系统持续优化和提升
+	5.4a（3）保持测量系统更新	1，2，4，5	A/D/L	兰克公司持续利用Foodtrak中的知识管理系统在主要利益相关者之间收集、整理和分享知识，包括最佳实践。这些最佳实践在团队领导会议和全体员工的阵容会议上得到分享。此外，IT厂商和供应商也会在需要时参与讨论，并被鼓励访问Foodtrak系统，对其产品进行评价和建议
+	5.4b 组织知识	2—5	A/D	兰克公司在数据输入过程的设计中采取了多项措施来解决数据准确性的问题，包括使用选择选项、信息扫描技术和强制评审元素。此外，通过电子系统和人工备份相结合的方式，确保数据的可靠性。触屏板、计算机访问和掌上电脑等工具协助确保数据和信息的时效性。同时，使用密码和防火墙技术来确保数据的安全性。对于受保护的电子信息，如信用卡数据、顾客简介和关键组织数据，只有经过高层领导的授权才能进行访问，以确保数据的机密性

C. 改进机会（见表6–25）

表 6–25　　智力与知识改进机会

–/– –	相关条目	相关 KF	评价要素 A/D/L/I	改进机会
–	5.4a 数据和信息	4，5	D	虽然一些产品供应商（如餐馆采购联盟）可以访问在线库存数据，一些供应商可以通过Web访问性能数据，但目前尚不明确支持服务的外部供应商（如托管服务、人力资源管理、广告和营销）或HMR分销商合作伙伴是否可以访问类似的信息
–	5.4b 组织知识	2，3，4	D/L	尽管兰克有一些机制来分享最佳实践，如团队领导会议和全体员工的排队会议，但目前尚不明确是否存在一个系统的过程来识别最佳实践。此外，没有详细描述在识别出最佳实践时，是否存在一个系统的过程来有效地利用这些实践
–	5.4b 组织知识	1，5，6	A/D/L	尽管外部咨询委员会成员被要求签署保密协议，但目前没有明确说明是否对员工和IT厂商（供应商）采取了类似的方法来确保数据的机密性

合议评审分数段：30%—40%。

类目6　过程

6.1　价值创造过程

A. 关键业务（组织要素）

1. 产品（服务）：午餐和晚餐的家中用餐服务；啤酒、葡萄酒及其他酒精性饮料；外卖餐饮；餐饮递送；宴会性餐饮。

2. 所有顾客群体的关键要求：可靠性、响应性、承诺、共情、踏实、以合理的价格提供优质的食物、记忆深刻的用餐体验。

3. 供应商与合作伙伴：加入了一个本地的采购货物及服务的餐厅联盟；其他供应商包括IT服务供应商、存储及其他设施的维护服务商、广告商、安全部门和其他HR机构；合作伙伴包括HMR分销商和一个社区大学。

4. IT设施主要是Foodtrak销售、点式销售（point of sale，POS）系统。

5. 竞争成功因素：优质服务、卓越运作。

B. 优势（见表6–26）

表 6–26　　价值创造过程优势

+/++	相关条目	相关 KF	评价要素 A/D/L/I	优势
+	6.1a（1）产品和过程设计	1，2，6	A/D/L/I	通过使用Voices系统收集的信息，兰克确定了关键的价值创造过程是那些基于顾客期望、为用餐体验增加价值的过程。该系统还为战略计划提供信息，帮助识别新的关键过程，并将其添加到战略矩阵中，进行年度评审。兰克已经为其餐厅、餐饮和HMR业务线以及各种产品（服务）细分确定了关键过程（见表5-16）
+	6.1a（2）产品和过程设计	1–5	A/D/I	兰克通过收集来自多个利益相关方的Voices数据，以及在用餐体验前、中、后阶段收集的需求，来确定价值创造过程的要求。兰克的供应商在评审过程中也提供信息，并将其输入Foodtrak知识管理系统中。采购联盟经理和主要供应商参加每月的执行评审会议，讨论关键指标并确定改进机会
+	6.1a（3）产品和过程设计	1，2，5	A/D/L/I	跨职能和跨餐厅的DINERS团队采用正式、系统的九步方法来设计价值创造和支持过程（见表5-17）。这一过程始于利益相关方的需求，并包括流程图、过程内矩阵、计分卡目标、试点阶段、沟通、培训和年度评估。此外，过程设计过程还包括对新技术的研究和对相关知识的知识管理系统的研究
+	6.1a（4）产品和过程设计	2，4，5	A/D/I	兰克已经确定了价值创造过程的关键绩效度量和指标（见表5-16）。为了确保流程的日常运作符合关键要求，兰克使用在线和硬拷贝文档来记录价值创造流程、培训和在职强化、可视化管理和工作辅助、特定事件的演练，以及每天两次的排队、共享和评审关键绩效信息。顾客输入通过Voices系统获得，用于价值创造过程的管理。供应商输入则通过各种定期会议获得
++	6.1b 过程改进与创新	1，2，5	A/D/L/I	兰克使用其DINERS改进过程（见图5-7）来每年评审和改进其价值创造流程，确保流程与业务需求和方向保持同步。在DINERS改进过程中，兰克对跨职能员工小组进行培训，并培养员工识别潜在的改进机会。这些机会可能需要及时由DINERS小组进行评审，而不仅仅是以年度周期进行。过程改进在月度小组领导过程会议和Foodtrak知识管理系统中共享。任何流程的改变都会在10天内被记录并纳入员工培训指导中

C.改进机会（见表6–27）

表 6–27　　价值创造过程改进机会

–/––	相关条目	相关 KF	评价要素 A/D/L/I	改进机会
–	6.1a（3）产品和过程设计	1，2，5	A/D	目前没有明确提及兰克是否有一个系统化的过程，将周期时间、成本控制、生产力以及其他效率和效能要素纳入价值创造过程的设计方法中。此外，也没有详细说明兰克在过程设计完成后，如何执行这些过程，以确保它们按照预期执行并满足设计要求。如果没有一个系统化的过程将效率和有效性因素纳入过程设计中，兰克可能很难确保其价值创造过程达到预期的效果

续表

-/--	相关条目	相关 KF	评价要素 A/D/L/I	改进机会
-	6.1a（5）产品和过程设计	1，3	A/D	尽管兰克采用了“快速和经济的”预审核和日常过程观察的方法，但目前尚不清楚这些方法如何系统地帮助兰克最小化检查和审核的成本，或防止返工或缺陷

合议评审分数段：65%—75%。

6.2　支持过程和运营计划

A. 关键业务（组织要素）

1. 供应商与合作伙伴：加入了一个本地的采购货物及服务的餐厅联盟；其他供应商包括IT服务供应商、存储及其他设施的维护服务商、广告商、安全部门和其他HR机构；合作伙伴包括HMR分销商和一个社区大学。

2. 竞争成功因素：对设施的高效使用、优质服务、卓越运作。

3. 通过Foodtrak来维护的组织知识库。

4. 产品（服务）：午餐和晚餐的家中用餐服务；啤酒、葡萄酒及其他酒精性饮料；外卖餐饮；餐饮递送；以及宴会性餐饮。

5. 使用平衡计分卡来展开目标并监控过程。

B. 优势（见表6–28）

表 6–28　支持过程和运营计划优势

+/++	相关条目	相关 KF	评价要素 A/D/L/I	优势
+	6.2a（1）过程效率和有效性	2，4，5	A/D/I	兰克在其关键价值创造过程的基础上，同样地确定了关键支持过程，以及相关的关键要求、过程内指标和输出指标（见表5-17）。这些支持过程是通过过程设计步骤（见图5-6）中的步骤4或战略规划来确定的。许多支持过程的指标也体现在计分卡上，并与战略目标和行动计划保持一致，以促进业务成功
+	6.2a（2）过程效率和有效性	1，2	A/D/I	过程所有者和供应商根据来自Voices系统的信息来确定关键支持过程的要求。这些要求包括聘用稳定的员工，精确的、实时、有效的工资表，可靠的信息系统，以及来自供应商的多重要求（见表5-17）和来自顾客的多重要求（见表5-4）

续表

+/++	相关条目	相关KF	评价要素A/D/L/I	优势
+	6.2a（3）过程效率和有效性	1，2，4，5	A/D/L	兰克的小组领导和DINERS小组采用九步法（见图5-7）来设计关键支持过程，以满足所有关键要求。这种方法从确定期望的结果开始，并在设计方法的第4步中结合新技术
+	6.2a（4）过程效率和有效性	3	A/D/L	兰克已经确定了关键支持过程，以及用于控制和操作这些过程的相关措施和指标（见表5-17）。Foodtrak系统为支持过程的指导和标准化提供了重要的工具。该系统不仅用于对支持过程进行管理和控制，还用于向所有员工传达流程变更
++	6.1b 过程改进与创新	3	A/D/L/I	兰克通过DINERS改进过程（见图5-7）对支持过程进行改进，并由DINERS团队每年评审所需的方法或指标。改进的成果在部门内部和内部顾客之间共享，并记录在Foodtrak中，以确保这些成果可以用于组织学习和其他过程的创新方法。过程的改变在10天内被记录并纳入员工培训指导中
+	6.2c 安全性、可持续性和弹性	1，2，4，5	A/D/I	兰克公司通过年度预算过程来确保其运营得到充足的资源支持。这个预算过程与战略计划紧密相连，每个部门都会提交当前运营需求和实现各自行动计划所需的资源。随后，领导团队会对所有需求进行评审，并根据与战略计划相关的操作和投资优先级进行排序。根据优先级排序结果，领导团队会合理分配所需的资源，以满足最高优先级的战略目标
+	6.2c 安全性、可持续性和弹性	2，3，5	A/D	兰克公司制定了一项详尽的灾难恢复计划，旨在确保在遭遇紧急情况后，能够在合理的时间范围内恢复正常的运营状态。这一计划主要涵盖了三个方面：IT系统的备份与恢复、员工安全程序的制定，以及针对该地区可能发生的灾难（如飓风）的应对策略

C.改进机会（见表6–29）

表 6–29　　支持过程和运营计划改进机会

-/- -	相关条目	相关KF	评价要素A/D/L/I	改进机会
-	6.2a（2）过程效率和有效性	1，4	A/D	尽管兰克认为在价值创造过程中工作的员工是内部顾客，并且这个过程的结果与所有员工共享，但目前尚不清楚兰克如何系统地利用这些内部顾客的反馈来确定关键的支持过程要求。如果没有这些关键利益相关方的参与和反馈，兰克可能会面临难以识别有效和重要的关键支持过程需求的挑战
-	6.2a（3）过程效率和有效性	1，4，5	A/D	兰克在将周期时间、成本控制、生产力以及其他效率和效能要素系统地融入支持过程设计方面尚不明确。此外，关于如何执行这些设计出来的过程，以确保它们按照预期运行并满足设计要求，也没有明确的说明

合议评审分数段：60%—70%。

类目7　结果

7.1　产品和服务结果

A.关键业务（组织要素）

1.价值观：服务卓越和以顾客为中心。

2.关键顾客群体：个体及家庭主顾，企业，旅游者，社区机构；特定划分方式的顾客群体及要求［即按组织、家庭状态及服务来划分的（见表5–4）］。

3.所有顾客群体的关键要求：可靠性、响应性、承诺、共情、踏实、以合理的价格提供优质的食物、记忆深刻的用餐体验。

4.产品（服务）：午餐和晚餐的家中用餐服务；啤酒、葡萄酒及其他酒精性饮料；外卖餐饮；餐饮递送；宴会性餐饮。

5.竞争成功因素：优质服务、卓越运作。

6.战略挑战：产品和服务的不断扩展，竞争者数量以5.2%的速度剧增，美国人的口味越来越细腻。

B.优势（见表6–30）

表 6–30　产品和服务结果优势

+/++	相关条目	相关KF	评价要素Le/T/C/I	优势
+	7.1　产品和服务结果	1，2，3，5	Le/T/C/I	兰克公司的数据显示，2010—2014年，首次接触顾客的两项关键指标——入座和服务的等待时间（见图5-8）以及餐桌清洁度评级（见图5-15）都有所提升。具体来说，未预订座位的等待时间从大约45分钟减少到了20分钟，而第一次服务的等待时间也从大约45分钟缩短到了大约12分钟。这两家餐厅在等待时间和餐桌清洁度方面的表现都优于当地竞争对手。这些改善与DINERS团队的策略建议密切相关
++	7.1　产品和服务结果	2—6	Le/T/C/I	配送及时性的数据（见图5-12）显示，2010—2014年，这两家餐厅的配送及时性有所提高，兰克的整体水平从大约83%提高到了95%。2014年，兰克的餐饮和外卖业务表现优秀，超过了当地竞争对手。此外，在同一时间段内，烹饪时间（见图5-13）和服务员传菜时间（见图5-14）的性能表现稳定或有所提高，同样优于竞争对手。此外，整体组织传菜时间从近3分钟减少到不到1.5分钟。考虑到兰克的战略目标是增加餐饮和外卖收入，并提高产品和服务绩效，这些领域的表现可能特别值得关注

续表

+/++	相关条目	相关KF	评价要素Le/T/C/I	优势
+	7.1 产品和服务结果	1，3，5	Le/T/I	2010—2014年，兰克在食品验收标准（见图5-9）方面取得了显著改善。在演示性能方面，从83%提高到了95%以上；在温度结果方面，从75%提高到了约97%；在及时性方面，从84%提高到了95%。这些价值创造过程的关键指标对于顾客满意度具有重要意义
+	7.1 产品和服务结果	1，3，5	Le/T/C/I	图5-10“订单准确性结果”显示，2011—2014年，餐馆、餐饮和外卖服务的整体绩效呈现改善趋势。订单准确性从2011年的约86%提高到了2014年的95%。此外，餐厅和餐饮的订单准确性比其竞争对手更高。订单准确性是所有餐饮和外卖顾客的基本要求，也是记分卡的衡量标准之一。为了满足顾客的需求和提高顾客满意度，订单处理过程的准确性和效率至关重要

C.改进机会（见表6–31）

表6–31　　产品和服务结果改进机会

–/– –	相关条目	相关KF	评价要素Le/T/C/I	改进机会
–	7.1 产品和服务结果	2，3，4	C	尽管大部分产品和服务的结果都按照地区进行了细分，同时也有一部分结果按照服务类型（如餐厅、外卖、餐饮）或者当日时间（如午餐或晚餐）进行了分类。然而，等待时间的结果（见图5-8）并没有按照地理位置进行细分，这可能使我们无法全面了解不同地区的等待时间情况。同样，食品验收标准的结果（见图5-9）也没有按照地理位置或服务类型进行细分。除此之外，所有的结果都没有按照顾客群体（如家庭、企业和游客）进行细分，尽管这些顾客群体有着独特的需求（见表5-4）。除了共同的需求外，不同的顾客群体可能还有各自特殊的需求和期望。更深入的细分可以帮助兰克更好地了解自己对于不同顾客群体的相对表现，以及具体的位置和服务，从而确定改进的机会
–	7.1 产品和服务结果	2，3，5，6	C	没有明确兰克的产品和服务输出的结果是否覆盖了所有重要领域。例如，目前的结果中没有提供关于“儿童友好”氛围和“健康菜单选择”的家庭顾客需求、商业部门对“有利于商业”环境的要求、单身人士对广泛的啤酒和葡萄酒选择的要求，以及游客对“有趣体验”的愿望等方面的表现。此外，对于所有顾客获得良好价值和难忘用餐体验的关键要求，目前的结果中也没有明确的展示
–	7.1 产品和服务结果	1，5，6	C	兰克在报告中未提供食品验收标准（见图5-9）、未预定等待时间和初次服务（见图5-8）的对比数据。缺乏与竞争对手或行业标杆的对比，使兰克难以准确评估其在市场中的相对表现，从而在激烈竞争的市场中识别改进机会
–	7.1 产品和服务结果	1，3，5，6	Le/C	尽管兰克的产品和服务绩效的大部分水平和趋势都是积极的，但仍有一些改进的机会。例如，外送服务的及时性（见图5-12）虽然总体上有所改善，但一直低于兰克的竞争对手

合议评审分数段：55%—65%。

7.2　顾客结果

A. 关键业务（组织要素）

1. 产品（服务）：午餐和晚餐的家中用餐服务；啤酒、葡萄酒及其他酒精性饮料；外卖餐饮；餐饮递送；宴会性餐饮。

2. 关键顾客群体：个体及家庭主顾，企业，旅游者，社区机构；特定划分方式的顾客群体及要求［即按组织、家庭状态及服务来划分的（表5–4）］。

3. 所有顾客群体的关键要求：可靠性、响应性、承诺、共情、踏实、以合理的价格提供优质的食物、记忆深刻的用餐体验。

4. 竞争成功因素：物有所值，优质服务、卓越运作。

5. 战略挑战：竞争者数量以5.2%的速度剧增，美国人的口味越来越细腻，不断变化的顾客年龄分布。

6. 价值观：服务卓越和以顾客为中心。

B. 优势（见表6–32）

表 6–32　　顾客结果优势

+/++	相关条目	相关KF	评价要素Le/T/C/I	优势
+	7.2（1）顾客结果	2，3，4，5	Le/T/C/I	兰克在“整体顾客满意程度”（见图5-16）方面的表现显示，2010—2014年，所有类别的报告都有所改善。其中，餐饮顾客的满意程度从约93%上升到了超过98%。2014年，两家餐厅在外部调查、内部调查和就餐方面的表现均高于同类最佳餐厅，并且达到或超过了高质量发展成熟度奖获得者的水平。这些结果可能反映了兰克以顾客为中心的改进活动（如顾客至上的培训和过程变化，以改善周期时间和服务）的有效性，并进一步证实了兰克在服务和以顾客为中心方面的卓越价值
+	7.2（1）顾客结果	2，3，4，6	Le/T/C	如图5-17所示，顾客对用餐体验的质量满意度的内部调查结果显示，2010—2014年，所有报告部门的绩效都有所持续改善。所有部门的综合绩效从约94%增加到约97%。在2014年的五个细分市场中，有四个细分市场的表现达到或非常接近同类最佳水平。此外，关于就餐体验的汇总口头评价抽样（见图5-19）也显示，2011—2014年，所有九个评估领域都有所改善。其中，对等待时间的好评比例从77.5%上升到93.1%，这是改善最大的领域

续表

+/++	相关条目	相关KF	评价要素Le/T/C/I	优势
+	7.2（1）顾客结果	2，3，4，5	Le/T/C/I	2010—2014年，兰克在秘密食客协会和员工用餐报告（见图5-18）方面的业绩有所改善，其业绩水平大大优于其竞争对手。2014年，兰克在这两个评估中的业绩分别为97%和95%，而其竞争对手Secret Diners Association和Employee Dining Reports的业绩分别为约88%和85%。这些结果进一步证实了兰克以顾客为中心的方法的成功
+	7.2（1）顾客结果	1，2，3，5	Le/T/C	2011—2014年的调查结果中可以看出，投诉总数、用餐期间和用餐后收到的投诉数量，以及在免费餐食上花费的金额（见图5-19）都呈现出良好的趋势，这些都是顾客不满意的指标。具体来说，兰克的投诉总数从2010年的近400起下降到2014年的不到300起，而其竞争对手的投诉则从约250起增加到了500多起
+	7.2（2）顾客结果	1，3，4，5	Le/T/C/I	2010—2014年，兰克的餐饮顾客数量从约300人增加到了超过1500人，家庭计划成员数量则从约50人增加到了约3800人（见图5-20）。此外，自2011年以来，在兰克餐厅用餐或不止一次使用餐饮服务的顾客比例有所增加。这些顾客的留存率也高于行业留存率。同时，家庭成员和其他顾客推荐的数量，以及因推荐而加入兰克家庭计划的顾客比例也在稳步增长（见图5-21）。这些结果可能反映了兰克建立关系的目标活动的成功，并有助于实现其收入增长目标

C.改进机会（见表6-33）

表6-33　顾客结果改进机会

–/– –	相关条目	相关KF	评价要素Le/T/C/I	改进机会
–	7.2（1）顾客结果	1，2，6	G	除了表5-16所示的结果外，关于顾客对质量满意度的内部调查结果并没有按照主要顾客群体（如家庭、企业和游客）或表5-4进行细分。这表明夫妻和单身人士占兰克销售额的45%。此外，现有的搜索结果很少根据地点、服务或用餐类型（如午餐和晚餐）进行细分。这种细分数据的缺乏可能会使兰克难以识别并针对不同顾客群体的特定需求进行改进
–	7.2（2）顾客结果	1，3，4，6	G/C/I	目前，报告中没有提供餐饮和外送业务的顾客满意度对比。同时，兰克也没有明确是否对没有加入家庭计划的顾客（除餐饮顾客之外）设定了顾客保持度要素。如果没有衡量所有顾客的感知价值，那么兰克可能很难全面评估其整体成功

合议评审分数段：60%—70%。

7.3　财务、市场和战略结果

A.关键业务（组织要素）

1.战略挑战：不断扩展的产品和服务，竞争者数量以5.2%的速度剧增。

2.特定的市场小营业点：家庭及企业餐饮服务点。

3.与休斯敦地区35家特色餐厅及加尔维斯顿地区20家特色餐厅的直接竞争。

4.休斯敦地区第3高上座率及加尔维斯顿最高上座率。

5.2014年缴税大于590万美元，其中550万美元来自餐厅及外卖，40万美元来自饮食。

6.休斯敦地区唯一提供HMR递送服务的企业。

B.优势（见表6–34）

表 6–34　财务、市场和战略结果优势

+/++	相关条目	相关 KF	评价要素 Le/T/C/I	优势
++	7.3（1）财务、市场和战略结果	2，3，4，5	Le/T/C/I	兰克的每座位毛利（见图5-22）在2011年约为9000美元，到了2014年已经增长到了约13000美元。这一显著的增长幅度，明显优于大部分相关对比和小型餐厅的上四分位数，后者在这段时间内基本保持在8000美元的水平。同时，兰克的这一数据在2014年也明显优于餐厅行业总体上四分位数的10000美元。这些数据有力地支持了兰克的竞争成功因素——其高效利用设施和维持良好财务绩效的能力
+	7.3（1）财务、市场和战略结果	2，3，4，5	Le/T/C	兰克的所有者权益回报率（见图5-23）在2010—2014年呈上升趋势，从6%增长到了8%。这一增长不仅达到了或者超出了此期间的目标，还超越了小型餐厅的上四分位数，与2013年和2014年的行业总体上四分位数相当。这些数据进一步证明了兰克在财务绩效方面的出色表现，从而支持了其财务绩效目标
+	7.3（1）财务、市场和战略结果	2，5，6	Le/T/I	兰克的流动比率（见图5-24）在2010—2014年一直等于或优于行业平均水平，并且从2011年开始稳步改善。在2013年和2014年，兰克在不计算储备资金的情况下实现了2 ∶ 1的目标。这一结果显示了组织在实现其目标——保持一个能够提供安全保障并允许投资增长的平均比率——方面取得了成功。此外，兰克的损益汇总在表5-20中显示，其销售成本和息税前利润（EBIT）目前均等于或优于行业标准。这些结果不仅支持了兰克的财务绩效目标，还为其增加外送、餐饮和HMR业务的目标提供了有力支撑
+	7.3（1）财务、市场和战略结果	3，4，5	Le/T/C	2010—2014年，除了2012年这一年外，兰克的收入增长（见图5-25）都超过了或与秘密食客协会43家餐厅中的前两名持平。此外，从分部市场份额的结果来看（见图5-26），特别是在休斯敦的餐厅，兰克占当地小型牛排和海鲜餐厅市场的10%，这表明它正在朝着其目标前进。这些结果支持了兰克保持财务业绩的战略目标，并可能作为其在竞争日益激烈的环境中取得成功的早期指标

续表

+/++	相关条目	相关 KF	评价要素 Le/T/C/I	优势
+	7.3（1）财务、市场和战略结果	1—5	Le/T/C/I	兰克的两个餐厅的上座率（见图5-27）在2010—2014年从80%提升到了86%，这一改进接近了标杆企业90%的绩效水平。这种表现可能表明兰克改进方法的有效性，例如，在两家餐厅重新配置座位。这些结果进一步支持了兰克有效利用设施的竞争成功因素和维持财务绩效的组织目标
+	7.3（2）财务、市场和战略结果	2，5，6	Le/T	兰克已经设定了新餐饮和外送服务期望增长目标为15%（见图5-28），并成功实现了增长率管理。2010—2014年，这两个服务的绩效距离目标只有5%的差距，并在2014年顺利实现了目标

C.改进机会（见表6–35）

表 6–35　财务、市场和战略结果改进机会

–/– –	相关条目	相关 KF	评价要素 Le/T/C/I	改进机会
–	7.3（1）财务、市场和战略结果	2，5，6	Le/C	尽管图5-25只提供了2014年的结果和比较，但可以看出，尽管兰克的销售成本和息税前收益是有利的，但其可控费用和占用成本却达到或接近行业平均水平。此外，一些财务和市场业绩的比较是与行业平均水平相比，而不是与同类最佳水平相比
–	7.3（2）财务、市场和战略结果	2，5，6	Le/C/I	尽管兰克在市场占有率的绩效方面有所改善（见图5-26），但加尔维斯顿餐厅的市场份额和餐饮服务的市场份额仍然低于最接近的竞争者和企业自身的目标。考虑到兰克面临的产品和服务持续扩张的战略挑战，以及竞争对手数量的增加（预计增长率为5.2%），这一点尤其值得引起注意
–	7.3（2）财务、市场和战略结果	2，5，6	Le/C/I	尽管餐饮和外卖这两个新的业务板块在兰克期望的2014年15%的增长范围内（见图5-28），但没有提供比较数据。比较信息对于评估兰克在这些新领域的相对表现非常重要

合议评审分数段：60%—70%。

7.4　资源结果

A.关键业务（组织要素）

1.价值观：团队合作的家庭文化；员工发展；道德、诚实及正直。

2.员工简介：

- 212名员工：47名全职，102名兼职，63名随叫随到。
- 49%西班牙裔，24%白人，23%非洲裔美国人（反映了所在社区的多元化）。
- 7%管理者（受薪工），6%支持员工（受薪工），87%其他员工（小时工）。

•48% 具有大学或同等学力，52% 为高中及以下教育程度。

•25 名发育障碍员工和残疾复员军人。

3. 竞争数据的关键来源：国家餐饮协会（NRA）、供应商调查、国民报告、秘密食客协会、员工餐饮报告、欧文·杜德利领导的非正式协会、行业网站、员工生产力解决方案公司、大卫与布拉德利企业。

4. 战略挑战：需要有足够的熟练且积极的员工来支持期望的业务增长。

5. 对职位发展的交叉培训的广泛使用。

6. 监管环境要求：员工安全，以及其他员工相关的法规。

B. 优势（见表 6-36）

表 6-36　　资源结果优势

+/++	相关条目	相关 KF	评价要素 Le/T/C/I	优势
+	7.4a（1）人力结果	2，3	Le/T/C/I	兰克对工作系统绩效的关键衡量指标包括内部填补职位的百分比、招聘周期和员工流动率（分别见图 5-29、图 5-30 和图 5-31）。2010—2014 年，这些指标的结果均显示出改善的趋势。在此期间，内部填补职位的绩效从 50% 提高到了 80%，员工流失率从 98% 左右降低到了 75% 左右，而行业平均水平提高到了 120% 左右。在小时工的招聘周期方面，这一由 DINERS 团队解决的问题，现在已经达到了高质量发展成熟度奖获得者的水平
+	7.4a（2）人力结果	1，2，5	Le/T	2010—2014 年，兰克的内部发展计划（见图 5-33）和继任计划（见图 5-34）的表现均有所改善。员工对内部发展计划的满意程度及达到目标的百分比，分别由 2010 年的约 45% 及 78%，上升至 2014 年的 63% 及 85%。此外，2014 年，管理层和团队领导的继任计划完成率均达到 100%。团队领导的继任计划完成率从 2011 年的 40% 开始改进，管理层的继任计划完成率从 2009 年的约 50% 开始改进。这些数据可能反映了兰克对员工发展价值的关注，以及其对建立强大领导力梯队的重视
+	7.4a（2）人力结果	1—5	Le/T/C	兰克对小时工的标准化交叉培训结果（见图 5-35）和全职员工的百分比增长（见图 5-36）表明，2010—2014 年，他们的表现有所改善。入职后两个月内进行交叉培训的比例从 2010 年的 40% 提高到 2014 年的近 70%，入职一年以上和入职两个月至一年的员工进行交叉培训的比例也分别从 2010 年的 80% 和 60% 提高到 2014 年的 100%。此外，兰克将全职员工的增长率从 2010 年的 0.20%（实施交叉培训计划的那一年）降低到 2014 年的 0.05% 以下，低于行业平均水平
++	7.4a（3）人力与资产结果	1—4	Le/T/C/I	员工满意度结果（见表 5-22）显示，2010—2014 年，许多影响员工满意度的关键因素都有所改善。2014 年，小时工在 6 项指标中的 3 项和受薪员工在 5 项指标中的 4 项的表现都优于全国餐饮协会的最佳标杆，小时工和受薪员工的总体表现都接近标杆水平。这些结果可能对兰克解决其关键人力资源战略挑战的能力产生积极影响。该挑战涉及具备技能和积极性的员工的可用性，以匹配兰克的预期增长和成为首选雇主的战略目标

续表

+/++	相关条目	相关KF	评价要素 Le/T/C/I	优势
+	7.4a（3）人力结果	1，2，3，6	Le/T/C	兰克在2010—2014年，安全措施方面的表现水平（见图5-37）在受伤人数、工人赔偿要求和安全违规这三个类别中有所改进。具体来说，受伤员工从7起改进到了1起（优于高质量发展成熟度标杆），员工赔偿要求从2起改进到了1起（与标杆水平相当），违反安全规定的情况从6起改进到了1起（与标杆水平相当）

C.改进机会（见表6–37）

表6–37　资源结果改进机会

-/- -	相关条目	相关KF	评价要素 Le/T/C/I	改进机会
-	7.4a (1–3) 人力结果	2，5	G/C	尽管兰克在其组织简介（见表5-2）中呈现了许多不同的员工细分，包括工作类别、种族、全职和兼职工人，但它确实没有提供除小时工和受薪工人之外的更多人力资源细分结果。此外，图5-29至图5-31所提供的比较仅涉及小时工的表现，而不包括受薪工人的相对比较。缺少这些信息可能会影响兰克评估其以人力资源为重点的改进活动在不同部门中的影响，并确保实现成为首选雇主的战略目标
-	7.4a (2, 3) 人力结果	1，2，3，5	G	兰克没有提供第5章5.2中提到的关于培训和发展方法的结果，以及第5章5.3中描述的员工福祉和满意度方法的结果。在第5章5.2中，兰克没有提供关于顾客初次培训的效果、在职培训、NRA食物处理和食品安全课程，以及第5章5.2a所描述的管理与领导课程的结果。在第5章5.3中，兰克没有提供关于旷工相关的结果以及表5-15所描述的大部分工作环境指标的结果。如果没有这些数据，兰克可能难以评估其员工福利和满意度方法的有效性，也无法确定是否达到了其改善员工福祉的战略目标
-	7.4a（3）人力结果	1—4	Le/T/C	表5-21揭示了员工满意度的一些关键领域，其结果显示，某些指标明显低于行业标杆。具体来说，主管管理的绩效比全国餐饮协会（NRA）的标杆低了10%，而且这一相对差距在2012—2014年一直保持不变。此外，尽管在赔偿金和福利方面有所改进，但小时工和受薪工的这些福利仍然低于标杆水平。由于兰克已经将这些领域视为重要的影响因素，因此对这些领域的持续关注和改进对于提高员工满意度和留任意愿显得尤为重要

合议评审分数段：65%—75%。

7.5　过程结果

A.关键业务（组织要素）

1.产品（服务）：午餐和晚餐的家中用餐服务；啤酒、葡萄酒及其他酒精性饮料；

外卖餐饮；餐饮递送；以及宴会性餐饮。

2. 供应商与合作伙伴：加入了一个本地的采购货物及服务的餐厅联盟；其他供应商包括IT服务供应商、存储及其他设施的维护服务商、广告商、安全部门和其他HR机构；合作伙伴包括HMR分销商和一个社区大学。

3. 竞争成功因素：知名度、财富价值、新鲜的菜单设计及重新布设、侧重健康的菜单项、对设施的高效使用、优质服务、卓越运作、社区参与。

4. 战略挑战：产品和服务的不断扩展。

5. 价值观：服务卓越和以顾客为中心；道德、诚实及正直；创新与能源。

B. 优势（见表6–38）

表 6–38 过程结果优势

+/++	相关条目	相关 KF	评价要素 Le/T/C/I	优势
+	7.5a 效率和有效性结果	1，3，4	Le/T/C	兰克的两个关于组织生产力的指标——每员工营业额（见图5-38）和厨师服务量（见图5-39），显示出2011—2014年的持续改进趋势。在这段时间内，每员工营业额的总体绩效从大约33000美元提高到超过40000美元，并在2014年达到了与同级最佳企业相当的水平。与此同时，厨师服务量的绩效也有所提升，从大约3800增加到4800，在2014年总体绩效接近标杆水平
+	7.5a 效率和有效性结果	1，3，4	Le/T/C/I	评估关键价值创造过程的其他效率指标——主要成本（见图5-40）和每员工成本（见图5-41），均显示出2010—2014年的持续改进。在主要成本方面，餐饮服务的绩效从60%提高到了65%，而兰克的总体绩效超过了同类最佳。尽管2014年与历史建筑相关的运营成本有所增加，但人均成本的总体表现仍然超过了行业平均水平、标杆和兰克的目标
+	7.5a 效率和有效性结果	1，3，4	Le/T/C/I	兰克的价值创造过程中，菜单设计和重新设计过程是其核心组成部分。通过关注新菜单项绩效（见图5-42）和菜单项开发周期（见图5-43），兰克实现了2011—2014年和2012—2014年的持续改进。这两个领域的表现均优于行业平均水平，表明兰克在菜单设计方面具有竞争优势。此外，新菜单的开发时间也从2012年的58小时减少到2014年的35小时，进一步提高了运营效率。这些结果为兰克的战略目标提供了有力支持，即追求卓越的运营和新鲜菜单设计的竞争成功因素
+	7.5a 效率和有效性结果	1，3，4	L/T/C	自2011年以来，兰克在菜单项短缺方面的表现（见图5-44）一直与所提供的比较数据相符或优于这些数据，包括行业平均水平和当地NRA行业最佳餐厅。具体来说，兰克的业绩从2010年的0.05%提高到了2014年的0.01%

续表

+/++	相关条目	相关KF	评价要素 Le/T/C/I	优势
+	7.5a 效率和有效性结果	1，3，4	Le/T/C/I	2010—2014年，兰克在预审中评分（见图5-45）的表现持续改善，整体表现从约72%提升至90%，达到了或超越了同类最佳基准。同时，2010—2014年，兰克的餐饮业务线和两家餐厅的设置周期（见图5-46）也有所优化。例如，哈里斯堡站的设置时间从5分钟缩短到了不到2分钟。与2014年的行业平均水平相比，兰克的表现优异。这些结果进一步支持了兰克在卓越服务和以顾客为中心方面的价值观
+	7.5a 效率和有效性结果	1，3，4	Le/T/C	兰克的两个关键效率指标——腐烂（见图5-47）和收缩（见图5-50），在2010—2014年显示出改善的趋势。具体来说，食品腐烂的总体绩效从0.07%改进到了少于0.05%，而收缩则从0.05%改进到了大约0.02%。此外，值得注意的是，2014年这两个指标的绩效等于或者优于同级最佳标杆水平
+	7.5a 效率和有效性结果	1，2，3，5	Le/T/C/I	兰克的供应商绩效（见图5-48）和系统可靠性及辅助现场问题解决（见图5-49）在2010—2014年均显示出改进的趋势。供应商执行率从95%提升到了98%，而系统可靠性则从90%提升到了大约98%。此外，值得注意的是，2014年的供应商绩效及系统可靠性以及辅助现场问题解决的绩效水平与同类最佳基准相当。这一结果进一步支持了兰克在有效管理供应商和合作伙伴方面的战略目标

C.改进机会（见表6–39）

表6–39　　过程结果改进机会

-/--	相关条目	相关KF	评价要素 Le/T/C/I	改进机会
-	7.5a 效率和有效性结果	1—3	C	兰克没有提交与几个价值创造过程的运营指标相关的报告。这些缺失的数据包括与表5-16中标识的价值创造过程中的过程内指标相关的具体数值或评估，例如，预订的准确安排和问候，提前10天向厨房提交活动计划，提前一周安排人员（车辆调度）和活动后清理，以及供应商库存系统的可用性。缺少这些数据，兰克可能难以明确价值创造过程指标与顾客满意度之间的因果关系，从而无法及时采取有效的改进措施
-	7.5a 效率和有效性结果	1—3	C	兰克未能提供其关键支持过程相关运营指标的具体数据。这些缺失的数据包括与表5-17中标识的支持过程中的过程内指标相关的具体数值或评估，例如，人力资源部门所需的即时工资单信息，供应商管理部门所需的健康预查，备灾地点和计划的执行情况，以及因广告和市场营销活动导致的餐食服务增长。缺乏这些数据，兰克可能难以采取有效的改进措施来应对各种挑战
	7.5b 供应网络结果			

合议评审分数段：65%—75%。

7.6 领导与治理结果

A. 关键业务（组织要素）

1. 价值观：道德、诚实及正直；社区福祉；历史保护。

2. 监管环境要求：食品安全条例，废物清理，分区条例，认证，财务法规，员工安全，以及其他员工相关的法规。

3. 小企业级别的董事会（杜德利家庭成员及弗兰克·芬德利），以及由一些企业领导组成的外部咨询委员会。

4. 竞争成功因素：社区参与。

5. 战略挑战：提高社会在食品安全、营养及健康主题方面的关注度。

6. 聚焦于战略计划过程的绩效改进。

B. 优势（见表6–40）

表 6–40 领导与治理结果优势

+/++	相关条目	相关KF	评价要素 Le1./T/C/I	优势
+	7.6 领导与治理结果	6	Le/T/C	兰克通过战略行动计划在实现关键里程碑和截止日期的目标上所占的百分比来衡量组织战略的实现情况（见图5-52），这一指标的成效从2010年的约50%提高到了2014年的90%以上，并且在2002—2013年达到了或超过了既定目标
+	7.6 领导与治理结果	1，2，6	Le/T/C/I	图5-53展示了年度员工调查结果，特别是关于道德行为的百分比。2012—2014年，强烈认同关于伙伴员工道德行为声明的人数从大约72%增加到了超过80%，这表明了持续的绩效改进。此外，兰克的业绩一直与最佳竞争对手的基准持平或超过最佳竞争对手。这些结果表明，兰克的方法在营造促进道德行为的环境方面是有效的
+	7.6 领导与治理结果	1，2，6	Le/T	年度外部审计的财务审计结果是衡量财政责任的关键指标，图5-54展示了这一指标的变化趋势。2010—2014年，审计结果所发现的问题数量呈现出改善的趋势。尤其值得注意的是，2012—2014年，兰克已经成功实现了零发现的既定目标
++	7.6 领导与治理结果	1，2，6	Le/T/C	兰克在卫生与公众服务（HHS）审计结果方面的表现（见图5-55）在2010—2014年持续改善，总体得分从大约89%上升到接近100%。这些结果显著优于兰克运营所在的两个城市所汇报的审计结果的前10%。此外，值得指出的是，2008—2014年，兰克在两个地方均没有被认定任何违反健康和食品安全条例的行为；2010—2014年，也没有被认定任何违反废物清理及其他员工相关条例的行为

续表

+/++	相关条目	相关KF	评价要素 Le1./T/C/I	优势
++	7.6 领导与治理结果	1，3，4，6	Le/T/C/I	兰克社区贡献（见图5-56）和服务捐赠（见图5-57）分别显示，2011—2014年和2010—2014年的表现有所改善。它对社区餐厅周的捐款从2011年的大约3500美元增加到2014年的5000美元，超过了对比数据的前10%，对比数据包括了很多大餐厅。组织的212名员工中的大约有130名参与了2013年及2014年的社区相关活动（见图5-57），这反映了兰克每年允许员工参加社区服务相关活动最多4天的方法的有效性
+	7.6（5）领导与治理结果	1，3，4，6	Le/T/I	发展障碍及残疾退伍军人的就业情况在图5-58中有所展示。2010—2014年，这些退伍军人的就业表现有所改善，就业人数从4人增加到了25人。此外，兰克还积极支持服务业的发展。如图5-59所示，2010—2014年，兰克在“员工在服务业的职业发展”方面的表现也有所改善。具体而言，各方面的表现都有所提升，包括将有效奖学金的数量从1个增加到了6个

C.改进机会（见表6-41）

表6-41 领导与治理结果改进机会

-/--	相关条目	相关KF	评价要素 Le/T/C/I	改进机会
-	7.6 领导和治理结果	2—5	C	对于领导力和社会责任的关键绩效指标，如果没有与其他组织或行业标准进行比较，兰克可能难以准确评估其在这些领域的进展。这些指标包括行动计划的完成情况（见图5-52）、财务审计结果（见图5-55）和社区支持的衡量，特别是捐赠的捐款和服务（见图5-56和图5-57）
-	7.6 领导和治理结果	1，2	G/I	道德行为的一些关键指标上，兰克并未提供相关的结果。例如，在年度顾客调查中，并没有涉及与道德行为相关的主题和结果。此外，关于违反法规的数量和员工因道德问题离职的情况，尽管兰克声明这些结果可以在网上获取，但实际上并未提供。此外，兰克也没有提供关于合作伙伴和社区等利益相关者群体对高层领导治理组织信任的关键指标和要素的结果。如果兰克在这些方面没有取得实质性的成果，那么它可能很难准确地衡量其在道德、诚实和正直等关键价值方面的表现
-	7.6 领导和治理结果	1，2	Le/T/I	尽管兰克的内部财务审计比外部审计更为严格，并且在2012—2014年有所改善（见图5-54），但是2014年的审计结果（存在16项调查结果）仍然高于2009—2011年的水平。这一业绩下滑的情况可能使兰克难以确保其财务过程在外部审计中继续取得优异的成绩

合议评审分数段：60%—70%。

3　兰克公司评价等级与评分区间

兰克公司的高质量发展体系类目成熟度处于第5级，这意味着其体系已经全面优化，并且在关键领域领先于行业，具有明显的竞争优势。这个等级表明，兰克公司在高质量发展方面取得了显著的成果，不但体系运行稳定，而且在多个方面都表现出色。

兰克公司的总体满意度处于第6级，这显示了其在高质量发展体系中的卓越表现。在组织应对条目多重要求的更新方法上，兰克公司展现了一系列显著的特点。它善于运用关键指标来指导决策和评估绩效，确保各项工作的展开既有针对性，又富有成效。同时，兰克公司对于创新的态度明确而积极，不断推动创新在各个领域中的实践和应用，从而取得了非常好的结果。

高质量发展体系类目成熟度六等分级定义和八等分级定义分别见表6-42和表6-43。

表 6-42　高质量发展体系类目成熟度六等分级定义

分数	等级	评语	过程
0%或5%	1	应对级	• 没有显见的系统的方法；信息是轶闻性的。(A) • 几乎没有显见的方法展开。(D) • 没有显见的改进导向；改进表现为对问题的被动响应。(L) • 没有显见的组织范围内的校准；各个领域或工作单元都是各自为战。(I)
10%，15%，20%或25%	2	可控级	• 显见开始有了应对条目基 本要求的系统的方法。(A) • 方法在大多数领域或工作单元均处于展开的早期阶段，阻碍了条目基本要求的实现。(D) • 显见处在由对问题的被动响应向全面的改进转变的早期阶段。(L) • 与其他领域或工作单元的方法的校准大多通过联合解决问题来进行。(I)
30%，35%，40%或45%	3	规范级	• 显见有应对条目基本要求的有效且系统的方法。(A) • 方法已得到展开，虽然某些领域或工作单元的展开尚属初期阶段。(D) • 显见开始应用评估和改进关键过程的系统的方法。(L) • 方法与在因应准则其他类目时所确定的组织的基本需要的校准尚属初级阶段。(I)
50%，55%，60%或65%	4	良好级	• 显见有应对条目总体要求的有效且系统的方法。(A) • 方法得到了很好地展开，虽然某些领域或工作单元的展开有所差异。(D) • 在改进关键过程的效率和有效性方面，具有了基于事实的、系统的评价和改进过程以及某种程度的组织学习。(L) • 方法与在因应准则其他类目时所确定的组织的需要之间实现了校准。(I)
70%，75%，80%或85%	5	优秀级	• 显见有应对条目多项要求的有效且系统的方法。(A) • 方法得到了很好地展开，无明显的差距。(D) • 基于事实的、系统的评价和改进以及组织学习成为关键的管理工具；由于整个组织层次的分析和共享而取得了显见的改善和创新。(L) • 方法与在因应准则其他条目时所确定的组织的需要之间实现了整合。(I)

续表

分数	等级	评语	过程
90%，95%，或100%	6	卓越级	• 显见有充分应对条目多项要求的有效且系统的方法。(A) • 方法得到了全面地展开，在任何领域或工作单元均无明显的弱点和差距。(D) • 基于事实的、系统的评价和改进以及组织学习成为关键的组织范围的工具；在整个组织中显见有在分析和共享支持下的改善和创新。(L) • 方法与在因应准则其他条目时所确定的组织的需要之间实现了良好的整合。(I)

表 6-43　企业高质量发展体系成熟度八等分级定义

分数段	等级	评语	描述
0—275	1	应对级	显见组织应对类目要求进行开发和实现的早期阶段，缺少展开和控制过程。改进活动聚焦于问题解决。展现了一些重要结果，但是通常缺少趋势和对比数据
276—375	2	可控级	显见组织应对大部分条目基本要求的有效的系统的方法，但是依然有一些领域和工作单元依然处于展开的早期阶段。组织已经发展出向前看的通常改进意向。组织由其方法而获得结果，并且有一些改进和好的绩效。对于对比和趋势数据的使用还处于早期阶段
376—475	3	规范级	显见组织应对大部分条目基本要求的有效的系统的方法，尽管依然有一些领域和工作单元处于展开的早期阶段。已经能够对关键过程进行系统地评估和改进。结果能应对很多对于组织关键要求很重要的领域，而且达到了改进或者好的绩效。这些重要结果领域中的一部分还提供了对比和趋势数据
476—575	4	改进级	显见组织应对总体条目的有效的系统的方法，但是在一些领域和工作单元的展开依然存在变化。关键过程可以从面向事实的评估和改进中受益，方法已经同组织需求保持校准。结果能应对关键的客户（利益共享者），市场以及过程要求，显示了一些领域的优势以及在相关对比情况下的好的绩效。在对于组织关键要求很重要的领域，不存在不好的趋势或者差的绩效
576—675	5	创新级	显见组织应对总体条目的有效的系统的且展开得很好的方法。显见组织面向事实的、系统的评估与改进过程和组织学习，并且导致了对关键过程的效率和效能的改进。结果能应对大部分关键的客户（利益共享者）、市场以及过程要求，显示了在相关对比及标杆情况下的优势领域。在对于组织关键要求很重要的大部分领域，都展现了改进趋势和好的绩效
676—775	6	优秀级	显见组织应对条目多重要求的更新方法。这些方法的特点是使用关键指标、好的展开、对创新的明确以及在大部分领域的非常好的结果。组织整合、学习和共享是关键的管理工具。结果能应对很多关键的客户（利益共享者）、市场以及行动计划要求。在一些领域中，组织是行业的领导者
776—875	7	卓越级	显见组织应对条目的多重要求的更新方法。在大部分领域都显示了创新、卓越展开、从优秀到卓越的绩效水平。从优秀到卓越的整合非常明确，且有对于最佳实践的组织分析、学习和共享作为关键的管理战略。在应对大部分关键的客户（利益共享者）、市场以及行动计划要求的结果中，显示了行业领导者和部分标杆领导水平
876—1000	8	超越级	显见组织聚焦于创新、完全展开的杰出方法以及卓越的、持续的绩效水平。根据组织需求对方法进行卓越的整合。对最佳实践的组织分析、学习和共享无处不在。在完全应对大部分关键的客户（利益共享者）、市场以及行动计划要求的结果中，显示了国家和国际领导水平

第 7 章　基于华为年度发展报告的高质量发展评价案例

为了帮助读者结合我国企业高质量发展现实，进一步掌握和练习《企业高质量发展准则》及其成熟度评价方法，同时检验和验证其可用性、充分性、适宜性，选择华为公司的资料作为文件评审的案例，展开独立评审、合议评审，形成成熟评价报告。案例的编写基于华为投资控股有限公司《2022年年度报告》《2021年年度报告》等正式文件信息，必要时结合华为公司网站和公开发布文件的信息而写成。

第一部分“组织概要”是关于华为高质量发展的环境和关键因素的概括和总结；第二部分说明高质量发展成熟度评价依据的文件和信息的来源和使用说明，作为评价的对象和基础；第三部分是关于高质量发展成熟度评价的详细报告，选择主要类目，提出优势与改进机会。

华为高质量发展成熟度评价是编者依据《企业高质量发展准则》（见本书第3章，以下简称《准则》），按照本书第4章成熟度评价流程，经评审员个人独立评审、合议评审完成的。由于信息充分性和时间的限制，仅选择一部分类目进行评审。相应的评价结论则是基于有限的文件信息形成的，根据规范的评审程序和方法，所有的优势、改进机会、成熟度评分都须经现场评审才能最后确认。文件评审发现的优势、改进机会和成熟度无法作为华为高质量发展评价的最终结论。因此，本评价报告中反映的华为公司高发展的优势和改进机会，主要是供学习和理解企业高质量发展体系、成熟度评审方法时参考使用，读者也可能提出不同的见解，当然相关结论是按照系统化的方法形成的，对于其他追求高质量发展的企业，也是有参考价值的。读者如果在实践中参考其中的优秀实践和做法，需要结合自己公司的情况，在理解具体管理背景、组织现实情况的基础上借鉴。

华为组织概要

按照本书第3章《准则》的要求，根据华为公司《2022年年度报告》和华为官方网站发布的信息，形成华为公司组织概要（条款编号仍然采用《准则》编号）。

（1）经营环境

（1）a 组织环境

华为公司全称为“华为技术有限公司”（Huawei Technologies Co., Ltd.），是一家全球领先的信息与通信技术（ICT）基础设施和智能终端提供商，总部位于中国深圳。该公司成立于1987年，由任正非先生创立，致力于为全球客户提供创新的通信设备、解决方案和服务。

华为公司业务发展历程，如表7–1所示。

表7–1 华为发展历程

阶段	业务发展
创业阶段（1987—1996年）	华为成立，专注于生产交换机和电话机，开展自主研发，逐渐在通信设备领域崭露头角，树立品牌形象
成长阶段（1997—2004年）	加大研发投入，推出了一系列具有影响力的产品和技术，涉足移动通信领域，拓展海外市场，逐步成为具备国际竞争力的企业
全球化阶段（2005—2012年）	全面进军全球市场，推动公司的国际化进程，推出LTE、5G等移动通信技术，巩固全球通信市场领先地位，开始拓展云计算、人工智能等领域，积极布局未来的信息技术市场
创新引领阶段（2013年至今）	加大人工智能、云计算、物联网等领域的研发投入，推动数字化转型，提升全球市场竞争力，参与国际标准的制定和推广，推动全球信息通信技术的发展和进步

在各个发展时期，华为始终坚持以客户为中心的理念，不断推动技术创新和市场拓展。华为的产品和解决方案已经广泛应用于全球170多个国家和地区，与众多运营商、企业和消费者建立了长期合作关系。同时，华为面临着一些挑战和竞争压力，如国际贸易摩擦、技术封锁等。然而，华为始终保持着坚韧不拔的精神和创新意识，努力在全球信息通信技术领域保持领先地位。

华为的组织治理体制不断地变化。随着公司的快速发展和全球化布局，华为逐渐建立了一套完善的组织架构和管理体系。华为实行董事会领导下的轮值CEO制度，确保公司高层管理的稳定性和连续性。同时，华为注重人才培养和激励机制，为员工提供了广阔的职业发展空间和丰厚的福利待遇。此外，华为还积极推动企业文化建设和价值观传承，营造了一种积极向上、团结协作的工作氛围。

（1）a1　产品和服务

华为是一家全球领先的信息与通信技术（ICT）解决方案供应商，其产品和服务涵盖了多个领域。

华为的产品和服务涵盖了通信设备、消费者电子产品、云计算、大数据、人工智能等多个领域，致力于为全球客户提供创新、高品质的ICT解决方案和服务。同时，华为积极参与社会公益事业，推动全球信息通信技术的发展和普及（见表7–2）。

华为致力于为全球客户提供全方位的解决方案和服务。针对电信运营商，华为提供从网络规划、建设到维护、优化的一站式服务，帮助运营商提升网络性能和运营效率。针对企业客户，华为提供数字化转型解决方案，包括云计算、物联网、人工智能等技术的应用和集成。针对消费者，华为提供完善的售后服务和技术支持，确保用户能够充分享受产品的便利和乐趣。

表 7–2　　华为主要产品和服务

种类	品种及特点
通信设备	交换机、路由器、基站等，广泛应用于全球各地的电信运营商网络中
消费者电子产品	智能手机、平板电脑、智能穿戴设备等，以高品质和创新设计赢得了全球用户的青睐
先进技术	云计算平台、大数据解决方案、人工智能（AI芯片）等领先的产品和技术
电信运营商解决方案与服务	从网络规划、建设到维护、优化的一站式服务，帮助运营商提升网络性能和运营效率
企业客户解决方案	提供数字化转型解决方案，包括云计算、物联网、人工智能等技术的应用和集成
消费者支持	提供完善的售后服务和技术支持，确保用户能够充分享受产品的便利和乐趣
社会公益与全球信息通信技术发展	与全球顶尖的高校、研究机构、产业伙伴合作，推动技术创新和应用创新，为全球用户带来更好的产品和服务

华为还积极参与社会公益事业，致力于推动全球信息通信技术的发展和普及。华为通过与全球顶尖的高校、研究机构、产业伙伴合作，推动技术创新和应用创新，为全球用户带来更好的产品和服务。

（1）a2　企业文化

华为的组织文化是其成功的重要因素之一，华为致力于把数字世界带入每个人、每个家庭、每个组织，构建万物互联的智能世界：

①无处不在的连接：成为人人平等的权利，成为智能世界的前提和基础；

②无所不及的智能：为世界提供多样性算力，让云无处不在，让智能无所不及；

③个性化体验：通过AI重新定义体验，让消费者在家居、出行、办公、影音娱乐、运动健康等全场景获得极致的个性化智慧体验；

④数字化平台：所有的行业和组织，因其强大的数字平台而变得敏捷、高效、生机勃勃。

华为的企业文化具有独特性和鲜明特点，强调艰苦奋斗、拼搏精神、低调务实、危机意识、以客户为中心、持续创新、开放合作、共赢共享以及爱祖国、爱人民等价值观念。这些价值观念为华为的发展提供了强大的精神支撑和文化底蕴。

（1）a3　员工概况

华为是一家100%由员工持有的民营企业，通过工会实行员工持股计划。2021年，华为已经在全球170多个国家和地区建立了分支机构和办事处，员工人数超过20万人，服务全球30多亿人口。其构成和结构如表7–3所示。

华为的员工队伍庞大、多元化，且具备高度的专业素质。这种员工结构为华为在全球通信行业的领先地位提供了坚实的人才基础。

表7–3　华为公司人员结构

指标	构成
员工总数	约19.5万人
研发员工比例	约54.8%
地域分布	全球170多个国家和地区，海外市场员工本地化率达到64%
年龄结构	30岁以下占28%，30—50岁占70%，50岁以上占2%
学历构成	本科占41%，硕士占46%，博士及以上占4%，其他学历占9%

（1）a4　主要的技术、设备和设施

华为是一家全球领先的信息与通信技术（ICT）解决方案供应商，拥有广泛的技术、设备和设施（见表7–4）。

表 7–4　华为的主要技术

主要技术	5G技术	包括5G基站、5G手机、5G芯片、5G核心网等，具有技术领先优势
	人工智能（AI）	投入大量资源，涵盖图像处理、语音识别、自然语言处理等。AI芯片如鲲鹏和昇腾表现出色
	云计算	华为云提供计算、存储、网络和AI能力
	物联网（IoT）	提供丰富的技术和解决方案，包括各种设备和平台
	光通信技术	包括高速光模块、光传输、光网络管理等方面的技术突破
	基础软件平台	自主研发的操作系统和软件平台，如华为鸿蒙操作系统和FusionSphere云操作系统
主要设备和设施	路由器	AR系列和NE系列，面向企业和运营商数据通信网络
	交换机	S系列和CE系列，主要面向企业应用
	计算资源	包括服务器、存储设备和网络设备等，为云计算提供强大计算资源
	存储资源	包括硬盘、固态硬盘、光盘等，提供高可靠性和高性能存储服务
	网络资源	包括交换机、路由器、防火墙等，用于连接设备和网络，实现数据传输和通信

华为还在全球范围内建设了多个数据中心，为企业和个人提供可靠的云端解决方案。这些技术、设备和设施共同构成了华为强大的技术基础，推动了公司在全球范围内的业务发展。

（1）a5　法律（监管）环境

华为运营的法律（监管）环境涉及多个层面，包括出口管制、外资审查、知识产权、数据隐私和安全、反腐败和合规以及贸易关系和国际合作等，如表7–5所示。华为需要不断适应和应对这些挑战，以确保其全球业务的稳定和发展。

表 7–5　华为运营的主要法律（监管）环境

出口管制和外资审查	华为作为一家中国公司，在出口技术和产品时受到中国出口管制法规的约束。同时，华为在全球范围内的业务扩张也面临各国外资审查的挑战，特别是在涉及国家安全和敏感技术的领域
知识产权	华为在技术研发和创新方面投入巨大，因此知识产权保护对其至关重要。华为在全球范围内积极维护其知识产权，包括专利、商标和著作权等，以确保其技术和产品的合法权益
数据隐私和安全	随着数字化转型的加速，数据隐私和安全成为华为运营的重要考量。华为需要遵守各国数据保护法规，确保用户数据的安全和隐私。华为还需要应对各国对其设备可能存在的安全风险的担忧和限制措施
反腐败和合规	华为在全球范围内的业务涉及多个国家和地区，因此需要遵守各国的反腐败和合规法规。华为建立了严格的合规管理体系，以确保其业务活动的合规性和符合伦理道德
贸易关系和国际合作	华为的运营还受到全球贸易关系和国际合作的影响。贸易战、制裁和关税等贸易政策的变化可能对华为的业务产生重大影响。华为也积极参与国际合作，与全球伙伴共同推动技术创新和产业发展

（1）b 组织关系

（1）b1 组织结构和治理体系

华为的组织结构和治理体系随着公司的成长和业务拓展而不断演进。表7–6是华为组织结构和治理体系发展的主要阶段。

表 7–6 华为组织结构和治理体系演化

阶段	特征
创业期（1987—1996年）	组织结构简单，主要是直线型组织结构。创始人任正非直接领导综合办公室，下设子系统。治理体系开始走上规范化管理轨道
成长期（1997—2011年）	随着公司规模的扩大和业务的多元化，组织结构从直线型向事业部制转变，适应不同业务领域的需求。引入ISO 9000等国际管理方法，开始规范化管理，成长为国际化企业
成熟期（2012年至今）	组织结构调整为矩阵型，基于客户、产品和区域进行划分，更好地支持全球业务的发展。完善内部管理机制，实施轮值CEO制度、监事会制度等，确保决策权、执行权和监督权相互独立、相互制衡。设立变革指导委员会（ESC），应对市场和业务变化

华为的组织结构和治理体系的发展是一个不断适应和演进的过程。随着公司规模的扩大和业务的多元化，华为不断调整组织结构和治理体系，以确保公司能够保持持续的创新和竞争力。

（1）b2 关键顾客和利益相关方群体

华为的关键顾客和利益相关方群体多样化且广泛，需要公司在不同的领域和层面上保持高度的灵活性和适应性，以满足各方的需求和期望。主要顾客和利益相关方类型如表7–7所示。

表 7–7 华为的关键顾客及利益相关方构成

关键顾客	运营商	全球各大电信运营商，特别是需要大规模基础设施建设和升级的地区
	企业和政府机构	致力于提供企业级解决方案和服务，如云计算、数据中心、网络安全等
	消费者	智能手机、平板电脑等消费电子产品领域的普通消费者
利益相关方群体	供应商和合作伙伴	与全球众多供应商和合作伙伴建立紧密的合作关系
	员工	公司最重要的利益相关方之一，直接影响公司业绩和竞争力
	政府和社会组织	需要遵守各国法律法规和社会规范，与政府和社会组织建立良好关系
	股东和投资者	关心公司财务状况、业务发展和盈利能力，支持和信任是公司持续发展的保障

（1）b3 供应商和分销商的作用

华为的供应商和分销商在其业务生态系统中扮演着重要的角色。

供应商是华为业务链的起点，主要负责提供原材料、商品或服务。他们确保资源的质量和供应的稳定性，为华为的生产链提供坚实的基础。这些供应商可能是原料的生产者，也可能是批量销售制造商生产的成品。他们的核心职责是确保所提供的资源满足华为的高质量标准，并且稳定可靠。

分销商在华为的业务生态系统中则扮演了将产品从生产者传播给消费者的关键角色。他们通常以大批量的方式从供应商或制造商处购买产品，然后销售给其他业务实体或零售商。分销商的功能不仅是销售，还包括确保产品在多个渠道中的广泛覆盖和流通。他们利用规模优势和渠道资源，实现产品的快速流通，并适应市场的变化。

华为的供应商确保了高质量和稳定的原材料供应，而分销商则促进了产品在多个渠道中的广泛流通，从而满足消费者的需求。两者共同构成了华为供应链的重要组成部分，支持着公司的全球业务运营。

（1）b4　关键的供应商和顾客的合作伙伴关系

华为的关键供应商和顾客的合作伙伴关系在公司的业务生态系统中发挥着重要作用。通过与供应商和顾客建立紧密、长期的合作关系，华为能够确保供应链的稳定性和可靠性，同时满足市场的需求和期望。这些合作伙伴关系共同构成了华为成功业务模式的重要组成部分，如表 7–8 所示。

表 7–8　　华为与供应商和顾客的合作伙伴关系

关键供应商合作伙伴关系	深度合作关系	与关键供应商建立长期、紧密的合作，确保供应链稳定性，促进技术创新和产品优化
	共同研发	与供应商共同开展研发项目，推动技术进步，加速新产品开发，提升竞争力
	供应链管理	注重供应链管理优化，与供应商共同实施管理改进措施，提高供应链效率和灵活性
顾客合作伙伴关系	联合解决方案开发	与关键顾客共同开发定制化解决方案，满足特定业务需求，增强市场竞争力
	市场拓展	与顾客合作拓展新市场和业务领域，共同开发新的市场机会，实现业务增长
	客户服务与支持	提供高质量客户服务与支持，建立紧密合作关系，确保顾客业务成功

（2）组织挑战

（2）a　竞争环境

华为的竞争环境是极其复杂和多元化的，涉及多个领域、地区和对手，在多个层面展开竞争（见表7–9）。

表 7–9　　华为公司面临的竞争环境

竞争领域	竞争态势
技术竞争	华为在通信、智能手机、云计算、人工智能等领域与苹果、三星、高通、英特尔、谷歌等全球顶尖企业竞争
市场竞争	在全球范围内，华为需要与发达市场的知名品牌及新兴市场的本土企业竞争，5G、物联网等新技术的普及将进一步加剧市场竞争
政策与法规竞争	在不同国家和地区面临不同的政策和法规环境，可能面临政策限制或禁止，数据隐私、网络安全等问题也是法规挑战
供应链竞争	建立了庞大的供应链体系，面临供应链风险和竞争对手通过提供更具竞争力的产品和服务的挑战
人才竞争	需要吸引和留住全球最优秀的人才来支持业务发展和创新，面临其他企业在人才资源争夺方面的挑战

华为面临的竞争环境是多元化且复杂的，需要公司在多个领域和地区进行竞争和应对。为了保持竞争优势，华为需要持续加强技术研发、市场开拓、人才培养等方面的工作，并不断提升自身的核心竞争力。

（2）b　战略挑战

华为作为激烈竞争的ITC行业全球第一梯队的一员，面临着来自全球范围的、各个层面和竞争和挑战，如表7–10所示。

表 7–10　　华为公司面临的战略挑战

全球化与地缘政治风险	随着华为业务全球化程度的加深，地缘政治风险也随之增加。例如，美国对华为的制裁措施，不仅限制了华为在美国市场的发展，也对华为的全球供应链产生了影响。此外，其他国家和地区也可能因为政治、安全等因素对华为进行限制或排斥
技术创新与持续投入	华为的技术创新一直保持高强度投入，随着技术快速发展和市场竞争加剧，需要不断推出更具创新性和竞争力的产品和服务。这对公司研发能力和资金投入提出了更高的要求
市场饱和与增长放缓	在有些成熟市场，华为面临着市场饱和和增长放缓的挑战。同时，新兴市场的崛起，也需要找到新的增长点并保持在这些市场的领先地位
品牌形象与公众认知	作为知名企业，华为的品牌形象和公众认知常常受到挑战，如对产品安全性的质疑、政府关系的担忧等。这些问题可能对华为的市场声誉和消费者信任度产生影响
生态系统建设与合作	在数字化转型和智能化发展的大趋势下，华为需要与其他企业、机构等建立广泛的合作关系，共同构建生态系统。在合作过程中，可能会面临合作方之间的利益冲突、技术标准不统一等问题
内部管理与组织变革	随着企业规模的扩大和业务的多元化，华为需要不断调整内部管理和组织结构以适应新的市场环境。这可能会带来内部沟通和协调的困难，以及员工培训和发展的挑战

为了应对这些战略挑战，华为需要持续关注全球政治、经济、技术等方面的变化，加强技术创新和研发投入，拓展新的市场和业务领域，加强品牌建设和公众沟通，深化

与合作伙伴的合作关系，以及优化内部管理和组织结构。同时，华为还需要保持战略定力，坚持长期主义，以应对不断变化的市场环境。

（2）c　绩效改进系统

华为的绩效改进系统包括设定明确的目标、建立有效的沟通、引入多元化的评估方法、设计奖惩相结合的激励机制以及持续的绩效改进等方面。这个系统旨在提高员工的绩效水平，促进组织的发展，并实现个人目标和组织目标的共赢。

①设定明确的目标和期望。

华为重视设定明确的目标和期望，使员工能够清楚地了解自己的工作方向和重点。这些目标要与组织的战略目标相一致，具体、可衡量、可达成，并与员工的职责和能力相匹配。同时，鼓励员工参与目标的制定过程，增加其对目标的认同感和责任感。

②建立有效的沟通渠道。

良好的沟通是绩效管理的基础。华为通过定期的个人会议、团队会议、跨部门协作等方式，促进员工与上级、同事之间的沟通和协作。同时，建立一个开放、透明的沟通氛围，鼓励员工提出问题、反馈意见和建议，及时解决存在的问题，增强团队的凝聚力和合作效果。

③引入多元化的评估方法。

为了更全面地评估员工的绩效，华为引入了多种评估方法，如360度评估、项目评估、自评等，从不同角度和层面对员工进行评估，更全面地了解其工作表现和发展潜力，并根据评估结果提供有针对性的培训和发展机会，帮助员工提升能力。

④奖惩相结合的激励机制。

华为设计了合理的奖励体系，包括薪酬激励、晋升机会、培训资源等，以激发员工的积极性和创造力。对于表现不佳的员工，华为也采取适当的惩罚措施，以激励其改进和提升。奖惩相结合的激励机制实现员工的个人目标和组织目标的共赢。

⑤持续的绩效改进。

华为强调绩效改进是一个持续的过程，不仅是在年度评估时进行。公司通过分析员工的绩效考核结果，找出存在的问题，并制定相应的改进方案。同时，在下一阶段的绩效辅导过程中，落实已经制定的绩效改进方案，为员工提供知识、技能等方面的帮助，以促进其绩效的持续提升。

1 华为高质量发展报告资料说明

高质量发展成熟度评价，依赖于反映企业高质量发展现状的报告信息，限于信息的可信性、可用性，华为高质量发展成熟度评价将聚焦于《准则》条款3.1 领导与治理、3.2 战略、3.4 改进与创新三个类目的主要条目。评审资料主要来自华为公司《2022年年度报告》，必要时对照《2020年年度报告》和《2021年年度报告》，按照《准则》条款确定的内容，选择可用的评审材料和信息。现就评审采用的资料来源分别说明如表7-11所示。

表 7-11 华为评价资料来源说明

相关条目	报告页码	备注（关键词）
3.1 领导与治理（140分）	55	组织活力
3.1.1 治理体系（50分）	51	公司管理体系建设
a.宗旨与价值观	50	探索、牵引、开放、思辨，思想碰撞、学术交流没有物理边界
	137	社会责任
	57	责任共担、能力共建、合作共赢
	59	关键进展和产业贡献
b.发展方向	9—11	迈向智能世界的理论与技术突破方向
	40	绿色ICT能源基础设施
	51	公司管理体系建设
c.内部环境	49	研究与创新
	55—61	组织活力
d.治理结构	110—123	公司治理报告 内部控制体系建设
	52	业务连续性管理体系建设
3.1.2 社会责任（50分）	46—47	夯实社会责任，用科技守护美好生活
a.守法崇德	52—54	合规遵从
b.绿色环保	132—134	绿色环保
c.协调共享	52 136—139	和谐生态
3.1.5 执行力、绩效和应变（40分）		

续表

相关条目	报告页码	备注（关键词）
a.执行力	51	公司管理体系建设
b.改进绩效	55	组织活力
c.应对变化	55	组织活力
	65	财务风险管理
	108	风险管理体系
3.2　战略（100分）		
3.2.1　战略制定（50分）	125	可持续发展战略
a.战略策划	133	融入绿色低碳概念
b.战略创新	134	促进循环经济
c.战略思维	13	构建万物互联的智能世界
d.核心竞争力	54	数据化支撑业务连续
e.战略目标	9	低碳化、数字化、智能化的可持续发展
	18	运营数字化转型
	29	伙伴策略
3.2.2　战略部署（50分）		
a.行动计划制定和展开	14	数字化智能平台搭建
b.行动计划调整	22	绿色站点、绿色网络、绿色运营
3.4　改进与创新（80分）	48—50	研究与创新（技术创新）
3.4.1　构建改进与创新体系（50分）	51—55	公司管理体系建设
	9—11	开放包容，协同创新，共同打造智能世界
3.4.2　促进创新（30分）	7	携手共创智能世界 为人类社会发展作贡献
	132—134	绿色环保，促进循环经济
a.文化塑造	23	教育领域
	55	合规遵从、智慧城市
	136	诚信文化
b.激励机制	55	组织活力
c.创意开发	52—54	公司管理体系建设
	137	海外“未来种子”线下活动
3.5.4　数据、信息与知识（20分）	14	数字平台（深化数字化转型）

续表

相关条目	报告页码	备注（关键词）
a. 数据和信息	55	组织活力
b. 组织知识	59—62	标准组织

注：所在“页号”是指华为公司《2022年度发展报告》中的页号。

2 华为高质量发展评价报告（部分类目）

2.1 领导与治理

A. 关键业务（组织）要素（KF）

1. 确立使命、愿景：构建万物互联的智能世界、无处不在的连接、无所不及的智能、个性化体验、数字化平台。

2. 文化和价值观：成就客户、艰苦奋斗、自我批判、开放进取、至诚守信、团队合作。

3. 使命、愿景的部署与展开为战略方针和关键业务。

4. 建立了规范、高效的组织治理体系，平衡相关方利益，全面履行社会责任。

5. 法规与监管环境：出口管制、外资审查、知识产权、数据隐私和安全、反腐败和合规以及贸易关系和国际合作。

6. 关键利益相关者及业务生态系统：监管机构、所有者、电信网络、消费者、社区、供应商、合作伙伴。

7. 加强执行力、保持可持续发展、提高竞争力和绩效的方法和措施。

B. 优势（见表 7–12）

表 7–12　　领导与治理优势

+/++	对应条目	相关 KF	要素梯度 A/D/L/I	优势
++	3.1.1 治理体系 a. 宗旨与价值观 b. 发展方向	1，2，3	A/D/L/I	资料显示，华为在长期发展过程中，确立和展开其愿景、使命和价值观，在不同时期形成系统表述，并全面沟通、达成共享向战略方针、业务和日常工作展开落实。（1）华为领导者对于企业的愿景、使命和价值观有着清晰的认识和坚定的信念，他们通过制定公司战略、年度计划等方式，将这些理念贯穿于企业的各个环节和层面。（2）注重与员工的沟通和交流，通过各种渠道和方式向员工传达公司的愿景、使命和价值观。华为鼓励员工参与公司的决策和规划，让员工感受到自己是公司的一分子，从而更加积极地投入工作中去，还通过培训、教育等方式，帮助员工更好地理解和认同公司的企业文化，从而在工作中更好地践行这些理念。（3）将愿景、使命和价值观落实到具体的业务实践中去。例如，以客户为中心，以市场需求为导向，通过不断的技术创新和产品创新，满足客户的需求和期望。华为始终坚持质量第一、服务至上的原则，致力于为客户提供高质量的产品和服务。同时，华为也注重与合作伙伴、供应商等建立良好的合作关系，共同推动行业的发展和进步。（4）通过对外宣传、公益活动等方式，向社会传递公司的愿景、使命和价值观；积极参与社会公益事业，致力于推动社会的进步和发展；华为不仅提升了自身的品牌形象和社会影响力，也为实现其愿景和使命奠定坚实的基础。 华为以使命思维和系统将其愿景、使命和价值观全方位、多层次的展开，形成共同的努力；通过领导者的引领、员工的参与、业务实践的落实和对外宣传的推广等多个方面的努力，华为成功地将这些理念贯穿于企业的各个环节和层面，为公司的持续成功和高质量发展明确价值取向、行动准则和发展方向，从而有力地保证了企业持续成功，形成重大优势，促进打造世界一流企业
+	c. 发展环境	1，2，3	A/D/L	资料显示，华为营造高质量发展环境，总体上，从贯彻公司文化和核心价值观开始；在业务中敏捷汇聚资源，支撑多业务组织方式与机制建设；推进组织与人才的变革，提升组织能力和组织效率。在困难环境下，让员工充满信心，组织充满活力。在微观具体行动方面，精简机关，实现大平台+ 精兵队伍的组织阵型。构建军团组织运作模式，缩短管理链条，发挥解决方案和技术平台优势，快速满足客户需求，更好地为客户服务；开展研发会战，打破组织边界；坚持积极获取岗位适配的全球优秀人才，充分激发内部人才潜力，激活队伍。优化专业委员会（能力委员）会运作，发挥专家价值，提升队伍战斗力。坚持“责任结果导向”的获取分享制，建立差异化激励机制。 适配不同产业、不同发展阶段、不同人群，建立差异化激励机制，层层夯实经营责任，驱动组织和员工进行更大、更好的价值创造。激励资源优先向一线倾斜，鼓励优秀员工多作贡献，更好地为客户创造价值，构建适应业务与人群多元化、奋斗进取、充满活力的组织氛围。持续关心关爱员工，把员工关怀落到实处，不断改善工作生活环境，开展多样性活动保障员工身心健康。另外，通过基于产业和技术创新的商业生态建设（详见3.1.2C），创造高质量发展的外部环境持续展开并帮助企业取得竞争优势

续表

+/++	对应条目	相关KF	要素梯度A/D/L/I	优势
+	d.治理结构	1，4，6	A/D/L	公司拥有完善的内部治理架构，各治理机构权责清晰、责任聚焦，但又分权制衡，使权力在闭合中循环，在循环中科学更替。公司在治理层实行集体领导，不把公司的命运系于个人身上，集体领导遵循共同价值、责任聚焦、民主集中、分权制衡、自我批判的原则。公司坚持以客户为中心、以奋斗者为本，持续优化公司治理架构、组织、流程和考核机制，使公司长期保持有效增长。公司建立了规范、高效的国际大企业型的组织治理结构，不仅规定公司领导层的行为和关系，而且展开到执行层组织，持续运行并发挥其广泛的功能作用，平衡和保护相关方利益，确保组织合规合法运行，防范风险，促进协调共生发展，赋能员工，激发员工的创造力和创新能力，提高组织的敏捷性和适应能力。在此基础上，不断优化和改进。包括（1）制定清晰、明确的愿景、使命和价值观，为公司提供方向和目标，并激励员工为之努力，筑牢组织治理体系的基础，确保公司战略的一致性和执行力；（2）华为采用轮值董事长制度，分权管理、扁平化架构模式，鼓励公司、团队和部门独立决策，提倡自主管理，注重培养和发展内部员工的领导才能，提供更多的发展机会和自主决策权，培养管理者，促进决策科学化，促进创新和可持续发展。激发和调动员工主动性、创造性和高效沟通，促进组织内部的信息流通和协同合作，为快速响应市场变化和客户需求提供了保障。 资料显示，华为的组织治理体系始于明确的愿景、使命和价值观和强有力的企业文化，严密分权并促进领导力发展，采用扁平化、平台化架构，授权并高效沟通，建立绩效评估和激励机制，构建有凝聚力的团队等，形成高效、灵活、有竞争力的组织治理体系并不断完善，为公司可持续发展奠定组织基础
++	3.1.2 社会责任 a.守法崇德	1，2，4，6	A/D/L/I	华为将企业社会责任（CSR）［可持续发展（CSD）］作为采购战略的重要组成部分，参考联合国工商企业与人权指导原则（UNGP）、经济合作与发展组织（OECD）责任商业行为尽责管理指南和IPC-1401 CSR管理体系等国际标准，建立了采购CSR管理体系等，基于系统化的管理体系和科技实践，夯实社会责任，用科技守护美好生活：绿色发展理念和环保标准贯彻到业务发展的全部流程；从教育、健康社会需求出发，让科技惠及社会；在无障碍领域加大研发投入，实现一个又一个暖心的无障碍功能特性；不断升级隐私安全保障能力，为消费者提供全方位的隐私保护。 华为坚持诚信经营、恪守商业道德、遵守所有适用的法律法规是华为管理层一直秉持的核心理念；长期致力于通过资源的持续投入建立符合业界最佳实践的合规管理体系，坚持将合规管理端到端地落实到业务活动及流程中；重视并持续营造诚信文化，要求每一位员工遵守商业行为准则。首席合规官统一管理公司合规；各业务部门、全球各子公司成立合规组织，负责本领域的合规管理。根据适用的法律法规，结合业务场景识别与评估风险，并制定相应管控措施，在业务活动及流程中落实；通过回溯与改进实现管理体系的持续优化，通过文化、组织、制度、政策、监管、培训、合规白皮书等，确保贸易、金融、反贿赂、区域机构全面合规，以及知识产权和商业秘密保护等，并持续优化，确保在复杂国际化环境下充分识别与评估风险，落实管理措施，防范风险。 华为通过教育投资，推行数字包容，在全球范围内参与和支持各种社区发展项目，旨在提升社区的基础设施、教育和卫生水平，提供灾害救援和人道主义援助，开展各种文化活动和艺术展览，推动文化交流和创新等，积极参与和支持关键社区的发展，华为展示了其作为一家负责任企业的形象，并赢得了广泛的社会认可和尊重

续表

+/++	对应条目	相关KF	要素梯度A/D/L/I	优势
++	b.绿色环保	1，3，4	A/D/L/I	一方面，华为积极践行绿色环保理念，坚信数字技术是应对环境挑战、保护自然、使能绿色发展的关键使能器，数字化与低碳化可以相互驱动、相互促进，共同推动人类社会的绿色发展。另一方面，期望携手产业各方，在为客户创造商业价值的同时，不断通过数字技术创新，使能千行百业减排，助力全社会的可持续发展，得到了国际权威CDP全球环境信息研究中心的高度认可，荣获“卓越环境领导力奖”。多年来，华为持续秉承“让科技与自然共生”的环保理念，积极应对气候和环境挑战，基于ICT技术，重点围绕“持续推进节能减排、加大可再生能源使用、促进循环经济”采取行动，用科技创新守护人类共同的家园。(1) 不断从管理和技术等层面，进行节能减排的创新和实践，减少自身产品的碳足迹；努力联合上下游合作伙伴实现节能减排，全方位构建绿色供应链；利用创新ICT技术，助力千行百业减少碳排放，负责任地迈出减碳的每一步。(2) 通过光伏、AI等技术，提升可再生能源的生成和使用效率，共同向可再生能源转型，为智能世界提供绿色原动力。(3) 从源头出发，优选环境友好型材料，减少原材料使用，提升产品耐用性、易拆解性，完善产品回收体系，以更少的资源，为人类谋取更多的福祉
++	c.协调共享	1，3，5，6	A/D/L/I	华为秉承“开放、合作、共赢”的宗旨，开放吸纳全球优秀人才，充分激发内部人才潜力，携手各行业、各领域的产业和生态伙伴共建和谐健康的商业生态，把数字世界带入每个人、每个家庭、每个组织，构建万物互联的智能世界，持续努力，构建和谐生态。 (1) 视优秀人才为华为价值创造之源，秉持“积极、开放、多元”的人才观，在选人、用人上不拘一格，鼓励员工面向不确定性的积极探索，并主动做好本地化人才队伍的建设和管理，通过任职资格牵引员工不断学习和提升能力。同时，华为积极改善员工的工作和生活环境，为员工提供高质量的办公、餐饮、休闲、健身等服务，开展丰富多彩的团队建设活动，活跃公司组织氛围，促进员工身心健康。 (2) 坚持诚信经营、恪守商业道德、遵守所有适用的法律法规，长期致力于通过资源的持续投入建立符合业界最佳实践的合规管理体系，并坚持将合规管理端到端地落实到业务活动及流程中；重视并持续营造诚信文化，要求每一位员工遵守商业行为准则。 (3) 致力于为经营所在地的社区创造价值。利用通信网络的开发可以连接，以实现跨越边界的信息访问，这有助于当地的社会和经济发展。加强了和各国政府、客户、企业和非营利组织的合作，共同开展公益活动，保护环境资源，提供教育机会，培养ICT人才，为经营所在的国家和地区提供多种社会捐赠，促进社会经济复苏与当地社区发展。 (4) 致力于在遵从法律、法规和标准的基础上，与国际组织、政府、行业机构沟通，推进新技术应用中需要关注的人权标准和规范，持续优化并完善相关管理机制，与当地社区等共同努力，及时发现、管理和消减人权方面的风险和影响。通过技术创新建设更好的网络连接，为全球数十亿人带来便捷和可负担的信息通信服务。连接和宽带的普及可以创造新的工作机会、促进发展、减少贫困，改善人们的生活质量，应对全球挑战，降低人对环境的影响，为抗灾救灾、挽救生命提供通信保障

续表

+/++	对应条目	相关KF	要素梯度A/D/L/I	优势
++	c.协调共享	1，3，5，6	A/D/L/I	（5）践行生态与产业发展三大理念：做大产业，开放合作，共享利益。与产业相关方合作，构建和谐生态，促进数字经济发展。 资料显示，华为基于合作共享与协调发展的理念、法规要求，特别是核心业务和技术能力，采取适宜的策略、措施和具体行动，谋求与政府、社区、员工、供应商、合作伙伴、客户等寻求协调发展，共创价值，造就了企业全球性优势
+	3.1.5 执行力、绩效和应变 a.执行力 b.改进绩效 c.应对变化	1，2，3，7	A/D/L	华为要在复杂多变的环境中保持定力，坚守愿景与使命，致力于构建数字经济底座，推动绿色可持续发展，为社会、客户和伙伴创造价值。保持执行力、提升绩效和应变能力的总体方针是：积极进取，不断激活组织和队伍，持续提升能力，积极改善营商环境，有效管控风险，才能为公司未来的生存和发展打下坚实基础。五个基本策略：使能各行各业数字化、智能化、绿色化，开创增长机会；优化产业组合，提升发展韧性；加强芯、软、硬、端、网、云协同，构筑差异化优势；以质取胜，持续让华为成为ICT行业高质量代名词；压强式研发投入，确保高质量的业务连续，提升产品竞争力。推动四类关键业务，并展开为项目、产品、系统、平台、客户体验及创新措施。进而评审11项关键财务绩效，发展成果，提出持续创新、开放合作、与全球合作伙伴共同成长的改进与创新措施。同时，完善公司治理、保持合规运行，更好地服务全球客户。 在执行层面建立了一套绩效评估体系，包括目标设定、过程监控和结果评估等环节。通过设定明确的绩效目标，确保各部门和团队的工作方向与公司战略保持一致。同时，监控过程和结果评估，发现和解决工作中存在的问题和不足，确保各项工作的顺利推进和达成预期绩效目标。 资料显示，形成了公司高层领导面对复杂多变环境，明确方向和策略，进一步展开组织、资源、行动等，强化执行，应对变化，评审和改进绩效，并推动改进和创新的系统方法。为保证公司应对变化、持续发展提供了保障，表现为明显的整体性优势

C.改进机会（见表7–13）

表 7–13 **领导与治理改进机会**

–/– –	对应条目	相关KF	要素梯度A/D/L/I	改进机会
–	3.1.1 治理体系 c.发展环境	1，2，3	A/D	资料显示，华为通过利用管理体系，结合行业特点创造高质量发展环境，推动高质量发展（详见优势部分）。然而，这些措施主要是自上而下的，通过“正式组织”、资源支持、强化激励等以业务为中心，“驱动”的方式促进员工为组织成功作出更大贡献，尚少见利用“自发”“自主”“自组织”的方式，激发内在动力和个性化追求，调动员工的积极性、主动性，促进全员参与，改进创新、组织学习，这可能不利于形成赋能“Z一代”员工充分发挥才智、创造性，以全身心参与，增加敬业度，不利于促进员工个性化成长，以适应个性化时代、个性化竞争和定制化创新的新挑战

续表

-/- -	对应条目	相关KF	要素梯度A/D/L/I	改进机会
-	3.1.5 执行力、绩效和应变（40） a. 执行力 b. 改进绩效 c. 应对变化	2，7	A	华为公司以强有力的“执行文化”“奋斗文化”著称，这种文化在促进和保证华为的快速成长与高速发展方面发挥了重大影响和巨大支持，同时，华为作为一家高新技术企业、ICT的领先的企业，特别重视技术创新，重视采用不同的政策和制度，促进技术人员的培养与发展，显见强大执行力文化在科技攻关和新品开发中也发挥了重要的作用。然而，在这个VUCA时代，在特别强调个性化与广泛跨界的时代，在以智力劳动为主的、追求创新的时代，华为的长期发展和领先地位的保持，可能更需要跨界创新，更需要基于人文、个体生活、社会潮流、情感与心性等非传统的、非技术性的创新，相应地，需要更多支持分散性的行为、个性化的发展、自主自觉的文化，乃至自由“散漫”的文化，面对现在占主导地位的强力执行文化势必会产生拟制性的、不利的影响。尚未见公司制定系统化的方法，识别相关风险，制定政策、制度和措施，营造更加有利的文化，以适应时代的发展，应对不利影响

合议评审分数段：70%—80%。

2.2　战略

A. 关键业务（组织）要素（KF）

1. 华为的竞争环境是极其复杂和多元化的，如何制定和策划战略，保持竞争优势？

2. 华为面临的重要机会、挑战与应对策略选择。

3. 基于技术、智能、智慧、智联、绿色、数字能源，以及商业生态的战略思维和战略创造性。

4. 华为战略方针、目标、策略与使命愿景的校准与整合。

5. 各领域和组织层次行动计划制定与调整。

B.优势（见表7-14）

表 7-14　　战略优势

+/++	对应条目	相关KF	要素梯度A/D/L/I	优势
++	3.2 战略（100分） 3.2.1 战略制定（50分） a.战略策划 d.核心竞争力 e.战略目标	1，2，4	A/D/L/I	资料显示，华为基于其使命愿景：构建万物互联的智能世界：无处不在的连接，无所不及的智能，个性化智慧体验，赋能敏捷、高效、生机的数字平台，评审行业趋势和业务进展，策划和设计其GUIDE商业蓝图即围绕技术展开经营与发展战略，进而在ICT基础设施、云计算业务、数字能源、终端、智能汽车业务方面充分展开，展开到市场、产品、网络、技术、项目、区域、组织单元等，同时，以改进创新、管理体系建设作为支撑，并采用开放、合作发展的策略和商业生态模式强化和推进战略，当然也会考虑到战略和财务风险。另外，每年还形成年度战略方针和保证措施（如见董事长、总经理致辞所体现的）。 其中的明确战略目标及其系统展开，以及如何基于技术、研究、技术创新、平台、人才开发等措施提高竞争力，从公司2020—2022年的“发展报告”看，已经形成系统的方法，持续执行并有所改进。相应地，有效地构建了华为公司在战略和业务层面的竞争优势，为各项业务的发展明确了方向和行动纲领。 显见华为面临外部压力和不确定性，基于长远发展、市场视角，依托技术研发实力，形成公司战略，应对挑战，预见并抓住未来发展机遇，指引公司维持和扩大在全球ICT领域的领导地位，表现出战略策划和执行能力的明显优势
+	b.战略创新 c.战略思维	3，4	A/D/L/I	如前所述，华为高成熟度的战略制定与部署过程，体现了公司整体性、系统性、开放性的战略思维，并在经营中落实和展开。华为的战略创新和创新思维表现在：（1）以技术创新为主线，连接和展开业务活动、组织体系、管理体系、资源配置、研发和创新，对接和支撑市场、客户体验、客户关系等；（2）把握全球经济、技术、社会、国际关系的趋势和时代特征，始于使命愿景，推进“智慧”“智能”“智联”的创新性策略，进而部署和转化到技术、项目、资源、研发、执行等，以智取胜抓住了时代的关键；（3）基于自身的能力和技术，聚焦特点领域，推行绿色低碳（数字能源）战略，重点突出，成效显著。（4）全面推动商业生态发展战略，以整体观、生态观、有机思维推动商业计划，共同创造价值，构建命运共同体，促进经济社会协同发展。华为的战略创新和前瞻性思维取得了显著成就，为客户、合作伙伴乃至整个社会带来了创新的产品和解决方案，极大地提高了公司的系统性竞争力，全面提升了发展速度、质量、经济效益、社会效益，以及人类共同价值等。 战略创新使华为能够在竞争激烈的全球市场更好地抓住机会，应对挑战，保持全球领先地位，为公司带来显著优势

续表

+/++	对应条目	相关 KF	要素梯度 A/D/L/I	优势
++	3.2.2 战略部署（50分） a.行动计划制定和展开 b.行动计划调整	3，4，5	A/D/L	资料显示，华为基于战略制定与部署体系，将战略展开为市场、产品、技术、项目、区域、组织单元等，进而展开到产品品种、技术类别、参数、地区数量等。与战略展开相配套的行动计划制定和部署，在一定程度上表明公司战略部署的方法和展开程度。另外，从华为公司良好的产品、服务、技术、市场及财务结果看，其行动计划得到很好地展开。 华为公司制定和分解行动计划的通用过程：通过目标设定、市场分析、计划制定、协作沟通、资源分配、监控调整和绩效评估等步骤，有效地制定和展开行动计划。这个过程确保了华为能够在复杂多变的市场环境中保持敏捷、高效和竞争力。 华为在确立和展开行动计划时，通常会遵循一套系统的方法论和流程，包括：识别需求和问题；制定修改方案；评估与决策；内部沟通与协调；部署实施，监控与调整；评估与反馈。这些步骤和策略体现了华为在企业管理中的严谨性和灵活性。通过科学的方法论和流程，华为能够确保修改后的行动计划更加符合市场需求和公司战略目标，从而提升整体竞争力和业务表现。 上述战略部署过程，得到有效展开和实施，并不断调整改进，形成优势，为公司战略执行带来好处

C.改进机会（见表7–15）

表 7–15　战略改进机会

-/--	对应条目	相关 KF	要素梯度 A/D/L/I	改进机会
-	3.2 战略（100分） 3.2.1 战略制定（50分） a.战略策划 d.核心竞争力 e.战略目标	1，2，4	A	为客户数字化、智能化转型提供设施、设备、技术、系统等，是华为公司的重要业务；华为公司自身的数据化转型也成为行业的典范，并且公开出版了多部相关著作，但尚未见到企业关于战略制定与部署的数字化、智能化转型，优化或改造战略制定体系、流程、工具和方法，增强战略制定能力，提高战略策划与部署的成熟度，从而加强战略部署中各部门之间的协同与整合，提高资源配置的效率和效果，防范风险，提高战略规划的创新性、灵活性和适应性的系统化方法，这可能是华为战略制定领域的一个重要的改进与创新机会

续表

-/--	对应条目	相关KF	要素梯度A/D/L/I	改进机会
-	b.战略创新 c.战略思维	3，4	A/D	创新是华为公司的关键成功因素和战略竞争能力。如何焕发创意，推动和孵化创新，是华为公司的战略问题，显见公司基于改进与创新体系，围绕技术创新、管理变革方面，做了广泛促进和强化，并且卓越有成效。然而，在商业模式创新、面向创新的管理方面，少见有系统的方法。更为重要的是，这些领域的深度创新、突破式创新涉及价值观创新和关于人、技术、企业、商业、组织等认识的更新与变革，也涉及对于企业经营环境、利益相关方等的重新认识和定位。当然，这也是创新竞争的“高边疆”和如何通过有效的途径和方法，就这些领域和问题重新认识、重新思考、重新定位，这可能是华为公司实现突破式创新，保持领先地位的重要机会
-	3.2.2 战略部署（50分） a.行动计划制定和展开 b.行动计划调整	3，4，5	A	强执行力与奋斗文化，强大的信息处理、计算与决策能力，保证了华为强有力的计划职能，也造就了公司计划文化和严密的、自上而下的计划体系。然而，如何面对更多的不确定性，特别是人文、文化、新一代员工、社交网络等无形因素的影响和变化？优化公司的行动计划体系、行动计划方法，增加员工的参与机会和渠道，更多吸引基层员工的智慧和创造性，利用人的因素增强计划的灵活性、适应性、可执行性，特别是增强基层员工的成就感、工作的意义，以增强积极性、满意度和敬业精神，可能是一个重要的改进机会

合议评审分数段：70%—80%。

2.3 改进与创新

A.关键业务（组织）要素（KF）

1.创新理念与创新文化：由从“1到N”到“从0到1”的创新。

2.公司关注客户、聚焦技术、推动产业发展的创新策略和路线。

3.公司开展基础研究与技术创新的策略和突破方向。

4.全球范围多元化、多层次、内外结合、产学研结合的创新人才开发与培养。

5.多样化创新促进与推动项目。

B. 优势（见表7-16）

表 7–16　改进与创新优势

+/++	对应条目	相关KF资料来源	要素梯度A/D/L/I	优势
++	3.4 改进与创新（80分） 3.4.1 构建改进与创新体系（50分）	1，2，3，5	A/D/L/I	华为创新基于对未来智能社会的假设和愿景，打破ICT发展的理论和基础技术瓶颈，是实现理论突破和基础技术发明的创新，是实现“从0到1”的创新。 创新方针是以客户为中心，基于客户需求和技术创新持续为客户创造价值，构建共赢生态。 创新路线是坚持走开放创新、协同创新的道路，愿意与学术界、产业界一起，共同探索科学技术的前沿，推动创新升级，不断为全行业、全社会创造价值，携手共建美好的智能世界 创新策略是聚焦智能世界，把握行业趋势，关注低碳化、数字化、智能化，确定技术突破方向（2022年选择的技术突破方向为10个），专注于加强多种技术要素的协同创新。具体涵盖了芯片、软件、硬件、终端、网络和云计算的协同创新。这种协同创新旨在以最科学的方式采集、传输、处理和呈现每一个数据位。其目标是实现极简架构、极高质量、极低成本和极佳体验。 典型的行动和措施：加强基础研究，探索、挑战和逼近理论极限；坚持技术创新，促进产业发展；通过支持跨界学术交流鼓励探索、牵引、开放、思辨；坚持每年将10%以上的销售收入投入研究与开发，成为全球最大的专利权人，专利价值得到业内认可。 重大基础和保证措施：（1）在全球范围内招募和培养了一支多元化的人才队伍，包括工程师、研发人员、市场和管理专家等。这些人才是推动技术创新和产品开发的关键资源。（2）在5G、人工智能、云计算等领域的领先技术累积，为公司的创新发展提供了强大的技术支撑。作为一家全球领先的通信技术公司，华为投入巨额资金用于研发，保障了创新活动的持续进行。（3）通过与政府、产业界、学术界、研究机构和用户的合作，实现了从理论研究到产品应用的全链条协同，这种跨部门的合作模式大大加速了创新的步伐。（4）在全球范围内建立研发中心，与不同国家和地区的机构进行合作，利用各地的优势资源和市场需求，形成了全球化的创新网络。（5）积极参与开放源代码项目，与全球开发者社区合作，通过开放创新的方式加速技术的迭代和优化。（6）在产品设计和服务创新中充分考虑用户需求，通过市场调研和用户反馈，不断优化产品和服务，以满足用户的实际需求。通过这些有效的措施，奠定了华为可持续、高水平创新的基础。 华为持续的研发投入、建立全球研发网络、开放合作与生态系统建设、内部创新激励机制、技术和市场趋势研究，实现持续的、高水平的技术创新，有效应对外部挑战，响应市场变化，加速技术成果的商业化进程，为客户和社会创造更大的价值，促进了华为的持续成长，推动了公司乃至整个行业和社会的技术进步和发展，形成华为的改进创新优势

续表

+/++	对应条目	相关KF资料来源来源	要素梯度A/D/L/I	优势
+	3.4.2 促进创新（30分） a. 文化塑造 b. 激励机制 c. 创意开发	1, 4, 5	A/D/L	华为基于其先进的人才理念、策略、标准以及面向未来的、开放的人才开发生态系统，构建一支多元化的人才队伍，同时形成系统化的促进创新的内外部环境，加强公司的技术创新与产品开发优势。具体表现如下： （1）华为秉持“积极、开放、多元”的人才观，在选人和用人上展现出灵活性。鼓励员工面对不确定性时积极探索，并主动进行本地化人才队伍的建设和管理。通过任职资格的要求，促使员工不断学习和提升自己的能力。 （2）华为实施了匹配不同组织阵型的差异化人才供应策略，并推行多元化用工，还推进内部员工的有序流动和战略预备队训战机制，以促进员工技能的升级和转换。实施了“人才堤坝”变革，构建了稳定的专业人员队伍，并强化了本地人才队伍的建设和本地能力的提升。华为也曾开发iLearning，以简单、精准为目标，开始从学习管理平台逐步向学习体验系统转型，帮助全球员工打破时空边界，实现随时随地的个性化学习。 （3）华为积极构建数字人才生态，通过建设人才联盟、融入人才标准、提升人才能力、传播人才价值，构建教师（学生）人才生态、终身学习人才生态、行业从业者人才生态，合作传递和共享ICT知识和技能，提升全社会的数字技能水平，推出人才培养计划，如沃土云创（高校）计划、鸿蒙百校种子计划、产学育人基地计划和人才发展加速计划。在运营商人才培养领域，华为与多个运营商合作，在战略和变革等领域开展研学赋能，培养了8000多名5GtoB人才。 （4）实施多种促进活动和激励项目：如华为ICT学院合作项目、“未来种子”项目、“科技向善”大赛、基于“Talent实训平台”专业技术人才培养、与IEEE和中国人工智能学会举办竞赛、“科技小学堂”项目、专业资质认证和网络安全赋能课程、昇腾平台的合作伙伴和开发者培训、与政府和学术组织合作培养与探索项目、全额奖学金及管理人员培训课程
+	3.4.3 数据、信息与知识（20分） a. 数据和信息 b. 组织知识	1, 2, 3	A/D/L	华为基于经营管理体系和业务体系，投资建立了先进的数据管理系统和分析工具，处理和分析来自全球的大量数据，支持决策制定和产品创新，通过内部知识管理系统和平台，促进了组织内部知识的积累、共享和传播，特别是在技术、市场和管理领域，不断产生新的模式和方法，成为行业的标杆。随着业务的全球扩展和技术的快速发展，数据量快速增长，这对数据存储、处理、传递和分析，组织知识的更新和共享提出了更高的效率、速度、容量方面的要求。华为利用强大的数据分析能力，能够获得深入的市场洞察和技术趋势分析，支持战略决策和业务优化，促进组织知识的生成、传递和共享，促进了华为的运营与创新活动，加速了新技术和新产品的开发，支持了知识的生成、传承、共享和人才的培养。基于先进的技术基础设施和系统化的知识管理策略，支持了决策制定和业务优化，也推动了持续的技术创新和市场竞争力的提升

C. 改进机会（见表7–17）

表 7–17　　改进与创新改进机会

+/++	对应条目	相关KF资料来源	要素梯度A/D/L/I	改进机会
–	3.4 改进与创新（80分）3.4.1 构建改进与创新体系（50分）	1，2，3，5	A/D/L/I	公司完整的改进与创新体系包括创新文化与理念体系、方针目标体系、政策体系、制度体系、组织与人才体系、资源体系、过程体系、工具和技术体系，这个体系的运行，也是自上而下展开的过程。华为的改进与创新体系在各个层面建立，运行并发挥了重要作用，特别是在政策、制度、组织与人才、资源、过程、工具和技术层面有着很高的成熟水平。然而，在创新文化与理念体系构建方面，有不少鲜活、生动的实践，如以客户为中心的理念、协同与开发的理念，但尚未见到关于公司创新文化与理念体系的系统阐述，以及如何在全公司不同层次、区域和业务领域展开和共享的系统方法。公司创新工具和技术的开发与应用方面，特别是非技术领域的创新工具和技术，仍然有发展空间，尤其是利用新型技术特别是人工智能技术，开发和应用新的、领先的创新工具和技术，也是华为作为世界一流企业必须加强的领域
–	3.4.2 促进创新（30分） a. 文化塑造 b. 激励机制 c. 创意开发	1，4，5	A/D	华为在基于公司的改进创新体系，在政策、制度、流程等各个层次促进改进与创新，取得了显著成效。然而，企业现有的创意生成能力、创新孵化能力相对于时代的需要，尤其在竞争激烈的技术和管理领域，总是不足的，特别是跨界创新、跨文化创新对于科技公司提出新的挑战。相应地，在公司创新体系中，超越传统的程序化的技术创新与开发管理，有必要进一步强化跨文化交流和多元化包容性的企业文化，通过提高对不同文化背景员工的认知和尊重，创建一个更加开放和包容的工作环境，从而焕发更多的创新创意，支持多元化创造的成功。 与此相配套，探索更多个性化和多元化的激励机制，如职业发展路径、工作生活平衡支持、非物质激励，以及长期激励计划和股权激励机制，更好地吸引和留住关键人才，优化公司创新体系。 创意开发，除了传统的教育和学习途径，需要公司提供更加灵活和丰富的资源支持和开发渠道，包括人工智能途径，支持员工意识拓展、持续学习、自我发展，以及员工的创意沟通、团队共创、创新思维工具应用等软创意开发与生成技能培训，同时，需要增加中高层管理人员的创新领导力，在现有创新流程和工作场景之外，促进和提升员工的创新能力，进而提升全公司的创新能力。在此方面的要求，为创新体系提出了新的改进机会

续表

+/++	对应条目	相关KF资料来源	要素梯度A/D/L/I	改进机会
-	3.5.4 数据、信息与知识（20分） a. 数据和信息 b. 组织知识	1，2，3		新型信息技术特别是人工智能技术的发展，为数据、信息和知识的管理提供了更多机会和可能。在现有数据信息基础设施、知识管理能力和方法的基础上，如何利用新的工具和技术加强数据治理，确保数据的质量、安全和合规性，是一个持续的改进机会，例如，利用人工智能和机器学习等先进技术，提升数据分析的自动化和智能化水平，更有效地从大数据中提取有价值的洞察，支持业务决策和创新，增强公司数据、信息和知识管理自动改进与整合的能力。 与此同时，在数据信息和知识管理的方法中，结合新型信息技术和能力的应用，强化内部的知识共享文化和机制，鼓励员工分享知识和最佳实践，促进跨部门和跨地区的协作，构建更加系统化和智能化的知识管理系统，有效地捕获、存储和传递关键组织知识，尤其是在快速变化的技术领域和最佳管理实践的萃取。进一步优化知识的积累、管理和共享机制，利用最新的技术手段如人工智能和大数据分析，提高知识管理的效率和效果，加速知识的流动和创新的孵化，帮助在快速变化的市场环境中作出更加精准和高效的决策和运营，也是新的改进机会

合议评审分数段：70%—80%。

2.4 总结

华为公司是世界一流企业名副其实，公司多年来令人瞩目的发展业绩也证明了这一点。企业发展是系统化的方法，良好的企业发展系统的各个方面存在一致性，是校准与整合的。从前面三个重要类目的成熟度评价结果类比和推论可以看出，公司发展体系成熟度达到优秀级的水平（70%左右），公司应对条目的多重详细要求有了系统方法。这些方法利用关键绩效指标，更充分地展开和部署，有显见的持续的成功创新，且在大部分领域取得了非常好的结果。组织整合、学习和共享是关键的管理工具。结果能应对很多关键的客户（利益共享者）、市场和行动计划的要求。在不少业务和专业领域中，组织是行业的领导者。

表 7-18　　**华为高质量发展成熟度评价（部分类目）**

条目			计分权重	评分范围	
				百分比（%）	分数
治理与领导（140分）	1.1	治理体系	50	70—80	35—40
	1.2	社会责任	50	65—70	32.5—35
	1.3	执行力、绩效和应变	40	70—80	28—32
战略（100分）	2.1	战略制定	50	75—80	37.5—40
	2.2	战略实施	50	70—80	35—40
改进与创新（80分）	4.1	改进与创新体系	40	70—75	28—30
	4.2	促进创新	20	75—80	15—16
	4.3	数据、信息和知识	20	75—80	15—16
合计			320	70.6—77.8	226—249

注：编号按《准则》中的编号顺序。

结　语

随着本书的篇章逐渐落下帷幕，我们关于高质量发展的探索之旅也即将告一段落。在这段旅程中，我们共同见证了高质量发展的丰富内涵和深远意义，也深入探讨了如何科学地构建集成化的高质量发展体系，以及设计可操作的评价体系来指导和推动高质量发展这一伟大实践。

本书力求为读者呈现一个完整的、先进的高质量发展体系及其成熟度评价体系的图景。从理论框架设计、核心理念确认，到关键过程和结果要素展开，以及大成熟度评价流程、评价要素选取与量化，再到实践应用的案例分析。我们力求做到严谨、系统、科学、实用。同时，我们也关注到高质量发展的时代性、动态性和全球性，力求在高质量发展体系及其评价体系中体现这些特点，以更好地适应新时代的高质量发展要求，指导企业高质量发展实践。

本书所构建的《企业高质量发展准则》及其评价体系，既注重经济发展的质量和效益，又兼顾社会进步和生态环境的改善；既体现了新时代的发展理念，又结合了我国的实际情况；既反映领先发展理念和最佳实践要求，也注重实用和可操作性。这一体系较好地体现了创新性、系统性、可操作性和实用性。我们相信，这一体系在企业的构建、实施、不断完善和推广，对于推动企业高质量发展将发挥重要的作用。

然而，我们也深知高质量发展是一个长期而复杂的过程，发展准则及评价方法的完善与实施同样需要不断的努力与探索。因此，本书并非终点，而是一个新的起点。我们期待在未来的实践中，能够不断总结经验、发现问题、改进方法，使高质量发展体系与时俱进，更加符合实际、更加精准有效。

本书收笔之际，我们衷心感谢所有为高质量发展理论探索和实践付出辛勤努力的人们，企业的最佳实践和经验总结是本书的源头！也感谢读者们的关注和支持，期望本书能引发更多关于高质量发展的深入思考和讨论，为我国乃至全球的可持续发展贡献一份力量。让我们携手前行，共同迈向高质量发展的美好未来！

编 者

2024年3月16日

参考文献

[1]爱德华·戴明. 转危为安[M]. 钟汉清，译. 北京：机械工业出版社，2016.

[2]彼得·S.潘德. 6σ管理法：追求卓越的阶梯[M]. 刘合光，译. 北京：机械工业出版社，2001.

[3]布赖恩·罗伯逊. 重新定义管理[M]. 潘千，译. 北京：中信出版集团，2015.

[4]陈运涛，谢明明. 服务化：制造业创新的集成化解决方案[J]. 工业经济论坛，2015（3）：7.

[5]陈运涛，杨文士. 企业顾客满意度测评的几个关键问题[J]. 世界标准化与质量管理，2000（6）：3.

[6]陈运涛. 顾客满意理论与实践——现代市场竞争与信息时代企业管理模式研究[M]. 金琅学术出版社，2017.

[7]陈运涛. 质量管理[M]. 北京：清华大学出版社、北京交通大学出版社，2008（第一版），2014（第二版）.

[8]陈运涛. "卓越绩效标准"透视——以顾客和市场为中心（Ⅱ）[J]. 中国标准化，2004（6）：58-59.

[9]陈运涛. "卓越绩效标准"透视——组织绩效测量与分析[J]. 中国标准化，2004（7）：39-40.

[10]陈运涛. 把握六西格玛[J]. 电子质量，2005（7）：53-54.

[11]陈运涛. 落实卓越绩效模式的七步法[J]. 中国质量，2016（1）：2.

[12]陈运涛. 一种有效运营的知识管理体系——恩永公司的实践[J]. 中国质量，2004（2）：6-9.

[13]陈运涛. 卓越绩效标准透视——信息和知识管理[J]. 中国标准化，2004（8）：3.

[14]德勤华永会计师事务所. 对标具有全球竞争力的世界一流企业：国际前瞻视野，领航管理创

新［M］. 北京：中国经济出版社，2019.

［15］德勤华永会计师事务所. 对标世界一流企业［M］. 北京：经济管理出版社，2013.

［16］福里斯特·W.布雷弗格三世. 六西格玛实施指南：战略视角与管理方法［M］. 陈运涛，译. 北京：中国人民大学出版社，2003.

［17］国务院国资委企业改革局，国务院国资委干部教育培训中心. 国有重点企业对标世界一流管理提升行动标杆企业、标杆项目、标杆模式［M］. 北京：经济科学出版社，2021.

［18］黄群慧，余菁，王涛. 培育世界一流企业：国际经验与中国情境［J］. 中国工业经济，2017（11）：5-24.

［19］黄速建，肖红军，王欣. 论国有企业高质量发展［J］. 中国工业经济，2018（10）：19-41.

［20］吉姆·柯林斯. 从优秀到卓越［M］. 俞利军，译. 北京：中信出版社，2006.

［21］吉姆·柯林斯. 基业长青［M］. 真如，译. 北京：中信出版社，2006.

［22］加里·哈默尔. 管理的未来［M］. 陈劲，译. 北京：中信出版社，2008.

［23］贾康. 高质量发展：迈上现代化新征程的中国［M］. 北京：中共中央党校出版社，2021.

［24］焦叔斌，陈运涛. 质量管理学［M］. 北京：中国人民大学出版社，2018.

［25］杰克·R.梅雷迪思. MBA运营管理（第5版）［M］. 陈曦，译. 北京：中国人民大学出版社，2015.

［26］金碚. 关于"高质量发展"的经济学研究［J］. 中国工业经济，2018（4）：5-18.

［27］林达·M.阿普尔盖特. 信息时代的管理［M］. 陈运涛，译. 北京：中国人民大学出版社，2003.

［28］任保平，李禹墨. 新时代我国高质量发展评判体系的构建及其转型路径［J］. 陕西师范大学学报（哲学社会科学版），2018（3）：105-113.

［29］任保平，文丰安. 新时代中国高质量发展的判断标准、决定因素与实现途径［J］. 改革，2018（4）：5-16.

［30］汤姆·彼得斯. 追求卓越［M］. 北京：中信出版社，2012.

［31］杨文士，陈运涛. 论顾客满意管理［J］. 世界标准化与质量管理，2002（11）：4.

［32］约瑟夫·M.朱兰. 朱兰质量手册［M］. 焦叔斌等，译. 北京：中国人民大学出版社，2003（第五版），2014（第六版）.

［33］张振刚，陈一华，肖丹. 世界一流制造企业的特征、演进与启示［J］. 中国科技论坛，2020

(7): 99-110.

[34] Adeel Akmal etc..Towards the Development of A System-Wide Quality Improvement Maturity Model: A Synthesis Using Systematic Review and Expert Opinion [J]. International Journal of Lean Six Sigma, Emerald Publishing Limited. 2040-4166.

[35] GB/T 19580—2012,《卓越绩效评价准则》, 中国标准化出版社, 2012.

[36] ISO 9000: 2000, Quality management systems-Requirements, Geneva: ISO, 2000.

[37] ISO 9000: 2008, Quality management systems-Requirements, Geneva: ISO, 2008.

[38] ISO 9000: 2015, Quality management systems-Requirements, Geneva: ISO, 2015.

[39] ISO 9001: 2015, Quality management systems-Requirements, Geneva: ISO, 2015.

[40] ISO 9004: 2009, Quality management systems-Requirements, Geneva: ISO, 2009.

[41] ISO 9004: 2018, Quality management systems-Requirements, Geneva: ISO, 2018.

[42] Nigel. Chambers, Stuart Johnston, Robert. Operations Strategy, Slack Nigel [J]. [2024-03-17].

[43] NIST. Criteria for Performance Excellence 2005—2006 [S], MBNQA Program 2005—2006.

[44] NIST. Criteria for Performance Excellence 2008—2009 [S], MBNQA Program 2008—2009.

[45] NIST. Criteria for Performance Excellence 2021—2022 [S], MBNQA Program 2021—2022.

[46] NIST. Landmark Dining, Inc Case Study Packet, 2005.

[47] NIST. Landmark Dining, Inc. Feedback Report, 2005.

[48] NIST. Landmark_Executive_Summary, 2005.

[49] NIST. Landmark_Scorebook, 2005.

[50] NIST.Handbook for the Board of Examiners, 2002.

[51] NIST.Landmark Dining, Inc. Case Study, 2005.